Nagios 3

pour la supervision et la métrologie

Déploiement, configuration et optimisation

Nagios 3

pour la supervision et la métrologie

Déploiement, configuration et optimisation

Jean Gabès

Préface de Cédric Temple (du projet FAN)
Avec la contribution de Nat Makarévitch

EYROLLES

ÉDITIONS EYROLLES
61, bd Saint-Germain
75240 Paris Cedex 05
www.editions-eyrolles.com

Remerciements à Isabelle Hurbain et Sandrine Burriel
pour leurs précieuses relectures.

Préface

À sa naissance, Netsaint (renommé plus tard en Nagios) entre dans les entreprises « par la petite porte ». Il s'agit alors, pour les administrateurs de systèmes d'information, d'installer un outil de supervision pour se faciliter la vie.

Installé sur un petit serveur reconverti, voire sur un ancien poste bureautique promu en serveur de supervision, Nagios nécessite peu de ressources : il se contente dans un premier temps de détecter les serveurs et équipements réseau qui ne répondent plus aux « pings ». Commence alors l'évolution de Nagios au sein du SI. Sa mission s'étend en effet à la vérification des services importants qui ne répondent plus : services web (HTTP/HTTPS), services d'infrastructure (DNS, SMTP/POP/IMAP, DHCP, LDAP, etc.).

Dans le même temps, les administrateurs ne souhaitent plus être avertis par les coups de téléphone de leurs utilisateurs... Ils mettent donc en place le principe de notification par e-mail, SMS ou messagerie instantanée.

> HUMOUR **Le meilleur outil de supervision reste...**
>
> Le couple Utilisateur-Téléphone reste l'outil de supervision le plus fiable... si on omet les faux positifs et l'avalanche d'alertes simultanées !

Pour une meilleure lisibilité, la supervision est ensuite couplée à un outil de tendances, généralement basé sur RRDTool ou MRTG comme Cacti, par exemple.

À ce stade, seuls les administrateurs système et réseau – et éventuellement leurs responsables directs – ont connaissance de l'existence d'outils de supervision. Ces derniers restent donc très techniques, et ne sont simples ni à installer, ni à utiliser. Ils sont mis en œuvre *par* des administrateurs *pour* des administrateurs.

La tendance s'inverse ensuite vers les années 2003-2004. De nouvelles lois (Sarbanes/Oxley) imposent de garder trace des modifications sur le système d'information et, par voie de conséquence, de superviser les équipements informatiques. De plus, la notion de « production informatique » commence enfin à entrer dans les mœurs (mieux vaut tard que jamais !) : les directions informatiques souhaitent s'outiller pour la mise en œuvre d'ITIL, notamment.

Dès lors, la communauté Nagios commence à voir apparaître de nouveaux outils pour ces nouveaux publics ; ces outils ne sont plus installés par les administrateurs mais par des sociétés de services en ingénierie informatique (SSII) ou sociétés de services en logiciels libres (SS2L).

C'est alors que Nagios commence à entrer par la grande porte, en barrant la route aux logiciels de supervision historiques (Patrol, HP Open View). Dans un premier temps, il s'agit de rendre Nagios plus attrayant. Finie la configuration en mode texte complexe et source d'erreurs, finie l'interface web un peu austère : des thèmes et des outils de configuration graphiques font leur apparition. Oreon (devenu Centreon comme Netsaint fut renommé Nagios avant lui) prend son essor grâce à une véritable révolution dans le monde Nagios : la tendance est à la centralisation de toutes les interfaces. Une seule interface est nécessaire désormais pour faire à la fois :

* la supervision (« visualisation en temps réel de l'état du SI »),
* la configuration de celle-ci,
* les graphiques de tendance et
* le reporting.

En dehors de Centreon, qui a réellement pour but de mettre à disposition toutes les fonctionnalités liées à la supervision via une seule interface, il est aussi possible de bâtir une supervision qui semble pour l'utilisateur unifiée, mais qui reste bâtie sur de nombreuses briques. Par exemple, la supervision construite sur l'ensemble Nagios, NDOUtils, NagVis et Pnp4Nagios, une fois savamment configurée, permet d'avoir un point unique d'authentification basée sur le serveur LDAP du système d'information, tout en offrant la sensation d'une interface unique.

L'étape de « démocratisation » suivante a consisté à fournir un ensemble intégré préconfiguré, combinant de nombreux logiciels, mais pour autant doté d'un système d'installation simple et efficace. C'est le but des projets comme EON (*Eyes of Network*) ou FAN (*Fully Automated Nagios*). D'autres ont choisi une voie légèrement différente mais avec les mêmes buts en proposant des images de machines virtuelles préconfigurées.

Étant l'un des créateurs de FAN et responsable de ce projet, je ne peux gager de mon impartialité. Tous ces outils ont néanmoins pour but de proposer une supervision prête à l'emploi, fournie sur un système d'exploitation enrichi d'applicatifs de supervision. Par exemple, FAN est une distribution GNU/Linux totalement dédiée à la supervision Nagios. Toutes les mises à jour sont intégrées directement dans la distribution afin que l'administrateur se concentre sur ce qu'il doit superviser et non sur l'installation et les mises à jour des outils. Aussi incroyable que cela paraisse, Nagios est donc bien à l'origine de la création de distributions dont il est le centre ! Peu d'outils peuvent se targuer de cela.

Tout cela vous est présenté dans ce livre avec de très nombreux détails. Vous apprendrez à installer, configurer et administrer tous les outils. Les très gros points forts de ce livre sont la progressivité et l'exhaustivité du contenu. Tous les thèmes importants y sont abordés :

- pourquoi superviser, et quels éléments superviser,
- les aspects psychologiques (plus importants qu'il ne paraissent et trop souvent négligés),
- des conseils sur les bonnes pratiques,
- des points techniques très détaillés (je conseille notamment le chapitre 14 sur la charge d'un système Unix/Linux !).

La progression dans la difficulté des éléments abordés est très bien pensée et satisfera tous les profils de lecteurs, du débutant à l'expert. C'est simple, si j'avais eu ce livre entre les mains à mes débuts, j'aurais gagné un temps très précieux.

Jean Gabès a ainsi écrit le livre que j'aurais toujours voulu avoir entre les mains. Outre ses connaissances techniques très avancées, son expérience et son talent d'écrivain, il est d'une gentillesse et d'une simplicité rares. Il vous fait partager sa passion pour le monde de Nagios avec un regard précis et intelligent, tout en gardant la distance et le recul nécessaires pour une analyse impartiale.

Cédric Temple

Responsable du projet FAN, *Fully Automated Nagios*
Chef de projet chez MERETHIS, société éditrice du logiciel Centreon

Table des matières

CHAPITRE 2
Grandes lignes de l'étude et de la mise en place d'une solution de supervision 15

CHAPITRE 3
Choix d'une solution de supervision : atouts et fonctionnement de Nagios 29

CHAPITRE 4

Premier niveau de test : réponse d'un nœud sur le réseau 75

CHAPITRE 10
Haute-disponibilité et répartition de charge 273

CHAPITRE 12
Au-delà de la supervision : cartographie et reporting 337

Avant-propos

Ce livre est un guide pour l'étude et la mise en place d'une solution de supervision Open Source basée sur Nagios. Il évoque les principes fondamentaux de la supervision et de la métrologie. L'outil qui sera utilisé est Nagios, et l'ouvrage tente de décrire ce que les administrateurs seront amenés à utiliser dans une mise en œuvre en conditions réelles.

Nous y évoquons les écueils classiques de la mise en place d'un outil de supervision et nous proposons des méthodes afin de les éviter. Enfin, nous étudions tout l'aspect projet de cette mise en place afin que les administrateurs puissent gérer au mieux les possibles réticences qui ne manqueront pas de faire surface de la part de leurs collègues.

À qui s'adresse ce livre

Cet ouvrage est destiné à tous les administrateurs s'intéressant à la supervision Open Source. Ils y trouveront les avantages qu'offre une solution libre, ainsi que toutes les informations nécessaires relatives aux solutions basées sur Nagios. Ce dernier n'aura plus de secret pour eux, tant au niveau de son fonctionnement que des méthodes avancées de configuration.

Les administrateurs ayant déjà des connaissances sur l'administration de Nagios y trouveront des informations utiles sur des fonctionnalités peu connues ou sur une bonne gestion de la configuration.

Ce que ce livre n'est pas

Ce livre ne vise pas à référencer toutes les sondes qui existent pour Nagios ni toutes ses interfaces de configuration possibles et imaginables. Le choix s'est limité aux solutions les plus mûres et les plus utiles pour les administrateurs. Certaines fonctionnalités de Nagios sont passées sous silence pour la simple raison que la quasi-totalité des administrateurs de la planète n'en ont pas l'utilité.

Ce choix permet aux lecteurs de se concentrer sur les algorithmes de supervision importants mis en place par Nagios. Il respecte en ce sens le principe fondamental d'Unix : ne faire qu'une chose, mais la faire bien.

Progression dans le livre et ordre de lecture

Le cheminement suivi par cet ouvrage est celui de tout administrateur lorsqu'il rencontre une nouvelle problématique : il commence par étudier les grands principes qui sous-tendent la supervision, puis tente une première mise en place. Dans ce contexte, il rencontre des difficultés lorsqu'il s'agit d'augmenter sensiblement le nombre de machines surveillées. Les méthodes de la deuxième partie permettent de régler ces soucis. Enfin, une fois le socle Nagios pleinement maîtrisé, il peut mettre en place le reste de la solution avec, par exemple, des outils de gestion de configuration.

Partir d'une solution complète pour tenter de la redimensionner pour coller au besoin de départ est l'une des erreurs les plus coûteuses que peut faire un administrateur. Sans de bons principes de départ, la mise en place sera bancale et l'administrateur n'aura aucune maîtrise de son installation. Dans ce genre de situation, le projet de supervision est voué à l'échec à plus ou moins long terme.

> AVERTISSEMENT **Un lecteur avec plusieurs casquettes**
>
> Que le lecteur se rassure sur ce cheminement, une seule personne suffit à gérer une solution basée sur Nagios, même si dans ce livre, nous faisons référence à l'administrateur, l'administrateur Nagios, voire l'utilisateur... Bien sûr, pour des raisons de disponibilité, il est conseillé d'être au moins deux... mais ceci sera discuté dans un prochain chapitre.

Les différentes parties

L'ouvrage est divisé en trois grandes parties :

1 introduction à la supervision et à Nagios avec une mise en place simple ;

2 étude des options avancées de Nagios ;

3 étude de l'écosystème gravitant autour de Nagios et mise en place finale.

La **première partie** permet de familiariser le lecteur avec les problématiques de la supervision des systèmes modernes. La solution proposée pour y répondre repose sur Nagios, dont les grands principes sont analysés. Les aspects projet de la mise en œuvre sont étudiés afin d'alerter le lecteur sur les points importants à considérer avant de proposer l'outil au reste de l'équipe. Cette partie se termine par une première mise en place où le lecteur pourra observer Nagios en action, mais également les problèmes que soulève une augmentation du nombre d'éléments surveillés, notamment en matière de gestion de configuration.

La **deuxième partie** approfondit le fonctionnement de Nagios. Ses possibilités pour gérer un parc important de machines sont étudiées, tant en termes de performance qu'en termes de gestion de configuration. Cette partie traite également des méthodes permettant de faire accepter la solution auprès des autres administrateurs. Sans adhésion de leur part, le projet est voué à l'échec, même s'il est techniquement pertinent.

La **troisième partie** concerne l'écosystème de Nagios. Les outils d'aide à la configuration sont étudiés et nous en présentons les avantages et inconvénients afin que le lecteur puisse faire ses choix en connaissance de cause. Un chapitre est dédié à l'interprétation des indicateurs classiques sur les systèmes et réseaux. Enfin, la mise en place finale permet à l'administrateur de disposer d'une solution complète prête à l'emploi.

Guide de lecture

Les différentes parties de cet ouvrage sont relativement indépendantes. L'ordre de lecture conseillé pour une personne n'ayant aucune connaissance en matière de supervision est de suivre tout simplement les chapitres les uns après les autres. Les principes lui seront présentés, suivis de leur application dans le monde réel.

Les administrateurs ayant déjà des connaissances sur la mise en place d'une solution de supervision peuvent sauter les deux premiers chapitres. Ceux qui connaissent déjà bien Nagios peuvent, s'ils le souhaitent, passer la première partie. La seconde partie constitue le cœur de l'étude. Sa lecture est fortement conseillée, même pour ceux qui ont déjà des connaissances au sujet de Nagios.

Enfin, les chapitres finaux sont conseillés, y compris pour les administrateurs qui souhaitent utiliser des méthodes automatiques de mise en place de Nagios. Ils y verront les problèmes les plus courants concernant la configuration de l'outil après installation. Le chapitre 14 sur les indicateurs de supervision et leur interprétation est un passage obligé pour les administrateurs système.

Remerciements

Je tiens à remercier Ethan Galstad sans qui Nagios n'aurait pas existé. Il assure depuis de nombreuses années le suivi de l'outil, ne cesse de l'améliorer et de faciliter la vie des administrateurs.

Merci aux auteurs de Centreon ainsi qu'à la communauté formée autour de cet outil. J'ai une pensée toute particulière pour Guigui2607 et Vcarp pour leur aide dans la compréhension de la latence de Nagios et dans les nombreuses tentatives que nous avons menées pour l'améliorer.

Merci à Cédric Temple d'avoir accepté d'écrire la préface et de tester mes programmes pas toujours bien finis.

J'ai une pensée pour les administrateurs de la société Lectra qui m'ont permis de mettre en place une solution basée sur Nagios. Tout particulièrement Jean-Philipe Leroy pour avoir cru en ce projet, Laurent Audoin pour ses intéressants échanges sur la charge des machines et enfin Éric Beaulieu pour ses demandes toujours plus variées et son aide dans le dur travail de relecture de mes écrits. La taille et les particularités de l'environnement de Lectra, ainsi que les demandes de supervision diverses et variées, m'ont permis de tester toujours plus loin les possibilités de Nagios.

Je tiens également à remercier l'équipe des éditions Eyrolles et en particulier Muriel Shan Sei Fan et Nat Makarévitch pour leur soutien et leurs remarques toujours constructives, ainsi qu'Isabelle Hurbain et Sandrine Burriel, mais aussi Gaël Thomas et Sophie Hincelin.

Mes remerciements les plus nourris vont indiscutablement à ma femme Caroline qui, outre le fait de supporter un mari qui passe ses soirées le nez sur un portable, m'a gentiment proposé de s'occuper des diagrammes. Sans son aide, ils n'auraient pas été aussi clairs et agréables à regarder.

Je remercie enfin notre petit William à qui je dédicace ce livre. Ne me voyant pas donner le biberon et écrire en même temps, il m'a permis de fixer simplement les échéances de rédaction et d'être tout particulièrement motivé pour les respecter.

Introduction à la supervision et à Nagios avec une mise en place simple

Cette première partie introduit la supervision et en présente un exemple simple. Constituée de cinq chapitres, elle accompagne le lecteur dans sa première mise en place de Nagios.

Le **chapitre 1** est une introduction à la problématique de la supervision, à laquelle est confronté tout administrateur de systèmes d'information. Il présente les avantages qu'un administrateur peut retirer en mettant en place une solution de supervision et de métrologie.

Le **chapitre 2** présente, quant à lui, les grandes lignes de l'étude de la solution et de sa mise en place. Nous y étudions les défis qui attendent les administrateurs, tout comme les parades pour éviter les principaux écueils.

Au **chapitre 3**, nous abordons les critères régissant le choix d'une solution de supervision. Nagios, star de la supervision libre, en sort vainqueur. Nous verrons son mode de fonctionnement global.

Le **chapitre 4** présente les méthodes de supervision des éléments distants comme les serveurs ou les équipements réseau. Après cela, les termes de « tests sur le réseau » ou d'« interrogation d'agent » n'auront plus de secret pour vous.

Le **chapitre 5**, enfin, propose de mettre en place une première solution de supervision avec un objectif simple : surveiller quelques serveurs web.

Bien que cette première expérience soit facultative, il est fortement conseillé au lecteur de s'y confronter afin de mieux comprendre les limites d'une utilisation sommaire de Nagios. Les informations présentées dans la seconde partie de l'ouvrage nous serviront précisément à dépasser ces limites.

1

Intérêt de la supervision et de la métrologie

Le métier d'administrateur devient de plus en plus complexe, d'où l'importance pour l'équipe de gagner en temps et en efficacité grâce à un bon outil de supervision.

Être alerté en temps réel

Les systèmes d'information étant par nature complexes, leur supervision est indispensable.

Les problèmes sont inévitables

Les systèmes d'information sont tous différents de par leur taille, leur nature, leur criticité. Ils ont cependant pour point commun d'être le théâtre d'incidents, à un moment ou à un autre. Ils ont beau être gérés par les meilleurs administrateurs du globe et être à jour, la loi de Murphy est immuable. Si quelque chose peut mal tourner, alors elle finira infailliblement par mal tourner. Un des rôles des administrateurs est justement de gérer cela. Ils doivent concevoir l'architecture du système d'information de telle manière qu'une panne ait un impact minimal sur le reste du système. Ils doivent aussi gérer les éventuels problèmes – ce qui reste une part importante de leur charge de travail. Même avec des architectures robustes, on estime généralement à 80% de l'activité d'un administrateur la résolution de problèmes. Voilà pourquoi il vaut la peine de chercher à diminuer cette part qui, il faut bien l'avouer, est loin d'être la plus intéressante, et de surcroît n'ajoute aucune valeur aux systèmes.

Les utilisateurs : un moyen de supervision peu fiable et pas toujours agréable

Les systèmes d'information ont pour but final de servir des utilisateurs et d'être employés par eux. Ceux-ci ne manquent pas de signaler aux administrateurs les problèmes qu'ils y rencontrent – problèmes qui surviennent soit par manque de formation des utilisateurs, soit par réelle carence du système.

Dans ce dernier cas, il n'est pas agréable, pour l'administrateur, de l'apprendre de la bouche d'un utilisateur car celui-ci n'est généralement ni tendre ni très précis. Cette imprécision peut faire perdre un temps précieux lors de la résolution du problème. L'administrateur, faute d'informations pertinentes, cherche le problème au mauvais endroit.

Une solution de supervision permet justement d'éviter ce genre de soucis. L'administrateur est prévenu rapidement d'une situation anormale, bien souvent en moins de temps qu'il n'en faut à un utilisateur pour venir se plaindre. Il dispose, de plus, d'informations pertinentes et peut immédiatement s'atteler à la résolution du problème. Si ce dernier est mineur, sa résolution est rapide. L'utilisateur qui tente de nouveau d'accéder à la ressource y parvient et n'appelle pas le support. Il y a gain de temps, de part et d'autre, sans compter que l'utilisateur finit par se faire une meilleure opinion du service informatique qu'il appelle moins souvent.

En outre, certaines ressources ne sont utilisées qu'occasionnellement – c'est le cas par exemple des applications de déclaration au trésor public. En cas de souci en période de non-utilisation, sans outil de supervision, l'erreur n'est pas remontée ; ce n'est que lors de l'utilisation de l'application que les utilisateurs s'en aperçoivent et sont bloqués. Avec un outil de supervision, les administrateurs auraient eu tout le temps nécessaire pour résoudre le problème en période creuse. Ils ne subiraient pas les foudres des utilisateurs d'une application comptable en période de clôture...

Pouvoir remonter à la source des problèmes

Les systèmes étant de plus en plus imbriqués, une simple erreur peut en produire un nombre incalculable d'autres.

Éviter l'effet domino

Bien souvent, une ressource fait partie d'une architecture plus large. En cas de problème, cette ressource peut emporter avec elle tout un pan de la construction, même si cela peut prendre du temps. C'est là que la vitesse de détection et de réaction face au problème reste primordiale pour éviter un effet domino dévastateur.

Si l'administrateur arrive à résoudre le problème rapidement, les autres éléments peuvent être épargnés. Il gagne donc doublement du temps en prévenant l'apparition d'autres problèmes.

Prenons, par exemple, le cas d'un disque où s'effectuent des sauvegardes, et qui serait plein. Suivant la manière dont se fait la sauvegarde, l'impossibilité d'écrire les fichiers sur le disque peut empêcher l'application de redémarrer ensuite – soit un problème bien plus grave que le problème de disque au départ. Avec une alerte adéquate, l'administrateur serait au courant de l'état du disque au bon moment, pourrait procéder à un nettoyage, et permettre à la sauvegarde de s'effectuer correctement.

Un historique pour remonter à la source des problèmes

Lorsqu'un administrateur tente de résoudre un problème, il s'aperçoit parfois que celui-ci est causé par un autre élément défaillant, et ainsi de suite. C'est notre fameux effet domino. Aucun utilisateur ne permet de remonter cette chaîne d'erreurs.

Un outil de supervision permet de conserver un historique des alertes. L'administrateur peut alors regarder les incidents qui se sont produits juste avant le problème constaté et ainsi facilement remonter à la source.

On peut reprendre ici le cas de notre sauvegarde bloquante. L'administrateur arrive le matin avec une application non disponible. Il regarde dans l'outil de supervision depuis quelle heure elle est dans cet état. Il s'aperçoit alors que, peu de temps auparavant, il y a eu sur ce même serveur une alerte de disque plein. Il fait alors le lien et résout le problème rapidement.

Être proactif face aux problèmes

Véritable leitmotiv des administrateurs, la proactivité passe bien sûr par la supervision.

Les signes annonciateurs

Certains problèmes sont précédés de signes avant-coureurs avant de devenir bloquants. Repérer ces signes est une plus-value non négligeable des outils de supervision. Les administrateurs peuvent ainsi régler le problème avant même qu'il ne se produise.

Bien entendu, il n'en est pas ainsi pour chaque problème mais beaucoup d'applications émettent des avertissements lors d'une situation anormale. Ceux-ci doivent être remontés aux administrateurs. Seul un outil de supervision peut accomplir cela.

Pour reprendre notre exemple de disque de sauvegarde, avant d'être plein, il a bien dû se remplir. Les administrateurs auraient dû être alertés avant le moment critique pour faire du nettoyage et éviter l'échec de la sauvegarde et la chute consécutive de l'application...

Les problèmes n'attendent pas les utilisateurs

Surveiller le système d'information y compris pendant les périodes non ouvrées présente bien des avantages. Durant ces périodes, aucun utilisateur n'est présent pour relever les éventuels problèmes. Cela ne signifie pas que le système en est exempt. Ils peuvent être annonciateurs de problèmes futurs, voire en être la cause.

Reprenons, par exemple, le cas d'une sauvegarde qui échoue faute de place sur le disque, mais qui arrive à bien relancer l'application par la suite ; sans outil de supervision, l'administrateur ne s'aperçoit de rien. Pire, il pense avoir une sauvegarde, ce qui n'est pas le cas. Plus grave encore, il peut être tenté d'effectuer des manipulations dangereuses en pensant pouvoir revenir en arrière...

Une demande fréquente de la direction

Être proactif face aux problèmes est une demande croissante de la part des directions des systèmes d'information. On ne peut être proactif, c'est-à-dire résoudre les problèmes avant même qu'ils ne se présentent, qu'à condition d'être bien informé.

Comme on vient de le voir, les outils de supervision sont cruciaux pour atteindre cet objectif. Les administrateurs ont donc tout intérêt à en utiliser un, qui facilitera leur travail et leur permettra de passer plus de temps sur des actions ayant une véritable valeur ajoutée, comme la conception d'architectures plus robustes.

Les ressources nécessaires pour mettre en place une telle solution se justifient parce qu'elle permet, d'une part, de répondre à la demande de proactivité et, d'autre part, de réaliser des gains de temps importants sur l'ensemble du système d'information.

Améliorer la disponibilité effective des applications

Les administrateurs ne doivent pas oublier leur rôle premier : fournir aux utilisateurs des applications exploitables dans les meilleures conditions.

Les différents ressentis vis-à-vis des performances

Le ressenti utilisateur est très différent de celui des administrateurs quand on parle de performances. S'il est bien connu que les systèmes d'information ne sont jamais assez rapides pour ceux qui les utilisent, il en va tout autrement pour ceux qui les administrent.

Certains utilisateurs se plaignent de la lenteur des applications. Si, dans bien des situations, cela est dû à une mauvaise utilisation du système (comme une fonction de reporting sur un jeu de valeurs trop important), dans d'autres cas, ces problèmes sont réels. Sans outil, l'administrateur a beaucoup de mal à faire la différence entre les plaintes abusives des utilisateurs et les véritables soucis de performance.

Un outil de supervision met tout ce beau monde d'accord. Il peut remonter des valeurs objectives. Il est possible de repérer très simplement s'il y a une dégradation de la situation par rapport à une période où tout fonctionnait bien ou bien si le ressenti des utilisateurs est en cause.

Sans un tel outil, les administrateurs campent sur leurs positions et maintiennent que tout va bien du côté des performances. Les utilisateurs font de même concernant les lenteurs. Ce genre de situation peut s'envenimer très rapidement. Les utilisateurs peuvent facilement généraliser à toute une application une lenteur ressentie sur seulement quelques écrans particuliers.

Gérer les priorités : la production avant tout

Les administrateurs ont un objectif clair : le maintien en production du système d'information. Cependant, tous les éléments ne sont pas logés à la même enseigne en ce qui concerne la criticité. Certaines parties sont vitales pour l'entreprise, d'autres beaucoup moins.

Les utilisateurs auront tendance à considérer que tout est critique, ce qui empêche d'établir des hiérarchies par priorité : si tout est prioritaire, plus rien ne l'est. Or les administrateurs doivent traiter en priorité les problèmes qui surviennent sur les systèmes critiques.

Sans outil de supervision, il est quasi impossible pour un administrateur de garder en tête ces différents niveaux de criticité. Lorsqu'un problème survient, l'administrateur doit pouvoir accéder à cette information très rapidement et facilement. Il ne peut malheureusement pas s'en remettre aux utilisateurs pour cela, car ces derniers n'ont pas de vision globale du système d'information et tendent à considérer que leur souci est le plus critique de tous.

L'outil de supervision peut ainsi aider à mettre des priorités sur les interventions des administrateurs et leur permettre de se concentrer sur l'essentiel. Avec un taux de disponibilité des applications ainsi pondéré par leur criticité, la disponibilité *globale* du système d'information est améliorée.

Tailler au plus juste le système d'information

Un des rôles de l'administrateur est également de prévoir les besoins futurs afin de dimensionner au mieux le système d'information. S'il prévoit trop large, il dépense trop ; s'il ne prévoit pas assez, on arrive à une situation de contention. Celle-ci peut déboucher sur de très graves problèmes de disponibilité du système d'information.

Pour effectuer correctement ce travail de dimensionnement au plus juste, il a besoin de connaître l'état réel de la consommation des ressources et une estimation, de la part des utilisateurs, de l'évolution des demandes.

Cette dernière information est malheureusement une denrée extrêmement difficile à obtenir. L'administrateur doit étudier l'évolution des besoins en ressources sur une période significative afin d'extrapoler et de prévoir au mieux leur évolution future. Il a besoin d'effectuer des mesures précises sur différents éléments du système d'information, grâce à un outil de *métrologie*.

Cet outil est, dans la plupart des cas, intégré à la solution de supervision. Beaucoup d'alertes de supervision sont basées sur des mesures du système d'information, mesures que l'on compare avec des seuils prédéfinis. Elles sont utilisées pour la supervision, mais peuvent être récupérées en même temps par l'outil de métrologie de sorte qu'une seule interrogation est nécessaire.

L'investissement réalisé dans la mise en place d'un outil de métrologie n'est jamais perdu puisqu'il permet, via un dimensionnement juste, d'optimiser les investissements. Ce simple gain peut justifier à lui seul la mise en place d'une solution de supervision / métrologie. En outre, l'amélioration de la disponibilité des applications et donc des performances de l'entreprise, s'ajoute dans la balance en faveur d'une telle installation.

Surveiller plus que le système d'information

Les outils de supervision ont souvent un champ d'action qui s'étend au-delà du seul périmètre du système d'information.

Un ordonnanceur ?

Un outil de supervision n'est rien de plus qu'un ordonnanceur un peu spécial. En général, il n'effectue pas d'action mais juste des vérifications. Il est cependant possible de l'instrumenter pour ordonnancer des traitements – mais avec des limites vite atteintes puisque ordonnancer des traitements n'est pas sa vocation première.

Par exemple, un outil de supervision est spécialisé dans le lancement de nombreux petits programmes, chacun récupérant une valeur, tandis que les ordonnanceurs lancent en général un nombre restreint de traitements, mais qui peuvent durer plusieurs heures. Le paramétrage et le comportement de l'application sont inadaptés face à une telle utilisation.

Cela dit, face au coût important d'un outil d'ordonnancement, il est tentant de laisser cette tâche à l'outil de supervision. Mais c'est au risque d'avoir un service de piètre qualité et de mettre en péril certains traitements, ce qui peut au final se révéler plus coûteux.

Autre phénomène également observable sur bien des outils de supervision, leur périmètre de surveillance dépasse les limites du système d'information. De tels dépassements peuvent être justifiables ou au contraire ne pas être pertinents du tout.

Supervision physique d'une salle machine

Prenons l'exemple de la supervision physique d'une salle machine. Celle-ci contient en général un système d'accès à la salle, une climatisation et un groupe électrogène – autant de systèmes en eux-mêmes indispensable à l'ensemble du système d'information.

Il va sans dire que si une personne parvient à accéder à la salle, le système est en péril puisqu'il suffirait à l'intrus de prendre un disque ou une bande pour obtenir des informations confidentielles, en passant outre tous les pare-feux possibles et imaginables.

Dans le cas de la climatisation, une trop forte température ou une humidité trop élevée peuvent être catastrophiques et rendre le système indisponible. Il en va de même pour l'électricité.

Les éléments physiques sont donc cruciaux pour le bon fonctionnement du système. Ils peuvent – ou doivent même – être surveillés par l'outil de supervision. Cette surveillance dépend, bien sûr, de la manière d'obtenir les informations importantes comme la température ou l'état des batteries du groupe électrogène. On verra par la suite des exemples d'obtention de telles informations.

Formes d'alertes

De telles informations (accès, humidité, température, panne courant) sont critiques et doivent être remontées de toute urgence aux responsables de la salle machine. Un simple courrier électronique n'est bien souvent pas suffisant – peu de chances en effet que l'administrateur aille consulter ses messages à 4 heures du matin. Un SMS envoyé sur un téléphone d'astreinte aura plus d'impact.

Ainsi différentes façons d'avertir sont à prévoir dans une solution de supervision. Elles doivent être étudiées avec soin. Des SMS envoyés à tort n'auront pour effet que d'inciter les personnes d'astreinte à ne pas les lire, voire à éteindre le téléphone.

En un mot

Pour ceux qui n'étaient pas déjà convaincus, les outils de supervision et de métrologie sont indispensables à la bonne administration d'un système d'information. Sans eux, l'administrateur est privé de moyens fiables et rapides de vérifier que les éléments de l'infrastructure et les applications sont opérationnels.

Grandes lignes de l'étude et de la mise en place d'une solution de supervision

La mise en place d'un outil de supervision est un projet complexe, dont il faut prévoir et prévenir les plus gros écueils.

Plus qu'un outil : un projet à part entière

Un défaut courant dans la mise en place d'une solution de supervision est de la traiter comme une opération purement technique.

Revoir ses processus

Si la seule mise en place technique de Nagios est rapide, elle limite les avantages que l'on peut en tirer. Il ne suffit pas en effet d'observer rapidement les problèmes, encore faut-il diminuer leur nombre sur le long terme. Pour cela, il faut coupler l'outil de supervision à une base de connaissances, qui doit être renseignée dès qu'un nouveau problème est résolu. Ainsi, quelle que soit la personne alertée, elle trouvera depuis l'outil de supervision un lien vers la méthode de résolution du problème. Sans cela, les administrateurs risquent fort de perdre du temps à résoudre un incident qui s'est déjà produit – sans oublier que cela prive l'équipe dans son ensemble d'un moyen de progresser.

Il en est de même concernant la métrologie. Si les administrateurs ne l'utilisent que pour observer les ressources sur les dernières minutes, elle perd son intérêt face à la supervision. Il faut que les administrateurs l'utilisent dans son vrai rôle, à savoir celui d'un outil permettant d'observer l'évolution des ressources sur des périodes longues de plusieurs mois.

De manière générale, l'outil de supervision permet d'optimiser une grande partie des processus des équipes. Il faut que la mise en place d'un tel outil soit précédée d'une véritable analyse de ces processus et, en tout premier lieu, ceux qui concernent la gestion de la base de connaissances ou le calcul des besoins futurs.

> REMARQUE **Une entreprise complexe**
>
> Les administrateurs de doivent pas se leurrer : la réussite du projet de supervision sera autant technique qu'organisationnelle. Si ce dernier point n'est pas l'activité préférée de la majorité des amoureux de la technique, ce projet pourrait les réconcilier avec cet aspect de leur métier.

Une répartition de la charge de travail

Avec la mise en place d'un système de supervision, les administrateurs de « back office » peuvent déléguer une partie des résolutions au « front office ». Ils rédigent les méthodes de détection de problèmes dans l'outil de supervision et leur résolution dans la base de connaissances.

Une fois qu'un problème est détecté, les autres administrateurs ont alors toutes les informations pour le résoudre. Cela décharge les administrateurs de dernier niveau qui peuvent alors rédiger des règles de détection de plus en plus précises afin d'améliorer le système d'information. C'est un cercle vertueux qui prend sa source dans la mise en place de la supervision et la refonte des processus.

La supervision doit évoluer avec le SI

Un système informatique, tout comme un être vivant, évolue. Le système de supervision doit évoluer avec lui. Pour ce faire, dans chaque futur projet, ou à la mise en place de tout nouvel outil, une partie dédiée à la supervision doit être prévue. Elle permettra de repérer rapidement les nouveaux problèmes que vont devoir affronter les administrateurs.

Ainsi le processus de mise en place des outils doit être adapté. Si tous les outils ne nécessitent pas une supervision, les plus importants doivent être sous surveillance, même sommairement. Il est cependant préférable de superviser l'ensemble de son portefeuille d'applications et l'infrastructure qui le sous-tend.

Un outil faisant le lien entre les services

Les relations avec la maîtrise d'ouvrage peuvent également s'améliorer grâce à la métrologie. Il est possible de mesurer les temps de disponibilité des applications et les temps de réponse. On peut alors rédiger un contrat entre services.

Bien entendu, un tel contrat doit se faire avec l'aval de la direction et sans précipitation. Ce sont des décisions fortes qui peuvent influer sur l'avenir et sur le budget d'un service informatique.

Une mise en place progressive

Il est conseillé de surveiller l'*ensemble* du système d'information. Il est cependant vivement déconseillé de mettre en place la totalité de la supervision en une seule opération. Faire accepter l'outil sera sûrement plus complexe que le mettre en place. Il faut commencer par une partie restreinte du système d'information et étendre la portée de l'outil petit à petit au reste du système. Chaque étape prend en charge de nouveaux éléments, de nouvelles applications et enfin de nouveaux utilisateurs.

Si la mise en place est trop brutale, les initiateurs du projet risquent de se mettre à dos les administrateurs – ce qui ôterait tout son intérêt au projet. Nous verrons par la suite des méthodes pouvant améliorer l'intégration de l'outil au sein de l'équipe et faire du projet un véritable succès.

Il n'est pas possible de prévoir tous les incidents que les administrateurs peuvent rencontrer dès la mise en place. Certaines erreurs passeront entre les mailles du filet de la supervision pendant toute la durée de vie de la solution. Il faut alors que le processus d'amélioration joue son rôle : l'outil doit être à même de détecter cette erreur si elle se reproduit. Une fois la règle de supervision ajoutée, si l'erreur refait surface, elle est détectée rapidement.

Il est nécessaire que les bonnes personnes soient averties. Lorsqu'un nouveau problème est rencontré, il est examiné par différents administrateurs avant d'être réglé. Il faut qu'un groupe en prenne la responsabilité et soit averti s'il se reproduit. Si la base de connaissances est correctement remplie, le problème peut être réglé très rapidement – voire de façon automatisée, si c'est possible.

C'est alors tout le service informatique qui s'est amélioré, et ce principalement grâce aux nouveaux processus rendus possibles par la mise en place de la supervision.

La tentation de tout superviser

Avec un outil performant et souple, il est très tentant de superviser des éléments qui ne l'auraient pas été en temps normal. Cela peut être bénéfique dans certains cas. On a vu que l'on ne peut pas prévoir toutes les erreurs possibles qui peuvent survenir sur un système d'information. Il vaut mieux alors avoir trop d'indicateurs que pas assez. En cas de problème inconnu, l'un des indicateurs pourrait s'avérer utile pour l'identification du problème.

Il ne faut cependant pas exagérer. En plus de consommer des ressources de calcul et de l'espace, cela demande du temps de mise en place. Si un indicateur n'apporte aucune information par rapport à un autre déjà en place, il ne faut tout simplement pas le surveiller.

On verra par la suite des exemples d'indicateurs indispensables sur les principaux systèmes et comment on peut en tirer des informations précieuses.

Faire accepter le projet de supervision à ses supérieurs

Nous insistons sur la nécessité d'avoir l'accord de la direction avant toute mise en place ou revue des processus de l'équipe d'administration. En effet, rappelons que la solution de supervision est très structurante en termes de processus pour le service informatique.

Le premier objectif est donc de trouver des arguments permettant de faire accepter cette mise en place. Nous avons déjà évoqué les améliorations des processus et de la disponibilité des applications. Il sera bon de rappeler les possibilités de réduction de coût grâce à la métrologie.

Si tout cela paraît trop abstrait ou trop complexe à quantifier, il reste la possibilité d'être plus explicite et de proposer la mise en place d'écrans de supervision pour l'assistance de premier niveau – le cas échéant. En cas de soucis importants, les administrateurs de niveaux 2 et 3 ont rarement le temps d'avertir le premier niveau qu'un incident est en cours. Les personnes de l'assistance de premier niveau sont alors démunies face aux questions des utilisateurs.

Grâce à des écrans de supervision en revanche, elles peuvent s'apercevoir directement des problèmes et peuvent indiquer aux utilisateurs que le problème est pris en compte.

Il faut rappeler également le gain de productivité qu'apportera l'outil aux administrateurs, qui pourront, grâce à la base de connaissances, déléguer à d'autres une partie de leur charge récurrente de résolution de problèmes.

Enfin, pour la mise en place de périodes d'astreinte, l'outil de supervision évite d'avoir à faire appel à un prestataire externe qui peut se révéler très onéreux – un dernier argument pour achever de convaincre les directions les plus frileuses.

Faire accepter l'outil par le plus grand nombre

Une fois que le projet est doté d'un budget et de l'appui de la direction, il faut le faire accepter par les équipes d'administrateurs. Ce n'est pas aussi simple qu'il y paraît. Même si l'outil permet d'améliorer leurs conditions de travail et leur efficacité, il souffre principalement de son image : en tant qu'outil de supervision, il peut être interprété comme un outil pour superviser... les administrateurs plutôt que les systèmes !

Abordons les points risquant d'être un frein à une forte adhésion autour de l'outil, et voyons comment les contourner.

Intérêt de faire adhérer toute l'équipe à l'outil

Il est crucial de faire participer le plus d'administrateurs possibles au projet. Seul un administrateur responsable d'une partie du système d'information peut identifier correctement les causes et conséquences d'un problème. S'il ne prend pas part à la vie de l'outil, il ne rentrera pas dans le processus d'amélioration et gardera pour lui tout ce qu'il administre.

Il peut ainsi y avoir, à cause d'une personne hostile au projet, un pan entier du système mal, voire non supervisé. Cela met en danger la capacité à remonter efficacement à la source des problèmes, même si les autres parties sont supervisées.

> MÉTHODE **Amener et conduire le projet**
>
> La mise en place de la solution de supervision ne doit pas être imposée aux autres membres de l'équipe. Plus que pour n'importe quel projet, celui-ci doit être annoncé très tôt et inclure le plus de participants possible.

Limiter le nombre d'alertes et les hiérarchiser

L'abandon face à un trop grand nombre d'alertes : une réaction naturelle

Il est primordial dans une solution de supervision de chercher à limiter au maximum les alertes que reçoivent les administrateurs. Personne n'aime arriver le matin et découvrir dans sa boite plus de 200 messages d'alertes. Si, au démarrage, un administrateur courageux cherche à tous les lire, même s'il fait partie des plus persévérants, il finira par être découragé et par supprimer l'ensemble des messages. Il faut prévoir et prévenir cette réaction bien humaine.

Rendre très clair le niveau d'importance de chaque alerte

Il faut également qu'un administrateur sache, au premier coup d'œil, si les informations du message sont importantes ou pas. Il n'est pas agréable de devoir tout lire pour avoir une idée de la situation. Un administrateur ne lit qu'une partie des messages, et ne lit que le titre des autres. Si le sujet du message est bien pensé, la personne est informée rapidement et sans risque de perdre d'informations importantes.

Il faut que l'outil puisse énoncer dans le titre les informations principales : ce sur quoi porte l'alerte, et sa criticité. L'administrateur pressé dispose ainsi des informations les plus importantes pour choisir les messages qu'il doit lire.

Alerter uniquement les bonnes personnes

Chaque alerte doit être rapportée aux administrateurs intéressés, et uniquement ceux-là. Dans le but de réduire le nombre d'alertes reçues par chacun, il est normal de n'envoyer que ce qui est nécessaire à chaque administrateur. Cela leur permet de se sentir moins observés par l'outil. S'ils sont les seuls à recevoir l'information, ils ont le sentiment de mieux pouvoir la contrôler. Ils ne partiront pas en guerre contre l'outil.

Les responsables s'affolent dès qu'ils voient une couleur rouge sur un écran, même si en fait l'alerte n'est pas si importante que ça. Ils ne cherchent pas, en général, les causes profondes du problème, qu'ils veulent résolu au plus vite. Il faut donc passer en priorité par les administrateurs qui peuvent qualifier correctement le problème. Il sera rapporté si besoin aux autres membres de l'équipe d'administration.

Pour un problème donné, une alerte, et une seule

Toujours dans le but de diminuer le nombre d'alertes reçues, il faut mettre en place un filtre qui permet de n'avoir qu'une seule alerte par problème. Si un problème engendre d'autres soucis, les administrateurs risquent de recevoir une cascade d'alertes déclenchées par un seul incident. En plus d'encombrer leur messagerie, cela ne peut que ralentir considérablement la recherche de la cause initiale du problème, noyée parmi un nombre incalculable d'erreurs. L'administrateur risque alors d'abandonner la masse d'informations, inexploitable en raison de sa taille, et de s'en remettre aux anciennes méthodes de dépistage de problèmes, bien plus chronophages.

D'où l'importance de bien configurer l'outil pour qu'il ne reçoive qu'une seule alerte qualifiée, indiquant directement où et comment résoudre le problème.

La faculté à signaler rapidement l'origine des problèmes est un critère primordial dans le choix d'un outil de supervision. À défaut, les équipes risquent de ne pas utiliser les informations remontées et d'abandonner doucement l'outil, réduisant à néant tous les investissements réalisés dessus.

DANS LA VRAIE VIE **Cas des pannes d'équipements réseau**

Le cas des pertes réseau est tout particulièrement important ici. Si on prend le cas d'un système d'information réparti sur plusieurs lieux, la perte d'un équipement distant met en erreur toutes les vérifications de la zone. Cela génère potentiellement un nombre important d'alertes.

Il faut donc que l'outil de supervision soit préparé à ce genre de situations et qu'il signale uniquement le problème de connexion en omettant les autres alertes qui en découlent. Bien sûr, ces dernières doivent quand même être signalées sur la console d'administration. Mais l'outil ne doit pas avertir l'administrateur d'un problème auquel il ne peut rien.

L'automatisation complète : régler automatiquement les problèmes?

Une des possibilités offertes par les outils de supervision consiste à lancer une action correctrice lors des problèmes. Bien sûr, c'est à l'administrateur de fournir la commande de résolution.

Cette fonctionnalité semble très alléchante. Bien employée, elle permet de diminuer sensiblement les tâches récurrentes de résolution de problèmes. Malheureusement, elle a également des inconvénients qui peuvent se révéler de taille, pouvant anéantir en un rien de temps l'économie réalisée précédemment.

En effet, si l'action correctrice est mal adaptée, elle peut générer de gros dégâts. Même si ce genre de situation n'arrive pas fréquemment, au final les effets de bord néfastes peuvent excéder de loin les gains attendus...

Supposons qu'un arrêt de service soit prévu et que l'administrateur ait oublié d'avertir l'outil de supervision. Ce dernier va tenter de réparer la situation et faire redémarrer le service. Suivant les actions que sont en train d'effectuer les administrateurs, le redémarrage inopiné peut au minimum se révéler ralentissant, au pire provoquer de graves pertes de données.

DANS LA VRAIE VIE **Pas de réparation automatique sur les clusters !**

Le cas des montages de systèmes de fichiers en cluster actif/passif est un exemple où il ne faut surtout pas mettre en place un tel système. On peut imaginer que, si un système de fichiers tombe, on demande à l'outil de le remonter automatiquement. Cela peut se révéler catastrophique ! Le nœud passif prend la main, monte le système de fichiers et lance ses applications. Le système de supervision voit un problème sur le nœud qui était actif, et prend la décision de remonter le système de fichiers. Si celui-ci prend en charge le montage simultané par deux systèmes, cela ne porte pas à conséquence. Mais dans le cas contraire, ce sont toutes ses données qui sont perdues... (Certes, ce cas est extrême, car personne n'aura l'idée de mettre un tel système en place, espérons-le...).

Il faut donc toujours bien réfléchir avant d'utiliser la possibilité de résolution de problèmes. Si les effets néfastes sont potentiellement plus importants que les gains, il faut renoncer à la mise en place, *même si l'effet néfaste peut ne se produire qu'une fois dans la vie de l'outil.* N'oubliez pas qu'en informatique, est une loi immuable du nom de Murphy...

Des indicateurs aussi simples et clairs que possible

Si un administrateur ne comprend pas une alerte, dans la majorité des cas, il la sup-primera – au lieu de chercher à la comprendre. Il faut donc que les messages d'erreur soient le plus explicites possible.

Les titres donnés aux alertes sont donc primordiaux.

> PSYCHOLOGIE **Ménagez l'administrateur au réveil...**
>
> Dans le feu de l'action, ou le matin avant d'avoir pris son café, un administrateur peut avoir du mal à comprendre les erreurs. Des alertes trop complexes risquent fort de le mettre de mauvaise humeur, et il risque de maudire l'outil ainsi que celui qui l'a mis en place...

Prenons le cas d'un redémarrage de serveur. L'indicateur à observer est « uptime », disponible sur tous les systèmes. Il permet de voir depuis combien de temps le sys-tème est lancé. Si la valeur est inférieure à cinq minutes, c'est que le serveur vient tout juste de redémarrer. Il faut alors lever une alerte. Mais comment nommer cette alerte ? On pourrait l'appeler « Uptime », mais ce nom n'est pas parlant. Il vaudrait mille fois mieux la nommer simplement « Reboot ». Un tel message d'erreur sera directement compris, même par le plus endormi des administrateurs...

> BONNE PRATIQUE **Limiter le nombre de caractères des titres d'alertes et parler le langage de « l'admin »**
>
> Ce n'est pas tant par une contrainte physique de nombre de caractères que par la capacité instantanée de l'administrateur à embrasser le sens d'un titre qu'il faut en limiter la longueur. Il faut aussi éviter l'excès inverse et ne pas hésiter à allonger légèrement un titre pour le rendre plus explicite.
> D'autre part, il faut bien reconnaître que les administrateurs ont leur langage. Pour preuve le cas d'une coupure réseau massive due à une boucle causée par un équipement défaillant : la personne qui a lu l'alerte a couru vers les administrateurs en pause café, en criant simplement : « Boucle à la logistique ! ». Autant dire que les administrateurs ont laissé là leur café et ont couru vers le lieu en ques-tion. La formule était lapidaire mais efficace, les moindre secondes gagnées étant bonnes à prendre pour éviter que le « feu » ne se propage davantage.

Bien entendu, tout n'est pas simple à synthétiser, surtout dans le cas des erreurs. Il faut alors, à tout le moins, que l'administrateur ait accès simplement aux informations com-plémentaires sur les erreurs détectées. L'outil de supervision doit être relié à la base de connaissances de l'entreprise. L'administrateur peut alors simplement regarder la documentation et « traduire » l'erreur en quelque chose qu'il maîtrise mieux.

Rappelons que cette base de connaissances doit absolument être remplie régulièrement, y compris pour les indicateurs les plus simples. En effet, ce qui est trivial pour l'administrateur qui s'occupe tous les jours de ces environnements ne l'est pas forcément pour un nouvel arrivant dans l'équipe.

PRATIQUE **Un wiki est idéal !**

Pour la base de connaissances, un simple Wiki fait très bien l'affaire. Commodes et ludiques, les wikis ont le soutien de la plupart des administrateurs. Le logiciel libre MediaWiki, utilisé notamment par Wikipedia, est très simple à mettre en œuvre et offre un excellent cadre pour constituer une base de connaissances. Il faut cependant veiller à la validité des informations dans le temps. Un wiki, par son fonctionnement même, peut voir cohabiter sur la même page des informations à jour et obsolètes. De manière générale, dater la documentation est une pratique à encourager.

📖 Barrett, *MediaWiki efficace*, Eyrolles 2009

Le problème du messager

Il est dans la nature humaine de confondre le message et le messager. Cela peut poser problème dans le cas d'une solution de supervision. Celle-ci va en règle générale annoncer de bien mauvaises nouvelles : une application est arrêtée, un disque est en panne sur un serveur, ou bien l'administrateur n'a pas prévu assez de ressources sur les serveurs.

Le message n'étant pas très flatteur, les administrateurs prennent parfois mal les alertes qu'ils reçoivent et considèrent alors l'outil de supervision comme un oiseau de mauvais augure. Cela peut dégénérer et arriver à une situation où ils ne veulent plus écouter ce que leur dit l'outil et le délaissent – ce qui n'est pas souhaitable.

Il faut faire comprendre aux administrateurs que l'outil est là pour les aider à déterminer ce qui ne va pas dans le système d'information. Il faut bien leur rappeler que quels que soient leurs efforts, il y aura toujours quelque chose qui ne fonctionnera pas correctement. Il y aura toujours des alertes.

Il faut leur faire sentir le plus tôt possible les effets bénéfiques de l'outil, en leur rapportant par exemple les améliorations des taux de disponibilité. Ils verront alors le bon côté de l'outil, censé les aider à améliorer le système tout en facilitant leur travail.

Big Brother is watching you ?

Autre problème courant des outils de supervision : être perçu comme un surveillant permanent, un véritable *Big Brother* des systèmes d'information. Certains administrateurs peuvent se sentir mal à l'aise avec ce genre de projet, et feront tout pour faire échouer sa mise en place.

Aussi est-il nécessaire de donner un peu d'espace privé à l'administrateur : en ne rendant pas les informations publiques, ce dernier ne se sentira pas surveillé et ne freinera pas son bon fonctionnement.

Il faut, de plus, lui faire prendre conscience que l'outil est en place pour l'aider et non le superviser, lui. Il est une arme donnée à l'administrateur contre les soucis qu'il rencontre tous les jours. Il faut chercher à l'impliquer davantage dans la décision de la mise en place, afin qu'il ne ressente pas qu'on lui impose un outil, mais plutôt qu'on lui propose une aide à l'amélioration du système dans son entier.

La conduite du changement

Autre habitude fâcheuse des utilisateurs : voir tout changement comme néfaste. Les administrateurs sont, sur ce point, des utilisateurs comme les autres. La gestion du changement est au cœur de chaque projet. Elle doit être accompagnée correctement. Dans le cas contraire, le projet échoue ou arrive dans la douleur.

Un moyen classique de gérer cette situation consiste à limiter au maximum les différences entre l'ancien et le nouveau système. Les utilisateurs retrouvant certains repères, ils sont moins enclins à pester contre le changement.

Dans le cas du système de supervision, il faut regarder ce qu'il y avait avant. Il est rare que des administrateurs n'aient aucun outil pour observer l'état de fonctionnement des systèmes. Si ces outils sont sommaires et disparates, il faut tout de même en tenir compte et chercher à les intégrer au système de supervision. Grâce à cela, les administrateurs se sentiront en terrain connu. Ils n'auront pas à apprendre un nouvel indicateur et ils résisteront moins à l'arrivée du nouvel outil.

Beaucoup d'indicateurs de performance, est-ce utile ?

Les indicateurs de métrologie sont comme les épices dans un plat : s'il n'y en a pas assez, c'est fade ; s'il y en a trop, c'est écœurant.

Le nombre d'indicateurs est important

Un nombre insuffisant d'indicateurs ne permet pas à coup sûr que l'un d'entre eux éclaire sur la cause probable d'un problème. S'il y en a trop, les informations risquent d'être en double et, outre le fait que cela prend plus d'espace et de capacité de calcul, cela fait perdre du temps aux administrateurs lorsqu'ils tentent de chercher des informations précises. Trouver un juste milieu est nécessaire.

Quelle durée de conservation des données ?

Une autre question se pose quant à la durée de conservation des données de métrologie car une telle masse d'informations peut être complexe à gérer sur le long terme.

On peut faire remarquer qu'on n'a pas forcément besoin que les informations soient aussi précises sur une donnée très récente (de la journée qui vient de passer) que sur une donnée ancienne (du mois dernier). Inutile de revenir sur une valeur précise du mois précédent. Si elle n'était pas correcte, c'est le rôle de l'historique de la supervision de le détecter, pas de la métrologie. En revanche, les évolutions sur de longues périodes nous en apprennent beaucoup sur la consommation des ressources et sur leur évolution et permettent de tailler correctement les ressources futures en extrapolant à partir des variations passées.

Les données récentes, quant à elles, doivent être conservées avec une granularité très fine afin d'observer les valeurs expliquant une alerte récente. L'information intéresse fortement les administrateurs quand ils cherchent à résoudre un problème – par exemple dans le cas d'une sauvegarde interrompue car trop longue à cause des performances d'un serveur.

La granularité de conservation doit évoluer avec l'âge de la donnée : les valeurs récentes doivent être conservées avec un grand niveau de détail. Concernant les anciennes, la granularité peut être grossière, car seules les évolutions globales nous intéressent. Il faut pour cela mettre en place un mécanisme d'agrégation des valeurs qui doit être géré par la solution choisie, sous peine de devoir acheter beaucoup de disques durs lors de sa mise en place.

Des échelles simples

Toujours dans le but de faire adhérer le plus grand nombre d'administrateurs, il faut que la lecture des courbes de métrologie soit la plus naturelle possible. Les indicateurs doivent être clairs. Pour cela, les unités des axes des courbes doivent être les plus naturelles possible. Cette solution simple permet aux administrateurs de lire facilement les courbes et de retrouver très rapidement des indications sur leur pertinence.

> PIÈGE **Le réseau, un monde à part**
>
> Les administrateurs réseau sont des êtres particuliers : lorsque tout le monde compte en octets, eux parlent en bits. Ce détail n'en est plus un lorsqu'il s'agit de restituer des courbes ou, pire, de placer des seuils d'alertes.

Superviseur mais également hyperviseur

Les outils de supervision ne doivent pas se contenter d'un rôle de supervision. Ils doivent également être à l'écoute des autres outils afin de centraliser les informations.

La dure réalité de la supervision

Les discours marketing cherchent tous à vous convaincre du contraire, mais la réalité est infaillible : aucun outil de supervision ne peut superviser parfaitement l'intégralité de votre système. Certaines parties ne peuvent être supervisées que par un outil particulier, fourni en général par l'éditeur des applications concernées.

Dans cette situation, votre superviseur doit obtenir les informations de l'outil en question, qui doit exporter ses informations vers la plateforme. Pour désigner ce rôle de supervision d'autres outils de supervision, on parle alors « d'hyperviseur ».

Une seule console de supervision

Il est particulièrement peu commode de devoir faire le tour d'une dizaine de consoles de supervision différentes. La mise en place d'un hyperviseur permet de n'avoir à surveiller qu'une seule console. Dans cette dernière, les informations sont sommaires mais permettent aux administrateurs d'être avertis d'un problème. Si besoin est, ils peuvent alors se référer aux outils dédiés à l'application, à la recherche d'informations plus poussées.

Méthodes d'obtention des informations

L'obtention des informations de supervision ne peut se faire que de deux manières :

* soit l'outil récupère activement l'information ;
* soit il attend passivement qu'on la lui envoie.

Dans le premier cas, la demande peut passer par des intermédiaires, mais c'est bien l'outil de supervision qui en est l'instigateur.

Dans le second, l'outil n'est là que pour recevoir des informations. Il ne contrôle ni l'envoi, ni les fréquences de réception.

Concernant la configuration nécessaire pour ces deux cas, dans la méthode active, l'outil a toutes les informations nécessaires, notamment la fréquence à laquelle faire les demandes. Dans la méthode passive, il ne contrôle pas grand-chose. Une partie de la configuration, notamment l'ordonnancement d'envoi, est située sur les éléments distants. Ceci alourdit la configuration car elle est distribuée.

Cette solution de laisser l'initiative à l'outil tiers ne doit donc être choisie que si une méthode active n'est pas possible.

La modularité : réduire si possible le nombre de superviseurs

Il est préférable de tout regrouper au sein d'un même outil lorsqu'il est question de supervision, ne serait-ce que pour limiter la configuration. On privilégie donc une solution qui soit la plus modulaire possible. Elle peut s'adapter à un maximum de situations. Si elle ne peut pas se substituer parfaitement aux outils dédiés, elle renferme peut-être suffisamment de fonctionnalités pour qu'ils ne soient plus nécessaires. Il n'auront alors plus à être maintenus.

En règle générale, un nombre restreint d'applications fournissant des informations « standard » qui s'agencent bien, fonctionneront mieux qu'un grand nombre d'applications avancées qui dialoguent mal. Les administrateurs n'ont pas le temps de se former exhaustivement sur l'ensemble des outils. Il est alors préférable de n'en maîtriser qu'un nombre restreint et d'en tirer le maximum, plutôt que de n'avoir que des informations sommaires avec des outils sous-exploités.

En un mot

Bien qu'indispensable, la mise en place d'un outil de supervision ne s'improvise pas. Si l'administrateur se borne à vouloir considérer ce projet d'un point de vue purement technique, il est voué à l'échec. De nombreux obstacles se dressent devant lui, le premier étant que les autres administrateurs peuvent mal vivre l'arrivée de la solution. Des méthodes existent pour diminuer ces problèmes.

Une fois adopté et intégré aux processus du service, l'outil permet d'améliorer sensiblement la disponibilité du système d'information et d'alléger la charge pesant sur les administrateurs.

3

Choix d'une solution de supervision : atouts et fonctionnement de Nagios

Sur quels critères juger une solution de supervision ? Quel est le fonctionnement de Nagios, référence open source en matière de supervision ?

La mise en place de la solution de supervision devant être traitée comme un projet à part entière, commençons par l'étude des besoins.

Choix d'une licence open source

En ces périodes où les budgets des services informatiques fondent comme neige au soleil, la gestion des licences est de plus en plus contraignante. Les demandes des utilisateurs augmentent et conduisent à une accumulation de licences. Les outils de supervision ne font pas exception à cette règle. On peut, dans certains cas, arriver à ces situations où seuls les environnements critiques sont supervisés, faute de moyens pour acquérir les licences nécessaires aux autres environnements. Cette situation est dommageable à la qualité du service fourni aux utilisateurs – l'outil risque par exemple de ne pas être utilisé pour signaler un problème sur un environnement de test avant mise en production.

L'utilisation d'un outil open source est tout indiquée dans ce genre de situation.

Le besoin d'adaptabilité et de modularité

Le choix d'une licence open source permet de répondre à un second besoin : l'adaptabilité. Comme nous l'avons vu, tous les environnements informatiques sont différents. La supervision doit s'adapter à chaque situation. Elle ne doit pas se comporter de la même manière sur un petit site que sur un système réparti sur plusieurs sites distants.

Les applications à gérer sont également extrêmement variées. La modularité de l'outil est primordiale pour ne pas laisser de côté tout un pan du système.

Avec un outil de supervision propriétaire, dans bien des situations, même si les administrateurs savent comment superviser un élément non pris en compte, ils ne peuvent pas, contractuellement ou techniquement, l'ajouter dans l'outil. Dans le cas d'un outil open source, il n'y a pas de limitation. Les administrateurs peuvent l'adapter librement.

Transparence du mécanisme de remontée d'alerte

Un autre besoin des administrateurs est de savoir comment est recueillie l'information. Les alertes qu'ils ne comprennent pas ne peuvent guère leur inspirer confiance. S'ils savent précisément comment est récupérée l'information, ils la prendront immédiatement en considération. Ils pourront même essayer de l'améliorer. C'est tout l'intérêt des solutions open source !

De très bonnes performances

Les systèmes d'information varient en architecture mais aussi en taille. La solution de supervision choisie doit être performante afin d'être en mesure de gérer un nombre important d'éléments. Il serait dommage de se restreindre à cause des piètres performances de l'outil.

Bien évidemment, toute solution a ses limites, ne serait-ce qu'en raison des limitations des serveurs. L'outil doit dans l'idéal proposer des méthodes de répartition de charge sur plusieurs serveurs.

Mise en commun des expériences

Le phénomène de communauté est également important. Si chaque système d'information se distingue des autres, les différences ne sont généralement cantonnées qu'à une partie restreinte. Les systèmes ont, en général, de nombreux points communs et doivent être supervisés de la même manière. Au sein d'une communauté d'utilisateurs, il est possible de partager et de rassembler les meilleures pratiques de supervision.

Ce phénomène de communauté est extrêmement marqué lorsqu'il s'agit d'outils open source car tout le monde peut participer à la conception de l'application, et chacun peut apporter son expérience dans la supervision d'un élément particulier et en faire profiter l'ensemble de la communauté.

Critères de sélection d'un projet open source

Le monde du logiciel libre est vaste. Comment s'y retrouver parmi les nombreuses solutions qui existent et trouver celle qui répond au mieux à ses besoins ?

Un monde particulier, avec ses propres règles

Lorsqu'on arrive dans le monde de l'open source, on perd un peu ses points de repères. Il n'est en général plus question d'éditeur, mais de communauté d'utilisateurs et de développeurs. Ce changement peut être dur à appréhender. Il est difficile de savoir comment tout ceci peut fonctionner correctement face aux solutions propriétaires soutenues par de grands éditeurs. Il est courant d'avoir initialement certaines craintes quant à l'assistance dont on va pouvoir bénéficier.

Chaque projet open source part en général d'un petit groupe de personnes (parfois une seule) qui souhaite répondre à un besoin particulier. Dans notre cas, le but de l'outil est de superviser les systèmes d'information. Une fois l'outil dans sa première version, un groupe d'utilisateurs l'adopte.

Cette première période est critique. Si la solution n'apporte pas de réponse innovante aux problèmes rencontrés, elle ne va pas rassembler un grand groupe d'utilisateurs. Or ce groupe est vital dans l'écosystème de l'outil : c'est la communauté. Une petite partie de ces utilisateurs deviennent également développeurs et ils aident les auteurs à améliorer l'outil. Les autres utilisateurs, quant à eux, peuvent écrire de la documentation ou remonter des bugs directement aux développeurs.

Importance de la communauté

La solution ne peut progresser que si elle possède une grande communauté. On peut parler de masse critique d'utilisateurs pour qu'une solution devienne une référence dans le monde de l'open source. Les solutions non innovantes n'ont pas beaucoup d'utilisateurs et périclitent.

Une fois qu'une solution est très présente au sein de la communauté, vient la phase où les entreprises commencent à s'y intéresser : se pose alors la question de l'assistance.

Assistance aux entreprises

L'assistance est fournie par des sociétés spécialisées regroupant des personnes très sensibles à la philosophie de l'open source. Celles-ci ont une forte expérience de l'outil et peuvent l'adapter si besoin. Ces modifications peuvent alors, si le client est d'accord, être remontées aux développeurs de l'application, en vue d'une inclusion dans la version officielle. L'entreprise cliente a tout intérêt à accepter. Si les modifications sont reportées dans la version officielle, de nombreux utilisateurs peuvent alors les utiliser et, le cas échéant, détecter des bugs et proposer des solutions de contournement.

> PRATIQUE **Ne pas hésiter à demander de l'aide**
>
> Les salariés des sociétés de conseil en logiciel libre sont souvent des passionnés. Il ne faut pas hésiter à faire appel à eux. Ils peuvent faire gagner un temps précieux aux administrateurs.

Les solutions de supervision open source ne font pas exception à la règle. Elles sont soumises, comme toutes les autres, aux règles de l'open source et de la communauté. Le rôle de la communauté est même plus important pour une solution de supervision (qui est confrontée à des situations extrêmement variées) que pour la plupart des autres outils open source.

Le choix de Nagios

Si l'on retient tous ces critères dans le choix d'une solution open source stable, performante et ayant une forte communauté, Nagios sort largement vainqueur. Cette solution est en effet la référence en matière de supervision dans le monde de l'open source.

Histoire de Nagios

L'histoire d'un outil peut nous en apprendre beaucoup sur lui.

Nagios est développé par Ethan Galstad et débute son histoire en 1999 sous le nom de NetSaint. Quelque temps plus tard, à cause d'un problème de propriété intellectuelle sur le nom, il devient Nagios. Actuellement en version 3.1, il a plus de neuf ans d'existence. Comme nous le verrons par la suite, il se bonifie avec l'âge, à l'image d'un grand vin.

Il a évolué depuis ses tous débuts afin de s'adapter à des parcs de plus en plus importants, tout en améliorant ses performances et ses capacités de gestion de configuration.

Nagios ne fait rien sans ses plug-ins

Il est le digne héritier du principe KISS (*Keep It Simple, Stupid*) d'Unix : il ne fait qu'une chose, mais la fait bien. Son rôle est d'ordonnancer les vérifications sur les éléments à superviser et de lancer une alerte si besoin. Il ne fait rien d'autre, pas même aller vérifier lui-même l'état des éléments à surveiller.

Ceci peut paraître étonnant, mais Nagios ne sait rien faire tout seul. Il ne peut même pas vérifier le bon état du serveur sur lequel il est hébergé. Son auteur a en effet considéré qu'il ne pouvait prévoir toutes les vérifications qu'un tel outil doit intégrer. Il a donc décidé de n'en mettre aucune au sein de Nagios et de laisser la responsabilité des vérifications à des plug-ins que l'utilisateur devra fournir à l'outil.

> COMMUNAUTÉ **Utiliser au maximum l'existant**
>
> Que le lecteur se rassure, il existe déjà un nombre très important de plug-ins. Fruits du travail de toute la communauté Nagios, ils évitent à l'administrateur de devoir se transformer en développeur pour avoir une solution efficace. Ce sujet sera traité en profondeur par la suite.

Position de Nagios par rapport à la métrologie

Si on applique le principe de modularité à la métrologie, celle-ci ne doit pas être gérée directement par le même outil que celui chargé de la supervision. C'est pourquoi Nagios ne gère pas les données de métrologie, mais les récupère et les transmet à un outil dédié.

Nagios récupère les données car, dans beaucoup de situations, les alertes sont définies par une comparaison entre les données mesurées et des seuils définis par l'utilisateur. Vu que Nagios doit récupérer cette valeur via un plug-in, il serait dommage qu'un outil de métrologie doive aller la chercher une seconde fois.

Nagios va simplement exporter les données dans un fichier plat qui sera ensuite lu par l'outil de métrologie. De cette manière, l'utilisateur peut choisir l'outil de métrologie qu'il souhaite.

Atouts de Nagios par rapport aux autres outils open source

Nagios n'est pas le seul outil de supervision open source. Par rapport à ses concurrents, sa plus grande force réside dans sa modularité complète. Il n'a pas de domaine de prédilection et peut observer tout ce que ses plug-ins sont capables de rapporter.

D'autres outils open source de supervision existent, mais ils ne sont pas aussi modulaires ou performants que Nagios. On trouve aussi sur le marché des outils de même envergure, mais non complètement libres.

Zabbix : la supervision simplement

Ce premier outil est très orienté système et s'occupe en interne de la métrologie. Il n'est pas aussi modulaire que Nagios. Il est beaucoup plus orienté tout-en-un, avec des agents dédiés qu'il faut déployer sur les éléments distants.

Si ce choix permet de gagner du temps lors de la première mise en place, il se révèle gênant lorsqu'il s'agit de superviser des éléments non prévus par la solution.

Quant aux possibilités de configuration elles sont moins étoffées que celles de Nagios, ce qui peut être contraignant lorsque le nombre d'éléments commence à devenir important. Il manque à Zabbix des solutions simples pour gérer les pertes massives de connexion et tout ce qui concerne la gestion des dépendances entre éléments. Ce dernier point est, encore une fois, problématique lorsque la supervision couvre un nombre élevé d'éléments.

Cacti : la métrologie avec SNMP

Cacti, quant à lui, est bien plus orienté réseaux et métrologie. Il repose principalement sur l'utilisation du protocole SNMP – très répandu dans le monde des réseaux. La supervision n'est pas le rôle premier de Cacti. Elle est basée principalement sur des indicateurs qui doivent rester en deçà de seuils fixés. Nagios préfère laisser le choix au plug-in de se baser ou non sur des valeurs. Cacti est cependant très efficace dans la gestion des données de performances. C'est pour cela qu'il est parfois utilisé pour gérer les données issues de Nagios.

> Nous utiliserons pour la métrologie plutôt une méthode basée sur Centreon, qui s'intégrera plus naturellement dans la solution globale que nous mettrons en place par la suite.

OpenNMS : la supervision très SNMP

Cet outil de supervision est globalement moins avancé que Nagios. Sa configuration est très lourde à gérer, même lorsque le nombre d'éléments supervisés est réduit. Il ne possède pas de fonctionnalité de gestion des dépendances, ce qui représente un handicap lourd dans les environnements complexes.

Hors des tests SNMP classiques, OpenNMS est très vite limité. Il est possible d'inclure des tests supplémentaires, mais c'est une solution relativement lourde à gérer.

Ganglia : la métrologie des clusters

Ganglia est dédié à la métrologie des performances pour les environnements de type cluster. Il est conçu pour minimiser son impact sur les machines supervisées. Il n'est pas aussi modulaire que Nagios et ne gère que très mal les parcs hétérogènes. Il n'est pas axé supervision mais bien métrologie et ses possibilités d'alertes s'en ressentent fortement.

Zenoss : très bonne supervision, mais pas complètement libre

Concurrent très sérieux de Nagios, il a comme particularité de ne pas être complètement libre. Là où Nagios est entièrement en GPL, Zenoss est disponible sous trois versions différentes, dont deux non libres et soumises à licences. La version libre est assez limitée dans ses possibilités. Les fonctionnalités de haute disponibilité ou de supervision des environnements virtualisés ne sont tout simplement pas accessibles dans cette version.

Si les versions sous licences possèdent des avantages face à Nagios, comme la possibilité native d'avoir une découverte du réseau, elles sont moins avancées sur certains points tels que l'envoi d'alertes, limité aux e-mails et aux SMS, ou, à l'instar de Zabbix, sur les possibilités de configuration qui restent limitées.

Zenoss ressemble fortement à Zabbix au sens où il gère aussi lui-même la métrologie et propose une interface web complète, là où Nagios délègue ces aspects à des outils tiers.

Orientation vers une totale modularité : tout est plug-in

Rappelons que la force principale de Nagios réside dans sa modularité.

La modularité de Nagios : le rôle des plug-ins

Nagios laisse la supervision à des plug-ins, ou sondes, que va lui fournir l'utilisateur. Il se contente de les lancer et de gérer les informations recueillies par ce biais.

La communauté fournit la plupart de ces plug-ins. Ils couvrent, en règle générale, plus de 95% des besoins des utilisateurs. En outre ils évoluent au fil du temps afin de gérer de plus en plus de systèmes.

Leur conception est très simple, comme nous le verrons par la suite. Cette simplicité permet aux non-développeurs d'apporter leur pierre à l'édifice. Cette facilité d'adaptation a un autre avantage majeur : elle permet de capitaliser sur les scripts de vérification déjà mis au point et utilisés par les administrateurs avant la mise en place de Nagios. La plupart du temps, changer une seule ligne suffit à les rendre compatibles avec Nagios. En effet, les règles de Nagios sont standards dans le monde des administrateurs et bien des scripts d'administrateurs sont déjà compatibles avec Nagios.

C'est cette capacité d'adaptation qui a fait de Nagios la solution la plus prisée dans le monde de l'open source. La communauté qui s'est formée autour est la plus importante en matière de supervision open source. Les administrateurs n'ayant pas besoin d'être développeurs, le nombre de scripts de vérification proposés par la communauté est véritablement impressionnant. La communauté s'est organisée afin de fournir le plus simplement possible aux utilisateurs les plug-ins dont ils ont besoin. Ces plug-ins sont également open source.

Des plug-ins pour avertir ou réagir

Nagios permet également de définir des plug-ins qui vont alerter les utilisateurs en cas de problème, ce qui permet d'être inventif en matière d'avertissement. On peut penser de suite aux e-mails, mais nous verrons par la suite que beaucoup d'autres possibilités s'offrent à nous.

Lorsque quelque chose se passe mal, d'autres plug-ins peuvent tenter de corriger le problème. Il n'est pas possible de prévoir tous les cas de réparations possibles, sinon l'administrateur n'aurait plus de raison d'être. Il est donc préférable de lui laisser le soin de définir lui-même les commandes pour résoudre le problème sur son environnement.

Capacité à gérer un parc important de machines

Nous avons vu qu'un outil de supervision doit pouvoir gérer des parcs importants. Sur ce point, trois critères principaux entrent en jeu :

1. les performances ;
2. la gestion de la configuration ;
3. les pertes massives.

Performances de Nagios

En matière de performances, Nagios n'a rien à envier aux outils de supervision propriétaires. Il permet, avec un serveur modeste, de surveiller près de 10 000 éléments. Si cette performance est déjà tout à fait honorable, Nagios propose des options pouvant sensiblement augmenter cette valeur.

> Nous les verrons au chapitre 9, dédié aux performances.

L'architecture même de Nagios permet de surveiller autant de nœuds que souhaite l'utilisateur. La supervision peut être distribuée entre plusieurs serveurs, tout en centralisant l'administration sur une unique console.

> Cela sera étudié plus en détail au chapitre 10.

Gestion de la configuration

Un point délicat concernant la plupart des outils d'administration, mais touchant tout particulièrement les solutions de supervision, est la gestion de la configuration. Plus on a de points à surveiller, plus la configuration devient lourde, avec les risques, si elle devient trop dure à gérer, d'être laissée de côté. Nagios propose diverses solutions pour faciliter la gestion d'un nombre élevé de points surveillés, et c'est même une de ses grandes forces !

> Nous verrons au chapitre 8 toutes les techniques de configuration permettant de gérer simplement et sans efforts un nombre impressionnant d'éléments.

> REMARQUE **Des possibilités rarement mises en avant**
>
> Les options de configuration sont rarement présentées sur les captures d'écran vantant les produits. C'est pourtant un point capital que doivent prendre en compte les administrateurs. Après tout, la configuration des outils repose sur eux...

Pertes massives : la solution des dépendances

Les systèmes informatiques modernes sont vastes. La plupart des éléments sont reliés entre eux et, si l'un d'eux rencontre des problèmes, ceux-ci se répercutent sur d'autres éléments. Dans le cas des grandes architectures, de petits problèmes peuvent vite devenir un véritable cauchemar. Partant d'une simple erreur, on atteint au final un nombre impressionnant d'alertes. Si l'outil de supervision ne gère pas ce genre de cas, les utilisateurs auront toute les peines du monde à trouver, parmi toutes ces alertes, la cause initiale du problème.

Nagios gère ces cas grâce aux relations de dépendances. Ces relations peuvent être physiques (par exemple pour les liens réseau) ou bien virtuelles (comme c'est le cas entre une application et sa base de données). Il permet de filtrer les alertes pour avoir uniquement celles qui apportent des informations sur la résolution du problème.

> Cela sera vu plus en profondeur au chapitre 6 sur la gestion des alertes et leur pertinence.

Architecture générale

Un outil de supervision peut paraître un monstre de complexité lorsqu'on commence à l'étudier : il n'en est rien. Le fonctionnement de Nagios est très simple... à condition d'en étudier les parties une par une.

L'administrateur définit la configuration de Nagios dans des fichiers plats. Nous étudierons par la suite leur structure. Nagios est un simple programme écrit en langage C. Si on exclut la partie interface web de visualisation, il ne fait pas plus de 60 000 lignes de code, ce qui est assez faible pour un outil d'une telle renommée.

Nagios se lance en tant que processus d'arrière-plan sur un serveur Unix, GNU/Linux de préférence. Il lit la configuration fournie par l'utilisateur et commence à ordonnancer ses vérifications. Lorsqu'il s'aperçoit d'une erreur sur un élément supervisé, il notifie les utilisateurs concernés.

Méthodes d'obtention d'informations

Nagios doit obtenir des informations. Regardons les différentes méthodes qu'il emploie.

Méthode active – les alertes à l'initiative de Nagios

La méthode de supervision qui, pour la plupart des utilisateurs, paraît la plus naturelle est la méthode active. Celle-ci consiste à faire lancer par Nagios une commande qui va vérifier l'état d'un élément distant.

Pour cela, l'utilisateur doit fournir à Nagios, dans la configuration, les commandes à lancer pour effectuer ces vérifications. Ces commandes correspondent à des scripts ou des exécutables déposés sur le serveur de supervision : ce sont nos sondes. Nagios va simplement les lancer à intervalles réguliers et recevoir en résultat l'état de l'élément surveillé.

Pour lancer cette vérification, Nagios se dédouble et l'un des deux Nagios résultant lance la commande demandée. Il peut fournir à la commande des arguments particuliers, afin que celle-ci interroge le bon hôte distant. Une fois que le plug-in a l'information, il la traite et décide si elle est correcte ou non. Il renvoie enfin le résultat au premier Nagios.

Obtention sans rebond

La technique sans rebond consiste à aller chercher l'information de manière directe, sans passer par des intermédiaires. On peut, par exemple, décider de vérifier directement si un port réseau est ouvert sur un serveur.

Obtention avec rebond

La méthode avec rebond consiste à demander à un autre élément de faire la vérification à notre place. Ceci se justifie, par exemple, pour des raisons de sécurité ou bien de performances. Effectuer soi-même la vérification peut être consommateur de ressources. On peut demander à un autre membre du réseau de prendre en charge une partie du travail.

Lorsque l'accès à certaines zones du réseau n'est autorisé que pour certains membres, ce sont eux qui vont pouvoir faire les interrogations en lieu et place du serveur central.

> PRATIQUE **Éviter les rebonds autant que possible**
>
> Fonctionner avec des rebonds demande plus de configuration que fonctionner sans. Il est conseillé d'éviter, dans la mesure du possible, ce genre de fonctionnement.

Méthode passive : les alertes à l'initiative des éléments distants

Une autre méthode, moins connue, consiste à faire envoyer au serveur central les informations de supervision. Celui-ci n'a plus qu'à attendre l'arrivée des informations et à les traiter de la même manière qu'avec une interrogation active.

Cette méthode peut être justifiée pour des raisons de performances ou bien être particulière à certains éléments surveillés.

Certaines erreurs sont complexes à vérifier de manière active. On peut prendre comme exemple la supervision des sauvegardes. Elles ne se terminent pas toujours à la même heure et il est donc très compliqué de décider d'une heure de vérification. Un envoi passif effectué par le script de sauvegarde avertit Nagios de la réussite ou non de l'opération.

Cette méthode est, dans ce genre de situation, beaucoup plus simple à mettre en place que la méthode active. En outre, en plus d'être complexe à ordonnancer, ce genre de méthode doit vérifier dans les journaux de la sauvegarde si elle s'est bien passée ou non – la charge de lancer les commandes de vérification pouvant se révéler très lourde pour le serveur central.

La méthode passive est donc plus légère pour le serveur principal. Il faut tout de même faire attention car ceci a un coût au niveau de la gestion de configuration. Il faut qu'un élément décide de l'envoi d'informations. Si ce n'est pas Nagios qui le fait, ce doit être l'élément distant. L'envoi des informations doit être planifié et implique une configuration particulière des éléments concernés. Ainsi décentralisée, une telle configuration peut être très ardue à maintenir.

Données à définir dans Nagios

Nous avons parlé des éléments distants à superviser, regardons maintenant les informations dont a besoin Nagios afin d'accomplir sa tâche.

Ces éléments devront être définis dans les fichiers de configuration de Nagios. Ces fichiers sont généralement situés dans le répertoire `etc` de l'arborescence de Nagios, par défaut `/usr/local/nagios`. Ils sont construits sur le modèle suivant :

Définition d'un objet type

```
define type{
  parametre1=valeur1 ;commentaire
  parametre2=valeur2
}
```

Ici nous voyons la déclaration d'un objet `type` qui a comme valeur `valeur1` pour `parametre1`. Certains paramètres sont indispensables, d'autres sont optionnels. Les commentaires commencent par le signe `;`.

> CONFIGURATION **Une exception notable à ce modèle : define**
>
> La seule configuration faisant exception au `define` concerne celle du démon Nagios lui-même. Ses paramètres ne sont pas contenus dans un bloc `define` mais directement placés les uns à la suite des autres. Ils seront étudiés tout au long du livre et une annexe en fait le résumé complet.

Nous ne verrons ici que les paramètres obligatoires et les plus importants des paramètres optionnels.

Commandes de vérification

Nagios a besoin qu'on lui fournisse les commandes responsables des vérifications des éléments distants. Ce sont ces commandes qui déterminent l'état des éléments distants et donnent l'information à Nagios. Elles récupèrent également les données de performances.

Pour les définir, on doit instancier l'objet `command`. Ces instances figurent dans le fichier `commands.cfg`.

Ces objets sont simples et ne comportent que deux propriétés :

- command_name : c'est le nom de la commande tel qu'on va pouvoir l'utiliser dans le reste de la configuration Nagios ;
- command_line : c'est la commande que doit lancer Nagios. On remarque dans l'exemple ci-dessous une valeur un peu particulière, $HOSTADDRESS$. C'est en fait une macro qui est positionnée lors du lancement de la commande par Nagios. Elle peut changer de valeur suivant le contexte. Ici, elle est égale à l'adresse réseau de l'élément que l'on veut surveiller. Les macros seront étudiées un peu plus loin dans ce chapitre.

Exemple de commande

```
define command{
  command_namecheck_tcp
  command_line /usr/local/nagios/libexec/check_tcp -H $HOSTADDRESS$ -p $ARG1$
}
```

Arguments des commandes

Les commandes peuvent prendre des arguments, comme c'est le cas dans notre exemple check_tcp ci-dessus. Les arguments sont de la forme $ARGn$, n pouvant aller de 1 à 32. Ils peuvent être donnés lors de l'appel de la commande, par un hôte ou par un service. Ceci permet, entre autres, d'avoir une seule définition de commande pour vérifier un port TCP et de spécifier, par exemple dans le service, le numéro de port que l'on souhaite surveiller.

Périodes de temps

Nagios a besoin de savoir quand superviser les éléments et quand avertir les utilisateurs. Ces périodes de temps peuvent varier suivant les environnements. Il faut que l'utilisateur puisse les définir librement.

Définition des périodes de temps

L'objet qui se charge de cela est timeperiod. Ses instances figurent dans le fichier timeperiods.cfg. Cet objet a comme propriétés :

- timeperiod_name : c'est le nom qui sera utilisé dans le reste de la configuration ;
- alias : c'est un nom d'affichage dans les interfaces ;
- sunday, monday, etc. : pour chaque jour, on peut préciser un intervalle de temps qui sera pris en considération.

Version simple

Les périodes de temps peuvent être exprimées simplement. Ici, par exemple, les horaires d'ouverture du service :

Période de travail

```
define timeperiod{
  timeperiod_name  workhours
  alias       Work Hours
  monday      09:00,17:00  ;Lundi
  tuesday     09:00,17:00  ;Mardi
  wednesday   09:00,17:00  ;Mercredi
  thursday    09:00,17:00  ;Jeudi
  friday      09:00,17:00  ;Vendredi
}
```

Version plus complète

Cette définition peut convenir à beaucoup d'utilisations. Il ne faut pas oublier que, parfois, les utilisateurs ont des contraintes de temps assez complexes. Par exemple, ne pas superviser un élément particulier en milieu de mois, ou alors seulement en fin de mois. Dans ce genre de cas, il faut utiliser les formes avancées des périodes de temps.

Voici quelques exemples de définitions valables au sein de la période de temps :

Définition plus complète

```
2007-02-01 - 2008-04-01 / 3 00:00-24:00  ;Tous les 3 jours, du 2 fevrier
2007 au 1er avril 2008
2008-06-01 / 700:00-24:00  ;Tous les 7 jours depuis le 1 er  juin 2008
day 1 - 15 / 500:00-24:00  ;Tous les 5 jours du 1er au 15 de chaque mois
```

Comme nous pouvons le voir, les possibilités sont immenses et les utilisateurs vont pouvoir créer des périodes de temps correspondant à leurs besoins.

> CONSEIL **Rester simple**
>
> Si les possibilités de configuration des périodes de temps sont grandes, mieux vaut rester simple dans ses premiers essais et les préciser petit à petit.

Commandes de notification

Les commandes de notification sont faites pour avertir les administrateurs.

De simples commandes

Les commandes de notification sont des commandes comme les autres. Elles utilisent des macros relatives aux éléments supervisés, à leur état et aux contacts à prévenir. Les macros sont étudiées un peu plus loin dans ce chapitre. Les commandes de notification figurent dans le fichier commands.cfg aux côtés des commandes de vérifications.

Par exemple, pour envoyer un e-mail relatif à un événement sur un hôte, nous avons la définition suivante :

Commande d'envoi d'e-mail

```
define command{
  command_namehost-notify-by-email
  command_line/bin/echo "Host $HOSTNAME$ is $HOSTSTATE$" | /bin/mail
$CONTACTEMAIL$
}
```

Bien sûr, ceci n'est qu'un exemple simplifié car l'e-mail n'a pas de titre et ne comporte que très peu d'informations. Il manque, par exemple, le texte de retour de la commande de vérification qui a relevé le problème ou bien encore l'heure à laquelle la vérification a été effectuée. Nous verrons dans un prochain chapitre comment gérer les notifications.

> PRATIQUE **Un composant indispensable pour l'envoi des e-mails : le MTA**
>
> La commande /bin/mail fait appel à un MTA (comme PostFix ou Sendmail) présent sur le serveur de supervision. Ce dernier est responsable du bon envoi des messages. Cette mise en place sera étudiée dans un prochain chapitre.

Une grande liberté

Les utilisateurs sont libres de définir ce qu'ils souhaitent dans leurs commandes de notification. Ceci leur laisse beaucoup de marge de manœuvre sur la manière dont ils sont avertis. Si une ligne de commande permet d'alerter l'utilisateur, il est facile d'intégrer à Nagios cette ligne de commande en tant que méthode de notification.

> PSYCHOLOGIE **Rappeler l'intérêt des avertissements**
>
> Les administrateurs se concentrent principalement sur les alertes critiques. Pourtant, les avertissements sont pratiques pour anticiper les problèmes. Recevoir ces alertes de basse priorité est le prix à payer pour la proactivité.

Hôtes

Également nommés *hosts*, nœuds ou ressources, ce sont les éléments que Nagios supervise. Dans le cadre de la supervision système, c'est le serveur à surveiller ; pour la supervision réseau, il peut s'agir d'un switch. En cas de problème, il alerte un ou plusieurs contacts. Ces derniers seront étudiés un peu plus loin dans ce chapitre.

Cet élément est la base de la supervision dans Nagios.

États d'un nœud

Un hôte peut avoir trois états :

* UP : il est en état de répondre ;
* DOWN : il est indisponible ;
* UNREACHABLE : l'état n'est pas connu car il est situé, en termes de réseau, derrière un élément qui est tombé. Ce mécanisme sera étudié plus tard.

Définition d'un hôte

Un nœud possède des propriétés particulières comme son adresse réseau ou bien les personnes à contacter en cas de problème. C'est un objet host au sens de Nagios. Ces objets figurent dans le fichier hosts.cfg. L'ensemble des propriétés indispensables sont les suivantes :

* host_name : nom de l'hôte tel qu'il sera utilisé dans le reste de la configuration ;
* alias : nom qui est affiché aux utilisateurs ;
* address : adresse réseau de l'hôte ;
* max_check_attempts : nombre de vérifications que Nagios doit tenter avant de le déclarer réellement DOWN ;
* check_period : période de temps pendant laquelle le nœud est supervisé ;
* contacts : contacts à prévenir en cas de souci ;
* contact_groups : groupes de contacts à prévenir en cas de souci ;
* notification_interval : intervalle de temps, en minutes, entre les notifications d'erreur ; si cette valeur est à zéro, il ne sera envoyé qu'une seule notification ;
* notification_period : période de temps appliquée aux notifications des contacts.

Deux autres propriétés sont facultatives mais fortement conseillées :

* check_command : commande qui vérifie l'état de l'hôte. Elle est optionnelle car, dans certains cas particuliers comme la supervision passive, elle n'est pas nécessaire. Ce mécanisme sera étudié au chapitre 7.

- `notification_options` : ce sont les états des hôtes qui doivent faire l'objet d'une notification. Si l'option n'est pas spécifiée, Nagios considère que tous les états doivent être remontés. Les états possibles sont :
  - d : lorsqu'un hôte passe en état DOWN ;
  - u : lorsqu'un hôte passe en état UNREACHABLE ;
  - r : lorsqu'un hôte revient en état UP ;
  - f : lorsqu'un hôte commence à faire le « yoyo » (flapping) ; ceci sera étudié plus en détail dans un autre chapitre ;
  - s : lorsqu'un hôte arrive dans une période de maintenance définie par un administrateur ;
  - n : est utilisé si un contact ne veut recevoir aucune notification.

Exemple de définition

Définissons un hôte représentant un serveur nommé srv-web1. Il est vérifié avec la commande check-host-alive qui envoie simplement un ping vers l'adresse du serveur. Ce test est effectué toute les 5 minutes. En cas de problème, ce test est réitéré deux autres fois : la propriété max_check_attempts = 3 = 2 + (1 test déjà effectué), sera approfondie dans la suite du chapitre. Si le problème persiste, une notification est envoyée au groupe web-admins. Si le problème n'est pas résolu 30 minutes après, une autre notification est envoyée, et ainsi de suite. Lorsque le problème est résolu, le compteur repasse à zéro.

Définition d'un hôte

```
define host{
  host_name              srv-web1
  alias                  Serveur Web 1
  address                192.168.0.1
  check_command          check-host-alive
  check_interval         5
  retry_interval         1
  max_check_attempts     3
  check_period           24x7
  contact_groups         web-admins
  notification_interval  30
  notification_period    24x7
  notification_options   d,u,r
}
```

Le paramètre retry_interval sera étudié un peu plus loin dans ce chapitre. Les hôtes sont les éléments de base de la configuration de Nagios. Ils sont simples à définir et à répertorier, car ils correspondent aux serveurs et aux éléments réseau qui composent le parc.

Services

Les services sont les points supervisés sur les hôtes. Dans le cas d'un serveur, il s'agira, par exemple, de s'assurer du bon fonctionnement d'une application particulière, ou bien de vérifier si la charge du serveur est acceptable. Les hôtes et les contacts à alerter sont indispensables dans la définition des services.

> PRATIQUE **Plus que les services**
>
> Le terme de service, au sens de Nagios, est plus complet que ce qu'entendent les administrateurs au premier abord. Un service web est un service, mais il faut bien comprendre qu'une vérification CPU l'est également. Un service est un point de supervision.

États des services

Un service peut avoir plusieurs états :

* OK : tout va bien pour l'élément surveillé.
* WARNING : quelque chose commence à aller mal comme, par exemple, un disque qui est presque rempli.
* CRITICAL : la situation est très grave et demande une intervention immédiate. C'est le cas, par exemple, d'un disque plein.
* UNKNOWN : la commande de vérification n'a pas pu obtenir les informations souhaitées. Par exemple, les arguments fournis à la commande ne sont pas bons.

Définition d'un service

Tout comme les autres objets, les services possèdent des propriétés indispensables :

* service_description : nom du service ;
* host_name : nom de l'hôte sur lequel se trouve le point à surveiller ;
* check_command : commande de vérification pour obtenir l'information souhaitée ; on peut lui fournir des arguments en les séparant par le caractère ! ;
* max_check_attempts : nombre de tentatives au bout desquelles la situation est considérée comme sûre ;
* check_interval : période entre deux tests en temps normal ;
* retry_interval : période entre deux tests lorsqu'il y a un souci ;
* check_period : période de temps durant laquelle le service est supervisé ;
* notification_interval : intervalle de temps entre deux notifications. Tout comme pour les nœuds, si cette valeur est à zéro, une seule notification est envoyée ;

- notification_period : période de temps durant laquelle les notifications sont envoyées ;
- contacts : contacts à prévenir ;
- contact_groups : groupes de contacts à prévenir.

Une autre propriété est importante mais facultative :

- notification_options : ce sont les états qui, pour un service, doivent faire l'objet d'une notification. Comme pour les hôtes, si ce paramètre n'est pas positionné, tous les états sont pris en compte. Ces états sont :
  - w : lorsqu'un service passe en état WARNING ;
  - u : lorsqu'un service passe en état UNKNOWN ;
  - c : lorsqu'un service passe en état CRITICAL ;
  - r, f, s, n : mêmes options que pour les hôtes, mais appliquées aux services.

Exemple de définition

Définissons un service Http vérifiant que le port 80 (HTTP) est bien ouvert sur le serveur srv-web1. Le numéro de port est ici passé en argument numéro 1 à la commande check_tcp définie précédemment. Si la commande avait eu besoin d'un second argument, on l'aurait ajouté à la suite, en mettant un autre ! entre les arguments. Par exemple check_tcp!80!5, 80 étant $ARG1$ dans la commande et 5, $ARG2$.

Il est à noter que ceci vaut pour tous les appels de check_command et donc pour les hôtes également.

Les paramètres contacts et contact_groups n'ont pas besoin d'être présents tous les deux. Si un seul est positionné, la définition est valide.

Cette vérification est faite toutes les 5 minutes. En cas de problème, un test supplémentaire est effectué (max_check_attempts = 3 = 2 + 1 test déjà effectué) au bout de 3 minutes. Si le problème est toujours présent, une notification est envoyée aux admins-web. Au bout de 30 minutes, si le problème n'est toujours pas résolu, une autre notification est envoyée et ainsi de suite.

Définition d'un service

```
define service{
    host_name               srv-web1
    service_description      Http
    check_command            check_tcp!80
    max_check_attempts       2
    check_interval           5
    retry_interval           3
    check_period             24x7
```

```
notification_interval    30
notification_period      24x7
notification_options     w,c,r
contact_groups           admins-web
}
```

Importance des services

Les services sont les véritables objectifs de la supervision de Nagios. Il faut bien retenir que les nœuds ne sont présents que comme support aux services.

Les services sont en nombre bien plus important que les hôtes. Les utilisateurs définissent plusieurs services sur les nœuds. Un seul service par nœud, regroupant toutes les informations, n'aurait que peu d'intérêt : en cas de problème, l'alerte serait toujours levée avec le même nom, même si les soucis n'ont rien en commun, par exemple une charge trop élevée ou un disque plein. Il faut découpler les services de sorte qu'à un service corresponde un problème potentiel.

Contacts : qui et comment ?

Les contacts sont les personnes qui reçoivent les notifications d'alertes de Nagios. Les hôtes et les services se voient accrocher des contacts. Nous avons vu qu'il ne faut prévenir les utilisateurs que pour des incidents qui les concernent. Nagios doit savoir qui prévenir lorsqu'un problème surgit.

Nous allons avoir un contact par utilisateur de Nagios.

Les contacts doivent avoir des périodes de notification. Certains souhaitent recevoir les alertes uniquement sur certaines plages horaires. Ceci est tout particulièrement vrai lorsqu'on évoque les envois de SMS. Il est inutile que ces messages partent en pleine journée.

Certains autres ne veulent recevoir que les alertes critiques et pas les simples avertissements. Tout ceci est possible avec Nagios.

Définition d'un contact

Les objets contenant les contacts sont tout simplement `contact`. Ils sont définis dans le fichier `contacts.cfg` et possèdent les propriétés suivantes :

- `contact_name` : c'est le nom du contact tel qu'il sera utilisé dans le reste de la configuration.
- `host_notifications_enabled` : accepte ou non les notifications concernant les hôtes.

- `service_notifications_enabled` : accepte ou non les notifications concernant les services.
- `host_notification_period` : période de temps où les notifications d'erreurs sur les hôtes sont acceptées.
- `service_notification_period` : période de temps où les notifications d'erreurs sur les services sont acceptées.
- `host_notification_options` : états qui, sur les hôtes, doivent faire l'objet d'une notification. Les valeurs possibles sont les mêmes que pour le paramètre `notification_options` des hôtes. Ces états sont :
  - `d` : lorsqu'un hôte passe en état `DOWN` ;
  - `u` : lorsqu'un hôte passe en état `UNREACHABLE` ;
  - `r` : lorsqu'un hôte revient en état `UP` ;
  - `f` : lorsqu'un hôte commence à faire le « yoyo » (`flapping`) ;
  - `s` : lorsqu'un hôte arrive dans une période de maintenance définies par un administrateur ;
  - `n` : est utilisé si un contact ne veut recevoir aucune notification.
- `service_notification_options` : états qui, sur les services, doivent faire l'objet d'une notification. Les valeurs possibles sont les mêmes que pour le paramètre `notification_options` des services. Ces états sont :
  - `w` : lorsqu'un service passe en état `WARNING` ;
  - `u` : lorsqu'un service passe en état `UNKNOWN` ;
  - `c` : lorsqu'un service passe en état `CRITICAL` ;
  - `r,f,s,n` : mêmes options que pour les hôtes, mais appliquées aux services.
- `host_notification_commands` : commande de notification qui est utilisée pour avertir d'un évènement sur un hôte.
- `service_notification_commands` : commande de notification qui est utilisée pour avertir d'un évènement sur un service.

Les états des éléments seront étudiés un peu plus loin dans ce chapitre.

Un autre paramètre important, quoique facultatif, est :

- `email` : l'adresse e-mail du contact.

Exemple de définition de contact

Voici une définition de contact. Il se nomme `David Brossart`. Il souhaite être averti tout le temps et ce, par e-mail.

Définition du contact dbrossart

```
define contact{
  contact_namedbrossart
  aliasDavid Brossart
  host_notifications_enabled       1
  service_notifications_enabled    1
  service_notification_period      24x7
  host_notification_period         24x7
  service_notification_options     w,u,c,r
  host_notification_options        d,u,r
  service_notification_commands    notify-by-email
  host_notification_commands       host-notify-by-email
  email        dbrossart@masociete.com
}
```

Plus d'une manière de notifier un même contact

Nous remarquons que `service_notification_commands` et `host_notification_commands` sont au pluriel, ceci n'est pas anodin. Un contact peut être averti de plusieurs manières à la fois. On peut l'alerter par e-mail et par SMS en même temps.

> PRATIQUE **Ne pas abuser des alertes**
>
> Nous verrons au chapitre 6 comment gérer au mieux les notifications. L'une des clés est de ne pas abuser des envois multiples.

La définition, dans ce cas, est très simple : il suffit de définir les commandes séparées par des virgules :

Définition de plusieurs commandes de notification

```
service_notification_commands notify-by-email,notify-by-sms
host_notification_commands    host-notify-by-email,host-notify-by-sms
```

Avec une telle définition, à chaque envoi de courriel va correspondre un envoi de SMS. Dans ce cadre, il n'est pas possible d'envoyer les SMS à certaines heures de la nuit seulement, sauf si la commande qui envoie les SMS gère les horaires elle-même. Le plus simple, dans ce genre de cas, consiste à dupliquer la définition du contact : l'une des copies définit l'envoi d'e-mail sur une période 24x7 et l'autre gère l'envoi de SMS sur une période en heures non ouvrées.

> CONFIGURATION **La commande notify-by-sms**
>
> La commande d'envoi de message par SMS nécessite des équipements et une mise en place qui seront étudiés dans un prochain chapitre.

Groupes de contacts

Il est rare qu'un administrateur soit seul à devoir recevoir une alerte. On peut créer un groupe de contacts dans lequel sont placés plusieurs contacts devant recevoir les mêmes alertes. Il est possible de définir ce groupe à notifier. L'information sera alors redirigée automatiquement vers les membres du groupe.

La définition est très simple. L'objet associé est `contactgroup` et se trouve dans le fichier `contacts.cfg` aux côtés des contacts. Il ne possède que quatre propriétés :

* `contactgroup_name` : nom du groupe tel qu'il sera utilisé dans le reste de la configuration ;
* `alias` : nom d'affichage pour ce groupe ;
* `members` : liste des contacts du groupe, séparés par des virgules ;
* `contactgroup_members` : liste des groupes de contacts faisant parti du groupe.

Voici un exemple de définition d'un groupe de contacts regroupant les administrateurs `dmartin` et `dbrossart` et incluant également les membres du groupe `admins-linux`.

Définition d'un groupe de contacts

```
define contactgroup{
    contactgroup_name admins-web
    alias    Administrateurs web
    members    dmartin,dbrossart
    contactgroup_members    admins-linux
}
```

Il ne faut pas hésiter à définir des groupes de contacts. Ils facilitent grandement la configuration des services et de nœuds, car il n'est pas nécessaire de recopier à chaque fois tous les membres des groupes, au risque d'en oublier de temps en temps.

Plug-ins d'obtention d'informations : les sondes

Nous avons déjà évoqué le fait que Nagios se contente de déléguer la vérification aux plug-ins définis dans les commandes de vérification. Voyons maintenant comment sont faits ces plug-ins, également nommés sondes, et comment ils peuvent renvoyer leurs informations à Nagios.

Intérêt des codes retour

Un concept important de la programmation shell est utilisé par Nagios. Étudions déjà son fonctionnement, puis comment Nagios l'utilise.

Une vérification simple du bon fonctionnement d'un programme

Il est très important pour un programme, lorsqu'il se termine, de positionner un code retour. Il s'agit d'une valeur renvoyée à celui qui a lancé le programme, et qui indique si celui-ci a fonctionné correctement ou s'il a rencontré un problème. Ce code est primordial dans les scripts en programmation shell.

Exemple de code retour

Prenons un simple exemple de commande dressant la liste du contenu d'un répertoire : il est possible de savoir, en lisant le code retour de la commande, si elle s'est déroulée correctement ou non. Sous un shell Unix, pour obtenir le code retour d'une commande, il suffit de lire la variable $? juste après l'avoir lancée :

Code retour d'une commande

```
user@station:~$ ls /root/
ls: ne peut ouvrir le répertoire /root/: Permission non accordée
user@station:~$ echo $?
2
```

Nous avons ici une erreur de droits pour la commande ls. La commande est libre de définir ce qu'elle souhaite comme code retour. Nous pouvons d'ailleurs lire dans le manuel de cette commande :

```
Exit status is 0 if OK, 1 if minor problems, 2 if serious trouble.
```

Il est simple de savoir si la commande s'est bien déroulée ou non. Ici nous avons eu un problème sérieux, elle a donc renvoyé la valeur 2.

Codes retour recommandés

Il est courant d'avoir les codes retour suivants dans le monde Unix :
* 0 : la commande s'est exécutée avec succès ;
* 1 : la commande a rencontré un problème mineur ;
* 2 : la commande a rencontré un problème majeur qui l'a fait échouer.

Ce mécanisme est simple à mettre en place. Il suffit de donner la valeur lors de l'appel à exit qui ferme le programme.

Positionner nos propres codes retour

Voici à titre d'exemple un programme en bash qui teste l'existence d'un fichier :

Vérification de l'existence d'un fichier : `test.sh`

```bash
#!/bin/bash
if [ -f /tmp/fichier.txt ]; then
  echo "le fichier existe"
  exit 0
else
  echo "le fichier n'existe pas"
  exit 2
fi
```

Nous pouvons tester le script et vérifier le code retour obtenu, suivant que le fichier `/tmp/fichier.txt` existe ou non :

Changement de code retour

```
user@station:~$ ./test.sh
le fichier n'existe pas
user@station:~$ echo $?
2
user@station:~$ touch /tmp/fichier.txt
user@station:~$ ./test.sh
le fichier existe
user@station:~$ echo $?
0
```

Il faut bien noter que c'est le programme qui définit ses codes retour ; les valeurs 0, 1 et 2 ne sont qu'une convention qu'il est conseillé de respecter dans la mesure du possible. Ce n'est pas obligatoire. Nous aurions très bien pu définir 2 comme code retour normal et 0 pour un code retour anormal.

Aspect supervision de Nagios

Nous avons vu que Nagios se duplique avant de lancer une commande de vérification. L'un des deux Nagios résultants lance la commande et le premier, quant à lui, poursuit ses tâches et récupère le code retour un peu plus tard.

Nagios utilise le code retour pour obtenir le résultat de la vérification. La commande doit positionner correctement son code retour suivant la réponse de l'élément distant.

Interprétation des codes retour par Nagios

Nous ne serons pas étonnés de découvrir que Nagios reprend la norme Unix concernant les codes retour. Les états diffèrent suivant que la commande sert à vérifier un hôte ou un service. Pour les hôtes, la commande doit renvoyer les codes suivants :

- 0 : UP ;
- 1 : UP si la vérification forcée est activée sur l'hôte, DOWN sinon (ce point sera détaillé par la suite) ;
- 2 : DOWN ;
- 3 : DOWN.

Dans le cas des alertes DOWN, si le nœud se trouve derrière un élément réseau non disponible, il sera en état UNREACHABLE. Ceci sera détaillé plus en profondeur dans un prochain chapitre.

Concernant les codes pour les services, les équivalences sont :

- 0 : OK ;
- 1 : WARNING ;
- 2 : CRITICAL ;
- 3 : UNKNOWN.

Nagios récupère simplement le code retour de la commande et, grâce à sa valeur, positionne l'état de l'hôte ou du service.

Affichage des informations de retour

Il est très important de donner un petit texte expliquant le problème lorsque celui-ci est remonté aux administrateurs. Sans explication, ils savent qu'il y a un problème sur un élément particulier, mais ils n'en connaissent pas la nature.

Nagios utilise la sortie standard des plug-ins et la fournit aux scripts de notification. Il peut prendre plus d'une ligne à la fois. La première ligne est mise à disposition de la commande de notification à travers la macro $SERVICEOUTPUT$ et les autres lignes sont accessibles avec la macro $LONGSERVICEOUTPUT$.

Ce découpage s'explique par le fait que Nagios n'a longtemps géré qu'une seule ligne de retour et que, dans un souci de compatibilité ascendante, une autre macro permet d'accéder aux données précédemment non disponibles.

La limite de taille pour les lignes de retour au sein de Nagios est de 8k caractères. Il est possible de changer cette valeur en recompilant Nagios et en changeant la valeur MAX_PLUGIN_OUTPUT_LENGTH dans le fichier include/nagios.h.in du code source. Elle est cependant suffisante pour la plupart des utilisations.

PRATIQUE **La raison de la limite**

Nagios a pour but d'avertir les administrateurs d'un problème en leur fournissant un résumé concis. La limite du nombre de caractères est cohérente avec cet objectif. Elle empêche une sonde de renvoyer trop d'informations et de rendre les consoles de supervision illisibles.

Conception d'un script de vérification

Si nous reprenons notre script qui teste l'existence du fichier /tmp/fichier.txt, il est déjà adapté à la vérification d'un service. Si cette commande de vérification est utilisée, le service est en état OK si le fichier existe, CRITICAL sinon. L'identification de l'état repose uniquement sur le code retour.

Mieux encore, le script est déjà correct pour l'affichage des informations de retour car il renvoie du texte explicatif sur sa sortie standard. On peut l'utiliser librement pour un service sur un nœud afin de vérifier que le fichier /tmp/fichier.txt existe. Il est alors pratique de placer ce chemin dans un argument afin de pouvoir utiliser ce script pour tout fichier. Ceci sera étudié très prochainement.

Nous remarquons pour finir que l'écriture d'un script de supervision est très simple : une ligne envoyée sur la sortie standard et un code retour suffisent à faire d'un simple script une commande de supervision. Il n'y a pas besoin d'utiliser de librairie de développement lourde pour faire des commandes de vérification pour Nagios. Vu que les standards de développement Unix sont respectés, de nombreux scripts de vérification développés par les administrateurs avant la mise en place de Nagios pourront y être intégrés sans même avoir besoin de les modifier.

Si nous reprenons notre script vérifiant la présence d'un fichier, nous pouvons le découper suivant ses trois composantes :

1 vérification à proprement parler ;
2 affichage des lignes d'informations ;
3 positionnement du code retour.

La première étape est commune à tous les logiciels de supervision, les deux dernières sont spécifiques à Nagios.

Étapes d'un script de vérification

```bash
#!/bin/bash

#1 : vérification
if [ -f /tmp/fichier.txt ]; then
  #2 : affichage
  echo "le fichier existe"
```

```
  #3 : code retour
  exit 0
else
  #2 : affichage
  echo "le fichier n'existe pas"
  #3 : code retour
  exit 2
fi
```

Codes retour non prévus

Dans certains cas, les commandes de vérification renvoient des codes retour non prévus par Nagios. Celui-ci prévient alors les utilisateurs que la commande ne s'est pas déroulée correctement, et il leur donne le code retour qu'il n'arrive pas à interpréter. La plupart du temps, on se retrouve avec les codes d'erreur suivants :

- 9 : la commande a essayé de faire une division par zéro ;
- 127 : la commande n'existe pas ou l'utilisateur n'a pas les droits pour la lancer ;
- 139 : la commande est sortie en erreur mémoire (segfault).

Ces codes aident le développeur de la commande à la corriger.

Éléments complexes des plug-ins de vérification

Comme nous venons de le voir, la communication entre les plug-ins et Nagios est très simple. Cependant, il ne faut pas croire que tous les plug-ins sont simples, loin de là. Si la partie Nagios est toujours simple, il en va tout autrement pour la partie responsable de la vérification. Suivant ce qu'on souhaite savoir, ceci peut être très trivial (par exemple vérifier la présence d'un fichier) ou plus compliqué (comme simuler un client web pour vérifier l'intégralité d'un site).

Sur ce point, tous les outils de supervision sont logés à la même enseigne. Pour obtenir une information, il faut effectuer la vérification correspondante. Avec Nagios, au moins, le dialogue ne nécessite pas de complexifier l'outil de vérification : c'est déjà ça. Il ne faut pas oublier l'existence de la communauté, de surcroît très étendue. Il y a de fortes chances pour que ce que l'on cherche soit déjà disponible, et ce librement.

COMMUNAUTÉ **Le site d'échange de sondes**

Le site NagiosExchange http://www.nagiosexchange.org est la référence en matière de sondes pour Nagios. Tous les membres de la communauté y déposent leurs scripts. Lorsqu'un administrateur cherche à réaliser une supervision non prévue dans les plug-ins classiques de Nagios, il a tout intérêt à vérifier sur ce site si la sonde en question y figure.

Communication entre les Nagios

Nous avons évoqué le fait que le Nagios principal se duplique et produit un fils qui lance la commande de vérification. Regardons un peu comment le fils communique le résultat à son père.

Le fils génère, pour chaque vérification, un fichier dans le répertoire défini par la variable `check_result_path` de `nagios.cfg`. Par défaut, cette variable prend la valeur `/usr/local/nagios/var/spool/checkresults`. Le nom de chaque fichier est de la forme `checkAZERTY`. `AZERTY` étant une chaîne de caractères aléatoires. Le contenu d'un tel fichier ressemble à :

Exemple de fichier de résultat

```
### Active Check Result File ###
file_time=1231700656
### Nagios Service Check Result ###
# Time: Sun Jan 11 20:04:16 2009
host_name=srv-web1
service_description=Http
check_type=0
check_options=0
scheduled_check=1
reschedule_check=1
latency=0.635000
start_time=1231700656.635833
finish_time=1231700656.667482
early_timeout=0
exited_ok=1
return_code=0
output=Http OK | time=0.001s\n
```

Ces fichiers sont vérifiés toutes les `max_check_result_reaper_time` secondes. Par défaut, cette vérification se fait toutes les 5 secondes par le processus maître. Celui-ci en extrait des fichiers les informations d'état puis les supprime.

Ce mécanisme est simple et permet une communication entre les différents processus. Si un redémarrage de Nagios est nécessaire, les fichiers seront toujours présents après le redémarrage et ils seront traités par le nouveau processus.

Si l'information est plus ancienne que la valeur définie par `max_check_result_file_age` (qui vaut par défaut une heure), l'information ne sera pas prise en compte.

Partie métrologie

Nous avons traité le cas de la supervision, mais qu'en est-il des données de métrologie ? Nous avons signalé que les commandes de vérification récupèrent les informations de métrologie. Voyons comment elles remontent ces informations à Nagios.

Spécifier des données de performances dans les plug-ins

Comme d'habitude avec Nagios, le principe est très simple. Les données de métrologie sont remontées dans la ligne de la sortie standard. On a vu que cette ligne sert au plug-in à remonter des informations de supervision. Pour intégrer les données de métrologie, cette ligne est simplement coupée en deux par un signe | (barre verticale ou *pipe*). Tout ce qui se situe avant cette barre est le retour de supervision, qui est placé comme on l'a vu dans la macro $SERVICEOUTPUT$. Ce qui se trouve après la barre est traité comme données de métrologie et est exporté par Nagios dans un fichier plat. Ce fichier est lu par un outil tiers servant à gérer les données de performances.

Pour ces données, deux formats sont possibles :

- 'label'=valeur[unité]
- 'label'=valeur[unité];[warn];[crit];[min];[max]

Les données entre crochets sont optionnelles. On peut placer à la suite, séparées par un espace, autant de données de métrologie que l'on souhaite (dans la limite des 8k caractères, sans oublier de prendre en compte la partie du texte de supervision).

Exemple de données de performances

Nous pouvons ainsi avoir un retour de plug-in valant :

Exemple de sortie simple d'une commande

```
DISK OK | /=56%
```

ou bien alors :

Exemple de sortie plus complète

```
DISK OK | /=2643MB;5948;5958;0;5968
```

Nous aurons alors dans le premier cas un suivi du pourcentage d'utilisation de l'espace /. Dans le second, nous aurons le tracé de l'espace consommé exprimé en Mo ; l'outil de métrologie ayant également les informations de niveaux *warning*, *critique*, *minimum* et *maximum*, il pourra faire figurer ces données sur le graphique.

Si l'on souhaite avoir plusieurs informations de métrologie dans la même sortie, c'est tout à fait possible :

Plusieurs informations de métrologie

```
DISK OK | /=56% /boot=50% /home=15%
```

Nous pouvons suivre n'importe quel type d'information. Si l'envie prend à l'utilisateur de compter le nombre de manchots vivant sur la banquise, il peut le faire avec Nagios. Il ne lui reste qu'à trouver une solution pour les compter en ligne de commande...

Arguments, macros et variables d'environnement

Comme tout programme, les commandes ont des arguments et des environnements particuliers.

Arguments des commandes

Nous avons vu que nous pouvons passer des arguments aux commandes. Ces arguments peuvent être utilisés avec les macros $ARGn$ définies dans les commandes, qu'il s'agisse de commandes de vérification ou de notification. Si l'on souhaite utiliser des arguments, on doit appeler la commande de la manière suivante :

Arguments d'une commande

```
check_command check_tcp!80!5
```

avec 80 pour $ARG1$, 5 pour $ARG2$, etc.

Il n'est cependant pas souhaitable de tout faire passer par des arguments. Si l'on souhaite donner à la commande, par l'intermédiaire d'une variable, l'adresse réseau de l'élément surveillé, il faut réécrire l'adresse de l'hôte à tester dans l'appel de la commande par le service. C'est dommage car l'information est déjà définie dans l'élément host auquel on rattache le service. Nagios permet à la commande de prendre directement l'information qu'elle souhaite à la source.

Macros

Nous avons vu plusieurs macros au cours de ce chapitre. Au lancement d'une commande, Nagios en positionne un grand nombre qui changent de valeurs en fonction du contexte. La macro correspondant à l'adresse de l'hôte sur lequel est lancée la vérification est tout simplement $HOSTADDRESS$. Ceci permet de définir simplement notre test TCP :

Exemple d'utilisation d'une macro

```
command_line$USER1$/check_tcp -H $HOSTADDRESS$ -p $ARG1$
```

Nous remarquons que la macro $USER1$ est utilisée. Elle est définie dans le fichier ressources.cfg. L'utilisateur peut définir 32 macros $USERn$. La plus commune est $USER1$, qui représente en fait le répertoire dans lequel sont placés les scripts de supervision, généralement /usr/local/nagios/libexec/. Ceci évite de saisir le répertoire à chaque définition de commande.

À l'appel de la commande avec le paramètre !80, sur un hôte ayant comme adresse 192.168.0.1, Nagios lance en fait la commande :

Commande réellement lancée

```
/usr/local/nagios/libexec/check_tcp -H 192.168.0.1 -p 80
```

Il est possible – et fortement conseillé – de tester les commandes de vérification directement depuis un shell sur le serveur de supervision.

Variables d'environnement

Il y a une différence entre une commande lancée directement depuis un shell et la même commande lancée depuis Nagios : l'environnement. Sur le serveur de supervision, Nagios est exécuté par un utilisateur non privilégié, généralement nommé nagios. Lorsqu'il lance une commande, Nagios retire les variables d'environnement de l'utilisateur et positionne les siennes : les macros. Il n'est pas nécessaire de passer une macro en argument si le programme lancé est capable de la récupérer dans ses variables d'environnement.

Il n'est pas conseillé de fonctionner de cette manière, ne serait-ce que par souci de lisibilité des commandes lancées. De plus, ces commandes sont plus compliquées à tester directement depuis un shell, car il faut positionner correctement les variables d'environnement avant de les lancer.

La variable PATH du shell n'est pas positionnée. Les sondes doivent utiliser des chemins absolus si elles souhaitent lancer des programmes. Ceci est une cause fréquente de problèmes lors des tests. Un programme de vérification peut très bien fonctionner en ligne de commande et beaucoup moins bien dans Nagios, tout simplement car il souhaite utiliser la variable PATH qui n'est pas positionnée.

> PIÈGE **Toujours employer l'utilisateur nagios pour tester les plug-ins**
>
> Un piège classique, lorsqu'on teste un nouveau plug-in, consiste à le lancer en tant que root. Ceci est à proscrire absolument. Le démon Nagios fonctionne avec un utilisateur non privilégié, généralement nagios. Il refuse catégoriquement de se lancer en tant que root (et insulte au passage l'administrateur qui tente une telle hérésie). Si le programme de vérification a besoin des droits root, il faut penser à positionner correctement son bit SUID ou à utiliser sudo. Plus grave encore, si le programme utilise des fichiers temporaires, le tester en tant que root peut empêcher le plug-in de fonctionner correctement en tant que nagios, à cause des droits sur ces fichiers.

Ordonnancement des vérifications et des notifications

Nagios est un ordonnanceur de vérifications. Regardons comment il en détermine l'ordre. Étudions également son système de notifications.

Ordonnancement initial des vérifications

Commençons notre étude par les vérifications.

Étaler la charge sur les machines

Lorsque Nagios démarre, il ordonnance les vérifications qu'il doit effectuer. S'il prévoit de les lancer toutes à la fois, la charge sur le serveur de supervision risque d'être très importante, sûrement trop pour que les sondes aillent au bout de leurs tâches. Une fois lancées, si elles sont planifiées pour se lancer toutes les cinq minutes, Nagios n'aura rien à faire pendant cet intervalle de temps. Il est important d'étaler au maximum les vérifications pour lisser la charge.

Un autre problème fait surface, mais il concerne les hôtes surveillés. Sur la plupart des nœuds, plusieurs services sont configurés. Si Nagios fait un ordonnancement « bête », il lance les services les uns après les autres. Les services d'un même hôte se retrouvent lancés presque en même temps. La charge correspondante sur les hôtes n'est pas négligeable. Le lissage de la charge doit donc intervenir aussi pour les éléments surveillés, sous peine de les soumettre à des pics de charge inutiles.

Étaler les vérifications sur le serveur Nagios

Le lissage des vérifications depuis le serveur Nagios se fait grâce à l'inter-check delay. Il correspond à l'intervalle de temps entre les lancements de vérifications. Cette durée étant, en règle générale, inférieure à la durée d'exécution des commandes, plusieurs d'entre elles vont être lancées en parallèle.

Ce mécanisme prend en paramètre `service_inter_check_delay_method`. Si l'administrateur positionne une valeur comme `0.01`, c'est cette durée, en secondes, qui est prise comme délai entre les lancements de vérifications. Il est conseillé de laisser Nagios calculer cet intervalle par lui-même, ce que l'on obtient par la valeur `s` (`smart`). Le délai devient alors :

$$\text{service\_inter\_check\_delay} = \frac{\text{moyenne des intervalles de vérification}}{\text{nombre de services}}$$

Le calcul est simple : Nagios prend le délai moyen entre deux vérifications d'un même élément et il le divise par le nombre total d'éléments. Si l'on considère la durée moyenne entre les vérifications comme une « période » de vérification, il cherche à répartir au maximum les vérifications sur cet intervalle de temps.

Prenons un exemple avec 2000 services surveillés toutes les 5 minutes. La période moyenne de vérification est simple à calculer ici : 5 minutes. Pour 2000 machines, cela représente un `inter_check_delay` de $\frac{5 \text{ minutes}}{2000 \text{ services}} = 0,0025 \text{ minutes}$, soit 0,15 seconde.

Le même mécanisme existe pour les vérifications d'hôtes. La seule différence est le nom du paramètre, qui devient `host_inter_check_delay_method`.

Étaler les vérifications sur les machines distantes

Pour le lissage des vérifications sur les machines distantes, il faut tout d'abord comprendre comment Nagios crée en mémoire sa liste de services à superviser. À la lecture de la configuration, il parcourt les hôtes et ajoute, pour chacun, ses services les uns après les autres. La liste de services ainsi créée n'est pas souhaitable comme ordre de vérification : les services d'un même nœud ne sont pas espacés.

Pour éviter cela et créer sa file de vérification, Nagios utilise le paramètre `service_interleave_factor`. Ce dernier peut être un entier ou bien `s` (`smart`). Si c'est un entier, lors de la création de la file, Nagios prend un service sur `service_interleave_factor`. Les services d'un même hôte sont donc espacés dans la vérification. Si ce paramètre est égal à un, alors ils sont à la suite les uns des autres : cette valeur est donc fortement déconseillée.

La valeur par défaut est `s` et implique que Nagios calcule lui-même l'espacement à appliquer entre les services d'un même hôte. Pour cela, il utilise la formule suivante :

$$\text{espacement entre les services} = \frac{\text{nombre de services}}{\text{nombre d'hôtes}}$$

Le principe est, ici encore, très simple. Il compte le nombre moyen de services par nœud. Avec cette valeur, il obtient un espacement qui permet, en moyenne, d'ordonnancer des services se trouvant sur des hôtes différents. Dans certains cas, sur des hôtes hébergeant beaucoup de services par rapport à la moyenne, il peut arriver que deux services soient demandés de manière rapprochée. Toutefois, même dans ce cas problématique, la charge est bien moindre que si elle n'était pas lissée.

Ce mécanisme est représenté sur le diagramme suivant :

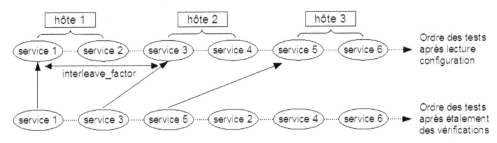

Figure 3–1 Lissage des vérifications par interleave_factor

Types d'état SOFT et HARD

Nous venons de voir ce qu'il faut définir dans Nagios pour lui indiquer les éléments à superviser, ainsi que les commandes utilisées pour surveiller tout ce petit monde. Nous allons maintenant regarder plus en détail la logique de supervision de Nagios. Nous avons très brièvement survolé ce sujet lors des explications sur les paramètres de retry des hôtes et des services notamment.

Nous avons indiqué que les notifications sont envoyées uniquement si les états des hôtes et services ont été validés. Ces états (UP, DOWN, UNREACHABLE pour les hôtes, OK, WARNING, CRITICAL et UNKNOWN pour les services) peuvent être de deux types bien différents :

* SOFT : le problème vient juste d'être détecté et demande vérification ;
* HARD : le problème est confirmé.

Les états de bon fonctionnement (UP et OK) ne peuvent être que de type HARD : le type SOFT n'a pas une grande signification pour eux, à une exception près que nous verrons par la suite.

Les nœuds et les services possèdent un paramètre important dans ce contexte : max_check_attempts. Il correspond au nombre de fois où une commande retourne un état différent de UP ou OK avant de passer en type HARD. Il est important de noter qu'ici, le premier test retournant l'erreur est pris en compte dans `max_check_attempts`. Si l'on souhaite dès la première erreur passer en état HARD, il suffit donc de placer cette propriété à `1`.

Les intervalles de vérification ne sont pas les mêmes entre les états SOFT et HARD. Les éléments (services et nœuds) ont les propriétés suivantes :

- `check_interval` : correspond à l'intervalle de vérification en état HARD ;
- `retry_interval` : correspond à l'intervalle de vérification en état SOFT.

Nous allons avoir deux intervalles de supervision : un quand l'information est sûre, un autre, généralement inférieur, qui est utilisé uniquement pour clarifier une situation.

Exemple de changement de type d'état

Nous pouvons définir un service comme suit :

Exemple de paramétrage d'un service

```
max_check_attempts  4
check_interval      5
retry_interval      3
```

La vérification se fait en temps normal toutes les 5 minutes. Si un problème survient (WARNING, CRITICAL ou UNKNOWN), alors on effectue 3 essais supplémentaires. On n'en fait que 3, le passage en état HARD intervient au bout de 4 tests. On vient déjà d'en réaliser un, celui qui a révélé l'anomalie. Nous nous retrouvons alors à ce moment en état de type SOFT.

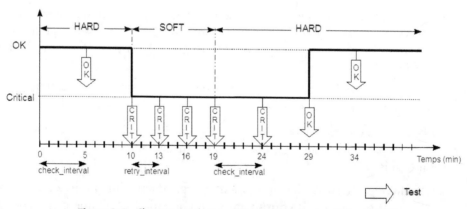

Figure 3–2 Changement de type d'état d'un service lors de la supervision

Les 3 autres vérifications sont réalisées avec un intervalle de temps de 3 minutes (paramètre `retry_interval`). Si, au bout de ces tests, la situation n'est pas redevenue

OK ou UP, alors le dernier état passe en état de type HARD. Les tests sont alors conduits toutes les 5 minutes. Lorsque la situation revient en état UP ou OK, l'état reste en HARD et on continue de vérifier toutes les 5 minutes jusqu'à l'arrivée d'une nouvelle erreur. Nous pouvons observer cela sur le diagramme de la figure 3-2.

Un état SOFT un peu particulier : SOFT-RECOVERY

Il arrive que, lors des vérifications supplémentaires du type SOFT, le problème soit résolu et que la commande renvoie un résultat UP ou OK. Dans ce cas, le type d'état ne va pas être SOFT car il est réservé aux problèmes, ni HARD car l'état n'est pas vérifié, mais SOFT-RECOVERY.

Ce type d'état se comporte comme un type SOFT classique, c'est-à-dire que les vérifications rapprochées continuent. Le résultat du dernier test est retenu comme l'état HARD.

Voici un exemple d'une telle problématique. Ici, l'état OK est obtenu le temps d'une seule vérification, qui n'est pas la dernière. C'est l'état CRITICAL qui est retenu comme état HARD.

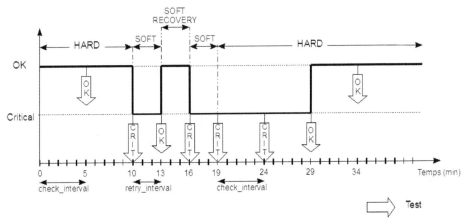

Figure 3–3 Passage par un état SOFT-RECOVERY avant d'atteindre l'état HARD

Notifications de problèmes

Continuons notre étude avec les notifications.

Notifications : le but des types d'état SOFT et HARD

Nous pouvons légitimement nous demander à quoi servent les types SOFT et HARD. Ils sont simplement utilisés dans le cadre de la notification des problèmes aux contacts.Peu de situations justifient d'envoyer une alerte sur un élément si, quelques secondes après, elle n'est plus valable. C'est le cas, par exemple, lors d'un problème réseau momentané. Pour certains services ou hôtes, il peut être intéressant d'être averti du moindre souci ; toutefois, dans une grande majorité des cas, il est préférable de vérifier l'information avant de l'envoyer aux utilisateurs.

C'est à cela que servent les types SOFT et HARD : ils permettent de vérifier la pertinence d'une alerte. Lors de la phase SOFT, Nagios tente de vérifier si l'erreur est effectivement toujours présente. La vérification est répétée autant de fois que le souhaitent les utilisateurs, grâce aux paramètres max_check_attempts et retry_interval.

Renvoi de notifications

Une fois que l'état est validé, en phase HARD, Nagios notifie les contacts s'ils le souhaitent. Cette notification intervient dès le passage en état HARD. L'utilisateur peut, avec le paramètre notification_interval, spécifier à Nagios l'intervalle de temps entre deux notifications. La notification est relancée tant que l'état n'est pas redevenu UP ou OK.

PRATIQUE **Être léger sur les notifications**

Comme nous le verrons au chapitre 6, envoyer trop de notifications est dangereux. Il faut choisir le paramètre notification_interval avec soin.

Lorsque l'état revient à la normale et si l'utilisateur l'a décidé dans le paramètre notification_options, Nagios envoie une alerte de recovery pour les services, d'UP pour les hôtes. Ce paramètre doit être supérieur à la valeur check_interval. Si cette valeur était inférieure, Nagios enverrait une notification alors qu'il n'a pas re-vérifié l'état de l'élément, ce qui n'est pas logique. La seule exception est la valeur 0 : elle signifie de n'envoyer qu'une seule notification pour le problème.

Exemple d'ordonnancement des notifications

Si nous positionnons les paramètres comme ceci, nous obtenons le comportement du diagramme 3-4.

```
notification_interval    8
notification_options     w,c,r
```

Nous remarquons qu'à t = 19 min une notification d'alerte critique est envoyée. Elle correspond au passage en état HARD. 8 minutes après, à t = 27 min, vu que le service est toujours en état CRITICAL, une autre notification est levée. Pour finir, une dernière notification est envoyée à t = 29 min. C'est une notification recovery de service. Nous remarquons dans le paramètre notification_options le champ r : l'administrateur souhaite donc qu'une telle notification soit envoyée.

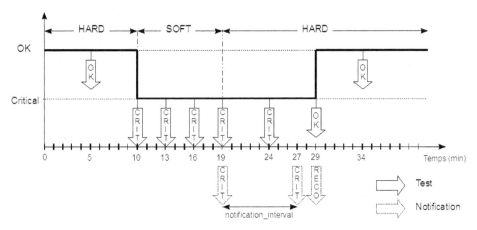

Figure 3–4 Types SOFT, HARD et notifications

Il est à noter que, pour qu'une notification soit levée, elle doit survenir durant la période notification_period définie sur les services et les hôtes. Si cette condition n'est pas vérifiée, la notification n'est pas envoyée.

Notifications : la configuration des contacts prime

Nous nous souvenons que les contacts possèdent les deux propriétés service_notification_period et service_notification_options (il en va de même pour les hôtes). Elles permettent de spécifier les notifications que le contact souhaite accepter.

Ces options agissent comme un filtre. Elles peuvent, par exemple, être définies sur l'hôte ou le service, mais pas sur un contact. Dans ce cas, ce dernier n'est pas notifié du problème.

Si nous avons un service défini comme :

```
notification_options    w,c,r
```

mais que le contact a seulement défini :

```
notification_options    w,c
```

lors de la levée de la notification de recovery (option r), le contact ne reçoit pas l'information. De même, si c'est l'inverse qui est configuré :

```
notification_options    w,c
```

sur le service et :

```
notification_options    w,c,r
```

sur le contact, la notification de recovery n'étant pas levée par le service, le contact ne la reçoit pas.

En cas de problème persistant : l'escalade des notifications

Il arrive que les personnes qui reçoivent les notifications n'arrivent pas à régler le problème. Regardons comment Nagios peut gérer cette situation.

Lorsque les problèmes perdurent : on appelle un ami

Lorsqu'une erreur persiste malgré l'envoi d'une notification à un ou plusieurs contacts, c'est que ceux-ci ne sont pas en mesure de régler le problème. Ce genre de situation arrive souvent lorsqu'on a différents niveaux d'assistance au sein du service. Les alertes peuvent être dirigées tout d'abord vers l'assistance de niveau 1 qui tente de résoudre le problème en recherchant une solution dans la base de connaissances de l'entreprise. Si la base ne contient pas de solution adaptée, l'alerte doit être remontée au niveau supérieur, et ainsi de suite jusqu'à arriver au dernier niveau : à ce stade, il faut trouver une solution, coûte que coûte.

Ce mécanisme est présent au sein de Nagios et se nomme *escalade de notifications*. Nous allons pouvoir y définir un nombre maximum d'envois de notifications avant de passer au niveau de contacts suivant.

Bien penser à l'aspect psychologique d'une telle mise en place

Il faut bien faire attention à ne pas abuser de ce mécanisme. Nous avons mis en garde l'administrateur Nagios, dans les premiers chapitres, sur les aspects psychologiques qu'a la mise en place d'une solution de supervision. Les escalades en font pleinement partie. Les contacts ne doivent pas prendre Nagios pour un délateur auprès de leur hiérarchie. Ils pourraient alors faire en sorte que l'outil ne détecte plus rien, ce qui serait contre-productif.

CONFIGURATION **Une charge supplémentaire**

En plus de l'aspect psychologique, la mise en place des escalades implique davantage de configuration. L'administrateur doit peser le pour et le contre d'une telle mise en place.

Si la mise en place d'un tel procédé se justifie, comme dans le cas des différents niveaux d'assistance ou de personnes en astreinte, il ne faut pas hésiter. Dans les autres cas, il faut bien peser le pour et le contre.

Définition dans Nagios

Les escalades de notifications sont contenues dans les objets `serviceescalation`. Ceux-ci possèdent 6 propriétés :

- `host_name` : nom de l'hôte concerné ;
- `service_description` : nom du service auquel s'applique l'escalade ;
- `first_notification` : numéro de la notification à partir de laquelle le groupe de contacts est alerté ;
- `last_notification` : numéro de la notification à partir de laquelle le groupe de contacts n'est plus alerté : si cette valeur est `0`, l'escalade ne finit pas ;
- `notification_interval` : période d'envoi des notifications pour ce groupe de contacts ;
- `contact_groups` : groupe de contacts qui reçoit les notifications.

Nous remarquons que les escalades s'appliquent sur un intervalle de notifications : son début ainsi que sa fin sont des numéros de notification. Nous pouvons avoir plusieurs escalades, chacune ayant son intervalle de notifications. Si ces intervalles se chevauchent, tous les groupes sont avertis.

Les escalades peuvent redéfinir l'intervalle entre deux notifications. Dans le cas d'un chevauchement d'escalades, c'est la valeur la plus faible qui l'emporte.

Exemple d'escalade

Nous nous plaçons dans la situation où l'assistance de niveau 1, nommée `support-level1`, est destinataire des notifications sur le service `Http`, lui même accroché au serveur `srv-web1`. Nous souhaitons que les 2 premières notifications soient envoyées à ce groupe. Si, après ces deux remontées d'alertes, le problème n'est toujours pas résolu, c'est le groupe `support-level2` qui est averti pendant 2 notifications. Si, de même, le problème n'est pas résolu, il est remonté au `support-level3`, et ce, indéfiniment.

Définition d'une escalade

```
define serviceescalation{
  host_name               srv-web1
  service_description     Http
  first_notification      3
  last_notification       4
  notification_interval   30
```

```
    contact_groups           support-level2
}

define serviceescalation{
    host_name                srv-web1
    service_description      Http
    first_notification       5
    last_notification        0
    notification_interval    60
    contact_groups           support-level3
}
```

Cas des notifications de type recovery

Nous pouvons nous retrouver dans un cas un peu particulier avec les notifications de type recovery et les escalades. Une telle notification est considérée comme un envoi supplémentaire. Mais que se passe-t-il si cet envoi fait remonter le problème ? Des contacts n'ayant jamais eu connaissance du problème sont informés qu'il est résolu ; cette information ne leur est toutefois d'aucune utilité.

Nagios traite ce cas en ne faisant tout simplement pas d'escalade dans le cas d'une notification de type recovery. D'après sa définition, elle ne sera plus suivie de notification, donc ceci ne pose aucun problème.

Destination de toutes les informations récoltées

Avec ce que nous avons vu, nous pouvons fournir à Nagios des éléments à superviser, des commandes pour le faire et même des techniques de notification. Que doit-il faire de toutes les informations qu'il recueille ?

Informations d'état, d'alerte et de notification

Nagios écrit les informations immédiates sur les états des éléments supervisés dans le fichier var/status.dat toutes les status_update_interval secondes (par défaut 15 secondes). Ce fichier est lu par les interfaces pour obtenir l'état des éléments.

Concernant les données de performances, il les dépose simplement dans un fichier plat, en attendant qu'un programme tiers vienne les récupérer.

Le reste des informations, comme les alertes ou les envois de notifications sont sauvegardés dans le fichier journal principal de Nagios : var/nagios.log.

En cas de redémarrage : le fichier status.sav

Afin de pouvoir conserver les informations d'état lors d'un redémarrage, Nagios sauvegarde régulièrement les états des hôtes et des services dans un fichier. Il s'agit, en général, de `var/status.sav`. Ce fichier est relu au démarrage de Nagios afin d'en tirer l'état actuel des éléments.

Un module d'export de données : NDOUtils

Nagios dispose également d'un module un peu particulier : `NDOUtils`. Ce module se loge au sein de Nagios et récupère toutes sortes d'informations comme les états des hôtes et des services, ou bien les commandes lancées et leurs retours. Il permet de déposer toutes ces informations dans une base de données. Actuellement, seules les bases `MySQL` et `PostGreSQL` sont prises en charge. Ceci permet de rechercher des informations très rapidement. De plus, dans le cas où l'on a plusieurs serveurs Nagios, chacun peut y déposer ses informations. Ceci sera expliqué en détail au chapitre 10.

Comment donner un ordre à Nagios

Nagios lit sa configuration lors de son démarrage puis se lance dans ses opérations de supervision. Il reste cependant à l'écoute de l'extérieur et notamment des administrateurs.

Fonctionnement de la communication

Nagios crée un fichier spécial lors de son initialisation, qui lui permet de recevoir des ordres. Ce fichier est un « tube nommé », `var/rw/nagios.cmd`. Ce type de fichier est comme une voie de communication à sens unique. Un processus peut y écrire, un autre lit ces informations. Les données ne font que transiter par le fichier sans y rester ; si personne n'est en train d'écrire dedans, il est vide.

Nagios lit ce fichier. Lorsqu'un processus extérieur y écrit, Nagios y cherche des ordres ou des informations de supervision. Les utilisateurs peuvent exploiter ce fichier pour forcer Nagios à changer son ordonnancement, voire pour lui donner des indications sur l'état d'un élément supervisé. Pour cela, un simple `echo` d'un texte dans le fichier suffit à donner un ordre à Nagios.

On parle pour ce mécanisme de « commandes externes ».

Les outils tiers peuvent utiliser ce mécanisme pour fournir leurs informations à Nagios. Nous verrons cependant dans un autre chapitre que certains démons aident cette communication.

Ce qu'on peut lui demander

Nagios fournit un nombre assez impressionnant de commandes externes. Nous n'allons pas toutes les étudier, ceci prendrait bien trop de place. Voici quelques exemples.

> REMARQUE **Liste des commandes externes**
>
> La liste complète est disponible dans la documentation officielle de Nagios.
> ▸ http://nagios.sourceforge.net/docs/3_0/extcommands.html.

Prise en compte d'un état

Un utilisateur peut avertir ses collègues qu'un problème a été pris en compte. Ceux-ci peuvent ainsi se concentrer sur d'autres problèmes. La commande dédiée est ACKNOWLEDGE_SVC_PROBLEM.

L'utilisateur envoie le texte suivant à Nagios :

ACKNOWLEDGE_SVC_PROBLEM;<host_name>;<service_description>;<sticky>;
<notify>;<persistent>;<author>;<comment>

Les paramètres sont :

* host_name : nom de l'hôte hébergeant le service concerné ;
* service_description : nom du service ;
* sticky : si positionné à 1, ne sera supprimé que si le service passe à OK, sinon n'importe quel changement d'état sera pris en compte ;
* notify : prévenir ou non les autres contacts du service ;
* persistent : l'information résiste ou non à un redémarrage ;
* author : nom de l'auteur ;
* comment : texte explicatif.

Voici un exemple d'envoi de cette prise en compte à Nagios :

Prise en compte d'un service

```
now=`date +%s`
commandfile='/usr/local/nagios/var/rw/nagios.cmd'
/bin/printf "[%lu] ACKNOWLEDGE_SVC_PROBLEM;srv-web1;Http;1;1;1;Un
administrateur;Probleme sous controle\n" $now > $commandfile
```

Forcer un résultat de vérification d'un service

Un utilisateur peut forcer un résultat d'une vérification d'un service particulier. La commande dédiée est PROCESS_SERVICE_CHECK_RESULT.

```
PROCESS_SERVICE_CHECK_RESULT;<host_name>;<service_description>;
<return_code>;<plugin_output>
```

Les paramètres sont :

- `host_name` : nom de l'hôte hébergeant le service concerné ;
- `service_description` : nom du service ;
- `return_code` : code retour du service, correspondant aux codes de `OK`, `WARNING`, `CRITICAL` et `UNKNOWN` ;
- `plugin_output` : texte du retour du service.

Voici un exemple d'un tel envoi de communication :

Envoi d'un résultat à Nagios

```
now=`date +%s`
commandfile='/usr/local/nagios/var/rw/nagios.cmd'
/bin/printf "[%lu] PROCESS_SERVICE_CHECK_RESULT;srv-web1;Http;0;OK-
Tout va bien maintenant\n" $now > $commandfile
```

En un mot

Lorsque l'on recherche un outil de supervision, le choix d'une solution open source est très avantageuse. Dans ce monde, Nagios est la référence. Sa conception est simple et sa plus grande force est sa modularité. Ses possibilités sont très étendues. La seule limite réside dans l'obtention des informations de supervision. Si l'administrateur est capable de les obtenir en ligne de commande, alors l'intégration dans Nagios est possible.

4

Premier niveau de test : réponse d'un nœud sur le réseau

Dans ce chapitre nous allons étudier le fonctionnement des plug-ins qui devront rechercher activement les informations sur les hôtes. Ils peuvent les obtenir soit directement sur le réseau, soit par l'intermédiaire d'un agent situé sur le nœud.

Tests directs sur le réseau

Nous avons étudié la configuration des éléments dans Nagios, le fonctionnement de la communication avec les plug-ins et enfin son ordonnancement des vérifications. Nous avons évoqué le fait que ce sont les sondes qui font les vérifications et qui décident de l'état des éléments supervisés.

Regardons maintenant d'un peu plus près les méthodes d'obtention d'informations sur les nœuds distants. Seules les méthodes actives sont étudiées ici. Les méthodes passives le seront dans un autre chapitre.

REMARQUE **Effectuer les tests en parallèle**

Ce chapitre contient de nombreuses commandes illustrant les vérifications. Il peut être utile au lecteur d'avoir sous la main un shell pour exécuter ces commandes. Pour cela, il peut dès à présent lancer les commandes décrites dans la partie « Installation des paquetages » du chapitre suivant. Il trouvera les sondes dans `/usr/lib/nagios/plugins`.

Tests applicatifs simples

L'un des cas les plus simples à traiter consiste à vérifier l'information lorsqu'elle est directement disponible sur le réseau. Dans le cadre de la supervision d'un service distant, on se place simplement dans le rôle d'un client. On effectue une requête et on vérifie que l'on obtient bien une réponse conforme à ce que l'on souhaite.

Imiter le comportement d'un client standard a un avantage certain : c'est un moyen simple et direct de savoir si la ressource est disponible pour les autres clients. C'est pour cela qu'il faut se rapprocher le plus possible de la position d'un utilisateur normal.

Test des ports réseau

La plupart des applications sont sur le réseau. On peut parfois se contenter de tester la connectivité pour déterminer leur état.

Un test simple et léger

Un service réseau est généralement disponible sur un port TCP ou UDP d'une adresse IP. Si le service n'est pas lancé, il ne peut pas avoir son port ouvert. Trouver ce port fermé signifie que le service n'est pas disponible aux clients.

B-A-BA **Rappel sur le réseau**

Il est toujours bon de rappeler les différentes couches du réseau que l'on utilise tous les jours :
1. physique (câble ou onde) ;
2. Ethernet ;
3. IP ;
4. TCP ou UDP ;
5. applicatif.
La plupart des sondes Nagios travaillent à un niveau supérieur à 3.

Une méthode de supervision des services consiste à se limiter à la supervision des ports des applications. Vérifier qu'ils sont bien ouverts est l'une des opérations les plus légères en matière de supervision, que ce soit en termes de charge système ou réseau. Cette opération est de toute manière nécessaire lors des communications entre les clients et les serveurs.

Si la légèreté de la solution est attirante, elle a un défaut gênant : si un port fermé signifie qu'une application est non disponible, l'inverse n'est pas assuré. Il peut arriver, dans certains cas, qu'une application écoute toujours ses ports, mais qu'elle ne sache plus traiter les demandes qu'elle reçoit.

Une telle situation peut se produire, par exemple, dans une application faisant appel à une base de données. Si cette dernière n'est pas disponible, l'application n'a pas accès à ses données et renvoie un message d'erreur à ses clients.

Le problème avec le simple test d'un port se situe justement au niveau de ce message d'erreur : puisque l'on n'a pas fait de vraie requête en s'arrêtant à la simple ouverture du port, on ne reçoit pas ce message. Le test est positif, mais il s'agit d'un faux positif.

Il faut cependant relativiser la situation. Dans de nombreux cas, un tel test est largement suffisant. De plus, faire de vraies interrogations peut parfois s'avérer complexe, voire tout simplement impossible. Une telle situation arrive si, par exemple, le protocole de communication n'est pas documenté.

Test d'un port TCP

Appel du plug-in check_tcp

Voyons à présent l'exemple d'un test de port TCP. Étudions plus en détail ce qui transite réellement sur le réseau.

Considérons le test d'un port 80 (HTTP) sur un serveur distant. On utilise pour cela le plug-in check_tcp. La commande définie est la suivante :

Définition de la commande check_tcp

```
$USER1$/check_tcp -H $HOSTADDRESS$ -p $ARG1$
```

On appelle par exemple cette commande dans un service comme suit :

Appel de la commande check_tcp

```
check_commandcheck_tcp!80
```

La commande check_tcp possède de nombreux paramètres, pouvant répondre à un nombre élevé de besoins. Elle peut faire bien plus qu'ouvrir un port. Elle peut également envoyer un texte de requête au service et en attendre une réponse.

Voici ce que donne un test d'ouverture de port sur un serveur web :

Test d'ouverture d'un port web

```
/usr/local/nagios/libexec/check_tcp -H www.google.fr -p 80
TCP OK - 0,093 second response time on port
80|time=0,093117s;;;0,000000;10,000000

echo $?
0
```

Le code de retour OK du service serait remplacé par un code UP si nous vérifions un hôte. Le texte de retour est explicite. Le plug-in renvoie également des données de performances indiquant le temps de réponse du service. Ici, le port s'est ouvert en 93 ms. La valeur limite du temps de réponse était de 10 secondes, et peut être changée avec le paramètre -t.

Ce que le plug-in effectue réellement

Dans le cas d'un test de port TCP, la commande effectue simplement une connexion TCP nommée « 3-Way Handshake » (« Établissement d'une connexion en trois étapes »). Dans le cas d'un port ouvert, l'ouverture de la connexion se passe en effet en 3 étapes :

1 le client envoie un paquet SYN ;

2 le serveur lui répond SYN+ACK ;

3 le client répond alors ACK.

Seuls trois paquets réseau de petite taille sont nécessaires pour ouvrir une connexion.

Dans le cas d'un port fermé, la communication est encore plus rapide :

1 le client envoie un paquet SYN ;

2 le serveur lui répond RST+ACK.

Dans ce cas, ceci signifie que la machine est encore disponible car sa pile réseau a pu répondre, mais que l'application écoutant sur le port est fermé. Là encore, le test est léger et rapide.

Un test suffisant pour la disponibilité d'un hôte

Un des cas où la disponibilité d'un port est représentative de la disponibilité d'une ressource est le test des serveurs et des éléments réseau. Pour les hôtes, l'administrateur doit définir une méthode permettant de savoir, avec un seul plug-in, si le nœud est vivant ou non.

Lorsqu'on met en place pour la première fois un outil de supervision, on choisit souvent de tester la disponibilité des nœuds avec une réponse à un ping ICMP. Ce test est très simple, mais il peut se révéler vite limité. En effet, pour des raisons de sécurité, ce protocole est dans de nombreuses entreprises limité au réseau local. Certains serveurs munis d'un pare-feu ne répondent pas à ce test, pas plus que les éléments en zone DMZ.

Il faut alors définir une autre méthode pour ces serveurs particuliers – méthode de préférence commune à l'ensemble des serveurs. On pourra par exemple tirer parti de la disponibilité des ports d'administration. Tous ces éléments sont administrables à distance, par le biais d'une application écoutant les requêtes des administrateurs, aussi bien sur le port SSH des serveurs Unix et des équipements réseau, que sur le port MSTSC sur les serveurs Windows.

Ces applicatifs ont la qualité d'être particulièrement robustes et peu dépendants d'autres ressources. Nous pouvons considérer que, si le port répond, l'application est disponible. Dans ce cas, l'hôte est déclaré comme étant en état UP. Dans le cas contraire, puisque que ces applications de prise de contrôle sont indispensables au travail des administrateurs, l'arrêt de cette application implique que le nœud n'est pas disponible et qu'il ne répond plus aux requêtes réseau ; on le considère alors comme DOWN.

L'un des avantages d'un tel test, outre le fait qu'il est très léger, se situe au niveau des règles de pare-feu : les ports d'administration sont disponibles simplement et ne demandent pas de nouvelle règle sur les équipements de filtrage. Inutile de créer une règle ICMP sur le réseau – chose qui ferait frémir bon nombres d'administrateurs.

SÉCURITÉ **Filtrage de ICMP**

Les paquets ICMP peuvent contenir des informations utiles, mais sont aussi un très bon support pour les canaux cachés. Cela dit, bien d'autres dangers plus immédiats menacent les systèmes (tunnel TCP sur HTTP, vol d'informations par clé USB...).

Test des services web

De nombreux services mis en place actuellement sont des services web. Nous avons besoin d'un test permettant de déterminer s'ils sont en bon état ou non. L'un des avantages des ces applications est leur protocole de communication : HTTP. Celui-ci est simple et connu. Le plug-in standard dédié à cette supervision est check_http.

Principe des tests HTTP

Les tests HTTP sont simples. On imite le comportement d'un client, et on demande à l'application web une page – par défaut la page d'accueil. On vérifie que celle-ci est bien formée et qu'elle ne contient pas de message d'erreur particulier. Sur ce point, chaque application est différente. Elles ne renvoient pas toutes le même texte. On doit donc changer légèrement le test de vérification pour chaque service web.

L'application web, en plus de renvoyer la page, transmet des informations importantes grâce à un code retour inclus dans le protocole HTTP. Il doit être interprété en priorité. On peut noter certains codes qui reviennent souvent :

- 200 : la requête s'est déroulée sans erreur ;
- 301 : la page demandée a été déplacée définitivement ;
- 401 : la page requiert une authentification ;
- 403 : la page est interdite d'accès ;
- 404 : la page n'est pas disponible ;
- 500 : le service a subi une erreur interne qui l'a empêché de traiter la requête.

Ces codes de retour HTTP représentent différents états pour la commande de vérification. Les codes 200 et 301 correspondent à un état correct. Le résultat correspondant est OK.

Les états 401, 403 et 404 sont des états inquiétants. La page n'a pu être atteinte, même si le démon web semble en bon état. Il s'agit d'un WARNING.

Quant à l'erreur 500, celle-ci démontre que le service web a rencontré un grave problème en traitant la requête, l'erreur est considérée comme CRITICAL.

Le plug-in check_http

Le plug-in standard permettant de vérifier les réponses web est check_http. Il prend comme argument l'adresse du service à tester par le paramètre -H. On peut lui fournir également une page spécifique à interroger, grâce au paramètre -u. Si le paramètre n'est pas spécifié, le plug-in teste la page de garde.

Il peut également chercher une chaîne de texte dans la page reçue et avertir s'il ne la trouve pas. On la lui précise avec le paramètre -s.

Tester la page d'accueil d'un site

Plaçons-nous tout d'abord dans un cas où la requête est correcte. Nous testons ici la page principale du site.

Nous supposons que le plug-in check_http se trouve dans le répertoire par défaut des plug-ins de Nagios. Ce répertoire est /usr/local/nagios/libexec dans une configuration standard. Nagios le référence dans sa configuration avec la macro $USER1$.

Exemple d'utilisation de check_http

```
$USER1$/check_http -H www.google.fr
HTTP OK HTTP/1.0 200 OK - 6482 bytes en 0,231 secondes
|time=0,231233s;;;0,000000 size=6482B;;;0
```

Ce test est effectué sur le même service web que le test d'ouverture de connexion, mais il a mis deux fois plus de temps à s'exécuter. Dans cet exemple, une requête HTTP a été effectuée sur le service et celui-ci a répondu. Cela prend plus de temps qu'une simple ouverture de connexion sans requête.

> REMARQUE **Simplification des commandes dans cet ouvrage**
>
> Dans la suite du chapitre, la macro $USER1$ ne sera pas présente pour ne pas surcharger inutilement les commandes. Dans une configuration réelle de Nagios, elle doit être indiquée.

Rechercher une chaîne de caractères dans la page

Sur cette même page, nous cherchons une chaîne de caractères. En l'occurrence, celle-ci ne s'y trouve pas, ce qui déclenche une erreur.

Recherche d'une chaîne de caractère inexistante sur une page web

```
check_http -H www.google.fr -s "pere noel"
HTTP CRITIQUE - chaîne non trouvée|time=0,254568s;;;0,000000
size=6488B;;;0
```

Nous sortons en état CRITICAL car le test n'a pas été concluant.

Tester l'existence d'une page

Pour notre dernier test, nous consultons une page qui n'existe pas. Nous nous attendons donc à sortir avec un état WARNING.

Recherche d'une page inexistante sur une page web

```
check_http -H www.google.fr -u "/nexistepas"
HTTP WARNING: HTTP/1.0 404 Not Found
```

C'est en effet le cas.

Cas des services web à accès sécurisés : authentification, HTTPS...

Demandes d'authentification

Certains sites web contiennent des zones qui sont, à juste titre, sécurisées par une demande d'authentification. Si l'on souhaite superviser une page située dans une telle zone, il faut que le plug-in ait connaissance d'un compte avec lequel se connecter.

> PIÈGE **Différents types d'authentification sur les sites web**
>
> Il faut faire attention aux différentes méthodes d'authentification sur les sites web. Celles-ci peuvent être effectuées par le serveur web et donc passer par le protocole HTTP. Certaines applications gèrent elles-mêmes l'authentification avec un formulaire à remplir. Dans ce cas, la méthode présentée ici ne fonctionne pas. Il faut alors utiliser un autre plug-in, nommé Webinject, qui permet de « jouer » un parcours du site web. Ce plug-in est étudié un peu plus loin.

On utilise, pour gérer cette authentification, le paramètre `-a` de `check_http`. Il faut simplement fournir une paire `compte:motdepasse` en argument.

Par exemple, pour atteindre la zone `/admin` d'un site sur un intranet, on utilise le compte `admin` et le mot de passe `supermotdepasse`. On obtient alors la requête suivante :

Vérification d'une page web avec authentification

```
check_http -H intranet.mydomain -u /admin -a admin:supermotdepasse
HTTP OK HTTP/1.0 200 OK - 6482 bytes en 0,230 secondes
|time=0,229866s;;;0,000000 size=6482B;;;0
```

Cas des serveurs HTTPS

De plus en plus de services web font appel à la couche SSL pour permettre aux clients d'identifier formellement le serveur et de chiffrer leurs communications « sensibles », comme leur authentification.

La seule différence avec le cas d'un service web classique se trouve dans la communication entre les deux parties. Celle-ci est contenue dans un flux SSL.

Pour surveiller un tel service et se faire passer pour un client « standard » il faut envoyer les requêtes via un canal SSL. `check_http` le gère grâce au paramètre `-S`. Il se comporte alors comme précédemment, mais utilise le port 443 (HTTPS) et une connexion SSL pour dialoguer avec le serveur. Nous pouvons changer le port de connexion, si besoin, grâce au paramètre `-p`.

Nous obtenons pour un serveur classique une demande de la forme suivante :

Vérification d'une page web à travers HTTPS

```
$USER1$/check_http -H www.google.com -S
HTTP OK - HTTP/1.0 302 Found - 0,325 secondes de temps de réponse
|time=0,325044s;;;0,000000 size=407B;;;0
```

On peut noter qu'ici on a eu un retour 302. C'est en fait une variante d'une page migrée (code 301). Ce n'est pas un code d'erreur.

Vérifier l'expiration des certificats

Lorsque l'on met en place un service web sécurisé par SSL, il faut disposer d'un certificat signé par une autorité de certification. Ces certificats ont une certaine durée de validité. Il est très courant d'oublier de les renouveler à temps. On se trouve alors dans une situation inconfortable : les clients ont une erreur sur leur navigateur car le certificat est périmé, mais le site fonctionne bien si on « oublie » ce détail. De nombreux utilisateurs n'y font pas attention, mais d'autres vont tout simplement voir ailleurs. Dans le cas d'un site de vente en ligne, cela peut avoir un impact financier très rapide.

Il faut donc penser à surveiller la validité des certificats. Le plug-in check_http propose cette fonctionnalité qui ne doit pas être oubliée.

On utilise pour cela le paramètre -C. Celui-ci demande une valeur représentant le nombre de jours de validité restants à partir duquel il commence à avertir (WARNING) l'utilisateur. Si, malgré ces avertissements, le certificat n'est pas changé à temps, le retour passe à CRITICAL.

Voici un exemple d'un tel test :

Vérification de la validité d'un certificat

```
$USER1$/check_http -H www.google.com -C 20
OK - Certificate will expire on 05/02/2009 17:02.
```

Dans cet exemple, on demande à être averti si le certificat expire dans moins de vingt jours. Au vu du site surveillé, un résultat autre que OK aurait été étonnant.

> **PIÈGE Les certificats se cachent partout**
>
> Il ne faut pas croire que seuls les services web utilisent des certificats. Toutes les applications faisant appel à SSL peuvent en exploiter. Certaines architectures avec plusieurs nœuds, comme les serveurs d'annuaires Active Directory, y font appel. Si les certificats sur ces serveurs ne sont plus valides, les clients ne les utilisent plus. Parmi ces clients on peut citer, par exemple, les serveurs de messagerie électronique de l'entreprise. Si ces deux services ne dialoguent plus, cela peut avoir un impact important. Il faut dresser une liste et surveiller tous les certificats, mêmes signés par une autorité interne. Le plug-in check_tcp propose, en plus de check_http, un tel test avec son paramètre -D.

Jouer un scénario plus complexe avec Webinject

Parfois, tester la connexion à une page ne suffit pas. Les applications web deviennent de plus en plus complexes. Si l'application utilise une base de données, l'accès à une unique page n'est pas représentative de l'état global de l'application. Dans ce genre de situation, tester un véritable scénario de connexions et de transaction dans une application peut être utile. Si l'opération arrive à son terme, c'est que tout fonctionne correctement.

Par exemple, sur un site de vente en ligne, il peut être intéressant de définir un compte de test. Ce compte n'effectue pas réellement de véritable transaction. Si une méthode de vérification permet de simuler un client qui, en utilisant ce compte, effectue une commande, alors ce test est représentatif de l'état du site de vente en ligne.

check_http ne permet pas de réaliser ce type de test. Cette sonde est conçue pour faire une unique requête. Pour les tests plus complexes, une nouvelle sonde est nécessaire. Il existe une application légère, nommée WebInject, servant à créer et jouer des scénarios de connexions à des sites.

OUTIL Webinject pour « jouer » des scénarios web

Application écrite en Perl et pesant moins de 100 Ko, Webinject permet de définir une série d'accès à des pages tout en conservant, pendant toute la session, des informations comme les cookies. Cette fonctionnalité permet de simuler un véritable client HTTP. L'application a le bon goût de ne pas nécessiter d'installation ; il suffit de décompresser l'archive.
▸ http://nagios-fr.org/wiki/integration/webinject

La syntaxe de définition du scénario est fournie dans deux fichiers XML : config.xml et testcases.xml. Le premier permet de définir l'environnement de connexion, par exemple la présence d'un proxy. Il est également possible (et recommandé) de demander à WebInject de se comporter comme n'importe quelle sonde Nagios. Il suffit d'ajouter la valeur <reporttype>nagios</reporttype> dans ce premier fichier. Il fait ensuite référence au second fichier qui décrit les étapes de la vérification.

Le second fichier XML définit des entités case qui sont des successions de tests. Les demandes peuvent être de type get ou post. Pour chaque résultat, on peut récupérer une valeur dans le retour pour le transférer aux tests suivants. C'est particulièrement pratique pour les variables comme SESSION.

Exemple de scénario

Voici un exemple de vérification d'une application web. Supposons que la première page fournit un identifiant de session :

config.xml

```
<testcasefile>testcases.xml</testcasefile>
<useragent>WebInject Application Tester</useragent>
<timeout>10</timeout>
<globaltimeout>20</globaltimeout>
<proxy>http://proxy:3128</proxy>
<reporttype>nagios</reporttype>
```

testcases.xml

```xml
<testcases repeat="1">

<case
  id="1"
  description1="Connexion sur Application"
  method="get"
  url="http://www.myapplication.com/login.php"
  parseresponse='SESSION="|"'
  verifypositive="Login"
  errormessage="Impossible de se connecter sur la page de login"
/>

<case
  id="2"
  description1="Authentification sur Application"
  method="post"
  url="http://www.myapplication.com/Authentication.php"
  postbody="user=test&password=superpass&session={PARSEDRESULT}"
  verifynegative="User unknown"
  errormessage="Impossible de se connecter avec test"
/>

<case
    id="3"
    description1="Navigation sur Application"
    method="get"
    url="http://www.myapplication.com/Application.php"
    verifypositive="Bienvenue sur le site de vente"
    errormessage="Impossible de naviguer sur le site, même authentifié"
/>

<case
    id="4"
    description1="Test de commande"
    method="post"
    url="http://www.myapplication.com/DemandeAchat.php"
    postbody="objet=voiture&couleur=rougevif"
    verifypositive="Votre commande est effectuée"
    errormessage="Impossible de passer une commande de voiture"
/>

</testcases>
```

Pour lancer la commande, il suffit d'appeler `webinject.pl` avec comme argument `-c`, suivi du fichier de configuration définissant le test :

Lancement de WebInject

```
webinject.pl -c config-nagios.xml
WebInject OK - All tests passed successfully in 0.19 seconds
|time=0.19;20;;0
```

En cas d'erreur lors d'un des tests, elle retourne :

Erreur détectée par WebInject

```
WebInject CRITICAL - Impossible de se connecter avec test
|time=0.138;20;;0
```

> PRATIQUE **Obtenir des informations sur la connexion au site avec HttpFox**
>
> Dans le cas précédent, il était primordial d'utiliser la variable SESSION proposée par la première page. Pour l'identifier, il faut observer les en-têtes retournés lors d'une connexion fructueuse. Firefox fournit une extension pratique, nommée HttpFox, pour analyser des applications web. Elle permet de sauvegarder les échanges HTTP lorsque l'on navigue sur un site. Elle est très pratique pour mettre au point ces tests de vérification.

Cette application simple et légère permet de définir simplement des tests avancés. Elle est d'une grande utilité pour vérifier les applications web qui sont de plus en plus nombreuses. Nous remarquons de plus qu'elle retourne le temps qui a été nécessaire pour effectuer l'ensemble des tests. Cet indicateur peut être important dans la détection de performances dégradées sur l'application web.

> PRATIQUE **Les applications SOAP**
>
> De nombreuses applications utilisent le protocole SOAP pour la communication entre leurs différents composants. SOAP est basé sur HTTP. WebInject est capable de procéder à des tests des différentes parties des applications en effectuant des tests de bas niveau.

Test des services DNS

> DANS LA VRAI VIE **Un service à ne pas oublier**
>
> S'il est un service indispensable que l'on oublie souvent de superviser, c'est bien le DNS. On le pense, à tort, infaillible. Cependant, en cas de problème, c'est tout le système d'information qui tombe.

Certains soucis peuvent survenir sur les DNS des entreprises. Parfois, certains enregistrements peuvent être supprimés, que ce soit à cause d'une fausse manipulation ou d'un bug logiciel. Si l'enregistrement est celui d'un serveur critique, les problèmes peuvent s'accumuler très rapidement. À cause du cache DNS présent sur les machines, si un administrateur cherche à voir si l'enregistrement fonctionne toujours, sa requête risque d'être traitée par le cache de son ordinateur. Il ne voit donc pas que le serveur ne peut plus répondre pour cet enregistrement pour les nouveaux clients.

Méthode de supervision des DNS

La supervision de ce service est très simple. Nous allons, pour tous les enregistrements importants, faire des requêtes régulières vers les serveurs DNS et vérifier qu'ils peuvent encore répondre correctement. Le plug-in qui effectue ces requêtes est check_dns. Il prend en paramètre -H, l'enregistrement à récupérer, et -s, le serveur DNS interrogé.

> PIÈGE **Enregistrements DNS automatiques sous Windows Active Directory**
>
> Si le serveur DNS est géré par Active Directory, les serveurs Windows peuvent y enregistrer leur propre entrée DNS. Cependant, sur les serveurs ayant plusieurs interfaces réseau, ce mécanisme peut être plus dangereux qu'autre chose. L'entrée DNS d'une interface privée peut par exemple être mise à jour avec les données d'une interface privée, ce qui peut causer des pertes de connexions pour les utilisateurs. La supervision des entrées DNS est importante pour détecter ce genre de situation difficile à repérer.

Exemple de test DNS

Un exemple d'interrogation d'un célèbre serveur web sur le serveur DNS d'un non moins célèbre fournisseur d'accès donne :

Exemple de vérification d'une entrée DNS

```
$USER1$/check_dns -H www.google.fr -s 212.27.40.240
DNS OK: 0,046 secondes de temps de réponse. www.google.fr renvoie
74.125.43.147,74.125.43.103,74.125.43.99,74.125.43.104|time=0,045761s;;
;0,000000
```

Ici le test vérifie que le serveur 212.27.40.240 est capable de renvoyer un enregistrement pour www.google.fr.

Test des annuaires LDAP

Dans les infrastructures actuelles, les annuaires LDAP ont pris une place prépondérante. Ils centralisent les informations concernant les utilisateurs ; grâce à eux, finie l'époque où il fallait dupliquer les informations.

Méthode de supervision

S'ils sont devenus une pierre angulaire des infrastructures actuelles, il ne faut pas oublier qu'ils sont, comme tous les services, faillibles.

Bien souvent, ces annuaires ne sont consultables que si l'utilisateur possède un compte. Il faudra donc pour les superviser se connecter avec un compte et rechercher des informations. Il y a de fortes chances qu'il puisse lire ses propres informations. Si elles sont valides, on peut considérer que l'annuaire fonctionne correctement.

> PIÈGE **Plusieurs ports de communication**
>
> Les annuaires LDAP sont souvent disponibles sur deux ports TCP : 389 et 636. Sur le premier port, il peut accepter, exclusivement ou non, les connexions passant par SSL. Sur le second, seules les connexions SSL sont acceptées. Il ne faut pas oublier de superviser tous les ports de communication des applications. Le port non sécurisé peut en effet être ouvert alors que le port SSL n'est pas disponible, par exemple à cause d'un mauvais paramétrage, ou parce que son certificat est expiré.

Exemple d'interrogation LDAP

Le plug-in réalisant ce test est check_ldap. Il prend comme argument le serveur à interroger avec -H et la requête à effectuer avec -b. Il utilise un compte fourni par l'utilisateur avec les arguments -D et -P. Il peut se connecter en SSL en utilisant l'argument -S.

Nous supposons ici que le serveur LDAP est srv-ldap1. On utilise le compte nagios de l'annuaire pour se connecter et on demande ses informations.

Exemple de vérification d'un serveur LDAP

```
check_ldap -H srv-ldap1 -b "cn=nagios,ou=users,dc=society,dc=com" -D
nagios@society.com.com -P "password"
```

Le résultat est similaire à ce qui suit :

Résultat de la vérification

```
LDAP OK - 0.015 seconds response time|time=0.014801s;;;0.000000
```

Le temps de réponse retourné en donnée de métrologie est utile pour suivre l'état de charge des annuaires.

Supervision du DHCP

Les systèmes d'information regroupent un nombre important de composants. Parmi ceux-ci, les postes clients sont les plus nombreux. Leur configuration réseau est fortement facilitée par l'utilisation du protocole DHCP.

Un élément indispensable pour les clients

Ce protocole permet de fournir une configuration réseau complète aux clients qui en font la requête. Un serveur DHCP est mis en place sur le réseau. S'il n'est plus disponible, les nouveaux clients, ou les anciens qui doivent renouveler leur adresse, sont isolés.

Son rôle est important, car l'accès au réseau est une condition indispensable pour que les clients puissent utiliser les ressources du système d'information. Sa supervision est tout aussi importante.

Sonde check_dhcp

La sonde check_dhcp est utilisée dans ce but. Elle effectue une demande DHCPDISCOVER sur le réseau. Si elle reçoit en réponse un DHCPOFFER, cela signifie que le serveur DHCP fait toujours son office. Étant donné que la sonde ne répond pas à la demande avec un DHCPACK ou un DHCPNACK (acceptation ou refus de l'adresse), ceci n'a pas d'impact sur le service DHCP.

Si plusieurs serveurs DHCP sont disponibles sur le réseau, des problèmes peuvent survenir, surtout si la configuration des serveurs n'est pas identique. Il est conseillé d'attribuer une adresse réservée au serveur qui interroge le service. De cette manière, il est possible de vérifier que le serveur dont on attend une réponse répond bien et qu'il nous offre l'adresse que l'on souhaite.

Le paramètre -s permet de spécifier à la commande l'adresse du serveur dont on veut une réponse. Le paramètre -r permet, quant à lui, de lever une alerte si l'adresse obtenue n'est pas celle demandée. Enfin, le paramètre -i permet de choisir l'interface réseau qui fait la demande.

> PRATIQUE **Contrôles fréquents du serveur DHCP**
>
> Le DHCP est l'une des pierres angulaires des réseaux actuels. À moins de migrer en IPv6, les administrateurs ont tout intérêt à le vérifier très fréquemment afin d'être alerté rapidement.

Problèmes de droits

Cette sonde a une particularité. Si elle est lancée avec l'utilisateur nagios, elle retourne une erreur :

Erreur de droits avec check_dhcp

```
check_dhcp -i eth0
Warning: This plug-in must be either run as root or setuid root.
To run as root, you can use a tool like sudo.
To set the setuid permissions, use the command:
        chmod u+s yourpluginfile
Error: Could not bind socket to interface eth0. Check your privileges...
```

Une requête DHCP nécessite des privilèges root. Le processus de Nagios ne pouvant fonctionner en tant que root, il est nécessaire de donner le droit à nagios de lancer cette commande comme s'il était root. Deux solutions sont envisageables dans cette situation :

* l'utilisation de sudo ;
* le positionnement du bit suid sur check_dhcp.

La commande sudo

Le programme sudo permet de lancer une commande sous le compte root si l'utilisateur en a l'autorisation. Il n'a pas besoin de l'accès à un shell root pour cela. Le fichier de configuration de sudo est /etc/sudoers. Dans ce fichier, la ligne suivante permet d'autoriser l'exécution en tant que root de la sonde check_dhcp avec n'importe quel argument, sans avoir à donner un mot de passe.

Configuration dans sudoers

```
nagios ALL = NOPASSWD: /usr/local/nagios/libexec/check_dhcp *
```

Une fois sudo configuré, l'utilisateur nagios peut lancer la commande en la précédant de sudo :

Lancement de check_dhcp avec sudo

```
sudo /usr/local/nagios/libexec/check_dhcp -i eth0 -s 192.168.0.254 -r
102.168.0.1
OK: Received 1 DHCPOFFER(s), max lease time = 0 sec.
```

Dans la configuration de Nagios, la commande doit être configurée avec les chemins complets :

Configuration au sein de Nagios

```
/usr/bin/sudo $USER1$/check_dhcp -i $ARG1$ -s $ARG2$ -r $ARG3$
```

Le bit SUID

Si la commande sudo n'est pas disponible, il existe une autre méthode pour que l'utilisateur nagios puisse lancer la commande en tant que root. Le bit suid est une fonctionnalité du système de fichiers. Une fois positionné, ce bit permet à un autre utilisateur que le possesseur de l'exécutable de le lancer sous l'identité du possesseur. Si ce dernier est root, il a tous les droits.

N'importe quel utilisateur a ces droits, contrairement à sudo où la gestion des droits est très fine. Pour positionner ce bit, il faut utiliser la commande suivante en tant que root :

Placement du bit SUID sur check_dhcp

```
chown root.nagios check_dhcp
chmod ug+s check_dhcp
ls -l check_dhcp
-rwsr-x--- 1 root nagios check_dhcp
```

On peut alors lancer simplement la sonde sous le compte nagios :

Lancement de check_dhcp

```
/usr/local/nagios/libexec/check_dhcp -i eth0 -s 192.168.0.254 -r
102.168.0.1
OK: Received 1 DHCPOFFER(s), max lease time = 0 sec.
```

Cette méthode a pour avantage de ne pas faire appel au chemin /usr/local/nagios/ libexec dans la configuration de sudo.

Supervision de la messagerie

Les systèmes d'information servent à gérer des informations. L'un des vecteurs d'échanges le plus important est, à l'heure actuelle, l'échange par e-mails. Le courriel est devenu indispensable pour beaucoup d'utilisateurs. La moindre indisponibilité est directement ressentie par l'ensemble des utilisateurs et la surveillance de cette application est primordiale.

Superviser une messagerie est plutôt simple car il existe sur Internet des adresses de destinataires un peu particulières, dites de rebond : lorsqu'un e-mail est reçu à une de ces adresses, une réponse est automatiquement envoyée. La supervision de toute la chaîne de messagerie peut se faire facilement. La commande de vérification n'a qu'à envoyer un message à une ou deux de ces adresses, et attendre ensuite quelques secondes pour obtenir le retour. Les messages de retour sont supprimés automatiquement.

La sonde check_email_delivery est dédiée à cette tâche. Dans l'exemple suivant, on suppose que les services SMTP et IMAP sont sur le même serveur. Dans le cas contraire, des arguments permettent de les spécifier.

Vérification de bout en bout de la messagerie

```
check_email_delivery -H monserveur --mailto
ping@oleane.net,echo@cnam.fr --mailfrom user@local --username user --
password secret
EMAIL DELIVERY OK - 5 seconds
```

> COMMUNAUTÉ **Les adresses de rebond**
>
> Les administrateurs peuvent remercier chaleureusement les personnes ayant mis en place ces adresses de rebond. Elles permettent de vérifier simplement l'envoi et la réception d'e-mails.

Supervision d'une base MySQL ou PostgreSQL

Les bases MySQL et PostgreSQL sont des références dans le monde de l'open source. La première est même utilisée dans la solution que nous mettons en place. Par défaut, elle est accessible sur le port 3306. Pour la superviser, la sonde check_mysql est tout adaptée. Elle nécessite d'avoir un compte sur la base de données. Ce compte a uniquement besoin de droits SELECT sur une base.

Elle effectue une connexion à la base, que ce soit par le réseau ou par *socket* Unix suivant la configuration de la base. Dans notre exemple, nous utilisons la connexion réseau. Le compte nagios dont le mot de passe est superpass tente d'accéder à la base nommée nagiosBD.

Vérification d'une base MySQL

```
check_mysql -H monserveur -u nagios -p superpass -d nagiosBD
Uptime: 1316 Threads: 1 Questions: 1257 Slow queries: 0 Opens: 25 Flush
tables: 1 Open tables: 19 Queries per second avg: 0.955
```

Pour les bases PostgreSQL, la sonde check_pgsql permet de faire la même vérification que pour MySQL. Là encore, le lancement de la commande est simple :

Vérification d'une base PostgreSQL

```
check_pgsql -d nagiosBD -l nagios -p superpass
OK - database nagiosBD (0
sec.)|time=0.000000s;2.000000;8.000000;0.000000
```

Lorsque de simples vérifications réseau ne suffisent pas : les agents

Nous venons de voir quelques exemples de tests simples directement accessibles par le réseau. Malheureusement, toutes les informations ne sont pas disponibles de cette manière.

Rôle des agents

Par exemple, pour obtenir les informations de charge des serveurs, il faut se placer directement sur ces serveurs.

Nagios ne peut pas lancer seul une commande de vérification sur les serveurs distants. Il ne peut que lancer des commandes locales. Nous allons utiliser des agents de supervision sur les éléments distants. Ce sont des démons qui écoutent les demandes d'informations de Nagios et lui répondent. Nous allons voir ici les principaux agents utilisés.

> PSYCHOLOGIE **Résistance face aux agents**
>
> Les administrateurs système voient en général d'un très mauvais œil la mise en place d'un agent. Dans le cas d'agents open source, ils peuvent vérifier ce qui est lancé, et seront moins enclins à s'opposer à leur installation.

Principaux agents disponibles

Différents types d'agents existent. Certains ne font que lancer des plug-ins fournis par l'utilisateur sur l'hôte à superviser. D'autres proposent en standard une liste de données à fournir à l'utilisateur. D'autres encore font les deux.

Si les données pré-exportées sont pratiques dans un premier temps, elles deviennent vite limitées lorsqu'un administrateur veut mettre en place une supervision avancée. Il est alors préférable de passer par des sondes déposées sur les hôtes. Elles seront lancées par les agents sur demande de Nagios.

NRPE : lancer des plug-ins à distance

Commençons notre étude des agents par le plus répandu d'entre eux : NRPE.

Fonctionnement de NRPE

NRPE est l'agent déployé classiquement sur les serveurs de type Unix. Il signifie « Nagios Remote Process Executor » (exécuteur distant de processus Nagios). Il permet à Nagios d'exécuter à distance des plug-ins déposés par l'administrateur.

Comme Nagios, NRPE ne sait lui-même rien faire. Les plug-ins déposés sont identiques à ceux présents sur le serveur de supervision. NRPE sert d'intermédiaire entre Nagios et ces sondes.

Nagios lance comme plug-in, sur son serveur, l'exécutable check_nrpe. Celui-ci envoie une requête de supervision à l'agent NRPE. Elle correspond à une entrée dans la configuration de l'agent. Cette entrée contient un script à lancer, avec ses arguments. Le démon lance le plug-in et retourne le résultat à check_nrpe. Ce résultat est composé du code retour du plug-in et des lignes de sortie, comme n'importe quelle sonde Nagios. L'exécutable check_nrpe transmet tout simplement ces informations à Nagios.

Nous pouvons également noter que la communication entre check_nrpe et le démon NRPE se fait à travers un flux SSL. Il n'y a donc pas de risque qu'un pirate récupère des données sensibles. Le diagramme suivant résume ce fonctionnement.

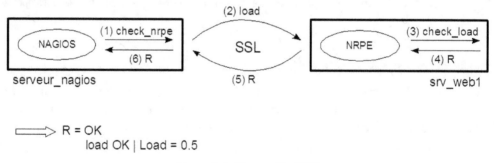

Figure 4–1 Une requête NRPE

Configuration du démon

Le fonctionnement étant connu, concentrons-nous sur la configuration de NRPE.

Fichier de configuration principal

Paramètres du démon

L'agent NRPE ne possède au départ qu'un seul fichier de configuration. Il se trouve, sur une installation par défaut, dans `/usr/local/nagios/etc`. On peut utiliser les paramètres suivants :

- `server_port` : port TCP sur lequel le serveur écoute les requêtes de Nagios. Par défaut, sa valeur est 5666 ;
- `server_address` : IP sur laquelle le démon écoute. Si non spécifiée, il écoute sur toutes les adresses disponibles ;
- `nrpe_user` : utilisateur sous lequel le démon est exécuté. Tout comme pour Nagios, il n'est ni possible, ni recommandé d'utiliser `root` ;
- `allowed_hosts` : liste des IP des serveurs pouvant effectuer des demandes au démon. On y place logiquement l'adresse du serveur Nagios ;
- `dont_blame_nrpe` : autorise ou non l'utilisation d'arguments envoyés par le client au démon NRPE ;
- `command_timeout` : temps en secondes laissé aux commandes lancées pour s'exécuter. Si le temps imparti est écoulé, la commande est tuée.

Définition des commandes

On doit également configurer les commandes à lancer lors d'une interrogation. Cela se fait grâce aux entrées du type suivant :

Définition d'une commande dans nrpe.cfg

```
command[nom]=chemin_du_plugin paramètres
```

Il faut attribuer à chaque commande à lancer un nom avec lequel `check_nrpe` va l'appeler. On doit indiquer le chemin complet vers la sonde à lancer. En ce qui concerne les arguments, on peut laisser l'utilisateur les spécifier lors de la demande. Cela n'est autorisé que si le paramètre `dont_blame_nrpe` a la valeur 1. Tout comme dans la configuration de Nagios, les arguments sont définis par `$ARG1$`, `$ARG2$`, etc.

SÉCURITÉ **Utilisation des variables**

Le paramètre `dont_blame_nrpe` permet d'autoriser ou non le passage de paramètres pour les clients NRPE. Il porte bien son nom. Laisser la possibilité aux clients d'utiliser leurs propres arguments peut être un problème de sécurité. Certains utilisateurs pourraient chercher à en abuser. Le démon NRPE limite les caractères utilisables, enlevant les plus dangereux. De plus, il filtre les IP. Le choix de laisser ou non les variables est laissé à l'administrateur.

Voici deux exemples de définition pour observer la charge des serveurs grâce à la commande `check_load`. Celle-ci sera étudiée plus en détail au chapitre 14.

Définition standard

```
command[load]=/usr/local/nagios/libexec/check_load -w 1,1,1 -c 2,2,2
```

Voici la même commande, mais en utilisant des arguments variables :

Définition avec arguments

```
command[load]=/usr/local/nagios/libexec/check_load -w $ARG1$ -c $ARG2$
```

Gérer les exceptions de configuration

Dans le cas où l'on doit déployer un grand nombre d'agents sur ses serveurs, on utilise le même fichier de configuration. Cependant, certains d'entre eux présentent des exceptions. Par exemple, sur certains vieux systèmes, une information peut ne pas être disponible. Un plug-in fonctionnant correctement sur le reste du parc n'y fonctionne alors pas. Si on laisse la même commande d'appel, on risque de se retrouver avec une exécution systématiquement en erreur. Les exceptions dans la configuration des agents NRPE doivent être possibles.

Si l'on n'utilise pas de moyen de gestion de configuration évolué sur ses serveurs, on doit utiliser le paramètre `include` du fichier de configuration `nrpe.cfg`. Ce paramètre permet d'appeler un autre fichier de configuration comme s'il était placé à la suite.

Pour gérer les exceptions, nous créons un fichier de configuration nommé `specifique.cfg` situé à côté de `nrpe.cfg`. Nous y plaçons nos exceptions en redéfinissant les commandes que nous souhaitons modifier.

Dans le fichier `nrpe.cfg`, le fichier est inclus en dernière ligne :

Inclusion du fichier spécifique au serveur

```
include=/usr/local/nagios/etc/specifique.cfg
```

Si une commande est présente deux fois dans le fichier de configuration, c'est sa dernière occurrence qui est prise en compte. Dans notre cas, puisque l'on a appelé `specifique.cfg` à la fin de `nrpe.cfg`, ce sont les valeurs spécifiques qui priment. On a tout loisir de redéfinir, si besoin, des commandes ou d'en définir de nouvelles.

Une méthode de gestion de configuration consiste à avoir le même fichier `nrpe.cfg` pour tous les hôtes. Seuls les fichiers `specifique.cfg` sont particuliers à chaque nœud. Lors de la mise à jour du `nrpe.cfg` commun sur tous les serveurs, on ne craint plus de perdre de la configuration spécifique à un nœud.

CONFIGURATION **Notion de pack de plug-ins**

Des systèmes similaires ont les mêmes plug-ins de supervision. Nous y déposons donc les mêmes scripts. L'ensemble des scripts communs à un système d'exploitation s'appelle un pack de plug-in et il est contenu dans `nrpe.cfg`. Tous les autres plug-ins doivent être référencés dans `specifique.cfg`. Lors de la mise à jour du pack, il suffit de copier le nouveau `nrpe.cfg` sur tous les serveurs.

Lancement de l'agent

L'agent n'est en fait composé que d'un binaire `nrpe`, de son fichier de configuration et des plug-ins qu'il lance. Il peut être lancé à travers `xinetd`, mais cette possibilité n'est pas étudiée ici.

Dans le cas d'un lancement en mode `standalone`, il faut le lancer comme ceci :

Lancement de NRPE

```
/usr/local/nagios/bin/nrpe -d -c /usr/local/nagios/etc/nrpe.cfg
```

NRPE s'exécute sous l'identité de l'utilisateur spécifié dans son fichier de configuration, à condition que celui-ci ne soit pas `root`. En effet, dans ce cas, il ne se lance pas. On utilise généralement un compte non privilégié nommé `nagios`.

Exemple d'interrogation

Depuis le serveur Nagios, on lance la commande `check_nrpe` avec comme paramètres l'hôte sur lequel est lancé NRPE, ainsi que la commande désirée (en l'occurrence, la commande référencée par `check_load`). Plaçons-nous tout d'abord dans la situation où l'utilisateur ne peut pas fournir d'arguments à la commande :

Interrogation de l'agent NRPE

```
check_nrpe -H srv-web1 -c load
OK - Charge moyenne: 0.51, 0.28, 0.28|load1=0.510;1.000;2.000;0;
load5=0.280;1.000;2.000;0; load15=0.280;1.000;2.000;0;

echo $?
0
```

Dans le cas où l'on peut fournir des arguments, nous avons :

Interrogation avec arguments

```
check_nrpe -H srv-web1 -c load -a 1,1,1 2,2,2
OK - Charge moyenne: 0.29, 0.36, 0.31|load1=0.290;1.000;2.000;0;
load5=0.360;1.000;2.000;0; load15=0.310;1.000;2.000;0;

echo $?
0
```

Dans les deux cas, du point de vue de Nagios, le résultat est le même que celui d'une commande locale. Il en retire les mêmes informations, à savoir le code retour et les lignes de données.

SSH peut également faire l'affaire

Comme dit précédemment, les administrateurs système ne sont pas enclins à installer des agents. Il existe des méthodes pour s'en passer.

Lancement de commandes à travers SSH

NRPE permet de lancer des commandes à distance, ce qui peut également être réalisé grâce à SSH. Ce protocole permet de lancer une commande sur un serveur distant. De plus, le code retour et les messages de sortie sont conservés à travers l'utilisation de SSH.

Si nous reprenons notre exemple précédent en utilisant SSH, nous obtenons :

Lancement d'une commande par SSH

```
ssh srv-web1 '/usr/local/nagios/libexec/check_load -w 1,1,1 -c 2,2,2'
```

Nous avons besoin d'un compte sur srv-web1. Nous utilisons le compte nagios que nous aurions utilisé pour NRPE. La commande renvoie ce qui suit :

Résultat

```
OK - Charge moyenne: 0.25, 0.35, 0.35|load1=0.250;1.000;2.000;0;
load5=0.350;1.000;2.000;0; load15=0.350;1.000;2.000;0;

echo $?
0
```

Nous obtenons le même résultat que si nous l'avions lancé à travers NRPE.

Problème de l'authentification

Cette méthode présente un problème : le serveur distant demande une identification. Lorsqu'on fait des des tests, on peut saisir un mot de passe ; ce n'est pas le cas si la commande est lancée par Nagios. Là encore, le protocole SSH propose une solution. Il est possible d'utiliser une méthode d'authentification par chiffrement asymétrique.

Sans entrer dans le détail, l'utilisateur crée deux clés liées :

- une publique, qu'il peut fournir à volonté ;
- une privée, qu'il doit garder jalousement.

La clé privée peut déchiffrer des messages codés avec la clé publique de l'utilisateur. Si un serveur envoie un message aléatoire chiffré avec la clé publique d'un utilisateur, seul ce dernier peut retrouver le message original grâce à sa clé privée. Cela permet d'authentifier formellement un utilisateur.

> Pour une introduction au chiffrement à clé publique, lire :
> Lucas, *PGP et GPG*, Eyrolles 2006

Pour générer les clés, on utilise la commande `ssh-keygen` :

Génération de clés pour SSH

```
ssh-keygen -t rsa
```

Lorsque le programme demande une `passphrase`, il faut la laisser vide. Il s'agit d'un mot de passe chiffrant la clé privée. Nous ne pouvons pas l'utiliser ici car il faudrait la saisir à chaque fois que l'on utilise la clé, ce qui n'est pas possible au sein de Nagios.

> SÉCURITÉ **Clé SSH sans phrase secrète**
>
> Les clés SSH sans phrase de passe sont peu populaires chez certains administrateurs qui craignent une compromission de l'accès au serveur. Pour pallier ce problème, on peut souvent utiliser `ssh-agent`. Cependant, `ssh-agent` et `ssh` communiquent par le biais d'une variable d'environnement, variable que Nagios supprime avec toutes les autres avant de lancer les sondes. La mise en place de `ssh-agent` est donc délicate. Le compte nagios est de toute façon un compte sans privilèges, ce qui réduit les risques encourus du point de vue de la sécurité.

Cette commande génère les deux clés. La clé privée est `~/.ssh/id_rsa`, la publique `~/.ssh/id_rsa.pub`.

Il faut déployer la clé publique sur le serveur distant. Nous utilisons pour cela le programme `ssh-copy-id` qui facilite grandement la tâche :

Déploiement de clés sur un compte distant

```
ssh-copy-id -i ~/.ssh/id_rsa.pub nagios@srv-web1
```

Une fois la clé en place, l'utilisateur sur le serveur maître peut se connecter sans mot de passe sur le serveur `srv-web1`. Il peut également y lancer des commandes.

Utilisation de SSH à la place de NRPE

L'utilisation de SSH en lieu et place de NRPE est possible, mais il faut en mesurer l'impact. Avec SSH, nous ne pouvons pas utiliser les exceptions de configuration comme nous l'avons fait avec le fichier `specifique.cfg`. De plus, la charge de calcul d'une requête SSH est plus importante que celle d'une demande NRPE. Pour utiliser SSH, il faut que l'utilisateur `nagios` du serveur Nagios ait un accès au shell sur les serveurs distants. Si des méthodes permettent de limiter l'utilisation de ce shell, elles sont cependant lourdes à gérer.

SSH a pourtant un atout non négligeable : il est déjà présent sur la quasi-totalité des serveurs Unix. Il évite d'avoir à déployer un nouvel agent. Il faut cependant que les plug-ins de supervision soient présents.

Les administrateurs peuvent choisir entre ces deux solutions celle qu'ils préfèrent suivant leurs facilités de déploiement d'un agent ou au vu des problématiques de charge sur le serveur central.

SNMP : une liste de données exportées

Il est presque impossible de trouver un élément réseau sur lequel on peut installer les applications que l'on souhaite. Ce sont de véritables boîtes noires. La mise en place de NRPE étant impossible, voyons comment les superviser.

Le protocole SNMP et les OID

Pour obtenir des informations sur l'état d'un équipement réseau, il faut passer par un démon qui est lui présent sur la quasi-totalité des équipements réseau : SNMP (*Simple Network Management Protocol*, protocole simple de gestion réseau).

Ce protocole peut être découpé en deux fonctionnalités principales :

- un client obtient des informations en lançant une requête au serveur. On nomme cela le `poll SNMP` ;

- l'élément réseau envoie une information sous la forme d'une alerte à un démon distant. Ce sont les *traps* ou alertes `SNMP`. Ce mécanisme sera étudié dans un autre chapitre car il fait partie des méthodes passives.

Les informations exportées par SNMP sont nombreuses et peuvent varier suivant le constructeur. Elles sont indexées sur un arbre dont chaque entrée est un `OID` (Object unique IDentifier). Elles sont regroupées dans des fichiers nommés `MIB`. Ils représentent la cartographie des données de l'arbre. Chaque constructeur possède une branche. Il peut y faire figurer les informations qu'il souhaite.

Certaines branches sont standardisées. On peut citer pour exemple la MIB `HOST-RESOURCES`. C'est dans cette dernière que nous allons prendre la plupart de nos informations.

Dans les versions les plus répandues de SNMP, les versions `1` et `2c`, la sécurité est basée sur un mot de passe nommé `communauté`. La valeur par défaut de ce mot de passe est `public`. Il est diffusé en clair sur le réseau.

La version `3`, la plus récente, possède de véritables mécanismes de sécurité. Elle n'est malheureusement pas encore largement déployée.

Exemple d'interrogation SNMP

Nous cherchons à obtenir l'utilisation CPU sur un routeur administrable à l'adresse `192.168.0.254`. La communauté utilisée est `public`. Le plug-in récupère l'OID `.1.3.6.1.2.1.25.3.3.1.2` qui correspond à la charge CPU et compare la valeur aux deux seuils que nous lui avons spécifiés.

Récupération de la charge CPU par SNMP

```
check_snmp_switch_cpu.pl -H 192.168.0.254 -C public -w 50 -c 60
SNMP_ENVIRONMENT OK : CpuUtil=10%|CpuUtil=10%
```

SNMP sur les serveurs

Les serveurs possèdent également des services SNMP. Ils exportent les valeurs de la MIB `HOST-RESOURCES`. Celle-ci contient les valeurs classiques comme l'utilisation des processeurs, de l'espace disque, de la mémoire ou du trafic réseau.

Si, dans les équipements réseau, l'utilisation du SNMP est imposée, ce n'est pas le cas dans le cadre des systèmes d'exploitation. Les informations disponibles par ce biais sont limitées. On y trouve des valeurs classiques qui suffisent dans une partie des cas.

Dans de nombreuses situations, elles ne sont pas suffisantes. Sur certains systèmes, la seule information disponible à propos de la mémoire est l'utilisation de la mémoire virtuelle. Celle-ci regroupe la mémoire physique et l'espace d'échange. Lorsque celui-ci est utilisé, il est bien souvent trop tard. Un tel indicateur n'est pas suffisant. Des plug-ins dédiés lancés par des agents sont plus appropriés.

MÉTHODE **SNMP, un bon début**

Les agents SNMP étant fournis par les systèmes d'exploitation, les administrateurs ne s'opposent pas à leur activation. Cela peut être pratique dans un premier temps pour leur montrer les avantages de la supervision. Une fois conquis, les administrateurs demanderont des améliorations qui nécessiteront un véritable agent. Ils ne s'opposeront plus à son installation.

NSClient++ : des plug-ins et des données

Un client un peu particulier est disponible sur les environnements Windows. Il regroupe en son sein un agent NRPE et des informations déjà exportées, comme le fait SNMP.

Il est basé sur des modules sous forme de DLL. L'un d'entre eux porte le nom NRPE. Il est utilisé comme agent du même nom au sein de NSClient++. Tout comme pour son pendant Unix, il ne dispose pas, par défaut, de sonde. L'administrateur doit lui en fournir.

D'autres modules exportent nativement des données. On peut dresser la liste des principales, qui permettent de faire un rapide tour de l'état du système.

* espace disque ;
* utilisation des processeurs ;
* utilisation de la mémoire ;
* état des services.

Deux clients sont utilisés :

* check_nrpe pour les exécutables lancés par l'agent ;
* check_nt pour les interrogations des autres modules.

Mise en place

L'agent possède un exécutable d'installation. Il s'installe par défaut dans le répertoire `C:\Program Files\NSClient++`. Pour ceux qui souhaitent automatiser l'installation, il suffit de déposer les fichiers de l'agent dans un répertoire et de lancer la commande suivante :

Installation de NSClient++

```
NSClient++ /install
```

Pour le démarrer, il suffit de lancer le service du même nom.

Le module NRPE écoute sur le port classique `5666/TCP`. Les autres modules sont sur le port `12489/TCP`.

La configuration est également découpée en deux parties, une pour chaque élément de l'application. Elle se trouve dans le fichier `NSC.ini`. La configuration et l'utilisation de l'agent NRPE sont identiques à celles de la version UNIX, nous n'y reviendrons pas.

La configuration du reste de l'agent commence par la déclaration des modules utilisés. On les place dans la partie `[modules]` du fichier de configuration. Voici un exemple de configuration contenant les modules les plus classiques:

Configuration des modules

```
[modules]
FileLogger.dll
CheckSystem.dll
CheckDisk.dll
NSClientListener.dll
NRPEListener.dll
CheckEventLog.dll
CheckWMI.dll
```

Vient ensuite la partie `[Settings]` où se trouvent les clients autorisés à dialoguer avec l'agent et la définition d'un mot de passe si besoin. Voici un exemple pour un serveur Nagios dont l'adresse est `192.168.0.2` :

Paramètres de sécurité

```
[Settings]
password=superpassword
allowed_hosts=192.168.0.2
use_file=1
```

Le paramètre `use_file` permet de signaler à NSClient++ de prendre ses paramètres dans le fichier de configuration plutôt que dans la base de registre. Cette dernière utilisation est à éviter, à la fois du point de vue de la facilité d'administration et pour unifier l'administration des différents agents sous Windows et sous Unix.

Un peu plus que des valeurs immédiates

Pour certains indicateurs, comme la charge d'un processeur, définir une valeur comme incorrecte est complexe. Cette valeur est très volatile. Un pic d'utilisation n'est pas critique, alors qu'une valeur plus faible mais constante est signe de contention.

Le module des tests CPU récupère régulièrement la charge des processeurs sur la machine. Il propose ensuite les moyennes et valeurs maximales à l'utilisateur s'il le demande. Ce dernier a alors plus de facilité à surveiller cet indicateur plus complexe qu'il n'y paraît.

Importance de WMI

Une grande source d'informations

Windows implémente la norme `WBEM` (*Web-Based Enterprise Management*) sous le nom `WMI`. Elle présente sous la forme de tables les informations du système et de certaines applications compatibles. L'utilisateur peut effectuer des recherches dans ces tables grâce à une syntaxe proche du SQL. Un système de filtres `WHERE` est également disponible pour faciliter les recherches complexes.

Lors des premiers contacts avec les tables exportées nativement par le système Windows, les administrateurs sont impressionnés par leur nombre. Le système expose presque toutes ses informations par ce biais. Le site de documentation `MSDN` de `Microsoft` s'avère d'une aide précieuse. Un outil nommé `ScriptomaticV2` est disponible sur ce site. Il permet d'énumérer et d'interroger simplement toutes les tables disponibles sur le système.

> SÉCURITÉ **Le besoin de droits élevés**
>
> Malheureusement, les requêtes `WMI` de supervision systèmes demandent des droits maximum sur le serveur. Les agents n'effectuant que des `Select` et filtrant les demandes, le risque est acceptable.

Exemple d'interrogation WMI

Par exemple, pour obtenir l'espace libre disponible sur les disques, il faut lancer la requête suivante :

Requête WMI pour l'espace disque

```
Select FreeSpace From Win32_LogicalDisk
```

Si nous nous limitons à la valeur pour le disque C:, la requête devient :

Requête avec filtre

```
Select FreeSpace From Win32_LogicalDisk Where DeviceID = 'C:'
```

Nous obtenons :

```
FreeSpace=2120848896
```

Le résultat est en octets, soit ici environ 2 Go d'espace libre sur le lecteur C:.

> Les valeurs les plus importantes des tables WMI seront exposées dans un prochain chapitre.

Pour lancer la requête avec NSClient++, il suffit de lancer, depuis le serveur de supervision, la commande suivante :

Requête WMI depuis un client

```
check_nrpe -H $HOSTADDRESS$ -c CheckWMIValue -a 'Query=SELECT FreeSpace
FROM Win32_LogicalDisk WHERE DeviceID="C:"' MinCrit=1000000000
```

En un mot

L'étape la plus simple de la supervision consiste à superviser les éléments distants directement par le réseau. Diverses méthodes existent. De la plus légère qui consiste à vérifier l'ouverture d'un port à la simulation complète d'un client, l'administrateur a le choix. Lorsque les informations ne sont pas disponibles directement, l'utilisation d'un agent s'impose. Suivant les systèmes considérés, les possibilités sont variées.

5

Installation et configuration : premier test de quelques serveurs web

Après avoir vu les grands principes de Nagios, tentons une première mise en place de l'outil. Pour cela, nous allons prendre une situation simple : la supervision de serveurs web.

Objectifs de cette mise en place

Les grands principes de Nagios ont été vus dans les précédents chapitres :
* la configuration des éléments supervisés ;
* les contacts à prévenir en cas de problème et le mode opératoire associé ;
* les commandes de vérification des hôtes et services distants ;
* les différentes phases d'ordonnancement.

Tout ceci va nous permettre d'installer notre premier environnement de supervision. Pour cela, nous allons installer Nagios et sa console de supervision standard.

Les éléments supervisés seront simples. Ce sont des serveurs web installés sur des serveurs GNU/Linux. Nous allons mettre en place une supervision des sites publiés, mais également des serveurs qui les sous-tendent.

Première installation : simplicité

Nagios est un outil très complet. Commençons par une première mise en place très simple afin de nous familiariser avec ses grands principes.

Choix du système

Nagios peut être installé sur de nombreux environnements Unix. Afin de limiter les surprises et d'être le plus standard possible, il est recommandé de l'installer sur Linux.

Ce système d'exploitation très répandu est disponible dans de nombreuses distributions. Nous ne pouvons pas détailler l'installation sur toutes les distributions possibles. En dresser la liste remplirait déjà ce livre. Nous allons utiliser un système CentOS. Il s'agit d'une version totalement libre du système RedHat. Ce dernier est le plus répandu dans les entreprises.

> Ces deux distributions sont totalement compatibles au niveau des binaires. CentOS est une compilation des sources de RedHat dont on a retiré les logos et nom de RedHat.

La version utilisée est CentOS 5.2. Les utilisateurs de distributions différentes comme Debian ou Suse devront adapter à leur système les paquetages présentés. Les grandes lignes de l'installation sont les mêmes.

Installation par le gestionnaire de paquetages

L'installation du système est ici minimale. Ceci permet de présenter les paquetages nécessaires à l'installation et l'utilisation de Nagios. Les fonctionnalités du système telles que le pare-feu ou bien SeLinux seront désactivés.

Dans cette première installation, la mise en place de Nagios et des outils connexes se fera par le gestionnaire de paquetages de la distribution. Ce choix est motivé par la simplicité requise pour une première mise en place.

Avantages de l'installation par paquetage

Les avantages de ce mode d'installation sont nombreux. Lors des mises à jour de Nagios, une simple demande au gestionnaire de paquetages met à jour toute l'installation de l'administrateur. Tous les prérequis de fonctionnement de l'outil sont gérés simplement. Les versions installées par ce biais ont déjà été testées par d'autres administrateurs.

En passant par le gestionnaire de paquetages, les chemins d'installation des différents fichiers de l'application respectent les chemins définis par la distribution. Si l'on choisit de compiler soi-même le code source, il arrive souvent que l'application choisisse elle-même ses chemins, en contradiction avec les recommandations des administrateurs. Heureusement, on peut définir ces chemins lors de la phase préliminaire à la compilation.

Les chemins étant communs aux différentes installations de tous les administrateurs de la planète, trouver de l'aide est simple. Ce point est à prendre en considération lors du choix de l'installation par paquetage ou par compilation.

Dans la majorité des situations, l'installation par paquetage suffit aux administrateurs.

Quelques désavantages

Certains inconvénients font toutefois surface. L'administrateur utilisant les versions empaquetées (ou, en franglais, *packagées*) des outils est soumis aux choix de celui qui a préparé le paquetage. Si, par exemple, une fonctionnalité récente n'a pas été intégrée au paquetage, l'administrateur n'a aucun moyen de la rajouter après installation. Il devra soit renoncer à l'utiliser, soit procéder à une compilation manuelle. Dans ce cas, il perdra les avantages de la gestion de paquetages.

Le cas inverse est également envisageable. Si le créateur du paquetage a configuré une fonctionnalité non souhaitée par d'administrateur, deux situations sont possibles :

- la fonctionnalité ralentit l'utilisation mais ne cause pas de souci de fonctionnement à l'administrateur ;
- la fonctionnalité cause de graves problèmes à l'utilisation.

Cette seconde situation est très rare, mais peut arriver. Là encore, l'administrateur doit choisir de revenir ou non à la compilation manuelle.

Si l'administrateur souhaite apporter des modifications ou améliorations à l'outil, il ne pourra pas utiliser la version déjà compilée. La modification des sources implique de compiler à nouveau l'outil.

Cette situation n'est pas courante dans le cas de Nagios mais elle existe. L'administrateur doit déjà avoir des notions de développement en langage C. Il doit également avoir des besoins particuliers que Nagios ne couvre pas en standard. Dans cette situation, une installation par paquetage n'est pas possible.

Installation des paquetages

Les paquetages de Nagios ne sont pas disponibles en standard sur CentOS. Ils sont présents dans les répertoires de RPMFORGE, qui est un dépôt de paquetages pour les distributions RedHat et assimilées.

La déclaration de RPMFORGE dans yum se fait en installant un paquetage. On récupère ce paquetage sur un site web :

Récupération du paquetage rpmforge

```
wget http://apt.sw.be/redhat/el5/en/i386/RPMS.dag/rpmforge-release-
0.3.6-1.el5.rf.i386.rpm
```

PRATIQUE **Utilisation d'un proxy avec wget**

wget peut utiliser un proxy HTTP. Pour cela, il faut paramétrer la variable d'environnement http_proxy. Par exemple, pour utiliser le proxy proxy.localdomain.com sur le port 3128 avec l'utilisateur User et le mot de passe Pass, on utilisera la commande :
```
export http_proxy="http://user:Pass@proxy.localdomain.com:3128"
```

Le repository (dépôt) ajouté à yum expose une clé pour authentifier ses paquetages. Il est nécessaire de l'importer :

Installation de la clé de rpmforge

```
rpm --import http://dag.wieers.com/rpm/packages/RPM-GPG-KEY.dag.txt
```

Une fois la clé en place, le paquetage de RPMFORGE peut être installé :

Installation du paquetage

```
rpm -Uvh rpmforge-release-0.3.6-1.el5.rf.i386.rpm
```

On peut alors installer Nagios et ses plug-ins :

Installation de Nagios par les paquetages

```
yum install nagios nagios-plugins nagios-plugins-nrpe
```

Ces outils possèdent des dépendances. Voici la liste des paquetages nécessaires au bon fonctionnement de Nagios :

Liste des paquets nécessaire à Nagios

```
fping, gd, libtool-ltdl, perl-Crypt-DES, perl-Digest-HMAC ,perl-Net-
SNMP, perl-Socket6
```

Principaux fichiers de configuration de Nagios

L'installation de Nagios par les paquetages ne dépose pas les fichiers dans le répertoire classique /usr/local/nagios/. Les fichiers de configuration sont placés dans /etc/nagios.

Le fichier de configuration principal est /etc/nagios/nagios.cfg. Il fait appel à d'autres fichiers de configuration :

Inclusion des autres fichiers de configuration dans nagios.cfg

```
cfg_file=/etc/nagios/objects/commands.cfg
cfg_file=/etc/nagios/objects/contacts.cfg
cfg_file=/etc/nagios/objects/timeperiods.cfg
cfg_file=/etc/nagios/objects/templates.cfg
cfg_file=/etc/nagios/objects/localhost.cfg
```

La configuration de Nagios est standard. Voici les principaux arguments :

Principaux arguments de nagios.cfg

```
log_file=/var/log/nagios/nagios.log
status_file=/var/nagios/status.dat
status_update_interval=10
nagios_user=nagios
check_external_commands=1
command_file=/var/nagios/rw/nagios.cmd
service_inter_check_delay_method=s
max_concurrent_checks=0
enable_notifications=1
process_performance_data=0
```

Étudions un peu cette configuration. Le répertoire /usr/local/nagios/var est changé en /var/nagios pour les fichiers temporaires et /var/log/nagios pour les fichiers journaux (ou journaux). L'utilisateur faisant fonctionner Nagios est nagios. Il a été créé lors de l'installation du paquetage. Les commandes externes sont prises en compte. Le fichier de commandes est /var/nagios/rw/nagios.cmd. Il n'y a pas de limite dans le nombre de vérifications lancées en parallèles. Les notifications sont envoyées aux administrateurs et enfin les données de performances ne sont pas prises en comptes.

Pour cette première mise en place, ces paramètres ne seront pas modifiés. Seuls les éléments à superviser le seront.

Mise en place de la vérification

Le fichier de configuration principal ayant été rempli, regardons le reste de la configuration.

Description de l'environnement supervisé

Nous prenons comme cibles de supervision des serveurs web dénommés srv-web1, srv-web2, srv-web3 et srv-web4. Ce sont des serveurs Apache sur une base Linux, qui hébergent les mêmes sites web. Ils ont respectivement les adresses 192.168.0.1, 192.168.0.2, 192.168.0.3 et 192.168.0.4. Le serveur de supervision est installé sur la machine srv-nagios d'adresse 192.168.0.5.

Les systèmes des serveurs sont sous la responsabilité de d.brossard et e.belleville. Ces administrateurs gèrent également les services web hébergés sur ces serveurs. Ils souhaitent être avertis de tous les problèmes qui surviennent sur ces machines. La supervision doit porter sur les systèmes et l'accès aux pages HTML par les utilisateurs.

Configuration des contacts

La configuration commence par celle des contacts devant être avertis et, en tout premier lieu, par le moyen d'alerte souhaité.

Commandes d'envoi d'e-mails

Les deux contacts que nous allons définir sont nos deux administrateurs. Ils veulent être avertis par le biais d'un e-mail pour chaque problème. Les alertes doivent porter sur les hôtes et les services qu'ils hébergent. Regardons, dans la configuration standard de Nagios, la définition des commandes envoyant un e-mail aux administrateurs. Elles figurent dans le fichier /etc/nagios/objects/commands.cfg :

Commandes d'envoi par e-mail

```
# 'notify-host-by-email'
define command{
  command_name    notify-host-by-email
  command_line    /usr/bin/printf "%b" "***** Nagios
*****\n\nNotification Type: $NOTIFICATIONTYPE$\nHost:
$HOSTNAME$\nState: $HOSTSTATE$\nAddress: $HOSTADDRESS$\nInfo:
$HOSTOUTPUT$\n\nDate/Time: $LONGDATETIME$\n" | /bin/mail -s "**
$NOTIFICATIONTYPE$ Host Alert: $HOSTNAME$ is $HOSTSTATE$ **"
$CONTACTEMAIL$
}
```

```
# 'notify-service-by-email'
define command{
  command_name    notify-service-by-email
  command_line    /usr/bin/printf "%b" "***** Nagios
*****\n\nNotification Type: $NOTIFICATIONTYPE$\n\nService:
$SERVICEDESC$\nHost: $HOSTALIAS$\nAddress: $HOSTADDRESS$\nState:
$SERVICESTATE$\n\nDate/Time: $LONGDATETIME$\n\nAdditional
Info:\n\n$SERVICEOUTPUT$" | /bin/mail -s "** $NOTIFICATIONTYPE$ Service
Alert: $HOSTALIAS$/$SERVICEDESC$ is $SERVICESTATE$ **" $CONTACTEMAIL$
}
```

Le fonctionnement de ces commandes est simple malgré leur longueur. Elles réalisent l'envoi de l'e-mail en deux étapes. Tout d'abord, elles génèrent le texte du message. Lors de l'appel à la commande pour l'envoi d'une notification, les macros sont modifiées par les valeurs du contexte de l'erreur.

Par exemple, dans le cas d'une erreur sur le nœud srv-web1, la macro $HOSTNAME$ est modifiée en srv-web1. Voici un exemple de texte généré pour une alerte relative à un hôte qui n'est plus disponible :

Exemple de texte envoyé par e-mail

```
***** Nagios *****

Notification Type: PROBLEM
Host: srv-web1
State: DOWN
Address: 192.168.0.3
Info: CRITICAL - Socket timeout after 10 seconds

Date/Time: Mon Feb 2 22:06:03 CET 2009
```

Une fois ce texte généré, il est envoyé sur l'entrée standard de la commande /bin/mail. Cette dernière sert tout simplement à envoyer un e-mail. Le paramètre -s sert à paramétrer le titre, qui est également appelé avec des macros. Le dernier argument correspond à l'adresse du destinataire du message.

Un service d'envoi d'e-mail est nécessaire sur le serveur de supervision. À ce propos, sur la distribution installée ici, c'est le programme Sendmail qui est installé par défaut. Il est fortement recommandé de passer à un programme plus récent et de meilleure réputation : Postfix. Cette opération est fort simple :

> Pour une introduction à Postfix :
> 📖 Bäck *et al.*, *Monter son serveur de mails sous Linux*, Eyrolle 2006

Installation de Postfix

```
yum install postfix
/etc/init.d/sendmail stop
chkconfig sendmail off
chkconfig --add postfix
/etc/init.d/postfix start
```

Une fois ce remplacement fait, il est conseillé de tester l'envoi d'un e-mail directement en ligne de commande comme le ferait l'utilisateur nagios. Une fois connecté avec ce compte, il suffit d'appeler la commande /bin/mail.

Test d'envoi d'e-mail

```
su - nagios
/usr/bin/printf "%b" "message de test" | /bin/mail -s "mon titre"
monemail@mondomaine.com
```

Si le message arrive bien dans la boite aux lettres de l'utilisateur concerné, le test est validé. Dans le cas contraire, il faut vérifier dans le fichier journal de Postfix pourquoi l'envoi a échoué. Le fichier journal en question est /var/log/maillog.

Configuration des périodes

Les périodes de temps sont nécessaires pour la configuration des autres éléments. Les périodes sont définies au sein du fichier suivant :

/etc/nagios/objects/timeperiods.cfg.

La période qui nous intéresse ici est de 24 heures sur 24, 7 jours sur 7.

Période la plus large possible

```
define timeperiod{
    timeperiod_name 24x7
    alias 24H a Day, 7 Days a Week
    monday          00:00-24:00
    tuesday         00:00-24:00
    wednesday       00:00-24:00
    thursday        00:00-24:00
    friday          00:00-24:00
    saturday        00:00-24:00
    sunday          00:00-24:00
}
```

CONFIGURATION **Exemples de périodes de temps**

Le fichier `timeperiods.cfg` propose en standard de nombreux exemples de syntaxe pour les périodes de temps. L'exemple des périodes de temps excluant les vacances est pratique pour servir de base à la définition des périodes de travail des administrateurs.

Configuration des contacts dans contacts.cfg

Les commandes de notification sont accrochées à un ou plusieurs contacts. Nous avons ici deux contacts : `d.brossard` et `e.belleville`. Leur configuration se fait au sein du fichier `/etc/nagios/objects/contacts.cfg`. Les deux administrateurs veulent être avertis 24 heures sur 24. Ils souhaitent avoir tous les états d'erreur des hôtes et des services.

Les commandes de notification sont celles que nous venons de voir. Voici la configuration de nos deux contacts :

Configuration de d.brossard et e.belleville

```
define contact{
   contact_name d.brossard
   alias David Brossard
   email d.brossard@mydomain.com
   service_notification_period 24x7
   host_notification_period 24x7
   service_notification_options w,c,r
   host_notification_options d,u
   service_notification_commands notify-service-by-email
   host_notification_commands notify-host-by-email
}

define contact{
   contact_name e.bellevlle
   alias Eric Belleville
   email e.bellevlle@mydomain.com
   service_notification_period 24x7
   host_notification_period 24x7
   service_notification_options w,c,r
   host_notification_options d,u
   service_notification_commands notify-service-by-email
   host_notification_commands notify-host-by-email
}
```

Si les contacts souhaitent être avertis, parallèlement aux e-mails, par d'autres méthodes, il suffit de rajouter la nouvelle commande de notification après `notify-service-by-email` et `notify-host-by-email`, en séparant simplement les commandes par une virgule.

Configuration des hôtes

La configuration se poursuit avec celle des nœuds devant être surveillés.

Commande de vérification des hôtes

Une fois la configuration des contacts faite, nous pouvons passer à celle des hôtes. Pour cela, il faut définir une méthode de supervision de l'état des nœuds. Ceux-ci sont des serveurs Linux. Au chapitre précédent, nous avons vu que la supervision du port SSH suffit à décider si un nœud est UP ou DOWN.

La commande utilisée pour cela est check_tcp. Sa définition figure dans le fichier commands.cfg.

Configuration de check_tcp

```
# 'check_tcp' command definition
define command{
  command_name    check_tcp
  command_line    $USER1$/check_tcp -H $HOSTADDRESS$ -p $ARG1$
}
```

La variable $USER1$ est définie dans le fichier /etc/nagios/resource.cfg :

Définition de $USER1$

```
$USER1$=/usr/lib/nagios/plugins
```

Il peut être utile de tester la commande directement en ligne de commande avant de l'inscrire dans les fichiers de configuration. Ici, le test porte sur l'état du serveur srv-web1 :

Test de check_tcp

```
/usr/lib/nagios/plugins/check_tcp -H 192.168.0.1 -p 22

TCP OK - 0.016 second response time on port
22|time=0.015545s;;;0.000000;10.000000
```

Le test est concluant. Cette commande fonctionne correctement lorsqu'elle est lancée par l'utilisateur nagios. Cette vérification est rapide et devrait précéder toute configuration d'une nouvelle commande au sein de Nagios.

PRATIQUE **Des options nombreuses**

La sonde check_tcp regorge d'options plus ou moins utiles. Lancer simplement check_tcp -h présente toutes ses possibilités aux administrateurs.

Configuration des hôtes

Créons le fichier de configuration dans lequel nous allons définir nos serveurs. Ce fichier va se situer aux côtés du fichier de configuration du serveur de supervision. Nommons-le `hosts.cfg`.

La supervision des nœuds se fait sur la période 24 heures sur 24, 7 jours sur 7. La commande de vérification est lancée toutes les 2 minutes. En cas de problème, 4 tests supplémentaires sont lancés, espacés d'une minute. Si, au bout de cette période de temps, le problème persiste, une notification est envoyée aux administrateurs. Cet envoi est répété toutes les deux heures jusqu'à ce que le serveur redevienne disponible.

La configuration de nos quatre nœuds est la suivante :

Configuration des hôtes

```
define host{
  name srv-web1
  host_name srv-web1
  alias srv-web1
  address 192.168.0.1
  check_period 24x7
  check_interval 2
  retry_interval 1
  max_check_attempts 5
  check_command check_tcp!22
  notification_period 24x7
  notification_interval 120
  notification_options d,u,r
  contacts d.brossard,e.belleville
  notifications_enabled 1
  event_handler_enabled 1
  flap_detection_enabled 1
  failure_prediction_enabled 1
  process_perf_data 0
  retain_status_information 1
  retain_nonstatus_information 1
}

define host{
  name srv-web2
  host_name srv-web2
  alias srv-web2
  address 192.168.0.2
  check_period 24x7
  check_interval 2
  retry_interval 1
  max_check_attempts 5
  check_command checktcp!22
```

```
      notification_period 24x7
      notification_interval 120
      notification_options d,u,r
      contacts d.brossard,e.belleville
      notifications_enabled 1
      event_handler_enabled 1
      flap_detection_enabled 1
      failure_prediction_enabled 1
      process_perf_data 0
      retain_status_information 1
      retain_nonstatus_information 1
}

define host{
    name srv-web3
    host_name srv-web3
    alias srv-web3
    address 192.168.0.3
    check_period 24x7
    check_interval 2
    retry_interval 1
    max_check_attempts 5
    check_command checktcp!22
    notification_period 24x7
    notification_interval 120
    notification_options d,u,r
    contacts d.brossard,e.belleville
    notifications_enabled 1
    event_handler_enabled 1
    flap_detection_enabled 1
    failure_prediction_enabled 1
    process_perf_data 0
    retain_status_information 1
    retain_nonstatus_information 1
}

define host{
    name srv-web4
    host_name srv-web4
    alias srv-web4
    address 192.168.0.4
    check_period 24x7
    check_interval 2
    retry_interval 1
    max_check_attempts 5
    check_command checktcp!22
    notification_period 24x7
    notification_interval 120
    notification_options d,u,r
    contacts d.brossard,e.belleville
```

```
    notifications_enabled 1
    event_handler_enabled 1
    flap_detection_enabled 1
    failure_prediction_enabled 1
    process_perf_data 0
    retain_status_information 1
    retain_nonstatus_information 1
}
```

Autant le dire de suite, cette configuration est assez imposante.

> PIÈGE **Avoir au minimum un groupe d'hôtes**
>
> Un piège classique dans les premières mises en place de Nagios consiste à ne pas définir de groupe d'hôtes. Cette fonctionnalité sera étudiée dans un prochain chapitre. Ici, le nœud localhost définissant le serveur de supervision est en standard inclus dans un groupe d'hôtes.

Configuration des services

La dernière étape de la configuration concerne les services.

Commande de vérification des services web

Les hôtes sont configurés, il est temps de mettre en place la supervision des services. Ceux-ci vont consister dans un premier temps à la supervision des services web. Pour cela, nous allons utiliser la sonde check_http présentée dans le chapitre précédent.

Comme d'habitude, il est conseillé de tester en ligne de commande la sonde de vérification avant de la définir au sein de Nagios :

Test de vérification web

```
/usr/lib/nagios/plugins/check_http -I 192.168.0.1 -u /

HTTP OK HTTP/1.1 200 OK - 40162 bytes in 1.221 seconds
|time=1.221249s;;;0.000000 size=40162B;;;0
```

Cette commande est définie dans le fichier commands.cfg.

Configuration de la commande

```
define command{
    command_name    check_http
    command_line    $USER1$/check_http -I $HOSTADDRESS$ -u $ARG1$
}
```

Configuration des services web

Nous allons configurer les quatre services que nous allons nommer Http. La commande de vérification est lancée toutes les 5 minutes. En cas de problème, la période entre les tests est d'une minute. Les tests supplémentaires sont au nombre de 4. À ce moment, les notifications sont envoyées si besoin. Les contacts prévenus sont nos deux administrateurs.

Les périodes de vérification et de notification sont toutes deux de 24 heures sur 24, 7 jours sur 7. Seuls les deux premiers services sont proposés ici. Nous faisons grâce aux lecteurs des deux autres.

Définition des services

```
define service{
  host_name srv-web1
  service_description Http
  check_command check_http!/
  active_checks_enabled 1
  notifications_enabled 1
  flap_detection_enabled 1
  check_period 24x7
  max_check_attempts 5
  normal_check_interval 5
  retry_check_interval 1
  contacts e.belleville,d.brossard
  notification_options w,c,r
  notification_interval 180
  notification_period 24x7
}

define service{
  host_name srv-web2
  service_description Http
  check_command check_http!/
  active_checks_enabled 1
  notifications_enabled 1
  flap_detection_enabled 1
  check_period 24x7
  max_check_attempts 5
  normal_check_interval 5
  retry_check_interval 1
  contacts e.belleville,d.brossard
  notification_options w,c,r
  notification_interval 180
  notification_period 24x7
}
```

Définition des fichiers de configuration dans nagios.cfg

Les fichiers `services.cfg` et `hosts.cfg` n'existaient pas. Il est nécessaire de les rajouter dans le fichier `nagios.cfg`. Pour cela, nous allons utiliser la fonction `cfg_file`. Celle-ci prends un chemin complet vers les fichiers de configuration que nous avons définis.

L'ajout peut se faire n'importe où dans le fichier. Il est toutefois conseillé de ne pas disséminer ces inclusions. Dans notre cas, nous allons rajouter les deux appels après celui du fichier `localhost.cfg`.

Inclusion des nouveaux fichiers de configuration

```
cfg_file=/etc/nagios/objects/localhost.cfg
cfg_file=/etc/nagios/objects/hosts.cfg
cfg_file=/etc/nagios/objects/services.cfg
```

L'ordre de définition n'est pas important. Les services peuvent être définis avant les nœuds ; tant que, à la fin de la vérification de la configuration, tous les éléments sont bien présents, Nagios arrivera à faire le lien.

Lancement de Nagios

Nous avons défini les contacts, une période de temps, nos hôtes et enfin les services. Il est important, avant tout lancement de Nagios, de tester la configuration. Même dans le cas de modifications mineures, ce test est important. Il est rapide et évite de se retrouver sans supervision le temps de corriger en urgence la configuration erronée activée par mégarde.

L'argument `-v` de `nagios` permet de réaliser cette vérification. Une manière plus simple consiste à passer par le script situé sous `/etc/init.d` et à lui demander de s'en charger.

Vérification de la configuration

```
/etc/init.d/nagios checkconfig
```

Dans le cas d'une configuration comportant une ou plusieurs erreurs, l'appel renvoie le message :

Message d'erreur

```
Running configuration check... CONFIG ERROR! Check your Nagios
configuration.
```

Il est alors nécessaire de corriger la configuration. Pour obtenir des messages d'erreurs plus précis, on doit faire appel directement à Nagios :

Vérification manuelle

```
/usr/bin/nagios -v /etc/nagios/nagios.cfg
```

Nous obtenons :

Résultat de la vérification

```
Nagios 3.0.6
Copyright (c) 1999-2008 Ethan Galstad (http://www.nagios.org)
Last Modified: 12-01-2008
License: GPL

Reading configuration data...
Running pre-flight check on configuration data...

Checking services...
   Checked 12 services.
Checking hosts...
Error: Contact 'd.brossarr' specified in host 'srv-web1' is not defined
anywhere!
[...]
Total Warnings: 0
Total Errors:   1

***> One or more problems was encountered while running the pre-flight
check...
```

Ici, l'erreur est simplement due à un nom mal orthographié.

Si la configuration est valide, le message est :

Configuration valide

```
/etc/init.d/nagios checkconfig
Running configuration check... OK.
```

Une fois la configuration validée, Nagios peut être démarré. Pour cela, l'administrateur doit le lancer en tant que root :

Lancement de Nagios

```
/etc/init.d/nagios start
```

ce qui retourne le message :

```
Starting nagios: done.
```

On peut vérifier simplement que le processus nagios est bien lancé en dressant la liste des processus de l'utilisateur nagios :

```
ps -fu nagios
```

En cas de succès, le processus /usr/bin/nagios doit être visible :

```
UID     PID PPID   CMD
nagios 1913 1 /usr/bin/nagios -d /etc/nagios/nagios.cfg
```

Il peut être utile de suivre le fichier de log de Nagios dans un premier temps. Dans cette installation, ce fichier figure dans /var/log/nagios. Pour le suivre en temps réel, il suffit de lancer la commande tail :

Lecture du fichier de log de Nagios

```
tail -n 100 -f /var/log/nagios/nagios.log
```

Un lancement correct ressemble à :

Entrées de log lors du lancement de Nagios

```
[1233605889] Nagios 3.0.6 starting... (PID=2496)
[1233605889] Local time is Mon Feb 02 21:18:09 CET 2009
[1233605889] LOG VERSION: 2.0
[1233605889] Finished daemonizing... (New PID=2497)
```

Nous remarquons que chaque ligne commence par un horodatage exprimé en temps Unix, c'est-à-dire le nombre de secondes écoulées depuis le 1er janvier 1970. Si ce format est pratique pour le traitement des fichiers logs, il n'est pas très lisible pour un être humain.

Pour changer cela, nous utilisons une fonctionnalité de Perl. Cet interpréteur n'a pas besoin d'un script à utiliser. Les commandes à lancer peuvent être passées après l'argument -pe. La fonction localtime permet de transformer un temps Unix en chaîne plus lisible pour un être humain. Associée aux expressions régulières, une simple commande donne au fichier de log de Nagios une forme plus agréable :

Lecture plus adaptée du fichier de log

```
tail -f nagios.log | perl -pe 's/(\d+)/localtime($1)/e' -
```

Nous obtenons :

```
[Mon Feb 2 21:18:09 2009] Nagios 3.0.6 starting... (PID=2496)
[Mon Feb 2 21:18:09 2009] Local time is Mon Feb 02 21:18:09 CET 2009
[Mon Feb 2 21:18:09 2009] LOG VERSION: 2.0
[Mon Feb 2 21:18:09 2009] Finished daemonizing... (New PID=2497)
```

Nous vérifions que Nagios a bien généré un fichier `status.dat` dans `/var/nagios` :

```
ls -thor /var/nagios/status.dat

-rw-rw-r-- 1 nagios 24K Feb 2 21:31 /var/nagios/status.dat
```

Test de détection d'un problème

Nagios lancé, il est utile de vérifier qu'il effectue bien les envois de notifications lorsqu'un problème survient. Nous allons tester les alertes portant sur les services et celles portant sur les nœuds. Nous allons simplement arrêter un service web puis le serveur qui l'héberge. Notre cobaye sera `srv-web1`.

L'arrêt du service web est simple :

Déclenchement volontaire d'une erreur

```
/etc/init.d/httpd stop
```

Suivons un peu le fichier journal de Nagios :

Enregistrement de l'erreur dans Nagios

```
[Mon Feb 2 21:51:03 2009] SERVICE ALERT: srv-web1;Http;CRITICAL;SOFT;1;
Connection refused
```

L'erreur a été détectée. Au bout de 4 erreurs supplémentaires, les notifications sont levées :

Envoi des notifications

```
[Mon Feb 2 21:51:03 2009] SERVICE ALERT: srv-web1;Http;CRITICAL;SOFT;1;
Connection refused
```

```
[Mon Feb 2 21:52:03 2009] SERVICE ALERT: srv-web1;Http;CRITICAL;SOFT;2;
Connection refused
[Mon Feb 2 21:53:03 2009] SERVICE ALERT: srv-web1;Http;CRITICAL;SOFT;3;
Connection refused
[Mon Feb 2 21:54:03 2009] SERVICE ALERT: srv-web1;Http;CRITICAL;SOFT;4;
Connection refused

[Mon Feb 2 21:55:03 2009] SERVICE NOTIFICATION: e.belleville;srv-web1;
Http;CRITICAL;notify-service-by-email;Connection refused
[Mon Feb 2 21:55:03 2009] SERVICE NOTIFICATION: d.brossard;srv-web1;
Http;CRITICAL;notify-service-by-email;Connection refused
```

Il est utile de vérifier que les e-mails sont bien partis du serveur vers les boîtes aux lettres des administrateurs.

Trace de la notification dans Postfix

```
Feb 2 22:09:30 localhost postfix/smtp[4455]: 0ED6314CBCB:
to=<e.belleville@mydomain.com>,
relay=mail.mydomain.com[192.168.0.253]:25, delay=2.5, delays=0.06/0.01/
0.53/1.9, dsn=2.0.0, status=sent (250 2.0.0 OK 1233608970
23si2535605mum.52)
```

Les commandes de vérification envoient bien les e-mails. Un contrôle rapide, directement dans les boîtes des administrateurs, permet de s'assurer que les messages sont bien formés.

Complexifions un peu l'architecture

Notre première mise en place de Nagios effectuée, commençons à rajouter des éléments à superviser dans le but d'avoir des informations plus précises.

Supervision des systèmes

La première extension de la supervision doit naturellement porter sur les systèmes.

Importance de la supervision système

Avec la supervision que nous avons mise en place, les administrateurs sont avertis lorsqu'un problème intervient sur les services web. Sans mettre en place la supervision des systèmes, les administrateurs ont bien du mal à identifier la source du problème. Ils sont obligés de se connecter à la machine et d'y procéder à une supervision manuelle.

Avec une supervision des systèmes, les problèmes peuvent être détectés avant qu'ils ne causent de vrais soucis. Un disque qui se remplit est rapidement détecté et les administrateurs peuvent faire du ménage quand l'espace disque occupé atteint 95 %.

> Les indicateurs à prendre sur les systèmes en compte sont nombreux. Les plus importants sont traités au chapitre 14. Nous allons en voir ici quelques-uns. Pour plus de détails quant à leur fonctionnement, le lecteur peut se référer au chapitre dédié.

Supervision du serveur de supervision

Un nœud important

Lorsqu'un administrateur met en place un système de supervision, il pense de suite à surveiller les applications ; viennent ensuite les systèmes ; la supervision réseau arrive rapidement après. Il n'est pas rare, dans ces conditions, d'oublier un élément important : le serveur de supervision lui même !

Ce serveur est pourtant critique pour la solution de supervision. Étant situé sur ce serveur, Nagios n'a pas de mal à obtenir les informations sur l'état du système.

La configuration standard fournie avec Nagios propose des sondes et une configuration pour la machine locale. Regardons un peu ce qui est supervisé et comment la configuration est organisée.

Configuration de l'hôte

Dans la configuration par défaut, la définition de l'hôte et de ses services résident dans le même fichier. Si cette méthode est possible pour gérer un unique hôte, il devient très complexe de s'y retrouver lorsqu'on augmente le nombre de nœuds. Le fichier correspondant à la machine locale est `/etc/nagios/objects/localhost.cfg`.

Le serveur de supervision est référencé sous le nom `localhost`. Sa définition est :

Définition de localhost

```
define host{
    host_name localhost
    alias localhost
    address 127.0.0.1
    notifications_enabled 1
    notification_period 24x7
    check_period 24x7
    max_check_attempts 10
    check_command check-host-alive
    notification_period workhours
```

```
  notification_interval 120
  notification_options d,u,r
  contact_groups admins
}
```

CONFIGURATION **Configuration simplifiée pour localhost**

La configuration figurant dans le fichier `localhost.cfg` n'est pas exactement celle présentée ici. Elle est plus condensée car elle utilise des fonctionnalités de configuration que nous aborderons ultérieurement.

La commande de vérification est `check-host-alive`. Elle effectue un simple test de réponse à un `ping`. Il y a peu de chances qu'elle retourne un jour une erreur. Si c'est le cas, cela signifie que le serveur de supervision est tombé : Nagios aurait alors bien du mal à lancer ses vérifications. Cette vérification est tout de même lancée. Nagios voit en fait le serveur `localhost` comme n'importe quel hôte et il n'a aucune connaissance de son placement sur ce dernier.

L'hôte est relié au groupe de contacts `admins`. Ce groupe comporte un seul membre : `nagiosadmin`. Celui-ci a pour adresse e-mail `nagios@localhost`, c'est-à-dire l'adresse associée au compte faisant fonctionner Nagios. L'administrateur doit remplacer ce compte par celui d'un ou plusieurs administrateurs réels afin que les alertes ne soient pas perdues.

La configuration des notifications est un peu différente de ce que nous avons mis en place. Dans la configuration proposée pour `localhost`, la période de notification est `workhours` au lieu de `24x7`. Cette période est définie par les horaires de travail de 9 h à 17 h, du lundi au vendredi. Si le test d'un serveur comme celui-ci décèle un incident en dehors de cette période de temps, les administrateurs doivent en être informés. Il est conseillé de modifier `workhours` en `24x7`.

Services standard accrochés au serveur de supervision

Les services définis par défaut sur le serveur de supervision sont les suivants :

* `PING` : test de réponse de la machine à un `ping` ;
* `Root Partition` : vérification de l'espace disponible sur la partition `/` ;
* `Current Users` : nombre d'utilisateurs connectés au système ;
* `Total Processes` : nombre total de processus lancés sur le serveur ;
* `Current Load` : vérification de la charge de la machine.

Les services définis ne sont pas exempts de défaut comme nous allons le voir. S'ils permettent de se familiariser avec la supervision système, ils se révèlent vite limités.

Le service `PING` n'a pas de vraie raison d'être. Il est une duplication du test effectué au niveau de l'hôte et il est conseillé de le supprimer.

Le service `Root Partition` ne surveille que la partition `/`. Si cet espace est très important pour le système, ce n'est pas forcément celui qui se remplit le plus souvent. Un espace `/var` rempli aura également des effets dramatiques sur les applications et le risque qu'il se remplisse est beaucoup plus élevé que pour `/`. Il n'est pas conseillé de créer un service par partition. Nous verrons par la suite une méthode plus simple pour superviser les disques.

Les services `Current Users` et `Total Processes` ne sont pas particulièrement utiles. Les cas d'utilisateurs connectés directement sur un serveur Unix sont de plus en plus rares. De même, les administrateurs préfèrent surveiller le nombre de processus d'une application particulière plutôt que le nombre total de processus d'un système.

Le service `Current Load` est, quant à lui, beaucoup plus utile. Il permet de savoir quand un serveur est trop chargé. La configuration de la commande est malheureusement inappropriée dans beaucoup de situations. Avec les valeurs par défaut, un serveur standard pourrait être surchargé sans que les administrateurs ne soient au courant. Le chapitre 14 explique comment fonctionne cet indicateur et comment choisir les valeurs d'alerte.

Prise en compte de localhost par Nagios

Une fois le fichier `/etc/nagios/objects/localhost.cfg` déclaré au sein de `nagios.cfg`, la configuration peut être testée.

Lors de la vérification de configuration de Nagios, on peut contrôler que le nouvel hôte est bien pris en compte en observant la ligne `Checked X hosts` :

Vérification de l'ajout du nœud

```
/usr/bin/nagios -v /etc/nagios/nagios.cfg

Checking hosts...
Checked 5 hosts.
```

Nos quatre serveurs web ajoutés au serveur de supervision : le compte est bon.

Une fois la configuration validée, le démon peut être redémarré. Pour cela, deux solutions existent :
- procéder à un arrêt / redémarrage de Nagios ;
- lui faire recharger sa configuration.

La première méthode est un simple appel au service `nagios` , d'abord avec une commande `stop` puis avec une commande `start`. La seconde méthode consiste à envoyer un signal `HUP` à Nagios. Ce signal contraint Nagios à relire sa configuration. Pour obtenir le numéro de processus de Nagios, il suffit de lire le fichier défini par la variable `lock_file`. Sur notre environnement, sa valeur est `/var/run/nagios.pid`.

Pour recharger Nagios, il suffit d'utiliser la commande :

Rechargement de Nagios

```
kill -HUP `cat /var/run/nagios.pid`
```

On peut alors vérifier dans le fichier journal de Nagios qu'il a bien reçu la demande.

Vérification du rechargement

```
[...] lancement de Nagios
[Tue Feb 3 21:30:37 2009] Finished daemonizing... (New PID=1914)
[...] lancement de la commande kill
[Tue Feb 3 21:36:04 2009] Caught SIGHUP, restarting...
[Tue Feb 3 21:36:04 2009] Nagios 3.0.6 starting... (PID=1914)
[Tue Feb 3 21:36:04 2009] Local time is Tue Feb 03 21:36:04 2009
[Tue Feb 3 21:36:04 2009] LOG VERSION: 2.0
```

Nous remarquons que le processus garde le même PID.

Supervision des systèmes distants

La supervision de la machine Nagios étant en place, nous pouvons maintenant nous pencher sur celle des serveurs web.

Installation de l'agent et des sondes

La supervision des systèmes distants est primordiale. Pour une première mise en place, nous allons utiliser l'agent NRPE, qui est installé par paquetages. Pour cela, sur les quatre serveurs, il est nécessaire de lancer :

Installation de NRPE

```
yum install nagios-nrpe nagios-plugins-nrpe
```

Sa configuration s'effectue dans le fichier /etc/nagios/nrpe.cfg, dont le format a été étudié au chapitre précédent. On doit y modifier le paramètre allowed_hosts pour lui affecter l'adresse du serveur Nagios.

Si le paramètre n'est pas changé, un appel au client check_nrpe n'aboutit pas :

Erreur d'authentification

```
/usr/lib/nagios/plugins/check_nrpe -H srv-web1 -n

CHECK_NRPE: Error receiving data from daemon.
```

Ce message s'explique par le fait que le client a pu ouvrir le port avec l'agent, mais que celui-ci a immédiatement fermé la connexion. Le client n'ayant reçu aucune donnée, il lève une alerte.

Une fois le paramètre défini, l'agent peut être démarré :

Démarrage de l'agent

```
/etc/init.d/nrpe start
```

Depuis le serveur Nagios, on peut vérifier que la communication est possible :

La communication est validée

```
/usr/lib/nagios/plugins/check_nrpe -H srv-web1

NRPE v2.5.1
```

Un appel à check_nrpe sans demande de commande renvoie la version de l'agent distant.

Choix d'une connexion SSL ou non

Il est important de noter que l'agent possède deux modes de fonctionnement :
- avec SSL ;
- sans SSL.

Ce mode de fonctionnement ne peut être fixé dans le fichier de configuration. Il est choisi lors de la compilation de l'agent. Au lancement de l'agent, on peut voir dans quel mode celui-ci fonctionne grâce à la commande :

Vérification de la configuration de NRPE

```
/usr/sbin/nrpe -c /etc/nagios/nrpe.cfg
```

Cette commande ne lance pas réellement l'agent. Si elle renvoie la ligne SSL/TLS Available: Anonymous DH Mode, OpenSSL 0.9.6 or higher required, l'agent fonctionne en mode SSL. Une autre méthode consiste à vérifier les bibliothèques liées au binaire nrpe. Si la bibliothèque SSL est présente, l'agent l'utilise :

Présence de la librairie SSL

```
ldd /usr/sbin/nrpe | grep ssl
  libssl.so.6 => /lib/libssl.so.6 (0x00552000)
```

PRATIQUE **Vérification des bibliothèques**

La commande `ldd` est très pratique pour vérifier les liens entre les exécutables et les bibliothèques. Lorsqu'une application ne se lance pas, il peut être pratique de la vérifier à l'aide de `ldd`. Il est courant d'oublier des bibliothèques nécessaires à certaines sondes. La commande `ldd` peut identifier les bibliothèques manquantes.

La commande `check_nrpe` doit choisir d'utiliser ou non une connexion SSL avec l'agent. Le paramètre `-n` permet de demander une connexion en clair. Dans le cas d'une tentative de connexion chiffrée sur un agent qui ne gère pas SSL, le client renvoie le message :

Connexion impossible sans SSL

```
CHECK_NRPE: Socket timeout after 10 seconds.
```

Avec le paramètre `-n`, la connexion s'établit correctement :

Connexion avec SSL

```
check_nrpe -H srv-web1 -n
NRPE v2.5.1
```

Il est fortement conseillé d'utiliser les connexions SSL entre les clients et les agents pour les protéger des regards indiscrets. La configuration des clients n'en est que plus simple : le paramètre `-n` n'est pas utilisé.

Commandes exportées

L'agent exporte les mêmes commandes que pour le serveur de supervision. Une partie de la configuration nécessite une adaptation :

Commandes standard de NRPE

```
command[check_disk1]=/usr/lib/nagios/plugins/check_disk -w 20 -c 10
  -p /dev/hda1
command[check_disk2]=/usr/lib/nagios/plugins/check_disk -w 20 -c 10
  -p /dev/hdb1
```

Il est conseillé d'avoir un unique test pour l'ensemble des disques. Pour cela, il faut supprimer les deux lignes et rajouter :

Nouvelle définition

```
command[check_disk]=/usr/lib/nagios/plugins/check_disk -w 20 -c 10
```

puis redémarrer l'agent. Dans cette configuration, une partition sous la barre des 20 % d'espace disponible lèvera un avertissement, moins de 10 % une alerte critique.

Configuration des services

L'agent étant configuré et lancé, il est temps de configurer les commandes de vérification et les services. Tout d'abord, avant d'éditer les fichiers de configuration, il est nécessaire de passer par une étape de test de commande directement avec un shell.

Depuis le serveur Nagios, nous allons utiliser la commande check_nrpe pour dialoguer avec les agents. Le compte utilisé sur les serveurs est nagios. Nous vérifions que le dialogue s'établit correctement avec les agents et qu'ils effectuent bien les vérifications.

Interrogation distante de NRPE

```
/usr/lib/nagios/plugins/check_nrpe -H srv-web1 -c check_disk
DISK OK - free space: / 4139 MB (75% inode=96%); /var 8282 MB (97%
inode=99%); /boot 75 MB (81% inode=99%); /dev/shm 251 MB (100%
inode=99%);| /=1357MB;5776;5786;0;5796 /var=212MB;8938;8948;0;8958 /
boot=17MB;78;88;0;98 /dev/shm=0MB;231;241;0;251
```

Cette étape étant validée, nous pouvons passer à la configuration. La commande check_nrpe est nécessaire et nous la rajoutons donc au fichier commands.cfg :

Définition de check_nrpe

```
define command{
  command_name check_nrpe
  command_line $USER1$/check_nrpe -H $HOSTADDRESS$ -c $ARG1$
}
```

La configuration des services y fait appel. L'argument fourni en $ARG1$ est la commande à lancer par l'agent. Par exemple, la configuration du service Load sur le serveur srv-web1 est :

Définition du service de vérification de charge par NRPE

```
define service{
  host_name srv-web1
  service_description Load
  check_command check_nrpe!check_load
  active_checks_enabled 1
  notifications_enabled 1
  flap_detection_enabled 1
  check_period 24x7
  max_check_attempts 5
```

```
    normal_check_interval 5
    retry_check_interval 1
    contacts e.belleville,d.brossard
    notification_options w,c,r
    notification_interval 180
    notification_period 24x7
}
```

Il suffit de recopier cette configuration pour les autres commandes et hôtes.

Mise en place de la console de supervision

Une brique utile dans la solution de supervision

Avec la solution que nous avons actuellement mise en place, les administrateurs sont informés des alertes par e-mail. Ils ne peuvent pas suivre en temps réel l'état des serveurs. Ceci nécessite de mettre en place une console de supervision.

Une interface qui évolue

Nagios vient en standard avec une interface web. Avant la version 3.1 de Nagios, cette interface était codée en C. Elle tire ses informations du fichier status.dat. Depuis, une interface en PHP est fournie.

Le système que nous avons choisi ne propose pas la nouvelle interface, dont la mise en place est un peu plus complexe que l'ancienne : il est conseillé de commencer par l'ancienne.

> REMARQUE **Une nouvelle interface**
>
> Lorsque ce livre sera publié, il y a de fortes chances pour que la nouvelle interface soit devenue la norme. Si elle améliore ses défauts de conception comme la lecture du fichier status.dat, elle ne s'occupe toujours que de la visualisation des informations. Elle n'a que peu d'intérêt face aux interfaces que nous verrons au chapitre 11.

Mise en place de l'interface web

L'interface disponible nativement avec le paquetage nagios de CentOS 5.2 est l'ancienne version, écrite en scripts CGI C. Cette version suffit pour une première mise en place. Les fichiers de l'interface nécessitent le programme Apache pour fonctionner et présenter les résultats aux administrateurs.

Nagios étant utilisable sans son interface, l'installation du serveur web n'est pas un prérequis. L'installation d'Apache se fait par :

Installation d'Apache

```
yum install httpd
```

Quant aux fichiers de l'interface de Nagios, ils sont situés dans :

- /etc/nagios : fichiers de configuration de l'interface ;
- /usr/share/nagios : fichiers de l'interface, par exemple les images ;
- /var/log : fichiers de log ;
- /usr/lib/nagios/cgi : fichiers CGI de l'interface.

L'interface ne doit pas être disponible pour tout le monde. Elle repose sur l'authentification d'Apache. Le fichier contenant les comptes et mots de passe des utilisateurs est /etc/nagios/htpasswd.users.

Pour modifier les entrées d'un utilisateur existant ou en créer un nouveau, il faut utiliser l'outil htpasswd :

Modification du mot de passe de nagiosadmin

```
htpasswd -c /etc/nagios/htpasswd.users nagiosadmin
```

Le fichier de configuration de l'interface de Nagios est /etc/nagios/cgi.cfg. La configuration suivante permet à l'utilisateur nagiosadmin d'agir depuis l'interface.

Configuration du CGI de Nagios

```
# Utiliser l'authentification
use_authentication=1
# Acceder aux informations systeme
authorized_for_system_information=nagiosadmin
# Acceder a la configuration
authorized_for_configuration_information=nagiosadmin
# Lancer des commandes
authorized_for_system_commands=nagiosadmin
# Observer les hotes et services
authorized_for_all_services=nagiosadmin
authorized_for_all_hosts=nagiosadmin
```

Pour se connecter à l'interface, l'administrateur peut utiliser son navigateur Internet préféré et ouvrir l'URL http://192.168.0.5/nagios. Une fois connecté avec le compte nagiosadmin, l'administrateur peut observer librement l'état des hôtes et des services. Avec les autorisations fournies dans le fichier cgi.cfg, l'administrateur a le droit de forcer des vérifications ou de voir la configuration en place.

Implications d'une augmentation du nombre d'éléments

L'ajout d'éléments supervisés n'est pas anodin. Étudions-en les effets.

Une augmentation inévitable du nombre de nœuds

Avec l'installation que nous venons de mettre en place, les deux administrateurs sont heureux d'obtenir leurs premières alertes. Si un serveur web est tombé, ils en sont avertis. Si c'est uniquement le service web qui n'est plus disponible, ils l'apprennent également.

Ce premier succès en appelle d'autres. Tout d'abord, les administrateurs vont vouloir élargir le périmètre des machines surveillées sans changer celui des types d'éléments surveillés. L'agent va être déployé sur tous les serveurs web de l'entreprise. Chacun d'eux requiert la même configuration.

Une fois ceci en place, les administrateurs vont demander à surveiller de plus en plus d'éléments sur ces machines, ce qui conduit à une forte augmentation du nombre de sondes. Vient ensuite la phase d'élargissement de la supervision à un nombre encore plus important de machines. D'autres systèmes vont être surveillés : avec eux, arrivent de nouvelles méthodes de supervision et de nouveaux agents.

Ce cheminement est classique et ses différentes phases sont immuables. L'administrateur en charge de Nagios aura bien du mal à contenir l'enthousiasme et les demandes de ses collègues. C'est un bon signe quant à l'adoption de l'outil. Il doit cependant faire attention à divers pièges consécutifs à l'augmentation du nombre de nœuds. Sans un minimum d'organisation, la multiplication des nœuds peut rimer avec un écœurement des administrateurs face à la lourdeur de configuration et au nombre d'alertes reçues.

Dressons rapidement la liste des problèmes principaux rencontrés par les administrateurs Nagios lors de la mise en place de la solution.

Une augmentation dangereuse du nombre de notifications

Le nombre d'éléments supervisés augmente et, avec lui, le nombre d'alertes. Si les administrateurs sont contents de recevoir quelques alertes le matin dans leur boite aux lettres, le seuil entre « assez » et « trop » d'alertes est vite franchi.

Une première approche de la supervision consiste à remonter toutes les alertes : les administrateurs pensent ainsi ne rien rater. Il est vrai que l'alerte figure dans la boite e-mail de l'administrateur mais, si elle est perdue au milieu de 300 autres, elle risque tout bonnement de passer inaperçue.

Reprenons un peu notre exemple. Nous avons défini quatre hôtes distants et, sur chacun d'eux, six services. Ceci représente 24 services qui peuvent remonter une erreur, si on considère que le serveur de supervision n'a jamais de problème.

En cas de coupure réseau, les informations ne sont pas remontées. Si chaque service lève une alerte, les administrateurs reçoivent chacun 24 messages. À ceci, il faut ajouter quatre alertes d'hôte si les serveurs sont injoignables. Les notifications sont envoyées toutes les 120 minutes, soit toutes les deux heures. Si le problème survient à 18 h, les administrateurs se retrouvent le lendemain matin à 8 h avec (8 h - 18 h) / $2 \times 28 = 196$ e-mails d'alertes. Et ce, pour quatre malheureuses machines.

Si le problème arrive après l'ajout d'une vingtaine de serveurs, le nombre de notifications peut atteindre 1 000 e-mails dans la nuit. Aucun administrateur, même avec la meilleure volonté du monde, ne va lire toutes les erreurs.

Heureusement, Nagios propose des mécanismes simples permettant de limiter très fortement ce phénomène. Ils seront étudiés au prochain chapitre.

Une lourdeur croissante de la configuration

Arrêtons-nous un instant sur la configuration que nous avons mise en place pour nos quatre serveurs. Notre fichier de configuration `hosts.cfg` est loin d'être petit : il comporte 91 lignes. Le fichier de configuration des services fait quant à lui 426 lignes.

Que se passe-t-il lorsque le nombre d'hôtes augmente ? La configuration suit la même voie. Si nous utilisons les mêmes méthodes de configuration pour les nouveaux nœuds, le fichier risque de devenir très imposant, trop pour pouvoir s'y retrouver.

Une méthode simple permet de limiter la configuration. Pour chaque service, on peut spécifier plusieurs hôtes sur lesquels s'applique la définition. Par exemple, au lieu d'avoir 70 lignes pour le service `Load` des `srv-web`, on peut le réduire en :

Ajout de plusieurs hôtes par service

```
define service{
  host_name srv-web1,srv-web2,srv-web3,srv-web4
  service_description Load
  check_command check_nrpe!check_load
  active_checks_enabled 1
  notifications_enabled 1
  flap_detection_enabled 1
  check_period 24x7
  max_check_attempts 5
  normal_check_interval 5
  retry_check_interval 1
  contacts e.belleville,d.brossard
```

```
    notification_options w,c,r
    notification_interval 180
    notification_period 24x7
}
```

Si les gains sont importants, ils ne sont pas suffisants pour atteindre un seuil acceptable en termes de charge de configuration lorsque le nombre d'hôtes et de services est élevé.

L'administrateur risque fortement de perdre pied. Sans maîtrise complète de la configuration, des éléments peuvent faire l'objet d'une surveillance superflue. Les administrateurs reçoivent des alertes qui ne les intéressent pas. Plus grave, des éléments peuvent ne pas être surveillés alors que les administrateurs croient le contraire.

Si l'administrateur passe son temps à changer la configuration, il ne peut pas profiter des bienfaits de la supervision. Bien utilisée, la supervision peut lui faire gagner du temps ; passer son temps à l'administrer ne rentre pas dans la catégorie « utilisation optimale ».

Là encore, Nagios propose de nombreux mécanismes pour aider l'administrateur à gérer simplement sa configuration. Ils seront étudiés au chapitre 8.

En un mot

Cette première mise en place nous permet de sentir le fonctionnement de Nagios. Pour un faible nombre de nœuds, elle est simple. Les administrateurs prennent goût très rapidement à la supervision. L'augmentation du périmètre de l'application intervient rapidement et suivant deux axes :

- le nombre de nœuds ;
- le nombre de services surveillés par hôte.

Les problèmes surviennent lors de la phase d'expansion et après. Mal contrôlée, la solution submerge les administrateurs d'alertes inutiles. La configuration devenant de plus en plus conséquente, l'administrateur Nagios doit passer un temps croissant à administrer l'outil au lieu de l'utiliser.

D'autres problèmes surviennent, par exemple la gestion des services particuliers. Les alertes passives ne sont pas gérées par l'installation actuelle. L'administrateur n'a, pour l'instant, aucune méthode pour connaître les capacités de traitement de Nagios.

Poussons notre étude de cet outil dans les prochains chapitres afin de répondre à toutes ces questions et d'obtenir une solution pleinement utilisable.

Options avancées de Nagios

Cette seconde partie constitue le cœur de l'ouvrage. Après une première expérience, le lecteur a pu constater les limites d'une mise en place simple de la supervision. Chaque problème soulevé trouve sa solution dans les chapitres de cette partie.

Le **chapitre 6** permet de diminuer sensiblement le nombre d'alertes que reçoivent les administrateurs, tout en améliorant leur pertinence.

Le **chapitre 7** présente des méthodes de supervision particulières, notamment les alertes passives.

Le **chapitre 8** s'attaque au problème de la gestion de configuration. Sans les méthodes présentées, la configuration de Nagios devient ingérable si le nombre d'éléments supervisés dépasse la centaine.

Le **chapitre 9** propose une étude des performances de Nagios et des techniques qui permettent de les améliorer.

Si les méthodes du chapitre 9 ne sont pas suffisantes, il faut passer à une supervision distribuée. C'est le sujet du **chapitre 10**. Il présente également les méthodes pour assurer une haute disponibilité de la supervision avec Nagios.

Une fois ces chapitres finis, le lecteur est à même de réaliser une mise en place complète de Nagios. Certains points, comme la métrologie, sont encore complexes à gérer avec seulement Nagios : il est conseillé d'utiliser des outils complémentaires, qui seront vus dans la dernière partie.

6

Trier les alertes et améliorer leur pertinence

Les alertes remontées aux administrateurs sont au cœur même des outils de supervision. Nous allons voir comment assurer leur précision et leur pertinence.

De l'intérêt de filtrer correctement les alertes

Nous avons déjà évoqué la nécessité d'impliquer au maximum dans le projet les administrateurs. Ils sont les seuls à pouvoir définir les règles de supervision de leurs environnements. L'un des objectifs du chef de projet est de leur faire accepter l'outil.

Pour cela, la solution doit faciliter leur travail. Les informations doivent leur arriver déjà filtrées. Dans le cas contraire, ils perdent du temps.

Le seuil de tolérance est variable suivant les administrateurs. On peut considérer qu'une vingtaine d'alertes par jour est acceptable pour une grande majorité. Au-dessus, certains vont commencer à se plaindre. Cette limite est notre marge haute. Si l'on arrive à faire mieux, il ne faut pas s'en priver.

Concision des alertes

La solution de supervision doit faire gagner du temps aux administrateurs. La concision des alertes est un premier pas dans cette direction.

Concision et précision

Les administrateurs n'aiment pas perdre de temps lorsqu'il s'agit d'alertes sur leurs serveurs ou éléments réseau. Ils veulent que l'information soit énoncée rapidement et clairement. Le responsable de la solution de supervision doit donc particulièrement veiller à la concision des alertes, sans pour autant tomber dans le travers inverse : l'alerte doit être suffisamment explicite pour permettre à l'administrateur de savoir d'où vient le problème. Trop court, un descriptif n'indique pas d'où vient la panne.

Les informations généralement nécessaires sont les suivantes :

- le nom de la machine sur laquelle le problème est survenu ;
- l'élément qui est en faute sur la machine ;
- la criticité de l'alerte ;
- l'heure où le problème a été détecté ;
- un petit texte explicatif du problème (une ligne ou deux maximum) ;
- un lien vers la résolution du problème si elle est disponible.

Il n'est pas nécessaire d'ajouter des formules de politesse dans le texte, les administrateurs ne s'en vexeront pas. Ils ne trouveront les informations recherchées que plus rapidement.

Il ne faut pas oublier que les messages d'alerte sont souvent envoyés par plusieurs biais. Les textes ne devront pas être les mêmes entre un envoi par e-mail et un envoi par SMS. Ce dernier est de taille limitée : il faut être très concis. Les seules informations à y placer sont le nom de la machine, l'élément qui est en faute, la criticité et l'heure du problème.

Exemple d'e-mail d'alerte

Voici un exemple d'e-mail d'alerte pour un incident survenu sur le serveur `srv-web2` concernant une utilisation trop importante de la mémoire.

Message par e-mail bien formaté

```
***** Nagios Notification *****
State: WARNING
Host: srv-web2
Service: Memory

Date/Time: 16-12-2008 15:35
Additional Info: WARNING: 92% Used Memory - Total: 8116 MB, used: 7503
MB, free: 613 MB
Documentation: clic here.
```

Exemple de SMS

Dans le cas d'un SMS envoyé pour le même problème, on peut envoyer ce qui suit :

Message dans le cas d'un SMS

```
WARNING: srv-web2/Memory at 16-12-2008 15:35
```

Bien choisir le niveau d'erreur

Toujours dans le but de faire gagner du temps, la pertinence des alertes est importante. Le niveau d'erreur permet d'améliorer cette pertinence.

Criticité

L'information de criticité des alertes est l'une des plus importantes. Un administrateur doit savoir en priorité si l'alerte est importante ou non. Il peut être en train d'effectuer une opération sur un serveur et doit pouvoir déterminer rapidement s'il a besoin de s'interrompre.

Différents niveaux d'alerte sont définis. Ces niveaux changent suivant différents critères comme la criticité de la machine et l'impact du problème.

Ces niveaux se traduisent sur la console par différentes couleurs. Celles-ci sont visibles et simples à comprendre, et ce sans même avoir lu la moindre documentation :

- critique : rouge ;
- avertissement : orange ;
- tout va bien : vert.

> REMARQUE **Un arbitrage délicat pour les administrateurs**
>
> Définir les niveaux n'est pas forcément évident pour l'administrateur de la solution. Un problème peut lui paraître d'impact limité alors que l'administrateur du serveur où le problème a eu lieu sait que ce problème est en fait critique.

Difficulté de définir les niveaux de criticité

Les administrateurs qui utilisent la solution sont les plus à même de fixer les différents niveaux d'alerte. Lorsqu'ils définissent les éléments à superviser, ils doivent faire une liste des problèmes qu'ils cherchent à détecter. Pour chaque problème, l'information de criticité est importante.

Les administrateurs ont tendance à tout transformer en erreur critique. C'est une situation à éviter. Les erreurs critiques seraient très courantes. La console de supervision serait constamment rouge vif. Une alerte réellement critique passerait alors inaperçue. Le rouge doit être signe qu'un service aux utilisateurs est en danger et qu'une intervention immédiate est nécessaire.

L'inverse est également dommageable. Si le problème a un impact sur les utilisateurs et les empêche de travailler, c'est l'objectif même du service informatique qui est touché. Si ce dernier est soumis à contrats avec les autres services, les implications d'un tel problème peuvent être importantes.

Dans ce genre de situation, le niveau critique est nécessaire. Les administrateurs ne doivent pas chercher à cacher des problèmes qui peuvent être perçus par les utilisateurs. L'information ne reste pas longtemps protégée. Des retours au service se font entendre. Si les responsables apprennent qu'un problème n'a pas été remonté, ils demandent à l'ajouter dans l'outil de supervision. Si le niveau de criticité n'est pas correct, ils demanderont à le faire changer. S'ils apprennent que quelqu'un a essayé de faire disparaître l'erreur en douce, les conséquences peuvent être fâcheuses…

Des niveaux évoluent amenés à évoluer

Les niveaux de criticité font pleinement partie des éléments qui évoluent au fil du temps sur la solution de supervision. Certains problèmes qui peuvent paraître non bloquants *a priori* le sont. D'autres qui paraissent avoir un impact important le perdent au fil du temps. Par exemple, lorsqu'on modifie un service pour le faire fonctionner en cluster, la disponibilité d'un nœud du cluster est bien moins critique que dans le cas d'un serveur isolé.

L'aspect processus du projet est ici profitable. Avec leur expérience, les administrateurs peuvent redéfinir les niveaux de criticité – avec le risque d'alourdir la configuration en raison de l'hétérogénéité de l'environnement. Nous verrons que Nagios offre à l'utilisateur des solutions simples pour la gérer.

Une seule alerte par erreur

Les administrateurs n'ont pas le temps de trier eux même les alertes. Ce travail doit être fait en amont par l'outil de supervision.

Diminuer encore le nombre d'alertes

Les systèmes récents sont fortement imbriqués les uns dans les autres. Une erreur peut en déclencher de nombreuses autres. C'est le fameux effet domino. Les administrateurs reçoivent alors un nombre incalculable d'alertes. Ils ne peuvent pas se fier à l'ordre de réception des alertes. Car la cause peut déclencher une alerte plus tardive que celle de ses conséquences.

Pourtant, dans l'optique de résoudre le problème, il est primordial d'identifier la source. Si les administrateurs résolvent les effets, ils se battent contre des moulins à vent. Les mêmes causes reproduiront les mêmes effets.

Les administrateurs savent quelles sont les relations entre les éléments. Ils ont bâti l'architecture et maîtrisent leurs solutions. Ils sont capables de retrouver la cause parmi toutes les erreurs reçues... s'ils en ont le temps !

C'est malheureusement une denrée rare en pleine intervention. Les administrateurs sont stressés et la recherche de la cause est encore plus complexe qu'en temps normal. La solution de supervision doit pouvoir filtrer les alertes afin de les limiter aux seules sources de problèmes. Elle ne peut pas deviner toutes les relations qui relient les éléments. Elle doit cependant faire le maximum pour aider les administrateurs.

Ce qui se passe lorsqu'une machine tombe

Les différentes supervisions

Supposons, pour prendre un cas classique d'envoi d'alertes inutiles, qu'une machine n'est plus disponible. Celle-ci est supervisée par deux moyens :

- la supervision d'hôte ;
- la supervision des services qui y sont attachés.

Lorsqu'une machine n'est plus disponible, elle passe en état DOWN au niveau de la supervision d'hôte. Cela lève une alerte de nœud.

Puisque que la machine est tombée, les services qui y sont surveillés passent également tous en état non OK. Si la solution de supervision lance une alerte par service, l'administrateur qui les reçoit est, pour chaque machine qui tombe, submergé d'alertes.

Il est inutile de recevoir ces alertes. L'administrateur a déjà l'information de non-disponibilité de la machine. Celle du service n'apporte aucune nouvelle information. Inutile, elle ne doit pas remonter à l'administrateur.

Réaction de Nagios

Nagios traite cette situation très simplement. Si un hôte est en état DOWN, les services sont toujours surveillés, mais les alertes ne sont pas envoyées.

S'il s'arrêtait là, l'utilisateur pourrait tout de même recevoir certaines informations inutiles. Les nœuds sont surveillés régulièrement. Cette supervision permet de déterminer l'état des machines. Ces tests se font en parallèle de ceux des services. Si la machine est testée avant les services et si elle tombe entre ces deux tests, on peut arriver à une situation où l'hôte est indiqué comme OK alors que les services ne le sont pas. Nagios pourrait alors décider d'envoyer ce résultat à l'utilisateur.

Ce n'est heureusement pas le cas. En cas de retour non OK sur une machine en état UP, il planifie un test du nœud avant d'envoyer le résultat du service.

Si l'hôte est disponible, c'est que le service a réellement un problème. La notification du service est envoyée. Il y a un décalage entre la détection de l'erreur et l'envoi à cause du test supplémentaire. Puisque que la machine est disponible, le test est rapide. Ce délai est, en règle générale, plutôt négligeable.

Si l'hôte est indisponible, la notification du service est oubliée. Ceci permet d'éviter à l'administrateur de recevoir une information inutile (voir figure 6-1).

Figure 6–1
Dépendance entre hôte
et services

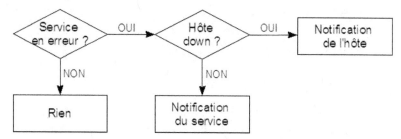

Ce mécanisme est simple et efficace pour limiter le nombre d'alertes. La supervision d'hôte est presque dédiée à cette utilisation. L'information envoyée aux administrateurs est filtrée. Ils n'ont pas besoin de lire plusieurs messages afin de savoir que c'est tout simplement une machine qui est tombée.

De plus, suivant les tests des services et le plug-in utilisé, l'information de non-réponse de la machine n'est pas forcément facilement intelligible. Un message issu d'une alerte de test de nœud est reçue sans erreur d'interprétation, même par un administrateur ayant peu de caféine dans le sang.

> REMARQUE **Une première notion de dépendance**
>
> Nous pouvons considérer que ce comportement équivaut à une dépendance entre les services et les nœuds. Ces derniers ont le mot final concernant les envois d'alertes.

Dépendances réseau

Les pertes réseau constituent un autre cas classique où les administrateurs peuvent être submergés d'alertes.

Problématique des pertes réseau

Si une perte réseau ne touche qu'un élément terminal, comme un serveur, l'utilisateur ne reçoit qu'une seule alerte. Les services n'envoient pas de notification puisque que l'hôte est déclaré DOWN.

Mais la coupure peut survenir au niveau d'un élément réseau. Le nombre de nœuds qui ne sont plus disponibles est alors potentiellement gigantesque. Le nombre d'alertes l'est tout autant. Parmi toutes ces erreurs, l'administrateur a du mal à trouver la cause. Celle-ci est pourtant simple pour un administrateur qui a connaissance de la topologie du réseau et qui a le temps de lire toutes ces alertes.

Par exemple, imaginons que l'on perd un routeur sur un site de filiale. L'ensemble des serveurs et éléments réseau situés dans cette filiale remontent en erreur dans Nagios (voir figure 6-2).

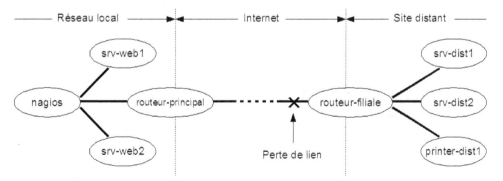

Figure 6–2 Pertes massives de réseau

Solution : les dépendances réseau

Nagios propose une solution simple à ce problème : les dépendances réseau. Elles permettent de lui fournir la topologie du réseau. Chaque élément peut avoir un ou plusieurs pères auquel il est connecté. Si l'élément est de type réseau, il peut avoir des fils. Ces relations sont à définir du point de vue du serveur de supervision.

Il peut y avoir autant de niveaux que l'utilisateur le souhaite. Il obtient un arbre topologique. La racine de l'arbre est le serveur de supervision.

Un arbre simple

Nous pouvons voir en figure 6-3 un exemple de relation à parent unique. Nous supposons que le serveur de supervision est placé dans le cœur de réseau d'une entreprise ayant plusieurs filiales.

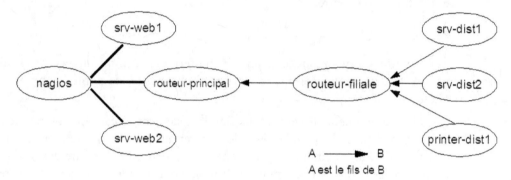

Figure 6–3 Relations de dépendance réseau

Un arbre plus complexe

La figure 6-4 présente un exemple de liens où un nœud a plusieurs parents. Dans cette situation, le serveur `srv-distant1` a deux pères, ici `routeur-1` et `routeur-2`.

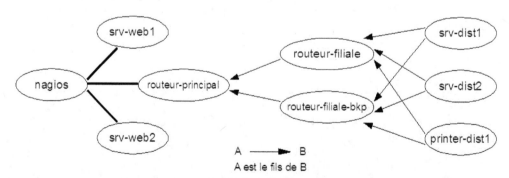

Figure 6–4 Relations de dépendances réseau multiples

Recherche du lien défaillant

Lorsqu'il rencontre un problème sur un nœud, Nagios remonte son arbre de parenté en lançant des tests de disponibilité de nœuds. Le dernier élément ne répondant pas est la cause du problème. Cet élément passe en état DOWN, ses fils sont quant à eux en état UNREACHABLE (inaccessible).

Dans le cas des relations à parents multiples, il faut que tous les parents soient non disponibles pour que l'enfant soit déclaré non atteignable sur le réseau (état UNREACHABLE).

La remontée de vérification est illustrée par la figure 6-5.

Figure 6–5 Remontée des tests de disponibilité

Généralisation de la dépendance services/hôte

Ce mécanisme est en fait une généralisation sur le réseau de la relation de dépendance qui lie les services à un hôte. Pour cette relation, l'arbre de relation est très réduit. Il est même complémentaire du mécanisme global. Si un service sur un hôte est non disponible, Nagios lance un test de nœud. Si ce dernier ne répond pas, il remonte l'arbre des relations pour trouver la source du problème.

L'administrateur ne reçoit qu'une seule notification, la bonne. Il peut cependant, s'il le souhaite, recevoir des alertes pour tous les nœuds perdus car non atteignables. Il faut simplement que, dans la configuration des nœuds, il ait donné la valeur u (UNREACHABLE) au paramètre notification_options ainsi qu'au paramètre host_notification_options dans le contact associé au nœud. Il est cependant déconseillé de procéder ainsi, ces informations n'apportant rien pour la résolution du problème. De plus, si l'utilisateur souhaite avoir la liste des machines indisponibles, il peut regarder directement sur la console.

Définition d'une relation de supervision

Cette relation de parenté est définie dans l'hôte fils grâce au paramètre parents. Il s'agit d'une liste de nom d'hôtes, séparés par des virgules. Si le paramètre n'est pas défini, Nagios considère que le nœud est disponible sur le réseau local, sans aucun intermédiaire entre eux.

Exemple de définition

Voici un exemple de définition de relation pour l'un des cas vus précédemment :

Exemple de relation de parenté

```
define host{
  host_name  srv-dist1
  parents routeur-filiale,routeur-filiale-bkp
}

define host{
  host_name  routeur-filiale
  parents routeur-princ
}

define host{
  host_name  routeur-filiale-bkp
  parents routeur-princ
}
```

L'arbre, un graphe sans cycle

Il faut faire particulièrement attention à ne pas faire de boucle dans la définition des relations de parenté. Dans une telle situation, la remontée des tests de disponibilité serait sans fin et Nagios tournerait indéfiniment. Pour éviter cela, il vérifie dans la configuration si les relations forment un arbre, c'est-à-dire un *graphe sans cycle*.

> PERFORMANCES **Une vérification très longue**
>
> Dans le passé, la vérification des relations de dépendance par Nagios était très lente, voire trop lente. L'algorithme utilisé n'est pas optimal. Votre serviteur a proposé un nouvel algorithme bien plus efficace qui est, au jour de rédaction, tout juste intégré à Nagios. Il sera actif avec la version 3.2.

En cas de problème détecté, la configuration est rejetée avec une erreur et Nagios refuse de se lancer.

Une telle configuration est interdite :

Relation de parenté incorrecte

```
define host{
  host_name  routeur-1
  parents routeur-2
}
```

```
define host{
  host_name   routeur-2
  parents routeur-3
}

define host{
  host_name   routeur-3
  parents routeur-1
}
```

Cette configuration est illustrée en figure 6-6.

Figure 6–6
Relation de parenté cyclique
interdite

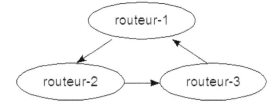

Dépendances applicatives

Les applications sont, de nos jours, aussi liées que les éléments réseaux. Tout comme pour ces derniers, une gestion des dépendances améliore la pertinence des alertes.

Dépendances entre services

Lorsque les relations sont plus complexes que de simples liens réseau, on peut définir des relations de dépendance entre services ou entre nœuds. Ce dernier cas n'étant pas très utile en plus de l'héritage réseau, il n'est pas étudié ici.

Dans le cas où un service est dépendant d'un autre qui n'est pas disponible, il est intéressant de ne pas être averti. Il est même inutile d'aller vérifier que le service fonctionne bien puisque que l'on sait que le résultat est négatif.

Nagios propose à travers la fonctionnalité des dépendances applicatives une solution à ce problème. Ces relations se définissent entre deux services. Nous supposons ici que le service A est dépendant de l'état du service B. A est un service web, B est le service de sa base de données. L'état de ce dernier décide de la supervision ou non de A. Il décide également, si le service est surveillé, de l'envoi ou non de la notification.

Définition

Les dépendances entre services sont définies dans l'objet servicedependency.

Il permet de définir les propriétés suivantes :

- `dependent_host_name` : nom de l'hôte sur lequel se trouve le service dont on dépend. Dans notre exemple, c'est l'hôte du service B ;
- `dependent_hostgroup_name` : nom du groupe de machines où se situent les services dont on dépend ;
- `dependent_service_description` : nom du service dont on dépend, dans notre exemple B ;
- `host_name` : nom de l'hôte hébergeant le service surveillé initialement, soit le service A ;
- `hostgroup_name` : nom du groupe de machines de l'hôte du service A ;
- `service_description` : nom du service surveillé initialement, dans notre exemple A ;
- `inherits_parent` : on applique ou non les relations de dépendance du service dont on hérite. Ce mécanisme sera étudié un peu plus tard ;
- `execution_failure_criteria` : états du service dont on dépend qui annulent la vérification du service A. Les états possibles sont :
  - o : état OK ;
  - w : état WARNING ;
  - u : état UNKNOWN ;
  - c : état CRITICAL ;
  - p : état PENDING (l'état n'a pas encore été vérifié) ;
  - n : aucun état ;
- `notification_failure_criteria` : états du service dont on dépend qui annulent la notification du service A. Les états sont les mêmes que précédemment ;
- `dependency_period` : période de temps durant laquelle le relation est active.

Types d'état

Dans la configuration de base, l'état pris en compte est le dernier état de type HARD. Même si l'état a changé en SOFT, il n'est pas pris en compte. Si l'administrateur souhaite changer ce comportement, il peut ajouter le paramètre `soft_state_dependencies` dans le fichier de configuration `nagios.cfg`.

Exemple de définition

Dans le cas de nos services A et B, nous supposons que si B est en état CRITICAL, le service A ne doit pas être surveillé. La définition est :

Exemple de relation de dépendance

```
define servicedependency{
  dependent_host_name srv-B
  dependent_service_description B
  host_name  srv-A
  service_description A
  execution_failure_criteria c
  notification_failure_criteria n
}
```

Cela est illustré en figure 6-7.

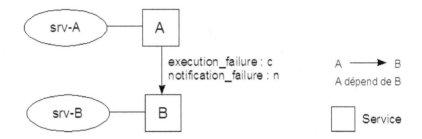

Plusieurs dépendances pour un même service

Si un service est dépendant de plusieurs autres, Nagios annule la supervision ou l'envoi de notification si un seul des services dont il dépend est dans un état inacceptable. L'ordre de définition des relations de dépendance n'a pas d'importance dans ce mécanisme.

Dans l'exemple présenté en figure 6-8, si C est dans un état WARNING ou si B est dans un état CRITICAL, alors A n'est pas surveillé.

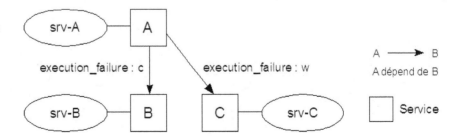

Héritage des dépendances

La valeur par défaut du paramètre `inherits_parent` est 0. Ceci signifie que l'on n'applique pas les relations de dépendance à un service dont il dépend. Dans notre exemple, si B dépend d'un service D, si l'héritage n'est pas activé, la relation entre B et D n'est pas prise en compte pour A.

Dans le cas contraire, A est dépendant de B et de D. On applique la dépendance de B et D pour A. Si l'un des deux services valide les critères de la dépendance, alors celle-ci est activée, et on ne supervise pas A.

Considérons la configuration suivante :

Exemple d'héritage de relation de dépendance

```
define servicedependency{
  dependent_host_name srv-B
  dependent_service_description B
  host_name  srv-A
  service_description A
  execution_failure_criteria c
  notification_failure_criteria n
  inherits_parent1
}

define servicedependency{
  dependent_host_name srv-D
  dependent_service_description D
  host_name  srv-B
  service_description B
  execution_failure_criteria w
  notification_failure_criteria n
}
```

La configuration est représentée en figure 6-9.

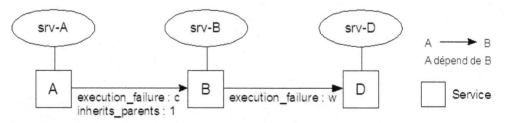

Figure 6–9 Héritage de dépendances

Si le service B est en état CRITICAL ou D en état WARNING, alors A n'est pas surveillé. Ce comportement est en fait le plus logique. Considérons A comme un service web, B un service de base de données et D le service d'accès au disque de la base. Pour que le service web (A) fonctionne, il a besoin de sa base de donnée (B). Cette dernière, quant à elle, a besoin d'accéder à ses fichiers (D). Nous avons naturellement besoin de D pour A.

CONFIGURATION **Un héritage conseillé**

Comme nous venons de le voir, l'héritage des dépendances est un comportement logique. Il est conseillé de l'activer systématiquement.

Se concentrer sur les vraies alertes : la production

Les administrateurs ne doivent pas oublier le vrai rôle d'un système d'information : la production.

Les notifications : réservées à la production

Les notifications sont ce que voient en premier les administrateurs. Ce vecteur d'information ne doit pas être pollué par des alertes non importantes.

Les différents environnements

Plusieurs environnements coexistent pour une même application. Ils comptent au moins un environnement de production dont la disponibilité doit être assurée au maximum. Dans la plupart des cas, sont également présents des environnements de qualification, voire de développement.

La supervision doit être disponible sur tous ces environnements. Une erreur sur un environnement de qualification peut très bien prédire un futur problème en production. Et c'est bien cette dernière qui nous intéresse par-dessus tout.

Si tous ces environnements sont autorisés à lever des notifications, les administrateurs risquent d'en recevoir beaucoup trop. Une méthode efficace pour cela est de ne permettre qu'aux équipements de production de lever des alertes. Les erreurs sur les autres environnements restent disponibles sur la console de supervision.

Lorsqu'un administrateur est notifié, il sait que l'information est importante et qu'il faut la traiter immédiatement. Si les autres environnements peuvent lever des envois d'e-mails, par exemple, les administrateurs sont obligés de les lire afin de savoir s'ils sont importants ou non.

Certaines exceptions existent à cette règle, en particulier la disponibilité des machines et les problèmes de sécurité. Ces alertes doivent être remontées même sur des environnements non critiques, car elles annoncent des problèmes pouvant se propager très rapidement. Les administrateurs doivent réagir très vite, il faut leur transmettre l'information le plus rapidement possible et ne pas attendre qu'ils aillent regarder les consoles de supervision.

Astreintes

Toutes les productions ne seront pas forcément à la même enseigne. Certaines sont plus critiques que d'autres. C'est particulièrement vrai lors des périodes d'astreinte. Pendant ces périodes, certains services peuvent par exemple envoyer des alertes par SMS. Il ne faut pas que n'importe quel service puisse lever une telle notification. Un environnement important la journée peut ne pas l'être la nuit.

PSYCHOLOGIE **Des périodes complexes à gérer**

Les périodes d'astreinte sont délicates. Être réveillé par une alerte non pertinente n'est pas des plus agréable. Inversement, ne pas l'être alors que la production est dans un état critique peut avoir des conséquences fâcheuses.

Certains serveurs et équipements réseau ont un statut particulier dans la production car ils peuvent lever les alertes les plus importantes. Ces alertes doivent être définies avec deux types de contacts : les administrateurs normaux, et les personnes d'astreinte. Ces dernières ont une période de notification bien précise pour éviter les alertes doubles en journée.

Du rouge dans la console de supervision : à réserver à la production

Jusqu'ici, nous n'avons fait de différence entre les environnements qu'au niveau des envois de notifications. Au niveau de la console de supervision, il n'y a pour l'instant aucune différence entre eux.

Pourtant, en plus des alertes envoyées, les administrateurs reçoivent les informations de disponibilité sur un écran de supervision. Si aucune différence n'est faite à ce niveau, des environnements non critiques peuvent lever des alertes critiques. Les administrateurs doivent alors lire toutes les lignes rouges qui apparaissent avant de savoir si l'information est importante ou non. Nous arrivons dans la même situation que précédemment.

Nous ne pouvons pas faire disparaître totalement de la supervision les environnements de qualification et de développement. Ils sont importants pour prévoir les problèmes qui peuvent survenir sur la production. Ils ont leur place dans la console de supervision.

La solution est simple : ne faire apparaître en rouge que les environnements de production. La couleur est simplement définie dans Nagios comme le retour d'un plug-in. C'est l'état d'un service ou d'un nœud.

Pour la disponibilité des machines, nous avons vu que cette information est importante quelle que soit la machine. Pour les services, ce n'est pas le cas. Les alertes critiques sur un environnement de qualification ne sont, au final, qu'un avertissement. Il suffit d'appliquer ce principe. Seule la production doit pouvoir monter au niveau critique. Le niveau maximum des autres environnements est le niveau WARNING. Ces avertissements restent clairement identifiables sur la console de supervision, mais les administrateurs ne s'habituent pas à voir du rouge sur la console. Cette couleur garde tout son sens : une alerte importante sur la production.

Nous verrons un peu plus loin dans le chapitre comment appliquer ce principe sur les plug-ins sans avoir à tous les modifier grâce aux sur-couches.

PSYCHOLOGIE **Le choix des couleurs**

Les couleurs correspondant aux alertes sont immuables. Si l'administrateur peut jouer sur la teinte, il est fortement déconseillé de changer radicalement une couleur. Par exemple, personne ne comprendrait un indicateur bleu : bien ou mal ?

Tirer avantages des périodes

Des alliées précieuses

Les périodes sont des alliées très puissantes contre les alertes inutiles. Les administrateurs ont tendance à les oublier. Pourtant, elles permettent de filtrer très efficacement les vérifications inutiles ainsi que les notifications non sollicitées.

Les environnements ne sont pas tous disponibles 24 heures sur 24, 7 jours sur 7. Pendant les périodes de sauvegarde par exemple, il arrive que les applications soient arrêtées. Les administrateurs sont au courant de l'arrêt du service. Ce dernier est planifié par leurs soins. Recevoir une alerte indiquant que l'application n'est pas disponible ne leur est pas utile. Elle pollue leur boîte aux lettres et les empêche de voir les vraies alertes.

Pour réduire le nombre d'alertes inutiles, deux périodes sont ajustables. check_period permet de spécifier la période où s'effectue la supervision. notification_period permet de déterminer quand une notification peut être levée.

Périodes de supervision

Suivant ce que souhaite obtenir l'administrateur, il doit définir l'une de deux ces deux variables. La période de vérification restreint la supervision. Si la période exclut, par exemple, les heures de sauvegarde, Nagios ne tente pas de vérifier l'état de l'application pendant ce temps. S'il ne voit rien, il n'envoie pas d'alerte.

Cette méthode a l'avantage de ne rien présenter aux administrateurs. Que ce soit sur les notifications ou la console, rien ne fait référence à l'état indisponible de l'élément.

Elle réduit cependant les informations disponibles pour Nagios. Si un problème inhabituel fait surface, l'absence de supervision implique qu'il n'est pas détecté. Les administrateurs n'ont aucun moyen d'obtenir les informations par ce biais ultérieurement.

Périodes de notification

La période de notification permet, quant à elle, de poursuivre la vérification des éléments, mais de ne pas envoyer de notification sur une certaine période. Si l'administrateur la définit sur la période de non-disponibilité, Nagios n'envoie pas d'alerte inutile aux administrateurs.

Cette méthode a pour inconvénient de laisser apparaître dans la console de supervision des erreurs « normales ». Si, sur cette période, personne ne la regarde, cela ne pose pas de problème. Les administrateurs n'en prennent pas connaissance le matin en lisant leurs messages.

Elle permet de continuer à superviser les éléments. Si un problème anormal se produit, Nagios conserve les informations. Les administrateurs peuvent aller chercher dans les fichiers de journalisation leurs informations. Cette méthode est à privilégier si les erreurs dans la console ne sont pas un point bloquant pour les administrateurs.

Que faire dans le cas de simples pertes de connexion ?

Toujours dans le cadre de l'amélioration de la pertinence des alertes, la problématique des pertes de connexions se doit d'être posée.

Des pertes inévitables

Les réseaux et les systèmes ne sont pas parfaits. Les pertes de connexion sont monnaie courante. Comment interpréter cette information ?

Le cas des vérifications d'hôtes a déjà été traité dans un chapitre précédent. La perte de connexion implique une machine DOWN ou UNREACHABLE.

Le cas des services est moins évident. Ce type de tests regroupe en fait deux catégories :

- les tests de disponibilité d'un service ;
- les recherches d'informations comme la charge CPU.

Dans la peau d'un utilisateur

Lorsque les alertes sont remontées aux administrateurs, ils la qualifient rapidement grâce à leur titre et leur criticité.

Dans bien des cas, le titre est même la seule information qu'ils regardent, faute de temps pour tout lire.

Disponibilité des services distants

Dans le cas des alertes de disponibilité, la perte d'une connexion équivaut à un service non accessible aux clients. Le contact recevant une alerte CRITICAL avec le nom de l'application comprend tout de suite qu'elle n'est pas disponible, même sans avoir lu le message du plug-in. On peut prendre pour exemple une perte de connexion vers un service Web. La perte de connexion doit déclencher un état critique, car le service n'est pas disponible.

Informations de charge

Pour les recherches d'informations, de charge par exemple, c'est beaucoup plus délicat. Comment réagit un administrateur lorsqu'il reçoit une alerte nommée : « *CPU is CRITICAL* » ?

Il pense naturellement que la charge CPU est trop élevée sur le serveur. Sans même aller lire l'alerte en entier, il se connecte au serveur. Si l'alerte était réelle, il voit une charge anormale et peut régler le problème. Mais il se peut qu'il n'y ait rien à voir. Cela se produit lorsqu'une micro-coupure réseau a empêché le plug-in de récupérer la valeur. Si l'administrateur regarde un peu plus précisément l'alerte, il peut y lire un message équivalent à « *connexion timeout* ». La micro-coupure ayant été rapide, le test de nœud induit par le retour anormal du plug-in a renvoyé un état correct. Or, l'administrateur n'a pas reçu un message indiquant que la machine n'était plus disponible, mais une alerte de service.

Cette alerte n'est donc pas correctement remontée. L'alerte indique une valeur incorrecte, alors que l'on n'a pas pu obtenir cette information. Pourquoi lever une alerte sur une information inconnue ? Si un service de test de disponibilité de services est en place, il se charge de remonter l'information. Il en est de même pour le test des nœuds dans le cas d'une coupure longue.

L'état UNKNOWN est dédié à ce genre de cas : l'information n'est pas disponible, donc on annonce à Nagios un statut inconnu. La plupart des contacts choisissent avec raison de ne pas se faire envoyer de notification sur des alertes UNKNOWN. Sur la console de supervision, les alertes sont signalées en gris. Si la perte réseau est longue, le nœud passe en DOWN et les personnes sont clairement averties du problème.

Exemple

Prenons pour exemple la recherche de la charge sur un serveur distant grâce à NRPE. Une telle information n'est pas une information de disponibilité. Nous renvoyons le statut UNKNOWN si NRPE n'arrive pas à récupérer l'information. Nous utilisons pour cela le paramètre -u de check_nrpe qui permet de changer le comportement normal du plug-in qui est de sortir en état CRITICAL. Le texte de check_nrpe n'est pas modifié, l'information reste claire.

Comportement d'une sonde lors d'une perte de connexion

```
check_nrpe -H srv-web1 -c load -u
connexion timeout

echo $?
3
```

Des sur-couches pour éviter la prolifération de plug-ins

Avec la multiplication des types d'environnements, les sondes se multiplient. Voyons comment gérer ce problème.

Moins de plug-ins, plus de choix

Nous avons vu que, suivant le contexte, les plug-ins ne doivent pas réagir de la même manière. Par exemple, les retours des plug-ins s'exécutant pour les environnements de qualification ne doivent pas dépasser le seuil WARNING.

Pour chaque type d'information à aller chercher, il faut un plug-in. On en obtient en général un nombre assez conséquent. Si chaque plug-in doit exister en plusieurs versions pour gérer tous les contextes, leur nombre risque d'augmenter très rapidement. Chaque modification d'un plug-in doit être reportée sur plusieurs « sous-versions ». C'est difficilement gérable.

Prenons un peu de recul sur ce problème. Un plug-in est une simple commande lancée qui renvoie :

- un texte explicatif ;
- des données de performance, séparées du texte par un caractère | ;
- un code de retour.

Les variations de contexte ne peuvent porter que sur ces trois éléments.

Pour en modifier ou en supprimer un, le plug-in peut être lancé par un script qui reçoit l'ensemble des sorties du plug-in. Il effectue ensuite les modifications, puis retourne le résultat à Nagios. Ce script est une sur-couche. Comme les plug-ins retournent tous les mêmes trois éléments, la sur-couche peut être utilisée pour l'ensemble des plug-ins de l'administrateur. Il n'a plus besoin de maintenir une armée de sondes.

Diminuer de niveau d'alerte

La qualification ne doit pas renvoyer d'état CRITICAL. Un tel état doit être traduit en WARNING. Pour cela, l'utilisation d'un script de sur-couche est tout indiqué. L'information de criticité est contenue dans le code retour du plug-in appelé. Le script ne modifie pas les lignes de retour du plug-in. L'administrateur a besoin du texte d'alerte, même sur les environnements de qualification. La métrologie est également nécessaire, ne serait-ce que pour tailler au plus juste des environnements qui n'ont pas besoin d'autant de ressources que la production.

Concernant les codes retour, le seul qui a besoin d'être modifié est le CRITICAL, soit le code 2. Il faut le transformer en WARNING, soit 1.

Un tel script, nommé nocritical.sh peut s'écrire en quelques lignes :

nocritical.sh

```
#!/bin/sh
LINES=`$*`
RET=$?
If [$RET= '2'] then
RET=1
fi
echo $LINES
exit $RET
```

Dans la configuration de Nagios, nous dupliquons simplement la définition des commandes :

- une commande normale pour la production ;
- une commande qui ne peut pas renvoyer d'état CRITICAL, c'est-à-dire la même ligne, mais précédée de nocritical.sh.

Voici, par exemple, la définition de production de NRPE :

Définition de check_nrpe pour la production

```
$USER1$/check_nrpe -H $HOSTADDRESS$ -u -c $ARG1$
```

La qualification est définie de la manière suivante :

Définition de check_nrpe pour la qualification

```
$USER1$/nocritical.sh "$USER1$/check_nrpe -H $HOSTADDRESS$ -u -c $ARG1$"
```

Selon leur environnement (production ou non), les services appellent la commande qui leur est dédiée.

Pour se limiter à la métrologie

Certains plug-ins retournent des informations de métrologie très intéressantes, mais leur partie supervision est inutile, voire gênante. Elle ajoute des alertes sur un système qui n'en a pas besoin.

L'administrateur pourrait modifier le plug-in. Cette solution n'est malheureusement pas toujours simple. De plus, elle est consommatrice de temps. Nous allons lui préférer une solution avec un script de sur-couche. Il permet de modifier le comportement du plug-in comme nous le souhaitons. Il retourne toujours un OK puisque que l'information de supervision ne nous intéresse pas. Le texte de supervision doit être remplacé pour ne pas induire un administrateur en erreur. Le texte de métrologie ne doit pas être modifié, c'est la seule partie qui nous intéresse.

Voici un script permettant de réaliser cela. Nous le nommons metrolonly.sh :

metrolonly.sh

```
#!/bin/sh
METROL=`$* | cut -d'|' -f2`
echo "OK | $METROL"
exit 0
```

La commande est définie comme suit :

```
$USER1$/metrolonly.sh "$USER1$/check_load -w 1,1,1 -c 2,2,2"
```

Supprimer la métrologie

Certains plug-ins renvoient des informations de métrologie qui ne sont pas utiles aux administrateurs. Si elles sont recueillies, elles sont envoyées à l'outil de métrologie. Elles consomment des ressources pour rien. Il est possible de spécifier au niveau du service de ne pas récupérer ces données de performance. Cette configuration doit être effectuée sur tous les services appelant le plug-in. Il serait préférable que la commande ne retourne tout simplement pas ces données.

L'utilisation d'un script de sur-couche est recommandé dans cette situation. Il supprime simplement la partie métrologie sans toucher au reste. Nous pouvons nommer un tel script nometrol.sh. Il sera de la forme suivante :

nometrol.sh

```
#!/bin/sh
LINE=`$* | cut -d'|' -f1`
RET=$?
echo "$LINE"
exit $RET
```

La commande est définie comme suit :

```
$USER1$/nometrol.sh "$USER1$/check_tcp -H $HOSTADDRESS$ -p $ARG1$"
```

Comment obtenir le résultat inverse d'une commande

Parfois, nous aimerions qu'un service ne soit pas lancé, qu'un port ne réponde pas, qu'un fichier ne soit pas présent. Bref, on veut le contraire de ce que tout le monde attend. Dans ce genre de situation, les plug-ins classiques ne sont pas adaptés. Ils font le contraire de ce que l'on souhaiterait.

Nous pourrions les modifier, mais c'est parfois complexe et lourd à maintenir. Nous préférons, une fois de plus, utiliser une sur-couche. Elle porte uniquement sur les codes retour et effectue les modifications suivantes :

- OK est changé en CRITICAL ;
- CRITICAL est changé en OK ;
- WARNING et UNKNOWN restent inchangés.

Pour l'illustrer, reprenons l'exemple de notre script test.sh que nous avons défini au chapitre 3. Il permet d'être alerté si un fichier n'existe pas. Sans avoir à le modifier, il peut alerter de l'existence d'un fichier. Nous pouvons prendre pour exemple le cas d'un fichier d'alerte d'une application.

Le fichier d'alerte est `/tmp/alerte.txt`. Si le fichier est absent, le script, utilisé normalement, a le comportement suivant :

Comportement normal de test.sh

```
test.sh /tmp/alertes.txt
CRITICAL the file /tmp/alertes.txt does not exist.

echo $?
2
```

Avec l'utilisation de negate, nous obtenons l'inverse :

Inversion du résultat de test.sh

```
negate "test.sh /tmp/alertes.txt"
CRITICAL the file /tmp/alertes.txt does not exist.

echo $?
0
```

Le texte n'est pas modifié, mais les administrateurs ne sont pas avertis. negate est très pratique pour régler les situations un peu atypiques.

Égayer (un peu) les alertes

Les administrateurs sont certes un public un peu particulier, mais qui ne verra pas d'inconvénient à ce qu'on facilite et rende plus agréable la lecture des alertes.

Le fond et la forme

Les alertes ne sont pas, par définition, très joyeuses. Elles apportent de mauvaises nouvelles aux administrateurs. Parfois, elles sont annonciatrices de nuits blanches ou d'interventions en période d'astreinte. C'est pour cette raison que Nagios n'a pas très bonne réputation. C'est un oiseau de mauvais augure. Une solution pour améliorer un peu cette situation est d'égayer les alertes.

Les administrateurs ne sont pas, en règle générale, très sensibles à la forme des messages. Ils se concentrent le plus souvent sur le fond. Le fait que bon nombre d'entre eux préfèrent la ligne de commande en est la meilleur preuve.

La forme peut cependant mettre en avant certaines informations importantes. La sévérité et le nom de l'élément concerné doivent être mis en avant dans les alertes. La forme de celles-ci est importante pour faire ressortir ces informations. Le temps gagné dans la qualification des alertes est très important lorsqu'on considère le nombre que l'on en reçoit dans l'année. Il peut être mis à contribution sur des actions plus intéressantes, comme les améliorations d'architectures.

Si la forme des alertes est importante, le média d'information l'est également. Suivant les alertes et les administrateurs, on peut choisir de les avertir d'une manière particulière. Par exemple, pour les périodes d'astreinte, l'utilisation de SMS est conseillée, voire obligatoire. Nous allons voir que d'autres moyens sont à la disposition de l'administrateur pour alerter ses camarades de la manière la plus efficace qui soit.

> PSYCHOLOGIE **Un outil plus attirant**
>
> Ces moyens rendent l'outil un peu plus attrayant, ce qui peut donner un petit sourire aux administrateurs lorsqu'ils reçoivent l'alerte. C'est déjà un objectif assez intéressant lorsqu'on considère ce public :-)

Un peu de couleur dans un monde de brutes

Lorsque les administrateurs regardent leur messages d'alertes, ils lisent le titre en priorité. Celui-ci résume les informations importantes que sont la criticité et l'élément concerné. S'ils ne lisent pas le titre, ils doivent chercher ces informations. Nous avons déjà vu qu'elles doivent être présentes au début de l'e-mail.

Nous pouvons les mettre en relief avec quelques astuces typographiques. Si l'e-mail n'est pas un simple texte brut, mais un mail au format HTML, nous disposons d'une panoplie très large de solutions pour faire ressortir les informations importantes.

Il ne faut pas en abuser. L'e-mail annonce une alerte à des administrateurs. Un e-mail arc-en-ciel ne sera pas forcément bien reçu. Trop de couleurs peuvent aveugler plutôt qu'alerter. Il est donc préférable de se limiter à deux couleurs dans les e-mails.

Puisque que la plupart des personnes interprètent la couleur rouge comme une erreur grave, l'orange comme une alerte et le vert comme un signal que tout va bien, nous allons utiliser ces couleurs dans les e-mails. L'état de l'élément est simplement mis en exergue. L'administrateur peut ainsi voir, avant même de lire, si l'information est importante ou non.

Voici un exemple de message que peut recevoir l'administrateur :

Mise en avant des informations importantes

```
***** Nagios Notification *****
State: WARNING
Host: srv-web2
Service: Memory
```

```
Date/Time: 16-12-2008 15:35
Additional Info: WARNING: 92% Used Memory - Total: 8116 MB, used: 7503
MB, free: 613 MB
Documentation: clic here.
```

Le WARNING sera ici en orange. L'administrateur sait que l'information est intéressante, mais non critique.

Alertes en flux RSS

Le canal phare des informations du Web peut être employé à bon escient avec Nagios.

Un vecteur d'information très employé et pratique

Les administrateurs ne sont pas nécessairement avertis lors de l'arrivée d'un nouvel e-mail. Ils doivent pourtant suivre en temps réel les alertes qu'ils reçoivent. Par ailleurs, les flux RSS sont de plus en plus utilisés par les administrateurs pour suivre des flux d'actualités. Ce sont de simples fichiers XML accessibles par le Web qui exportent des résumés et des liens vers les informations plus complètes sur des sites web.

Voilà donc un vecteur d'information simple pour alerter les administrateurs – à raison d'un flux par contact. Chaque contact doit avoir accès à ses alertes et aux siennes seulement. Le plug-in permettant de former ces fichiers XML se nomme rss-multiuser. Il est appelé par Nagios comme simple commande de notification.

Les administrateurs n'ont qu'à s'inscrire à ce nouveau flux personnalisé. Ils sont avertis rapidement de toute nouvelle entrée. Les outils gérant les flux RSS sont nombreux et peuvent avertir l'utilisateur par une petite fenêtre sur leur écran ou en générant une alerte sonore.

Mise en place de rss-multiuser

Deux scripts sont utilisés :

- rss-multiuser : génération de fichiers RSS pour chaque utilisateur ;
- rss.cgi : script appelé par le serveur web pour fournir les flux aux utilisateurs.

Le premier est situé dans le répertoire /usr/local/nagios/bin, le second dans /usr/local/nagios/sbin. Ils utilisent un fichier de configuration commun, /usr/local/nagios/etc/rss.cfg. On peut y définir les propriétés suivantes :

- title : titre du flux RSS ;
- description : description du flux ;
- server : URL du serveur web ;
- extinfo : URL vers extinfo.cgi qui permet d'obtenir plus d'informations ;

- `rssdir` : chemin vers les fichiers `rss` des contacts ;
- `max` : nombre d'entrées des flux.

La commande de notification associée aux contacts est :

Définition de notify-by-rss

```
define command{
  command_name notify-by-rss
  command_line /usr/local/nagios/bin/rss-multiuser
}
```

Les administrateurs doivent, quant à eux, définir le chemin suivant dans leur gestionnaire de flux :

Adresse de lecture du flux

```
http://srv-nagios/nagios/cgi-bin/rss.cgi
```

Chaque utilisateur doit être identifié au niveau d'Apache pour le répertoire `cgi-bin` afin d'obtenir son flux personnalisé. Cette configuration a déjà été étudiée dans le chapitre précédent (configuration du fichier `htpasswd.users`).

Exemple de flux

Voici un exemple de flux généré, ici limité à 2 entrées :

Exemple de flux RSS de rss-multiuser

```
<?xml version="1.0" encoding="UTF-8"?>
<rss version="2.0"
xmlns:blogChannel="http://backend.userland.com/blogChannelModule">

<channel>
<title>Nagios alerts</title>
<link>http://srv-nagios</link>
<description>Nagios alerts for RSS readers</description>
<language>en</language>

<item>
<title>UP: srv-web1</title>
<link>http://srv-nagios/nagios/cgi-bin/
extinfo.cgi?type=1&#x26;host=srv-web1</link>
<description>Output: TCP OK - 0.041 second response time on port 139
</description>
<guid isPermaLink="false">/nagios/srv-web1/1229516001</guid>
<pubDate>17 Dec 2008</pubDate>
</item>
```

```
<item>
<title>CRITICAL: srv-web2 Fans</title>
<link>http://srv-nagios/nagios/cgi-bin/
extinfo.cgi?type=2&#x26;host=srv-web2&#x26;service=Fans</link>
<description>Output: Critical : Fan 1 is Faulted</description>
<guid isPermaLink="false">/nagios/srv-web2/Fans/1229514475</guid>
<pubDate>17 Dec 20080</pubDate>
</item>

</channel>
</rss>
```

Les liens des entrées pointent vers l'interface web de Nagios qui permet d'obtenir plus d'informations sur les alertes correspondantes. Ces liens peuvent également effectuer des actions complémentaires comme relancer une vérification ou la prendre en considération pour les autres contacts.

Alertes par SMS

Les alertes par SMS sont souvent synonymes de réveils très matinaux et d'astreintes, mais elles sont fort pratiques. Le réseau GSM a un intérêt tout particulier : il est indépendant du réseau de l'entreprise. Si le serveur de messagerie n'est tout simplement pas joignable, il y a peu de chance que les administrateurs reçoivent leur e-mails d'alerte. Dans ce cas, pour les administrateurs qui ne sont pas sur site, le SMS est l'un des seuls moyens de les joindre.

Ces messages sont en règle générale très courts, moins de 180 caractères. Pour les envoyer, un modem GSM est nécessaire. Le plus simple appareil du genre est un simple téléphone portable. Des boîtiers dédiés existent. Ils se connectent au serveur de supervision par port série ou USB. Notre exemple utilise un simple téléphone portable branché par USB.

Le programme gnokii permet de contrôler ce « modem » et de demander un envoi de SMS. Il s'installe simplement :

Installation de gnokii

```
yum install gnokii
```

La liste des téléphones compatibles est disponible sur le site du programme. Lorsqu'un téléphone est connecté, il est disponible à travers le fichier /dev/ttyACM0. L'accès au fichier demande à l'utilisateur nagios d'être dans le groupe dialout.

Le programme gnokii est configuré dans le fichier /etc/gnokiirc.

/etc/gnokiirc

```
port = /dev/ttyACM0
model = AT
connection = serial
```

Une simple commande permet de tester l'envoi d'un message vers un téléphone portable :

Test d'un envoi de SMS

```
echo 'Test avec Gnokii' | gnokii --config /etc/gnokiirc --sendsms
+33670809010
```

Le numéro de téléphone doit être au format international, avec l'indicatif +33 pour la France. Dans Nagios, on définit les commandes d'envoi de SMS comme suit :

Commande d'envoi de SMS pour les services

```
define command{
  command_name notify-by-sms
  command_line echo "$NOTIFICATIONTYPE$ : $HOSTALIAS$ $SERVICEDESC$ is
$SERVICESTATE$ - $OUTPUT$" | gnokii -config /etc/gnokiirc -sendsms
$CONTACTPAGER$
}
```

Commande d'envoi de SMS pour les hôtes

```
define command{
  command_name host-notify-by-sms
  command_line echo "$NOTIFICATIONTYPE$ : $HOSTALIAS$ is $HOSTSTATE$ -
$OUTPUT$" | gnokii -config /etc/gnokiirc -sendsms $CONTACTPAGER$
}
```

Ces commandes ne doivent être associées qu'aux contacts gérant des services et des hôtes de la plus grande importance. Les périodes de notification doivent être calées sur celles d'astreinte. Les administrateurs ne comprendraient pas de recevoir un SMS en pleine journée alors qu'ils sont devant leur bureau.

PIÈGE **Bien surveiller le téléphone**

La mise en place d'envoi par SMS avec un téléphone implique de surveiller que ce dernier est toujours allumé. Il serait dommage de ne pas recevoir une alerte à cause d'une batterie vide. Cette surveillance peut se baser sur la présence du fichier /dev/ttyACM0.

Canaux d'alerte non conventionels

Les moyens classiques d'alerte ayant été étudiés, regardons les autres.

Des moyens d'alerte originaux

Nagios offre la possibilité à l'administrateur de lancer la commande qu'il souhaite pour avertir les contacts. Cela permet d'utiliser n'importe quel support d'alerte, y compris les plus originaux.

En fait, la seule limite se situe au niveau de l'imagination de l'administrateur : s'il est possible de lancer une action en ligne de commande, alors elle peut devenir un vecteur d'alerte.

Il ne faut pas en abuser. Mais ils permettent d'alerter les administrateurs les moins réveillés.

Lecture d'un son

Une alerte sonore est un bon moyen d'avertir les administrateurs. Pour cela, un PC connecté à des hauts-parleurs est suffisant. Il suffit de lancer sur ce PC une commande pour jouer un son.

Dans le cas d'un PC sous GNU/Linux, nous pouvons utiliser un petit fichier mp3 lu avec `mpg123`. La lecture est lancée depuis le serveur Nagios grâce à SSH. Pour cela, un mécanisme d'authentification par clés est indispensable. Cette procédure a déjà été étudiée dans le chapitre 4.

> PRATIQUE **La production uniquement**
>
> Une alerte sonore ne doit être associée qu'à des incidents critiques. Il ne faudrait pas que le bureau se transforme en discothèque.

Voici un exemple d'un tel script :

Lecture d'un son sur un serveur distant

```sh
#!/bin/sh
ssh pc "mpg123 ~/mysound.mp3"
```

Alerte sur l'écran LCD du clavier

Certains claviers disposent d'un petit écran LCD. Nous pouvons y faire apparaître des messages d'erreur. Prenons l'exemple du clavier G15. Un démon est disponible pour contrôler l'écran. Il suffit de le lancer :

Lancement du démon de contrôle du clavier

```
/etc/init.d/g15daemon start
nohup g15composer /tmp/g15pipe &
```

Le script doit simplement écrire dans le fichier /tmp/g15pipe pour que le message apparaisse sur l'écran. Nagios écrit simplement dans le fichier *via* SSH (voir figure 6-10).

Envoi d'un message sur le clavier

```
#!/bin/sh
ssh pc "echo 'TL \"$NOTIFICATIONTYPE$ :\" \"$HOSTALIAS$/$SERVICEDESC$ is
\" \"$SERVICESTATE$ \"' > /tmp/g15pipe "
```

Figure 6–10
Exemple d'affichage
sur un clavier

Le lapin qui chante et qui danse

Parfois, il faut employer les grands moyens pour attirer l'attention des administrateurs. Un petit lapin qui danse et qui chante les alertes dans une profusion de lumière est la dernière solution applicable.

Le Nabaztag est un petit gadget amusant se présentant sous la forme d'un petit lapin électronique pouvant émettre de la lumière, bouger les oreilles en rythme et lire un texte envoyé par l'utilisateur. Ce lapin est connecté en Wi-Fi, il récupère régulièrement des messages sur Internet et les prononce.

Nous pouvons adapter ce gadget à notre supervision. Il vérifie régulièrement si Nagios lui a fourni un texte à lire. Ce dernier est tout simplement le message d'alerte. Pour les mêmes raisons que précédemment, il ne faut faire passer par ce biais que les alertes réellement critiques. Le bureau pourrait rapidement se transformer en jardin enchanté.

On envoie le message sur le site du fabricant avec le programme wget. C'est le rôle du script suivant, nommé send_nabaztag. Il prend en argument un numéro de série de l'appareil et un token. Ces informations sont disponibles pour chaque lapin sur le site du fabricant. Le dernier argument est tout simplement la ligne à annoncer.

Script d'envoi d'un message au lapin : send_nabaztag

```perl
#!/usr/bin/perl
use URI::URL;
$str=URI::URL->new($ARGV[2]);
$url='http://api.nabaztag.com/v1/FR/
api.jsp?sn='.$ARGV[0].'&token='.$ARGV[1]."&tts=$str&ttlive=300";
system("/usr/bin/wget -q -O /dev/null '$url'");
```

Nous définissons la commande comme suit :

Définition de la commande

```
define command {
  command_name notify-by-nabaztag
  command_line /usr/local/nagios/libexec/send_nabaztag SERIAL TOKEN
"$HOSTNAME$ $SERVICEDESC$ $SERVICESTATE$"
}
```

Il ne faut pas oublier de changer SERIAL et TOKEN par ceux de l'appareil. Il ne reste plus qu'à l'associer à un contact qui accepte de voir ses alertes chantées par un petit gadget.

SÉCURITÉ **Confidentialité**

Il va de soi que les alertes seraient ainsi connues dudit fabricant...

Le lance-roquettes USB

Le lance-roquettes USB est un gadget dont on peine à voir l'utilité, mais on peut déclencher une salve avec une simple commande. Un administrateur taquin a probablement déjà une idée derrière la tête de ce qu'il peut faire en le couplant avec Nagios. Cela est laissé en exercice. Pour aider un peu, le paquetage de contrôle sous GNU/Linux est USBMissileLauncher, et on déclenche le lancement comme suit :

Commande pour lancer un missile

```
USBMissileLauncherUtils -F
```

Sécurité **Une roquette en mousse peut faire mal**

Il est bon de rappeler que prendre un tir de roquette en mousse peut mettre de mauvaise humeur un administrateur. Un tel outil peut cependant servir aux représailles contre un gadget lumineux qui danse en bougeant ses oreilles au milieu du bureau.

Les réactions sur alertes, ou comment régler automatiquement les problèmes

Résoudre automatiquement les problèmes est le plus vieux rêve des administrateurs...

Une solution séduisante à double tranchant

La solution de supervision étant en première ligne pour repérer les problèmes, elle l'est également pour cette résolution automatique.

Il faut faire très attention lorsqu'on met en place de telles méthodes. Les résolutions de problèmes incluent par exemple le redémarrage d'un service ou la suppression de fichiers de journalisation pour gagner de l'espace disque. De telles mesures peuvent résoudre le problème, à condition qu'il existe réellement. Dans le cas contraire, cette tentative est néfaste. Il faut bien mesurer l'impact de telles actions.

Gestionnaires d'événements

Nagios propose un système de réaction sur problème. Ce sont les event handlers (gestionnaires d'événements). Ce sont de simples scripts fournis par les administrateurs que Nagios peut lancer dans les situations suivantes :

* le problème vient d'être détecté (état SOFT) ;
* le problème est confirmé et passe en état HARD ;
* le système revient en état OK ou UP.

Ils sont définis dans le fichier commands.cfg, comme toutes les commandes. Il existe, pour les hôtes comme pour les services, deux types d'event handlers :

* les scripts globaux ;
* les scripts spécifiques.

Les premiers sont appelés dans le fichier `nagios.cfg`. Les variables correspondantes sont nommées `global_host_event_handler` et `global_service_event_handler`. Ils sont appelés pour tous les hôtes et services. Les définitions spécifiques sont associées aux hôtes et services par le paramètre `event_handler`. Ils écrasent la définition globale si elle existe.

Le paramètre `enable_event_handlers` permet de désactiver cette fonctionnalité.

> PRATIQUE **Désactivation des event handlers**
>
> Si le paramètre `enable_event_handlers` présent dans `nagios.cfg` a la valeur 0, alors cette fonctionnalité est désactivée, même si le paramètre a la valeur 1 sur un hôte ou sur un service.

Définition

Les scripts utilisent en priorité les macros suivantes (ici celles associées aux services) :

- `$SERVICESTATE$` : état du service ;
- `$SERVICESTATETYPE$` : type d'état (SOFT ou HARD) ;
- `$SERVICEATTEMPT$` : nombre de fois où le test a été lancé depuis le dernier état OK/HARD.

Prenons l'exemple du redémarrage du service web local, défini comme suit :

Appel d'une commande d'action

```
define service{
  host_name   srv-web2
  service_description  Http
  max_check_attempts  3
  event_handler   restart-local-httpd
  [...]
}
```

La commande `restart-local-httpd` correspond à la commande suivante :

Définition de la commande restart-local-httpd

```
define command{
  command_name   restart-local-httpd
  command_line   sudo $USER1$/eventhandlers/restart-httpd $SERVICESTATE$
$SERVICESTATETYPE$ $SERVICEATTEMPT$
}
```

Nous souhaiterions que le script ne relance le service que dans le cas d'un état HARD ou un état SOFT au 2e test, le 3e débouchant sur l'état HARD. Dans cette situation, le script est appelé trois fois :

Appel au premier état CRITICAL/SOFT (pas d'action du script)

```
restart-httpd CRITICAL SOFT 1
```

Appel au deuxième état CRITICAL/SOFT

```
restart-httpd CRITICAL SOFT 2
```

Appel au passage à l'état HARD

```
restart-httpd CRITICAL HARD 3
```

Le script restart-httpd peut par exemple être défini comme suit :

Script restart-httpd

```
#!/bin/sh
# Vérification de l'état du serveur HTTP
case "$1" in
  OK)
    # Le service n'a pas de problème, rien à faire
    ;;
  WARNING)
    # Un avertissement n'est pas très important
    ;;
  UNKNOWN)
    # On ne sait pas s'il y a une erreur ou pas, on ne fait rien.
    ;;
  CRITICAL)
    # Le service HTTP a un problème, on le redémarre peut-être
      # Est-on en état "SOFT" ou "HARD" ?
    case "$2" in
      SOFT)
      # Vérification du nombre de tentatives
        case "$3" in
          2)
            # Le problème est réel, on redémarre
            echo -n "Redémarrage du service HTTP (2e état CRITICAL
SOFT)..."
            /etc/init.d/httpd restart
            ;;
          esac
        ;;
```

```
      HARD)
         # On peut essayer de redémarrer, mais l'état HARD
         # informe les contacts de toute façon
         echo -n "Redémarrage du service HTTP..."
         /etc/init.d/httpd restart
         ;;
      esac
   ;;
esac
exit 0
```

Gestion de l'effet « yoyo »

Il est important d'être averti lorsqu'une machine ou un service tombe puis revient. Mais s'il oscille entre ces deux états plusieurs fois pendant la nuit, les administrateurs reçoivent beaucoup d'alertes. Ce comportement peut envoyer inutilement des alertes aux administrateurs.

Une tempête de messages

Si, une machine démarre en deux minutes et tombe au bout d'une minute, par exemple dans le cas d'un service en cluster ne trouvant pas ses disques de données, nous obtenons en une nuit 12h × (20up + 20down) = 480 messages. Tous les efforts effectués pour diminuer les alertes et augmenter leur pertinence sont vains.

Ces envois multiples ne sont pas gérés par le paramètre notification_interval des hôtes et services. Il ne permet que d'espacer les messages alertant d'un même état. Ici, l'élément fait le « yoyo » entre deux. Dans cette situation, l'idéal est d'avertir les contacts que l'élément fait le « yoyo » (flapping en anglais) et d'envoyer ce message avec l'intervalle de temps notification_interval.

Méthode de détection

Nagios conserve pour chaque élément ses 21 derniers états. Cela permet d'avoir potentiellement 20 changements d'états. Pour chaque passage en état HARD, il calcule le taux de variation des états. Les valeurs les plus anciennes ont un poids moins important que les récentes. Ce poids varie entre 0.8 pour les plus vieilles à 1.2 pour les plus récentes. Il ne prend en considération que les états indiqués par le paramètre flap_detection_options pour les hôtes :

- o : UP ;

- d : DOWN ;
- u : UNREACHABLE ;

Et pour les services :

- o : OK ;
- w : WARNING ;
- c : CRITICAL ;
- u : UNKNOWN.

Le calcul du taux devient :

$$Taux = \frac{\sum Changement * poids}{20}$$

Il le compare ensuite à deux paramètres :

- high_service_flap_threshold ;
- low_service_flap_threshold.

Si le taux est supérieur à high_sevice_flap_threshold, Nagios considère que l'élément se met à osciller. Il envoie alors une notification dans ce sens si les valeurs notification_options de l'élément et des contacts ont la valeur f (flapping).

Par la suite, pour savoir si l'élément est toujours en état FLAPPING, il compare le taux à low_sevice_flap_threshold. Si le taux calculé est plus faible, Nagios considère que l'état de flapping s'arrête.

Ces deux paramètres sont disponibles au niveau global de Nagios et on peut les définir pour chaque hôte et chaque service. Il est possible de désactiver la détection des oscillations avec le paramètre flap_detection_enabled. Les paramètres détectant le flapping des hôtes sont nommés high_host_flap_threshold et low_host_flap_threshold.

La valeur par défaut du taux high est de 50 %, celle du taux low de 25 %.

Exemple de détection

Prenons pour exemple un service. Sur le diagramme de la figure 6-11, nous notons ses changements d'état.

Les tests sont numérotés dans l'ordre chronologique. Le service a changé d'état aux tests 5, 7, 10, 13, 15, 17, 18 et 20. Nous obtenons sans pondération un taux de 8/20=40 %. Nous appliquons ensuite les pondérations indiquées en figure 6-12.

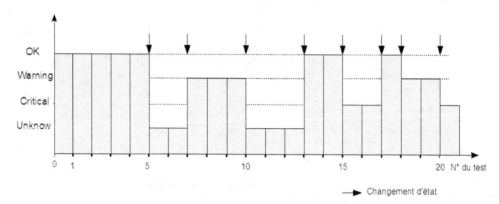

Figure 6–11 Changement d'état d'un service

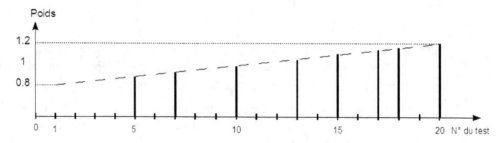

Figure 6–12 Pondération des changements d'états

Nous obtenons, au final, un taux proche de 41 %. S'il est supérieur à `high_sevice_flap_threshold`, le service est déclaré en flapping. S'il l'était déjà et que le taux est inférieur à `low_sevice_flap_threshold` alors l'état de flapping est supprimé.

Gestion des périodes de maintenance

Les serveurs et les services ne fonctionnent pas 24 heures sur 24, 365 jours par an. Des interventions sont régulièrement programmées pour effectuer les opérations de maintenance et de mise à jour. Les environnements n'étant pas disponibles, des alertes sont levées. Les administrateurs étant déjà au courant de la situation, ces alertes sont polluantes et risquent de masquer les vrais problèmes.

Les administrateurs peuvent spécifier une période de maintenance sur les éléments grâce à une commande externe. Cette dernière est, pour un hôte, SCHEDULE_HOST_DOWNTIME. Elle prend les arguments suivants :

* host_name : nom de l'hôte ;
* start_time : date de début de la maintenance, exprimée en temps Unix ;
* end_time : date de fin ;
* fixed : si sa valeur est 1, la date de fin a la valeur end_time, sinon cette valeur est start_time+duration ;
* trigger_id : identifiant d'une autre période de maintenance qui peut activer cette période ;
* duration : durée de la période de maintenance en secondes ;
* author : auteur ;
* comment : commentaire.

D'autres commandes externes existent pour placer un service ou tout un groupe de machines en maintenance. Pour plus de détails, se référer à la documentation de Nagios.

En un mot

Un outil de supervision peut être très envahissant. Nagios ne fait pas exception. Des méthodes existent afin de diminuer sensiblement le nombre d'alertes reçues par les administrateurs. Ils peuvent se concentrer pleinement sur celles qui en valent la peine. Lorsqu'ils regardent la console de supervision, ils peuvent en un coup d'œil savoir si un problème grave est en cours grâce à un code couleur très simple. Nagios propose de nombreux moyens pour prévenir les administrateurs. Ceux-ci ne sont pas obligés d'être rivés à leurs e-mails.

## 7

Services particuliers : journaux, alertes SNMP...

Certains services ne peuvent être surveillés comme les autres. La vérification des fichiers de logs (journaux) et les alertes passives en font partie. Nous allons voir comment les traiter au sein de Nagios.

Comment vérifier les fichiers journaux

Les fichiers journaux sont parmi les sources d'informations les plus précieuses des administrateurs.

Méthode de vérification des journaux

Dans bien des cas, ces fichiers sont le seul moyen de communication entre une application et l'extérieur. L'application y enregistre toutes les informations qui la concernent, en particulier les messages d'alerte qui sont éminemment intéressants pour les administrateurs.

Une supervision primordiale

Cette surveillance est l'une des plus importantes de la solution de supervision. Elle repose sur l'utilisation de plug-ins distants qui recherchent des textes particuliers dans ces fichiers. Ces textes sont spécifiques aux applications. Les administrateurs sont les mieux placés pour les reconnaître.

> MÉTHODE **Ne pas sous-estimer les journaux**
>
> Si la supervision des fichiers journaux n'est pas des plus simples, elle est pourtant l'une des plus puissantes. Lorsqu'une application commence à dévier de ses objectifs, les administrateurs analysent les fichiers journaux. Une supervision leur fait gagner un temps précieux. De plus, ceci les oblige à se pencher sur ces fichiers essentiels bien avant que le premier problème ne survienne.

Ces messages n'ont pas tous le même niveau de criticité. Certains annoncent des problèmes futurs. D'autres révèlent des problèmes graves qui sont en train de se produire dans l'application. Sur ce point encore, les administrateurs sont les seuls à pouvoir jauger la criticité.

Une analyse par morceaux

Les fichiers journaux sont parfois très volumineux et les parcourir en entier à chaque test peut avoir un impact conséquent. Avec cette méthode, on analyse tout l'historique de l'application depuis la création du fichier. En cas de problème, si on répète l'analyse complète, des problèmes qui ne sont plus d'actualité vont néanmoins remonter en erreur.

Le parcours complet systématique n'est donc pas adapté à la supervision. La méthode préconisée consiste, à chaque test, à parcourir uniquement les nouvelles lignes enregistrées depuis le dernier test. La première vérification se fait sur le fichier en entier. Cette méthode permet de détecter les problèmes une fois et une seule. Elle annule le risque de relever des erreurs qui n'ont plus cours.

Ces tests nécessitent de conserver la position à laquelle on s'est arrêté dans le fichier, afin de reprendre le parcours à cet endroit au test suivant. On utilise pour cela un petit fichier temporaire qui sert de « mémoire » entre les tests. Ce fichier est déposé dans un répertoire qui n'est pas supprimé au redémarrage de la machine. De cette manière, si la machine doit être redémarrée, il n'est pas nécessaire de parcourir de nouveau les fichiers dans leur intégralité.

Exemple de plug-in de vérification des journaux

Le plug-in dédié à cette vérification est `check_log2.pl`. Il prend en paramètre `-l` le fichier de log à analyser. On renseigne le chemin du fichier de positionnement à l'aide de l'argument `-s`. L'expression régulière à rechercher est spécifiée avec `-p`. Le paramètre `-r` permet d'exclure un texte particulier de la recherche. Enfin, si le retour associé à une occurrence du texte recherché doit être critique, il faut utiliser `-c`.

Voici un exemple de recherche qui ne renvoie aucun problème.

Commande de vérification d'un fichier journal

```
check_log2.pl -l /var/log/messages -s ~/seekfile -p Error
OK - No matches found.
```

En cas de retour positif, le niveau d'alerte souhaité est levé, le nombre d'occurrences du message est indiqué (ci-dessous 13) et la dernière entrée est renvoyée :

Commande de vérification d'un fichier journal Oracle

```
check_log2.pl -l /oracle/bdump/alert_PROD.log -s ~/alert_PROD.seek -p
'ORA-' -c
```

Nous obtenons :

Résultat positif dans la recherche

```
CRITICAL: (13): ORA-00600: internal error code, arguments: [memory
leak], [],[],[],[],[],[],[]
```

Problème des tests consécutifs

Si nous nous arrêtions là, la vérification des fichiers journaux serait fort simple. Malheureusement, ce n'est pas le cas.

Tests suivants

Les tests qui suivent la détection d'un problème posent un problème dans la logique de supervision. Lorsqu'un problème est détecté, une erreur est levée. Lorsqu'on réitère le test, de nouvelles entrées sont analysées.

Le problème qui nous intéresse n'est relevé qu'une seule fois. Le nombre maximal de tests avant notification des utilisateurs doit être de 1. Les alertes sont envoyées et les actions de correction, si elles sont définies, sont lancées. La phase SOFT de l'alerte est évincée. On passe directement en HARD.

Si cette procédure permet d'alerter immédiatement les administrateurs, elle pose la question des tests suivants et de leur traitement :

- il n'y a aucune alerte dans le nouveau texte, le test renvoie OK ;
- il y a une erreur moins critique que précédemment, par exemple un WARNING ;
- il y a une nouvelle erreur critique.

Test en état OK

Dans le premier cas, le service repasse en type OK / HARD. L'alerte figure sur la console de supervision seulement pendant la durée écoulée entre deux tests. Si les administrateurs sont absents pendant ce temps, ils ne peuvent se fier qu'aux notifications.

Il est à noter que, si le service est configuré avec une option notification_options de type r (recovery), une nouvelle notification est émise. Celle-ci annonce que le problème est réglé, alors que ce n'est nullement le cas. C'est une nouvelle partie du journal qui a été analysée, mais rien n'indique que le problème est bien résolu. Il ne faut pas configurer de notification recovery sur une analyse de fichiers journaux.

Erreur de moindre importance

Dans le second cas, nous avons un changement d'état HARD. Les actions de résolution et de notification sont effectuées avec ce nouveau niveau de criticité. Les administrateurs doivent faire attention lorsqu'ils lisent leurs alertes : ils ne doivent pas considérer uniquement le dernier état reçu, mais bien tout l'historique reçu précédemment. Dans le cas contraire, ils peuvent manquer une erreur critique et ne prendre en considération que l'avertissement.

Erreur de même criticité

Dans ce dernier cas, nous nous trouvons face à une situation problématique : nous restons dans le même état que précédemment, qui était de type HARD. Les tentatives de correction et de notification ne sont pas lancées.

Pourtant, c'est une nouvelle partie du fichier de log qui est analysée. Le problème est nouveau. Même s'il a de fortes chances d'être lié aux précédents messages d'alertes, les administrateurs devraient en être alertés. De nouvelles actions correctrices devraient être lancées.

Nous ne pouvons pas consulter le fichier de log de Nagios. Celui-ci ne journalise que les retours de plug-ins impliquant un changement de type d'état.

Cette situation est inextricable avec les méthodes de configuration de Nagios que nous avons vues jusqu'à maintenant.

Configuration au sein de Nagios : la volatilité

Un nouveau concept peut nous tirer de ce guêpier : la volatilité. Il s'agit d'un paramètre des services qui permet de changer le comportement des notifications et tentatives de correction. Lorsque le paramètre is_volatile vaut 1 sur un service, pour chaque retour non-OK quand le service est en état HARD, Nagios adopte le comportement suivant :

- enregistrement dans le journal de Nagios ;
- envoi d'une notification ;
- lancement des actions correctrices.

Le paramètre is_volatile ne modifie que le comportement des services en état HARD. Il est nécessaire de positionner correctement les paramètres évitant d'avoir des états SOFT.

L'exemple ci-dessous montre un paramétrage typique d'un service de vérification de log :

Définition pour un service volatile

```
max_check_attempts 1
is_volatile1
notification_optionsw,c
```

Le service passe en état HARD au moindre problème. Les administrateurs reçoivent toutes les erreurs découvertes dans le fichier journal. Ils peuvent remonter sans difficulté l'historique des erreurs. Leur résolution devrait en être simplifiée. Les actions correctrices sont lancées correctement pour chaque problème. Les administrateurs ne reçoivent pas non plus de notification de type recovery.

Quand chaque changement est important

Parfois, les actions lancées par les services volatiles sont inutiles. Les actions correctrices et les envois de notifications sont plus embêtants qu'autre chose en cas d'alertes non-OK répétées. En revanche, la partie sauvegarde des retours des sondes est très utile dans certains cas.

Lorsque la volatilité est de trop

Prenons l'exemple des pertes de disque sur un contrôleur RAID. Si le contrôleur reconstruit automatiquement le disque perdu sur un disque de secours, il est important de savoir qu'un disque est perdu. Une alerte de type recovery préviendra les utilisateurs que tout est revenu à la normale.

Les administrateurs ont besoin a posteriori de remonter précisément toutes les étapes de la reconstruction. Ils n'ont pas besoin d'être alertés de chaque étape. De même, le lancement des actions correctrices n'a pas de sens dans cette situation. L'utilisation du paramètre is_volatile n'est pas adapté.

Suivi précis des états

Le paramètre stalking_options est le plus à même de répondre à cette situation. Seuls les éléments enregistrés dans journal de Nagios sont modifiés par ce paramètre. Le comportement des notifications et des actions correctrices n'est pas modifié.

Ce paramètre prend en argument les états qui doivent être pris en compte pour la conservation des retours des plug-ins. La ligne de retour n'est conservée que si l'état est visé par stalking_options, et qu'elle est différente du dernier retour. Il est inutile de réécrire les mêmes lignes dans le fichier journal.

Exemple de paramétrage

Reprenons le cas de notre contrôleur RAID. Voici une série de retours du plug-in qui vérifie l'état du contrôleur :

1 OK : RAID OK ;
2 WARNING : RAID degraded (1 drive down, 1 spare rebuilding) ;
3 WARNING : RAID degraded (2 drives down,1 spare online, 1 spare rebuilding) ;
4 CRITICAL : RAID failed (3 drives down) ;
5 CRITICAL : RAID failed (3 drives down).

Dans le cadre d'un service normal, les seuls retours enregistrés sont les états 2 et 4. Si le service est configuré avec le paramétrage suivant, les états sauvegardés sont les états 2, 3 et 4. L'état 5 ne l'est pas car son texte est identique au précédent.

Définition de l'option de stalking

```
stalking_options w,c
```

Dans les deux cas, seuls 2 et 4 déclenchent les notifications et les actions correctrices.

Services passifs : exemple de gestion des alertes SNMP (traps)

Nous n'avons évoqué jusqu'à maintenant que les services actifs. S'ils sont très pratiques, ils ne sont pas adaptés à toutes les situations.

Intérêt des services passifs

Prenons l'exemple d'une vérification de la bonne exécution d'une sauvegarde : il peut être très complexe de déterminer, a posteriori, si elle s'est bien passée ou non.

Les vérifications actives ne peuvent pas tout

Si l'outil de sauvegarde envoie ses informations dans un fichier journal, la supervision devient techniquement simple : il suffit de rechercher les erreurs dans ce fichier. Le problème porte plutôt sur le moment où faire cette vérification. Les sauvegardes n'ont pas la même durée tous les jours. Si la vérification consiste à rechercher un texte signalant que la sauvegarde s'est bien déroulée, deux cas problématiques sont possibles : si la vérification se lance avant la fin de la sauvegarde, elle renvoie une erreur sans fondement ; si la vérification est trop tardive, elle peut retarder la résolution du problème et de ses implications.

Le moment le plus approprié est la toute fin de la sauvegarde. Le seul outil qui peut connaître ce moment est celui qui gère la sauvegarde. Il faut qu'il puisse avertir Nagios du résultat de l'opération.

Donner l'information d'état à Nagios

C'est le rôle des services passifs. Ils préviennent Nagios de l'état d'un service ou d'un nœud sans que celui-ci ait besoin de lancer une commande pour faire la vérification.

Les services peuvent être actifs et passifs à la fois. C'est même leur configuration par défaut. Les administrateurs peuvent contrôler ce comportement à l'aide des paramètres suivants :

* `active_checks_enabled` : autoriser les tests actifs ;
* `passive_checks_enabled` : autoriser les tests passifs.

Ils sont positionnés à `1` par défaut. L'envoi de l'information se fait par commande externe. On utilise, pour les services par exemple, la commande `PROCESS_SERVICE_CHECK_RESULT`.

Elle prend en paramètres :

* `host_name` : nom de l'hôte hébergeant le service ;

- svc_description : nom du service ;
- return_code : code retour ;
- plugin_output : sortie du plug-in.

Pour les hôtes, il faut utiliser PROCESS_HOST_CHECK_RESULT.

Les commandes doivent être exécutées sur le serveur Nagios. Nous verrons par la suite comment l'avertir depuis des serveurs distants.

Les informations ne sont prises en compte que si l'hôte ou le service correspondant existe bien. Dans le cas contraire, on observe l'entrée suivante dans le fichier nagios.log :

L'hôte / service n'existe pas

```
[1229979805] Warning: Passive check result was received for service
'Traitement' on host 'NEXISTEPAS', but the service could not be found!
```

L'information est simplement oubliée car incorrecte. Lors des premières mises en place des vérifications passives, il est conseillé de s'assurer, dans le fichier journal de Nagios, que tout se passe comme prévu.

Les états reçus passivement arrivent dans la file d'attente des traitements. Cette file est analysée toutes les check_result_reaper_frequency secondes. Ce paramètre figure dans le fichier de configuration principal de Nagios et vaut par défaut 5 secondes. Les informations actives et passives sont gérées de la même manière par Nagios.

Une fois dans la file d'attente, il n'y a plus de différence entre elles. La même logique de supervision est appliquée à toutes les informations, que ce soit sur les états SOFT et HARD ou bien la volatilité.

Nous pouvons suivre dans le fichier nagios.log les réceptions passives d'états. Voici un exemple pour le service Backup sur la machine srv-web2, qui est déclaré comme étant CRITICAL.

Réception de l'information

```
[1229979143] EXTERNAL COMMAND: PROCESS_SERVICE_CHECK_RESULT;srv-
web2;Backup;2;Backup failed.
```

L'information est mise dans la file d'attente.

Mise en attente de l'information

```
[1229979143] PASSIVE SERVICE CHECK: srv-web2;Backup;2;Backup failed.
```

Puis vient son traitement : ici, une alerte critique sur le service Backup est levée.

Traitement de l'information

```
[1229979144] SERVICE ALERT: srv-web2;Backup;CRITICAL;HARD;1;Backup
failed.
```

Nous remarquons sur ce dernier exemple que les informations sur le type d'état sont présentes. Il est en HARD et c'est le premier test qui est effectué. Nous souhaitions être averti dès la première alerte : le script de supervision n'enverra pas d'autre alerte.

Notion de « fraîcheur » d'un état

Les alertes passives n'arrivant pas forcément à un rythme régulier, une nouvelle donnée de supervision fait surface : la fraîcheur.

Limites des alertes passives simples

Il peut être intéressant de superviser les traitements sur des machines. Qu'il s'agisse de scripts de sauvegarde, comme nous venons de le voir, ou bien de traitements plus applicatifs, l'utilisation des alertes passives est tout indiquée. Les traitements peuvent envoyer leur succès (état OK) ou leur échec (état WARNING ou CRITICAL suivant l'alerte).

Les administrateurs sont avertis simplement de la bonne exécution ou non des traitements. Un problème se pose cependant dans cette supervision purement passive : l'alerte est levée par le traitement lui-même. Mais que se passe-t-il s'il n'est pas lancé ? Il ne risque pas de prévenir qu'il a rencontré un problème, car il ne peut pas prévenir Nagios. Les administrateurs ne sont pas au courant du problème.

Comme pour le poisson, la fraîcheur est importante

Nagios résout ce dilemme grâce à la fraîcheur des états. Les administrateurs peuvent définir un délai limite pour l'obtention de nouvelles informations sur un état. Ce délai écoulé, si Nagios n'a pas eu de nouvelles, il tente d'obtenir l'information de manière active.

Cette limite de fraîcheur est définie par le paramètre freshness_threshold. On peut choisir de vérifier ou non l'état de fraîcheur d'un service ou d'un hôte avec le paramètre check_freshness.

Dans les situations où l'on utilise la méthode passive, la voie active est sans issue. Les administrateurs n'ont pas choisi la voie passive pour rien. Elle va servir à tout autre chose : mettre le service en erreur afin de lancer les notifications.

Un plug-in toujours en erreur pour prévenir les administrateurs

Pour cela, nous utilisons une sonde qui ne fait pas grand chose : check_dummy. Elle n'est capable que de renvoyer l'état que nous lui demandons avec un texte à l'appui.

Voici un exemple simple où nous lui demandons de renvoyer un état WARNING et un texte explicite.

Utilisation de check_dummy

```
check_dummy 1 "texte explicite."
WARNING: texte explicite.

echo $?
1
```

Nous configurons simplement le service pour qu'il ait comme commande de test actif check_dummy avec un texte stipulant que le traitement n'est pas passé à temps. Cette « vérification » ne doit pas être ordonnancée. Le service peut être vu comme purement passif. Nous positionnons active_checks_enabled à 0. La vérification lancée à cause du manque d'informations est tout de même effectuée, même avec cette valeur.

Exemple de configuration

Voici un exemple de configuration avec prise en compte de la fraîcheur d'un état.

Configuration d'un service passif avec vérification de la fraîcheur

```
define service{
  host_name srv-web1
  service_description Traitement
  active_checks_enabled 0
  passive_checks_enabled 1
  check_freshness          1
  freshness_threshold      3720
  check_command check_dummy!2!Traitement non lance à temps.
  [...]
}
```

Supposons que le traitement s'exécute toutes les heures. Si le traitement ne renvoie pas d'état (que ce soit OK, WARNING ou CRITICAL) au moins toutes les 3720 secondes, la commande check_dummy est lancée et place le service en état CRITICAL (2). Les administrateurs sont alors avertis que le traitement ne s'est pas lancé comme il aurait dû. Cette vérification est effectuée toute les service_freshness_check_interval secondes pour les services et host_freshness_check_interval secondes pour les hôtes. Par défaut, elle a lieu toutes les minutes.

Dans le fichier journal de Nagios, nous avons la trace suivante, indiquant que l'état du service est arrivé à péremption.

Entrée d'une information périmée

```
[1229984990] Warning: The results of service 'Traitement' on host 'srv-
web1' are stale by 0d 0h 0m 57s (threshold=0d 1h 2m 0s). I'm forcing an
immediate check of the service.
```

L'entrée de journal annonce que l'état est périmé depuis 57 secondes.

Positionnement correct du seuil de fraîcheur

Dans l'exemple précédent, le seuil de fraîcheur a été établi à 3720 secondes, soit une heure et deux minutes. Le traitement est censé se lancer toutes les heures. Il doit donc envoyer le résultat toutes les 3600 secondes. Le seuil de fraîcheur doit être au moins égal à cette valeur. S'il est trop faible, il avertit les utilisateurs pour rien.

Mettre une valeur trop grande n'est pas conseillé non plus. Les administrateurs sont alors prévenus tardivement du problème, potentiellement trop tard pour pouvoir le résoudre sans que les utilisateurs le remarquent.

Il ne faut pas non plus tailler trop juste. Si, dans l'exemple précédent, la valeur freshness_threshold était de 3600 secondes, alors, au moindre retard, les administrateurs sont avertis. Les retards peuvent être dûs au traitement lui-même s'il ne s'est pas lancé à temps, mais également à Nagios.

Comme vu précédemment, Nagios vérifie régulièrement les informations passives. Cette vérification n'est toutefois pas immédiate, ce qui peut entraîner un délai. Si Nagios ajoute deux secondes et que le traitement s'est lancé comme convenu, on arrive avec un délai de deux secondes. L'alerte est lancée pour rien.

Il faut ajouter une petite marge de sécurité à la valeur. Si le traitement est réglé comme du papier à musique, un ajout de deux minutes est bien suffisant. Les administrateurs sont les mieux placés pour savoir au bout de combien de temps ils souhaitent être prévenus du retard.

Comment gérer les traps SNMP

Comme nous l'avons vu au chapitre 4, le protocole SNMP est très répandu dans le monde des équipements réseau. Les applications qui y font appel sont peu nombreuses mais elles existent. Ce protocole présente deux volets :

- la vérification active avec les polls ;
- les alertes passives avec les traps.

Nous allons étudier l'aspect passif de SNMP.

Chaque alerte est référencée sur l'arbre SNMP en tant qu'OID (*Object Identifier* ou identifiant d'objet), comme pour les informations actives. Chaque alerte peut représenter un large éventail d'informations, comme le redémarrage d'un élément réseau ou une erreur de connexion sur une application.

Une alerte (trap) est envoyée depuis l'élément réseau ou l'application vers un serveur chargé de la recevoir. Elle est envoyée sous la forme de paquets UDP sur le port 162. Dans le cas de Nagios, c'est le serveur de supervision qui accueille ce service de réception. Il se nomme, sous Linux, SNMPTRAPD.

Le service SNMPTRAPD est exclusivement dédié à la réception de ces alertes envoyées via SNMP. Il les transmet ensuite à un autre outil qui les traduit sous une forme un peu plus lisible à des fins de traitement. Cet outil de transformation est SNMPTT et utilise pour cela les MIB (*Management Information Base* ou base d'informations de gestion).

Une fois la transformation effectuée, l'information est fournie à Nagios. À cet effet, le script submit_check_result prévient Nagios de l'état d'un service.

Dans cette mise en place, toutes les alertes SNMP lancées depuis un nœud arrivent sur le même service accroché dessus, sans aucune différenciation au niveau du service.

PRATIQUE **Préférer Centreon pour une mise en place simple et performante**

Nous verrons au chapitre 11 une méthode beaucoup plus souple pour gérer ces alertes, qui utilise la couche apportée par Centreon, un outil de configuration. La méthode présentée ici ne doit être utilisée que dans le cas d'un Nagios mis en place seul, sans Centreon.

Configuration de SNMPTRAPD

SNMPTRAPD sert uniquement à réceptionner les paquets d'alertes envoyées via SNMP et à les fournir à SNMPTT. Nous le paramétrons avec son fichier de configuration, /etc/snmp/snmptrapd.conf. Sa configuration est la suivante :

/etc/snmp/snmptrapd.conf

```
traphandle default /usr/sbin/snmptt
disableAuthorization yes
donotlogtraps yes
```

Elle permet notamment les choses suivantes :

- d'appeler SNMPTT pour toutes les alertes (traps) reçues ;
- de ne pas avoir à tenir compte de la communauté SNMP (mot de passe) sous laquelle nous avons reçu les traps ;

• de ne pas avoir à tracer les traps reçus ; c'est SNMPTT qui s'en chargera.

Par défaut, SNMPTRAPD modifie les OID des alertes SNMP qu'il reçoit. Il faut lui indiquer de les laisser au format brut. Pour cela, nous ajoutons le paramètre -On dans sa ligne de démarrage. Sur un système RedHat, ceci implique de modifier /etc/rc.d/init.d/snmptrapd comme ci-dessous :

Pas de modification des OID par SNMPTRAPD

```
OPTIONS="-On -Lsd -p /var/run/snmptrapd.pid"
```

Configuration de SNMPTT

Fichier snmptt.ini

SNMPTT est appelé par SNMPTRAPD pour gérer les traps reçus. Sa configuration est divisée en deux parties :

• une pour son comportement général ;
• une pour la gestion des OID.

La configuration globale se fait dans le fichier /etc/snmp/snmptt.ini. Dans la partie [General], il faut modifier le paramètre strip_domain_list comme ci-dessous :

Entrée du domaine des machines

```
strip_domain_list = <<END
votre.domaine
END
```

Ce paramètre permet de supprimer le nom de domaine des adresses réseau reçues afin de les faire coïncider avec la configuration des nœuds dans Nagios.

Il faut également rajouter la ligne suivante :

Utilisation de Net-SNMP

```
net_snmp_perl_enable = 1
```

Elle permet de faire appel au module net_snmp de Perl afin de traduire au mieux les OID.

Conversion des fichiers MIB

SNMPTT a besoin de savoir quoi faire des alertes qu'il reçoit. Nous allons lui faire appeler submit_check_result, qui permet d'envoyer une commande externe à

Nagios. Nous lui passons comme paramètres le nom du nœud émetteur, le service TRAP défini sur les nœuds et enfin le niveau WARNING.

La commande ci-dessous génère un fichier snmptt.conf.equipement. Nous utiliserons pour chaque MIB de fabricant un nom plus explicite.

Conversion d'une MIB

```
snmpttconvertmib –in=EQUIPEMENT.MIB --out=/etc/snmp/
snmptt.conf.equipement --exec='/usr/local/nagios/libexec/eventhandlers/
submit_check_result $r TRAP 1'
```

Rajout des fichiers snmptt.conf.equipement dans snmptt.ini

Une fois les fichiers snmptt.conf.equipement générés, il suffit de les rajouter dans la partie [TrapFiles] de snmptt.ini. Nous obtenons :

Déclaration des nouveaux OID

```
[TrapFiles]
snmptt_conf_files = <<END
/etc/snmp/snmptt.conf.equipement1
/etc/snmp/snmptt.conf.equipement2
END
```

La configuration est automatiquement prise en compte pour les prochaines alertes reçues.

Configuration du service TRAP pour la réception des alertes

Pour chaque nœud pouvant envoyer des alertes SNMP, nous définissons le service TRAP qui reçoit les alertes :

Définition du service TRAP

```
define service{
  service_description      TRAP
  is_volatile              1
  check_command            check_dummy!0
  max_check_attempts       1
  active_check_enabled0
  passive_checks_enabled 1
  notification_interval    0
  check_freshness          1
  freshness_threshold      3600
  [...]
}
```

Le service est défini comme volatile. Plusieurs traps peuvent arriver sur ce service et, pour chacun d'eux, les administrateurs doivent être mis au courant. L'utilisation de check_freshness permet simplement de faire disparaître l'erreur de la console de supervision au bout d'une heure, grâce à l'utilisation de check_dummy avec comme argument OK.

Exemple de réception d'une alerte SNMP

Effectuons un test de redémarrage d'un équipement réseau. Lors qu'il redémarre, il envoie une alerte de type coldStart. Celui-ci figure dans la MIB SNMPv2, MIB standard du réseau.

Voici un exemple de ce que nous obtenons dans le journal de SNMPTT :

Exemple d'alerte SNMP

```
Tue Jun 17 17:01:34 2008 .1.3.6.1.6.3.1.1.5.1 1 "Status Event" switch-1
- SNMP is restarting
```

Réception et traitement des alertes passives distantes

Comme nous venons de le voir, les alertes SNMP peuvent avertir d'événements sur les nœuds distants. Elles sont cependant peu pratiques à manier et ne sont pas adaptées à la supervision à double état : OK ou WARNING/CRITICAL.

Un moyen efficace de récolter les états distants : NSCA

Si les traps sont le seul moyen d'alerte sur les équipements SNMP, les systèmes utilisent un mécanisme basé sur les commandes externes pour avertir Nagios d'un état. Cette solution est beaucoup plus souple à manier.

Le lancement de la commande doit être fait sur le serveur de Nagios. Les hôtes distants auront du mal à lancer la commande. Pour leur faciliter la tâche, les administrateurs peuvent utiliser un démon sur le serveur Nagios qui reçoit les ordres à donner à Nagios. Ce démon se nomme NSCA (*Nagios Service Check Acceptor*).

Son fonctionnement

Le démon écoute le port TCP/5667 sur le serveur Nagios. Il se compose d'un simple exécutable qui prend moins de 2 Mo en mémoire. Lorsqu'il reçoit un état, il écrit simplement dans le fichier nagios.cmd les renseignements nécessaires pour informer Nagios.

Les nœuds utilisent un client particulier pour dialoguer avec ce démon. La communication peut être chiffrée et basée sur un mot de passe partagé. Il est conseillé de definir le mot de passe afin d'empêcher n'importe qui d'envoyer des informations fausses à Nagios. Le client se nomme send_nsca et il possède lui aussi un fichier de configuration. Il est disponible pour une large palette de systèmes (voir figure 7-1).

SÉCURITÉ **Utilisateur non privilégié**

NSCA n'a pas besoin d'avoir des droits élevés. Le compte le plus adapté pour le lancer est tout simplement nagios.

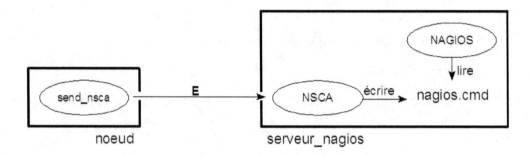

Figure 7–1 Fonctionnement de NSCA

Configuration du démon

Le démon utilise un fichier de configuration nommé nsca.cfg situé dans /usr/local/nagios/etc. Il possède les propriétés intéressantes suivantes :

- server_port : port TCP que le démon écoute, par défaut 5667 ;
- server_address : si spécifiée, le démon écoute sur cette IP, sinon il écoute sur toutes ;
- nsca_user : utilisateur faisant fonctionner le démon, typiquement l'utilisateur nagios ;
- nsca_group : groupe de l'utilisateur précédent, typiquement le groupe nagios ;
- debug : envoi ou non, par le démon, des informations reçues à syslog ;
- command_file : chemin du fichier de commande externe de Nagios ;
- max_packet_age : âge maximum accepté pour les commandes reçues, ceci afin d'éviter les tentatives de ré-émission ;
- password : mot de passe partagé entre le démon et les clients ;

- decryption_method : méthode de chiffrement utilisée, devant être la même entre le démon et les clients.

Configuration du client

La configuration du client est très simple. Elle s'effectue dans le fichier send_nsca.cfg, qui ne possède que deux propriétés :

- password : mot de passe partagé entre le démon et le client ;
- encryption_method : méthode de chiffrement utilisée, devant être la même que NSCA.

Une fois la configuration du démon en place, celle du client est presque un simple copier-coller.

Lancement du démon et du client

Le lancement du démon est fort simple :

Lancement de NSCA

```
/usr/local/nagios/bin/nsca -c /usr/local/nagios/etc/nsca.cfg --daemon
```

Il est possible de le lancer à travers xinetd.

Le client send_nsca prend en argument -H le nom du serveur de supervision et en -c le chemin vers son fichier de configuration. Les informations de supervision lui sont envoyées sur son entrée standard. Pour les services, il prend les options dans l'ordre suivant :

- host_name : nom du nœud auquel est accroché le service ;
- svc_description : nom du service qui nous intéresse ;
- return_code : code retour de l'état que l'on souhaite positionner ;
- plugin_output : ligne de retour souhaitée.

Pour les hôtes, il suffit de ne pas mettre le champ svc_description.

Les options doivent être séparés par un délimiteur que l'on fixe grâce à l'argument -d. Par défaut, c'est la tabulation qui est utilisée.

Il est important de noter que l'on peut envoyer une information sur le service que l'on souhaite. Même s'il n'est pas accroché au nœud sur lequel on se situe, NSCA ne refusera pas l'information. On peut, depuis l'hôte srv-web1, envoyer une information pour un service accroché au nœud srv-web2.

> PIÈGE **La casse est importante**
>
> Il est important de respecter la casse utilisée lors de la définition des hôtes et des services. Sans cela, Nagios ne peut pas faire la correspondance entre l'état reçu et les objets concernés, et il ne prend pas en compte l'information. Une entrée figure tout de même dans son fichier journal pour avertir l'administrateur du problème.

Voici un exemple d'envoi d'état pour un service Traitement accroché au nœud srv-web2. Cette commande est, par exemple, lancée depuis srv-web1 :

Envoi d'une information à distance

```
printf "%s\t%s\t%d\t%s\n" srv-web2 Traitement 0 "Le traitement est bon."
| /usr/local/nagios/libexec/send_nsca -H srv-nagios -c /usr/local/
nagios/etc/send_nsca.cfg
```

Le serveur de supervision est ici srv-nagios. Sur ce dernier, si nous avons activé debug=1 dans le fichier nsca.cfg, nous avons dans le fichier de syslog :

Réception de l'information par NSCA

```
Dec 24 06:04:53 srv-nagios nsca[5641]: Handling the connection...

Dec 24 06:04:53 srv-nagios nsca[5641]: SERVICE CHECK -> Host Name: 'srv-
web2', Service Description: 'Traitement', Return Code: '0', Output: 'Le
traitement et bon.'
Dec 24 06:04:53 srv-nagios nsca[5641]: End of connection...
```

Dans le fichier journal de Nagios, nous avons :

Réception de l'information par Nagios

```
[1229979143] EXTERNAL COMMAND: PROCESS_SERVICE_CHECK_RESULT;srv-
web2;Traitement;0;Le traitement est bon.
```

Exemple d'application : traitement des journaux par un service distant

Limites de la simple supervision d'un fichier journal

Le lancement de la commande check_log2.pl n'est pas toujours pratique. Parfois, l'utilisateur nagios qui la lance n'a pas les autorisations pour lire le fichier journal. La lecture du fichier de log se fait en une seule passe. Entre deux tests, aucune information n'est conservée. Dans certains cas, ce manque de possibilités dans les corrélations entre les tests peut être bloquant.

Des outils sont spécialisés dans la gestion des journaux. Parmi les nombreux programmes Open Source qui existent, deux se distinguent particulièrement : SEC et Octopussy. Tous deux sont développés en Perl. Ce langage excelle dans le traitement des expressions régulières. Le premier est un script Perl, tandis que le second est un ensemble de programmes Perl basés autour de syslog-ng.

SEC

SEC est un programme écrit par Risto Vaarandi. Il signifie Simple Event Correlator. Sa plus grande force est de permettre à l'administrateur de faire des corrélations entre les entrées des fichiers journaux. Par exemple, un utilisateur qui n'arrive pas à s'authentifier n'a rien de bien inquiétant. Mais si cette erreur se reproduit une dizaine de fois dans la minute, c'est le signe d'une attaque en cours ou d'un utilisateur particulièrement motivé pour se connecter.

Avec un programme comme check_log2.pl, qui ne traite les lignes qu'une par une, il est impossible de détecter ce genre de comportement. Si une erreur est remontée dès qu'un utilisateur se trompe de mot de passe, les boîtes aux lettres des administrateurs sont submergées en moins d'une journée.

La configuration de SEC intervient dans des fichiers plats. Leur syntaxe est très complète. La configuration suivante détecte des tentatives infructueuses répétées :

sshd-logins.conf

```
type=PairWithWindow
ptype=RegExp
pattern=sshd\[\d+\]: \[ID \d+ auth\.error\]\
error: PAM: Authentication failed for (\S+) from \S+
desc=PAM authentication failed for $1
action=event PAM_AUTHENTICATION_FAILED_FOR_$1
ptype2=RegExp
pattern2=sshd\[\d+\]: \[ID \d+ auth\.info\]\
Accepted keyboard-interactive/pam for ($1) from \S+ port \d+ ssh2
desc2=PAM authentication successful for $1
action2=none
window=30
```

```
type=SingleWithThreshold
ptype=RegExp
pattern=PAM_AUTHENTICATION_FAILED_FOR_(\S+)
context=!USER_$1_ALREADY_COUNTED && !COUNTING_OFF
continue=TakeNext
desc=Ten authentication failures for distinct users have been observed
action=pipe '%s' mail -s 'PAM alert' root; create COUNTING_OFF 3600
window=600
thresh=10
```

Nous n'expliquerons pas toutes les possibilités de SEC. Il mériterait un ouvrage à lui tout seul. La configuration précédente comporte trois volets. Le premier détecte un message de type PAM: Authentication failed for USER from MACHINE. Une fois détecté, le message place en mémoire dans SEC une valeur PAM_AUTHENTICATION_FAILED_FOR_USER, valeur qui est conservée 30 secondes. Au bout de 10 valeurs consignées, un e-mail est envoyé à l'administrateur et la valeur COUNTING_OFF est enregistrée. Cette dernière a une durée de vie d'une heure. Pendant ce temps, l'administrateur ne reçoit pas de nouveaux e-mails.

Pour lancer SEC sur le fichier, une simple commande suffit :

Lancement de SEC

```
sec.pl -conf=sshd-logins.conf -input=/var/log/messages
```

Il est certes pratique de prévenir l'administrateur par e-mail, mais envoyer l'information à Nagios l'est encore plus. Pour cela, il suffit de remplacer l'appel par :

```
shellcmd /usr/local/nagios/libexec/eventhandlers/submit_check_result
SERVEUR LoginAttack 2 "Too many failed connection"
```

L'action conjointe de SEC et Nagios permet de gérer les journaux de manière très performante. Malheureusement, la configuration de SEC est complexe à maintenir car elle est située sur les machines distantes.

Octopussy

Octopussy est un ensemble de programmes Perl que l'on peut administrer par une interface web. Celle-ci permet de visualiser les alertes, mais également de définir simplement de nouvelles règles. Lorsqu'une entrée est détectée, elle peut faire appel en natif à NSCA. Octopussy se base sur les fichiers journaux reçus par syslog-ng. Ce dernier, successeur de syslogd, permet d'exporter finement les log d'un système vers un serveur distant, ici le serveur Octopussy. Les fichiers lus par syslog-ng sont non seulement ceux gérés par `syslog`, mais également n'importe quel fichier du système. Lorsqu'une modification y a lieu, elle est transférée automatiquement.

`Octopussy` ne permet pas encore de corréler des événements. En ce sens, il est moins performant que `SEC`. Il a pour lui sa facilité d'administration grâce à son interface web. Son intégration à `NSCA` est native. Il évolue rapidement et pourrait devenir sous peu la nouvelle référence en matière de gestion des journaux dans le monde de l'Open Source.

Un type de vérification particulier : surveiller un cluster

Les environnements clusterisés sont de plus en plus répandus. Comme ils visent à répondre au besoin de haute disponibilité des applications, leur supervision n'est pas des plus aisée. Pour mettre en place une supervision efficace, étudions leur fonctionnement.

Des clusters variés

Les applications clusterisées sont en fait plusieurs applications situées sur plusieurs nœuds. Plusieurs modes de fonctionnement existent (voir figure 7-2) :

* `actif / actif` : les services sont lancés en même temps ;
* `actif / passif` : le plus souvent à deux membres, un seul est lancé à la fois et le second sert de secours.

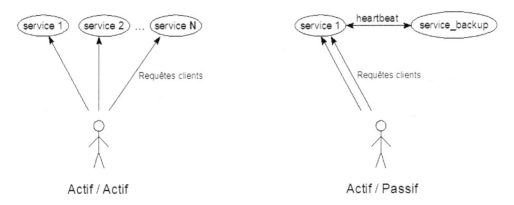

Figure 7–2 Actifs multiples ou non

À ces différents modes de fonctionnement s'ajoutent différentes vues utilisateur. Les utilisateurs peuvent avoir connaissance de l'architecture du cluster, ou bien ne voir qu'un unique point d'entrée. Ne présenter qu'une interface simplifiée a bien des avantages. Les clients n'ont pas besoin de savoir comment la solution est mise en œuvre. Les modifications de l'architecture, par exemple l'ajout d'un membre, ne nécessitent pas de modifier la configuration de tous les clients (voir figure 7-3).

Figure 7–3
Différentes vues
utilisateurs

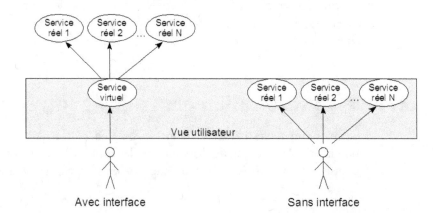

Cette présentation unique d'interface n'est malheureusement pas toujours réalisable. Les méthodes de supervision doivent être adaptées à toutes ces situations.

Supervision des services réels

La supervision des clusters commence par celle des services réels. Regardons comment gérer chaque type d'architecture.

En actif / actif

La supervision des services réels en mode actif / actif est très simple. Elle se résume à superviser chaque service réel comme un simple client, ce qui implique de pouvoir s'adresser directement à eux. Ce n'est pas leur fonctionnement en cluster qui est intéressant ici, mais la capacité à voir si une des ressources du cluster est en faute.

En actif / passif

Dans ce mode de fonctionnement, on a une situation normale si le service maître actif est en bon état de fonctionnement. Le service de secours doit être inactif. Pour cette vérification, nous utilisons la même commande que pour la ressource active mais avec `negate`. Cet exécutable, vu au chapitre précédent, inverse un code retour.

Par exemple, si nous vérifions un service web en `actif / passif`, nous utilisons la commande suivante sur le nœud actif :

Commande sur le nœud actif

```
check_http -H srv-actif
```

Et sur le nœud passif :

Commande sur le nœud passif

```
negate "check_http -H srv-passif"
```

> MÉTHODE **Garder la main sur la configuration**
>
> Il est important de positionner la nouvelle commande avec negate immédiatement à la suite de son homologue normale. En effet, si la première commande vient à être modifiée, il faut penser à corriger la seconde.

En cas de bascule du nœud actif vers le nœud passif, les administrateurs sont avertis que le nœud maître est tombé et que le nœud passif a pris le relais.

Ce dernier message sera une alerte. Il est possible de ne pas utiliser negate et d'envoyer uniquement les notifications de type recovery. Cette solution a malheureusement l'inconvénient d'afficher en continu une erreur sur la console de supervision, ce qui n'est pas conseillé.

Avoir une vue agrégée du cluster

La supervision s'est limitée pour l'instant à la surveillance indépendante de chaque service réel du cluster. Si la perte de l'un d'entre eux est ennuyeuse, elle n'est pas critique pour le bon fonctionnement du service fourni aux utilisateurs. Ces architectures sont justement conçues avec cet objectif en tête.

Plug-in check_cluster

Les administrateurs ont besoin d'être avertis de la perte d'éléments du cluster, mais aussi de la criticité de ces pertes. Si la perte d'un élément est inquiétante, la perte d'autres peut être plus critique.

Le nombre de services encore actifs est une information primordiale. Tester à nouveau chaque service est embêtant car cette vérification a déjà été faite. Cela conduirait à dupliquer la configuration nécessaire ainsi que la charge associée.

Nagios possède déjà ces informations d'état en mémoire. Il suffit de les utiliser pour obtenir un état global. Le plug-in check_cluster va être mis à profit ici.

Ce plug-in permet d'avoir un indicateur agrégé : il faut pour cela lui spécifier les états des services et ce que les administrateurs considèrent comme inquiétant ou critique.

Il prend en argument -l un intitulé du cluster, utilisé pour l'affichage. Il attend un argument --service ou --host afin de savoir s'il a affaire à un type de cluster particulier. Les arguments -w et -c représentent le nombre d'éléments en état autre que OK/UP qui doivent lever respectivement un avertissement ou une situation critique. Enfin, l'argument -d est une liste de codes d'état, séparés par des virgules.

Si les premiers arguments sont simples à fournir, le dernier l'est beaucoup moins.

Macros à la demandes

Nous utilisons dans ce cadre la fonctionnalité de macros à la demande. Ce type de macro permet d'obtenir les informations relatives à n'importe quel objet de Nagios, et plus seulement de celui qui est surveillé.

Leur format est simple. Dans le cas d'un service :

Macro à la demande pour un service

```
$NOMMACRO:nomhost:nomservice$
```

Pour un hôte :

Macro à la demande pour un nœud

```
$NOMMACRO:nomhost$
```

Par exemple, pour obtenir l'état du service Http situé sur le nœud srv-web1, nous positionnons la macro $SERVICESTATEID:srv-web1:Http$.

Elle peut être appelée par une commande s'exécutant sur n'importe quel service, qu'il soit sur srv-web1 ou non.

Considérons un cluster de services Http situés sur les serveurs srv-web1, 2, 3 et 4. La perte de 2 services est alarmante. En perdre 3 est critique. Ce cluster est illustré figure 7-4.

Le service représentant le cluster se nomme ClusterHttp. Nous l'accrochons à un nœud imaginaire, SuperCluster. Ce dernier est simplement un nœud vérifié avec la commande check_dummy!0.

Figure 7–4
Un cluster actif / actif
de services web

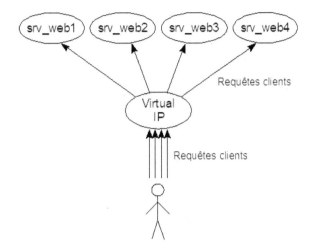

Le service est associé à la commande check_cluster, dont la définition est :

Définition de check_cluster

```
define command{
  command_name check_service_cluster
  check_cluster --service -l $ARG1$ -w $ARG2$ -c $ARG3$ -d $ARG4$
}
```

Elle est appelée par le service comme :

Appel à la commande check_cluster

```
define service{
  [...]
  check_command check_service_cluster!"Http
Cluster"!2!3!$SERVICESTATEID:srv-web1:Http$,$SERVICESTATEID:srv-
web2:Http$,$SERVICESTATEID:srv-web3:Http$,
$SERVICESTATEID:srv-web4:Http$
}
```

PRATIQUE **Alertes des services réels**

Si les administrateurs sont alertés par le service cluster, il peut être inutile de leur envoyer les alertes des services réels. Ce double envoi est préjudiciable. Il est conseillé de désactiver les notifications pour les services réels.

Exemple de tests du cluster

Prenons deux exemples. Si les services Http sont tous OK, l'appel est :

Appel avec tous les service en OK

```
check_service_cluster!"Http Cluster"!2!3!0,0,0,0
```

Nous obtenons :

```
Http Cluster ok: 4 ok, 0 warning, 0 unknown, 0 critical
```

Si les services Http sont en état critique sur les serveurs srv-web1 et 2 :

Appel avec deux services en CRITICAL

```
check_service_cluster!"Http Cluster"!2!3!2,2,0,0
```

Nous obtenons :

```
Http Cluster problem: 2 ok, 0 warning, 0 unknown, 2 critical

echo $?
1
```

Ne pas oublier la vue utilisateur

Seule la couche des services réels a été traitée jusqu'ici. Le service ClusterHttp n'est qu'une construction mentale représentant le cluster pour les administrateurs. Malheureusement, un cluster ayant suffisamment de nœuds n'est qu'une condition nécessaire au bon fonctionnement d'un service vis-à-vis des clients, pas une condition suffisante.

La couche du service adoptée pour la vue utilisateur est également importante. Si elle est inexistante et que les utilisateurs accèdent directement aux services réels, ce problème ne se pose pas. Dans le cas d'une interface unique présentée à l'utilisateur, une vérification s'impose. Cette interface est le plus souvent une IP virtuelle qui redirige les requêtes clientes vers les serveurs réels.

Dans cette situation, le moyen le plus simple est de se glisser dans la peau d'un utilisateur. La vérification du bon fonctionnement du service vis-à-vis des utilisateurs, dans le cas de nos serveurs web, est un simple test Http vers Virtual IP. Il faut définir un hôte pour cette IP virtuelle et y accrocher un test Http, comme pour n'importe quel serveur web.

> PSYCHOLOGIE **Alertes dans le cas actif / passif**
>
> Comme vu précédemment, dans le cas des clusters actif / passif, lors de la bascule deux alertes avertissent les contacts. Si le service de secours ne prend pas la main, les contacts ne reçoivent qu'une seule erreur. Peu d'administrateurs vont prêter attention à ce manque d'alerte. Il ne faut donc pas oublier de positionner un test global de la vue utilisateur, qui se substitue à la mise en place de `check_cluster` dans ce type de cluster.

En un mot

Les services ne sont pas tous aussi simples à vérifier que l'ouverture d'un port. Les services passifs ne sont pas ce à quoi les administrateurs pensent immédiatement lorsqu'on parle de disponibilité des systèmes et des applications. Ils forment pourtant une part non négligeable des sources d'informations. Leur gestion est assurée dans Nagios grâce à de nombreuses options avancées.

8

L'héritage de configuration pour les grands environnements

La mise en place et la configuration initiale d'une solution de supervision doivent être le plus simples possible. La gestion de la solution doit également être aisée et gérer au mieux l'arrivée de nouveaux éléments à superviser, afin que les utilisateurs, déjà occupés à intégrer un nouveau matériel, n'aient pas à subir la lourdeur d'un outil censé leur faire gagner du temps.

Techniques de gestion de configuration

Toutes les méthodes de configuration dans Nagios reposent sur quelques principes simples que nous allons étudier ici.

Factoriser pour traiter les nœuds similaires

Si le matériel ajouté est un *nième* serveur applicatif ou un routeur identique à tous ceux qui trônent déjà fièrement en salle machine, il n'en aura pas moins une adresse réseau et un nom différents. Il faut cependant utiliser au maximum les points communs des éléments afin d'alléger au maximum la charge de l'administrateur Nagios.

Prenons un premier exemple de deux nœuds similaires définis par, nous l'avons vu au chapitre 3, au minimum 9 « arguments » et n'ayant que 3 arguments différents (le nom, l'alias et l'adresse). Leurs états sont surveillés de la même manière (avec une adresse réseau différente bien sûr), les mêmes personnes sont prévenues aux mêmes horaires, etc. Pour ces deux hôtes, nous configurerions un total de 18 arguments, dont 12 sont communs. En transposant, nous aurions, pour N nœuds, une configuration très imposante (N x 9) avec une majorité de valeurs identiques (N x 6). Si N est grand (20 nœuds par exemple), la complexité de la configuration devient beaucoup trop importante et induit une énorme perte de temps.

Pour peu qu'un administrateur ait peaufiné sa configuration, il risque de passer beaucoup de temps au moindre changement commun à tous ses serveurs : il doit modifier chaque configuration de nœud, sans compter qu'il risque d'en oublier dans l'opération. Certes, il pourrait se créer des outils pour automatiser et fiabiliser cette reconfiguration, mais ce n'est pas son cœur de métier que de pallier les manques des outils.

> PSYCHOLOGIE **Les attentes des utilisateurs varient**
>
> Il faut faire attention au fait que le ressenti d'une solution est très différent suivant que nous nous plaçons du point de vue des utilisateurs ou de celui des administrateurs :
> • les utilisateurs veulent principalement des alertes pertinentes et, si possible, peu nombreuses ;
> • pour les administrateurs, la facilité d'administration va primer. Si un outil est difficilement administrable, il est laissé de côté, *même s'il est performant*.

> ANALOGIE **Factorisation en programmation**
>
> Remarquons que nous retrouvons ici les mêmes problématiques que celles auxquelles doivent faire face les développeurs d'applications : beaucoup de similitudes dans les objets, le tout à exprimer avec le moins de lignes possible pour en faciliter la maintenance.

En matière de programmation, le concept de « factorisation » est primordial. Il consiste à rassembler ce qui peut l'être afin de réduire le nombre de lignes pour que, en cas de changement, on n'ait besoin de modifier qu'un seul élément, la modification étant répercutée partout où cet élément est utilisé (voir figure 8-1).

Figure 8–1
Factorisation

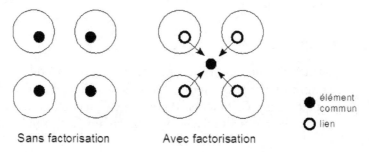

Sans factorisation   Avec factorisation

● élément commun
○ lien

Ce principe de bon sens qu'est la factorisation peut s'appliquer dans Nagios : nous définissons un modèle qui possède des valeurs de configuration, mais ne correspond à aucun « vrai » élément supervisé. Il peut cependant être appelé par un tel élément qui utilise alors les valeurs que nous avons placées dans le modèle. Celui-ci ne correspondant à rien de réel, il n'est pas surveillé par Nagios. Il ne sert que de « repère » de configuration pour l'administrateur. Il n'est pas non plus nécessaire d'y renseigner toutes les valeurs obligatoires.

Nous pouvons utiliser tout ou partie d'un modèle. Cette facilité de configuration fait partie de l'ensemble des techniques d'héritage que nous expliquerons par la suite.

Gérer les exceptions

Si regrouper les informations est important, il ne faut pas oublier que les nœuds présentent parfois de légères variations. Si nous nous arrêtions aux similitudes, la vie des administrateurs serait fort simple. Malheureusement, elle ne l'est pas.

Par exemple, sur les N nœuds que nous avons évoqués, l'état de certains peut ne pas être important durant quelques heures de la nuit. D'autres peuvent aussi être administrés par des personnes différentes.

Nous devons jongler entre les grandes similitudes et les spécificités de certains nœuds. Bien sûr, en oubliant ces similitudes, nous pouvons générer la configuration de tous les nœuds comme expliqué au début de ce chapitre. Cela va demander à l'administrateur un effort surhumain pour gérer sa configuration par la suite. Nous devons diminuer sa charge en optimisant la configuration.

Définir un modèle permet de diminuer la configuration en regroupant certaines valeurs. Cependant, cela ne permet pas de gérer tous les cas, notamment les exceptions. En effet, comment faire cohabiter une factorisation et une différenciation de l'information ? Pour les concilier, nous devons utiliser une fois de plus les méthodes des programmeurs : les techniques d'héritage. Si certaines sont simples, d'autres sont un peu plus complexes à appréhender. Mais toutes répondent à des scénarios visant à simplifier la configuration tout en permettant à l'administrateur Nagios de conserver ses cas particuliers.

Gérer simplement une configuration complexe

Jusqu'ici, nous n'avons pas encore traité des services. Ils constituent cependant la majorité de la configuration de Nagios. C'est tout l'intérêt d'une solution comme Nagios que d'en proposer un panel important à l'utilisateur.

En simplifiant, si nous avons N machines ayant chacune Y services dessus, nous obtenons une configuration de N×Y services. Supposons de plus que chaque service a besoin de 11 paramètres au minimum et nous arrivons à une configuration de N×Y×11 lignes. Pour les grands environnements, c'est tout simplement ingérable en l'état. En effet, il est très rapide d'arriver à plus de 200 machines ayant chacune une quinzaine de services. Dans un tel cas, nous arrivons à plus de 33 000 lignes si nous n'utilisons aucune méthode de simplification de configuration.

Nous allons voir que Nagios propose des méthodes permettant de réduire de manière drastique cette configuration et de laisser l'administrateur travailler sur des activités à valeur ajoutée. Ces méthodes sont les techniques d'héritage.

Nous pouvons voir en figure 8-2 un ordre de grandeur de l'évolution de la complexité de la configuration en fonction du nombre d'éléments configurés lorsqu'on utilise ou non les techniques de configuration. L'administrateur a tout intérêt à les utiliser, et ce même pour un nombre d'éléments assez restreint.

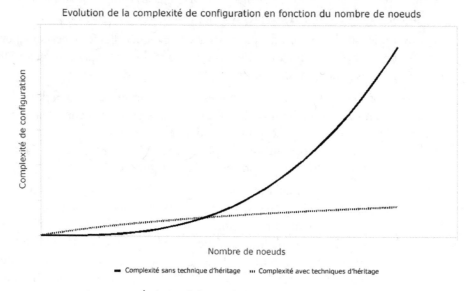

Figure 8–2 Évolution de la complexité par rapport au nombre de nœuds

---

COMMUNAUTÉ **Axes de développement de Nagios**

Nous pouvons faire une remarque ici sur les grands axes de développement de Nagios. Nous pouvons en distinguer deux tout particulièrement :
• la supervision de nouveaux éléments ;
• la gestion de parcs de machines de plus en plus grands.
Ce dernier point regroupe l'amélioration des performances et la mise en place des méthodes de configuration qui permettent de gérer un nombre important de machines avec le moins de configuration possible.

Héritage de même type : définition de modèles

Étudions une première application du principe de factorisation dans Nagios : les modèles.

Factorisation simple

Commençons notre analyse par le rôle des modèles.

Factorisation par modèle

Pour présenter la première technique d'héritage, nous allons repartir de l'exemple de N machines similaires. Pour ces N machines, nous avions N×9 paramètres dont seulement trois étaient spécifiques à chaque machine.

Nous allons utiliser ici la factorisation de configuration, nommée aussi technique d'héritage simple. Elle consiste à définir un « modèle » d'hôte comprenant les paramètres communs. Les nœuds y font simplement appel et remplissent leurs propres paramètres particuliers comme leur nom ou leur adresse. Ils n'ont pas besoin de redéfinir ceux du modèle, ce qui évite les duplications. Si toutes nos machines l'utilisent, nous obtenons 9+3×N paramètres au lieu de 9×N, ce qui donne par exemple pour 100 machines 309 paramètres au lieu de 900. Ce gain est déjà fort appréciable.

Ainsi, en cas de changement d'un paramètre commun à toutes les machines utilisant ce modèle, il suffit de modifier ce dernier pour qu'elles soient toutes modifiées. L'administrateur ne risque pas d'en oublier dans l'opération.

Nous pouvons observer ce principe sur la figure 8-3.

Figure 8–3
Factorisation par modèle

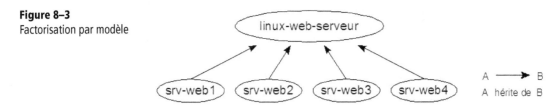

Mise en place dans Nagios

Nous allons définir un modèle commun à nos serveurs Linux hébergeant un serveur web. Nous le nommons `linux-web-server`. Nous y plaçons la configuration commune à nos serveurs. Nous ne présentons ici que le paramètre des groupes de contacts, mais l'administrateur peut remplir ceux qu'il souhaite. Son nom doit être référencé par le paramètre `name` et non `host_name`. Chaque modèle doit avoir un nom différent.

Les serveurs sont `srv-web1`, `srv-web2`, etc. Ils font appel au modèle grâce au mot-clé `use`.

Le modèle, n'étant qu'une facilité de configuration, ne doit pas être réellement créé. Il utilise le mot-clé `register` à la valeur 0 pour que Nagios le considère comme un modèle.

Pour notre exemple nous obtenons :

Mise en place d'un modèle

```
define host{
  name  linux-web-server
  contacts_group  admin-linux,admin-apache
  [...]
  register  0 ; définit un modèle
}

define host{
  use   linux-web-server
  host_name  srv-web1
  alias  srv-web1
  address  srv-web1.mydomain.com
}

define host{
  use  linux-web-server
  host_name  srv-web2
  [...]
}
```

Cette définition est équivalente à la suivante :

Définition équivalente pour srv-web1

```
define host{
  host_name  srv-web1
  alias  srv-web1
  address  srv-web1.mydomain.com
  contacts_groupadmin-linux,admin-apache
}
```

Nous pouvons voir que la déclaration des `srv-web*` est très courte, bien plus que si l'on avait dû mettre toutes les valeurs que demandent les nœuds. Nous gagnons en maintenabilité : si nous voulons ajouter, par exemple, un groupe de contacts, il suffit de l'ajouter dans le modèle pour qu'il soit appliqué automatiquement.

Gestion des exceptions

Comme nous l'avons vu, tout cela fonctionne parfaitement quand toutes nos machines sont identiques. Il y a cependant toujours une ou plusieurs machines qui font bande à part. Nous pouvons définir toute leur configuration, sans utiliser le modèle, mais c'est alourdir inutilement l'administration. C'est plus dommage encore si cette différence ne porte que sur un seul paramètre.

Cela peut être géré simplement par l'héritage simple : si une machine définit un paramètre déjà présent dans le modèle, c'est sa valeur qui prend le dessus sur celle du modèle.

La définition de l'exception est donc très simple au final, il suffit d'ajouter dans la configuration de la machine ce paramètre pour qu'il soit pris en compte. Nous conservons toujours les autres paramètres du modèle. L'administrateur peut ainsi garder la main sur sa configuration de manière simple et élégante.

Nous pouvons illustrer cela avec l'aide de nos serveurs web. Si l'un d'entre eux, srv-web4, pose problème aux utilisateurs, une nouvelle équipe d'administrateurs, que l'on nomme admin-experts, l'observe en plus de ses administrateurs habituels afin de trouver ce qui ne va pas. Pour cela, nous définissons ce serveur de la manière suivante :

Définition d'une exception au modèle sur srv-web4

```
define host{
  use   linux-web-server
  host_name  srv-web4
  contacts_group  admin-linux,admin-apache,admin-experts
  [...]
}
```

La valeur définie dans le nœud prend le pas sur celle de linux-web-server.

Héritage sur les services et les contacts

Cette méthode n'est heureusement pas réservée aux seuls nœuds. Elle est également utile dans le cas des définitions des contacts et des services. Si nous n'avons que peu de chances d'avoir beaucoup de contacts, le nombre de services que l'on définit est, quant à lui, très important.

Nous l'utilisons de la même façon que pour les nœuds, à savoir à travers le mot-clé use.

Nous pouvons en voir un exemple ci-dessous. Le modèle se nomme generic-service et est appelé par le service Http appliqué sur la machine srv-web3. La propriété héritée est ici contacts_groups.

Utilisation d'un modèle de service

```
define service{
  name generic-service
  contacts_groups  admin-linux, admin-apache
  register0
}

define service{
  use  generic-service
  service_description  Http
  host  srv-web3
  check_command  check_tcp!80
}
```

Nous obtenons alors une définition équivalente à :

Définition équivalente pour le service Http sur srv-web3

```
define service{
  contacts_groups  linux-admin, apache-admin
  service_description  Http
  host  srv-web3
  check_command  check_tcp!80
}
```

Cascade d'héritages

Nagios permet aux administrateurs d'utiliser l'héritage simple sur plusieurs niveaux.

Arbre d'héritage

Nagios permet à un modèle d'en utiliser lui-même. Cela forme un arbre d'héritage. Les feuilles sont les éléments « réels » que l'on supervise, les niveaux supérieurs les modèles. L'héritage est géré de proche en proche, un modèle redéfinissant un argument gagne par rapport à ses pères, tout comme une définition d'élément gagne par rapport à son modèle. Ainsi, dans cette cascade de modèles, chacun apporte une spécification dans les propriétés. Les éléments les plus génériques se retrouvent en haut et les éléments les plus spécialisés, c'est-à-dire les éléments réels, en bas (voir figure 8-4).

L'administrateur de Nagios peut définir un arbre permettant de ne pas dupliquer d'information.

Pour réaliser cela, on regroupe dans des modèles les valeurs les plus courantes et on construit un arbre. On peut, par exemple, définir sur les serveurs de production une période de vérification de 24h/24 7j/7 et un groupe de contact admin-prod.

Figure 8–4
Arbre d'héritage de modèles

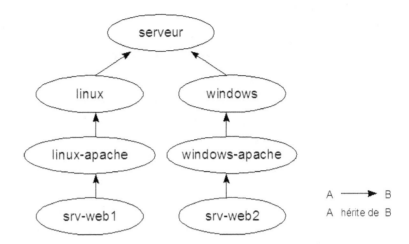

Il faut faire tout particulièrement attention à ce que la complexité de la configuration ne soit pas transformée en complexité d'héritage. Il faut rester raisonnable dans le nombre de modèles que l'on définit.

> PRATIQUE **Impact de l'utilisation de modèles**
>
> Nous pouvons considérer cette méthode comme l'une des plus efficaces pour réduire la taille de la configuration et améliorer sa maintenabilité. On peut espérer diviser par un facteur 5 le nombre de lignes de configuration de nœuds ou de services, car en plus des paramètres obligatoires, il ne faut pas oublier l'existence des paramètres optionnels. C'est sans hésiter la première méthode à mettre en place sur sa configuration.

Exemple d'arbre d'héritage

Pour illustrer ce mécanisme, nous allons repartir une fois de plus de nos serveurs web. Supposons que certains soient sous Linux, d'autres sous Windows. Tous ont en commun le rôle de serveur web et les mêmes administrateurs : le groupe admin-apache.

La différence entre les serveurs Windows et Linux porte sur la vérification des hôtes : on observe l'état du port 22 sur les Linux (le port SSH) et le port 339 sur les Windows (le port MSTSC).

Avec un seul niveau d'héritage, chaque type de serveur a son modèle et on duplique contacts_group dans chacun. Si l'on utilise un arbre d'héritage, nous pouvons créer un modèle qui définit cette valeur. Les modèles linux-web et windows-web n'ont alors qu'à l'utiliser. Ils définissent simplement leur propre appel à la commande de vérification pour se différencier.

Exemple d'héritage de modèles

```
define host{
  name  generic-server
  contacts_group  admin-apache
  [...]
  register  0 ; défini un modèle
}
define host{
  use  generic-server
  name  linux-web-server
  check_command  check_tcp!22
  register  0
}

define host{
  use  generic-server
  name  windows-web-server
  check_command  check_tcp!339
  register  0
}

define host{
  use  linux-web-server
  host_name  srv-web1
  alias  srv-web1
  address  srv-web1.mydomain.com
}

define host{
  use  windows-web-server
  host_name  srv-web2
  [...]
}
```

Ainsi, en cas de changement de groupe, il suffit de modifier generic-server.

Héritages multiples

Nous avons vu les héritages simples. Étudions-en les limites et ce que les héritages multiples peuvent y apporter.

Avoir plus d'un modèle

Dans la méthode d'héritage que l'on vient de voir, nous héritons d'un seul modèle à la fois. Suivant le nombre de modèles que l'on définit, l'arbre d'héritage peut devenir très profond. Il est commun de diminuer le nombre de valeurs définies par modèle et d'augmenter leur nombre.

Cependant, cette augmentation peut complexifier la gestion. De plus, une grande profondeur d'arbre implique un fort niveau de spécialisation. Cela implique également des duplications d'informations entre les branches. Nous pouvons supprimer cette duplication grâce à une nouvelle technique : l'héritage multiple.

Le principe est simple : on hérite de plus d'un modèle à la fois. Il ne s'agit pas de deux modèles qui se suivent dans l'arbre, mais bien de deux modèles totalement distincts, de même niveau. Ceci permet de simplifier l'arbre d'héritage en factorisant certains modèles (voir figure 8-5).

Figure 8–5
Technique d'héritage multiple

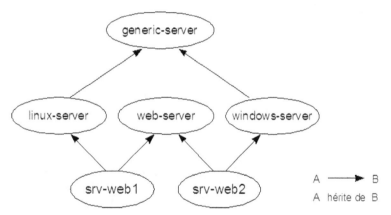

Le modèle web-server a été factorisé par rapport à la situation précédente. Il peut être réutilisé en cas de mise en place d'un nouveau système d'exploitation. De même, les modèles linux-server et windows-server sont désormais indépendants de l'application web.

Nous avons décorrélé les rôles de machines. Il est ainsi plus simple d'identifier et de séparer les propriétés en modèles.

Définition au sein de Nagios

La définition de modèles multiples est simple : nous définissons d'autres modèles en plus de celui que nous avons défini précédemment. Nous les appelons en les séparant simplement par une virgule.

Exemple de définition

Si nous reprenons l'exemple de nos serveurs web, nous obtenons :

Exemple d'héritage multiple

```
define host{
  use  generic-server
  name  linux-server
  check_command  check_tcp!22
  register  0
}

define host{
  use  generic-server
  name  windows-server
  check_command  check_tcp!339
  register  0
}

define host{
  name  web-server
  contacts_group  admin-apache
  register0
}

define host{
  use  linux-server,web-server
  host_name  srv-web1
  alias  srv-web1
  address  srv-web1.mydomain.com
}

define host{
  use  windows-server,web-server
  host_name  srv-web2
  [...]
}
```

Ordre d'héritage entre modèles

Si nous avons évité dans notre exemple d'avoir des modèles définissant les mêmes arguments, ce n'est pas toujours le cas. Voyons comment Nagios gère cette situation.

Priorité à la première valeur assignée

Nagios permet à différents modèles d'avoir des propriétés communes. Il gère l'ordre d'héritage de ces propriétés afin que l'utilisateur puisse prévoir ce qu'il va obtenir.

Nous avons vu deux méthodes d'héritage par modèles :

- l'héritage simple qui consiste à hériter « verticalement » d'une cascade de modèles ;
- l'héritage multiple qui consiste à hériter « horizontalement » de plusieurs modèles à la suite.

Nous avons vu que, dans le cas de l'héritage vertical, c'est la valeur de l'élément le plus bas (le premier élément rencontré) qui est pris en compte. L'objectif de cela est de permettre au final à la définition de l'élément réel de prendre le pas sur les modèles.

Appliquons ce même principe pour l'héritage multiple. Ceci implique que, dans cet héritage, la première valeur rencontrée est appliquée, en parcourant les modèles de gauche à droite.

Entre ces deux héritages, la règle est simple : Nagios parcourt l'héritage vertical du dernier modèle défini, puis procède de même pour le suivant et ainsi de suite (voir figure 8-6).

Figure 8–6
Ordre des héritages
de modèles

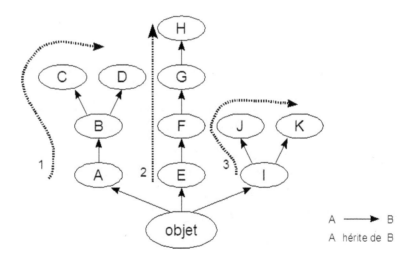

Exemple d'ordre d'héritage

Reprenons l'exemple précédent et observons une application d'ordre d'héritage. Puis, changeons l'ordre d'héritage du nœud `srv-web1` et étudions en l'impact.

Exemple d'héritage

```
define host{
  name  generic-server
  contacts_group  admin-default
  register  0
}

define host{
  use  generic-server
  name  linux-server
  check_command  check_tcp!22
  register  0
}

define host{
  name  web-server
  contacts_group  admin-apache
  register  0
}

define host{
  use  linux-server,web-server
  host_name  srv-web1
  alias  srv-web1
  address  srv-web1.mydomain.com
}
```

Dans cette configuration, la valeur contacts_group de linux-server est admin-default car il hérite de generic-server, alors que celle de web-server est admin-apache. Le nœud srv-web1 utilise linux-server en premier et ne définit pas de valeur pour ses groupes de contacts, il utilise donc ceux de linux-server. Sa définition est donc équivalente à :

Définition équivalente pour srv-web1

```
define host{
  contacts_group  admin-default
  host_name  srv-web1
  alias  srv-web1
  address  srv-web1.mydomain.com
}
```

Si nous souhaitons que le nœud srv-web1 ait comme groupe de contact admin-apache, il faut le déclarer comme ceci :

Changement dans l'ordre d'héritage

```
define host{
  use  web-server,linux-server
  host_name  srv-web1
  alias  srv-web1
  address  srv-web1.mydomain.com
}
```

Il est alors équivalent à :

Nouvelle équivalence

```
define host{
  contacts_group  admin-apache
  host_name  srv-web1
  alias  srv-web1
  address  srv-web1.mydomain.com
}
```

L'ordre de définition des modèles est très important. Il faut les définir convenablement afin d'obtenir ce que nous souhaitons. Dans la mesure du possible, il faut éviter de croiser des définitions en héritage multiple afin de simplifier la configuration.

Réduction de la configuration : application des services sur les groupes de nœuds

Nous nous sommes pour l'instant intéressés à la taille des éléments. Il faut à présent tenir compte de leur nombre, car, même s'ils sont de taille raisonnable, nous risquons d'en obtenir un nombre trop imposant pour les gérer convenablement.

Groupes de machines

Dans la plupart des cas, nous allons définir plus de services que de nœuds. Les hôtes sont la base de la configuration de Nagios, les services y étant associés. Il faut déclarer chaque nœud. Cependant, les services sont associés à des nœuds similaires. Nous avons déjà utilisé cette propriété pour diminuer la taille de la déclaration des nœuds. Nous allons encore l'utiliser pour diminuer cette fois le nombre de services à configurer. Si on applique de plus les méthodes d'héritage par modèles sur ces déclarations, elles ne seront plus un souci.

Une première solution à la configuration des services consiste à appliquer la méthode vue au chapitre 5 : on définit chaque service pour chaque nœud. Une telle configuration est lourde. Par exemple, pour 100 serveurs avec chacun 10 services, cela fait 1 000 définitions. Même avec des modèles à 3 lignes par service, cela fait tout de même 3 000 lignes de configuration...

Il est probable qu'à des nœuds similaires correspondent des services identiques.

Nous pouvons regrouper les nœuds ayant des services en commun dans des groupes d'hôtes. Cette mise en commun permet de diminuer sensiblement le nombre de déclarations de services à faire.

La définition des groupes de nœuds est contenue dans un objet `hostgroup`. Il contient un nom indiqué dans la propriété `hostgroup_name` (ayant un `alias` tout comme les hôtes) et une liste de membres groupés dans la propriété `members`.

En voici un exemple :

Définition d'un groupe de machines

```
define hostgroup{
    hostgroup_name   Web-Servers
    alias   Web-Servers
    members   srv-web1,srv-web2,srv-web3
}
```

> PIÈGE **Différence entre modèle et groupe de nœuds**
>
> Les groupes de machines sont différents des modèles de machines. Il faut bien faire la différence entre les groupes et les modèles de nœuds. La différence se situe principalement sur les similitudes des machines. En effet, lorsqu'on définit un modèle, on s'intéresse à la manière de surveiller qu'une machine est tombée et aux personnes à prévenir en cas de problème : c'est de la supervision d'hôtes. Lorsqu'on définit un groupe, on indique ce qu'il faut vérifier sur les nœuds : c'est de la supervision de services.

Ajout de services à un groupe

Étudions une technique permettant de réduire dramatiquement le nombre de services définis.

Définir un service sur un groupe de nœuds

Une fois un groupe de machines défini, on peut y associer un service. Nagios l'associe automatiquement à l'ensemble des nœuds qui le composent. C'est comme si on avait configuré indépendamment ce service pour tous les nœuds du groupe (voir figure 8-7).

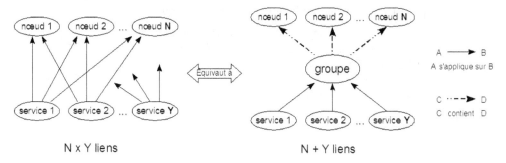

Figure 8–7 Application de services sur les groupes de nœuds

Nous obtenons un effet de factorisation. Lorsqu'on ajoute un nouveau service, il suffit de l'appliquer sur le groupe, sans avoir à le redéfinir autant de fois qu'il y a de nœuds. De plus, si un nouveau serveur arrive, il suffit de l'ajouter dans le groupe de machines pour qu'il hérite automatiquement de tous les services attachés au groupe.

Attention cependant : la même définition de service s'applique sur l'ensemble des machines du groupe. Les arguments de la commande de vérification sont les mêmes. Bien sûr, lors du lancement des commandes, les macros sont toujours définies et uniques à chaque membre du groupe afin de pouvoir surveiller le bon élément.

Définition et exemple

Cette définition a lieu simplement dans le service : il suffit d'utiliser la propriété host_groups pour l'appliquer sur le ou les groupes que nous souhaitons.

En reprenant l'exemple de notre service Http sur les serveurs web, nous obtenons :

Application d'un service sur un groupe d'hôtes

```
define service{
  use  generic-service
  host_groups  Web-Servers
  contacts_groups  linux-admin, apache-admin
  service_description  Http
  check_command  check_tcp!80
}
```

Le service Http est ici créé sur l'ensemble des machines définies dans le groupe Web-servers. Cela est équivalent à :

PRATIQUE **Nommage des modèles et des groupes de nœuds**

Il faut choisir une normalisation pour nommer les modèles et les nœuds. Il faut se souvenir qu'un modèle n'est qu'un élément unique qui est utilisé par d'autres. Un groupe est un ensemble d'éléments. On peut donc choisir la norme ci-dessous :
- un modèle a un nom sans majuscule et au singulier ;
- un groupe a un nom en majuscule et au pluriel.

Définition équivalente

```
define service{
  use  generic-service
  host  srv-web1
  contacts_groups  linux-admin, apache-admin
  service_description  Http
  check_command  check_tcp!80
}

define service{
  use  generic-service
  host srv-web2
  contacts_groups  linux-admin, apache-admin
  service_description  Http
  check_command  check_tcp!80
}
[...]
```

PRATIQUE **Impact de l'association des services aux groupes de nœuds**

Cette méthode de configuration est également très performante pour diminuer sensiblement la configuration des services. On peut facilement la diviser par un facteur 20. Elle est incontournable dans la gestion de la configuration de Nagios.

Gestion des exceptions

La définition du service s'applique sur l'ensemble des membres du groupe. Les exceptions lors de ces définitions sont possibles.

Des exceptions toujours présentes

Les groupes sont généralement utilisés pour un nombre important de services. Il se peut que, pour un hôte du groupe, un service particulier fasse exception.

Nous pouvons prendre pour exemple un changement dans un paramètre de la commande de supervision. Supposons qu'une sonde vérifie tous les disques système et que, sur les 50 serveurs de l'administrateur, un unique serveur accède à ce disque par un chemin différent. Il est dommage de sortir l'hôte du groupe pour lui créer son propre service, d'autant plus si ce groupe se voit également associer d'autres services comme la vérification des disques de données ou bien la mémoire disponible. En cas d'exclusion de l'hôte du groupe, il faudrait également copier ces services.

> PIÈGE **Nagios 3.1 : un correctif est nécessaire**
>
> La fonctionnalité présentée ci-dessous n'est possible qu'avec un correctif proposé par l'auteur. Le correctif est tout juste inclus et devrait être disponible dans Nagios 3.2. Les versions de Nagios jusqu'à la 3.1, incluse ne disposent pas de cette fonctionnalité, sauf si le correctif est appliqué.

Définition d'une exception par Nagios

Heureusement, Nagios permet de redéfinir sur un hôte particulier un service défini sur un groupe d'hôtes avec le même nom.

La définition sur l'hôte simple prend systématiquement le pas sur celle des groupes d'hôtes.

> PIÈGE **Sans correctif le comportement est tout autre**
>
> Sans l'application du correctif, les définitions des groupes sont systématiquement prioritaires par rapport à celles des hôtes simples.

Exemple d'exception

Par exemple, reprenons notre service Http. Imaginons que le service sur srv-web1 ait besoin d'alerter, en plus des groupes linux-admin et apache-admin, le groupe admin-experts. La définition suivante est valide :

Application d'un service sur un groupe d'hôtes

```
define service{
  use  generic-service
  host_groups  Web-Servers
  contacts_groups  linux-admin, apache-admin
  service_description  Http
  check_command  check_tcp!80
}

define service{
  use  generic-service
  host  srv-web1
  contacts_groups  linux-admin, apache-admin, admin-experts
  service_description  Http
  check_command  check_tcp!80
}
```

Le service `Http` sur `srv-web1` notifie dans ce cas tous les groupes `linux-admin`, `apache-admin` et `expert-admin`. La définition du service sur `srv-web2` et sur le reste des serveurs dans `Web-Servers` n'est pas modifiée.

> Nous verrons par la suite, que d'autres méthodes existent pour ajouter une exception sur un service. Celle-ci a le mérite d'être simple et de ne pas nécessiter de modifier la définition du service sur les groupes de nœuds. Nous remarquons cependant qu'elle implique une duplication d'informations, c'est ce que permettent d'éviter les méthodes que nous allons voir par la suite.

Héritage implicite : hériter d'un autre type

Nous avons traité pour l'instant des techniques d'héritage d'éléments similaires entre eux, comme les hôtes avec les hôtes. Examinons maintenant les méthodes qui permettent de mélanger les genres et ce qu'elles apportent aux administrateurs.

Problèmes soulevés par l'association des services aux groupes

Nous avons vu qu'un service appliqué sur un groupe d'hôtes était le même pour chaque nœud, qu'il s'agisse des personnes à prévenir ou des horaires de vérification.

Certains services sont définis sur beaucoup de groupes. Par exemple, sur tous les groupes de serveurs Windows, on peut vérifier si un service démarré automatiquement est arrêté. Cependant, tous les serveurs de ces groupes n'appartiennent pas aux mêmes administrateurs et ne doivent pas nécessairement être surveillés au même moment.

En ce qui concerne les contacts, il ne faut leur envoyer que leurs alertes. Qu'allons-nous mettre alors dans la propriété `contacts_group` du service ? Il ne faut pas oublier que, si nous définissons une valeur, elle est la même pour tous les nœuds. Nous ne pouvons pas mettre l'ensemble des contacts, ni nous limiter à un seul.

Dans le cas des périodes de temps, certains serveurs peuvent être en état incohérent (un service automatique arrêté par exemple) sans que cela ne soit problématique (la nuit pendant la sauvegarde). Qu'allons-nous mettre comme période de notification ? Si nous définissons une période trop large, de fausses erreurs seront remontées sur ces serveurs. Si elle est trop étroite, nous risquons de perdre de précieuses alertes sur les autres serveurs qui doivent fonctionner 24h/24.

Une solution simple consiste à diviser le groupe en plusieurs sous-groupes et à associer à chacun un service avec les valeurs adéquates. Nous pouvons, par exemple, créer des groupes de nœuds ayant les mêmes administrateurs et diviser encore ces groupes pour chaque période de temps utilisée. Cela implique un nombre important de groupes à définir et à maintenir.

La tâche se complique encore lors de la création de services particuliers. Si nous changeons la commande lancée ou ses paramètres, il faut modifier l'ensemble des services. Nous perdons encore en maintenabilité car nous dupliquons les informations. Nous pouvons diminuer cet impact en définissant des modèles de services, mais ce n'est qu'un faible palliatif.

À chaque problème sa solution

Le choix est cornélien : comment choisir entre une configuration précise et une bonne maintenabilité ?

Rechercher les informations dupliquées

Le choix est simplifié par Nagios : il n'y a pas de compromis à faire.

Ne remplissons pas les champs posant problème. Se pose alors la question suivante : ces champs (groupe de contacts et période de temps) sont indispensables à la définition d'un service. Nagios peut-il autoriser cela ?

Heureusement, il ne s'arrête pas à cet état de fait. S'il lui manque une valeur, il tente de la trouver par lui même. Ici, il faut se souvenir que nous appliquons un service sur un nœud (une application sur un groupe de N nœuds équivaut à N définitions identiques du service). Les nœuds possèdent déjà les informations sur les personnes à prévenir en cas de problème et sur les heures auxquelles alerter. Nous pouvons alors légitimement nous poser la question suivante : ces valeurs sont-elles être différentes entre le nœud et le service qui y est attaché ? Pour la plupart des services, nous prévenons les propriétaires et nous définissons les mêmes périodes de notification que pour la machine. Nous avons une duplication d'information entre le nœud et le service. Nous allons appliquer une technique de factorisation.

Réaction de Nagios

Partant de ce constat, si Nagios n'a pas l'information pour le service dans sa configuration, il récupère les valeurs du nœud. Nous héritons de ces valeurs pour les services. C'est un héritage entre différents types que l'on nomme héritage implicite.

La méthode consiste à identifier les arguments que l'on souhaite hériter du nœud et à ne pas les remplir sur le service associé à un groupe. Le simple changement de la configuration du nœud le répercutera automatiquement sur le service (voir figure 8-8).

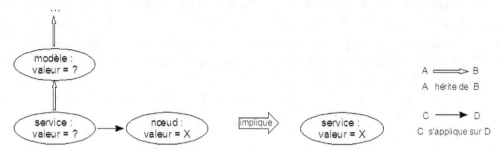

Figure 8–8 Héritage implicite entre un service et un nœud

Exemple d'héritage implicite

Reprenons notre service `Http`. Nous l'appliquons sur un groupe de serveurs, `Web-Servers`. Celui-ci contient les nœuds `srv-web3` et `srv-web4`. Ils ont des valeurs différentes pour `contacts_group`, `srv-web4` ayant en plus `admin-experts`. Nous obtenons la définition :

Définition des hôtes

```
define hostgroup{
  hostgroup_name  Web-Servers
  alias  Web-Servers
  members  srv-web3,srv-web4
}

define host{
  use  linux-web-server
  host_name  srv-web3
  contacts_group  admin-apache
}

define host{
  use  linux-web-server
  host_name  srv-web4
  contacts_group  admin-apache,admin-experts
}
```

Nous définissons le service `Http` sur le groupe `Web-Servers` en utilisant l'héritage implicite : nous ne définissons pas de valeur pour `contacts_group` :

Définition du service avec héritage implicite

```
define service{
  use  generic-service
```

```
  service_description  Http
  host_groups  Web-servers
  check_command  check_tcp!80
}
```

Nous supposons ici que generic-service n'a pas de valeur contacts_group définie, sinon le service Http en hérite. Ici, nous obtenons une définition équivalente à :

Définition équivalente des services

```
define service{
  use  generic-service
  service_description  Http
  host  srv-web3
  contacts_group  admin-apache
  check_command          check_tcp!80
}

define service{
  use  generic-service
  service_description  Http
  host  srv-web4
  contacts_group  admin-apache,admin-experts
  check_command          check_tcp!80
}
```

Si nous modifions les contacts des hôtes, l'information est reportée automatiquement sur les services.

PRATIQUE **Quand faut-il utiliser cette méthode ?**

Dans le cas de services à appliquer sur un groupe de nœuds, si l'information qui pose problème est présente dans la configuration de ces derniers, c'est cette méthode qu'il faut utiliser. Nous pouvons espérer diminuer le nombre de groupes et de services de moitié avec cette méthode.

Une solution à ne pas utiliser systématiquement

Il faut garder à l'esprit que, si cette technique est pratique, il ne faut pas en abuser en cherchant à l'appliquer lorsque ce n'est pas souhaitable. Nous pouvons prendre pour exemples les services qui doivent renvoyer une alerte à quelqu'un d'autre que les administrateurs de la machine ou un service qui doit alerter à une période de temps précise, quelle que soit la période de notification de la machine sous-jacente. Ces services sont la plupart du temps ceux qui ont un rôle de supervision de la sécurité. La sécurité est bien souvent remontée à une équipe dédiée et n'a pas de période de non-visibilité.

Héritages des macros variables : généralisation de l'héritage implicite

Nous venons de voir l'héritage implicite qui porte sur certains champs prédéfinis. Voyons comment généraliser ce fonctionnement à d'autres propriétés.

L'intérêt des macros variables

Bien souvent, les seules différences que nous avons entre deux services « similaires » sont les paramètres d'appel de la commande de vérification. Si ces différences sont présentes au niveau des nœuds, nous utilisons une fonctionnalité de Nagios permettant de ne pas découper le service. Nous spécifions la donnée directement sur le nœud. Nous pouvons mettre ce mécanisme en parallèle de l'héritage implicite que l'on vient juste de voir. Celui-ci était un cas particulier d'héritage entre le service et les nœuds, concernant uniquement les valeurs des contacts et les périodes de notification.

L'utilisateur peut définir des propriétés non prédéfinies par Nagios : ce sont les macros variables. L'utilisateur peut les nommer comme il le désire avec la seule limitation que leur nom doit commencer par un « _ ».

L'utilisateur peut y placer les valeurs qu'il souhaite. Elles peuvent être utilisées dans les commandes de vérification ou de notification grâces aux macros :

- $_HOSTvaname$;
- $_SERVICEvaname$;
- $_CONTACTvaname$.

vaname est le nom de la propriété que nous avons définie, sans le « _ ».

Ces macros sont utilisées dans une commande appelée par un service commun aux différents nœuds. Lors du lancement de la commande, Nagios substitue la valeur par celle qui a été définie par l'utilisateur sur le nœud. Nous n'avons plus besoin de dupliquer le service.

Exemple d'utilisation

Prenons pour exemple un service qui fait une interrogation SNMP. Ici, pour simplifier, nous ne faisons pas figurer les informations communes aux vérifications. Nous nous concentrons sur une valeur qui diffère suivant les nœuds : la communauté SNMP.

Définition des macros variables

```
define host{
  host_name    srv-web3
  _SNMPCOMMUNITY  public
}
```

```
define host{
  host_name  srv-web4
  _SNMPCOMMUNITY  secret
}

define service{
  use  generic-service
  service_description  Snmp
  host  srv-web3,srv-web4
  check_command  check_snmp
}

define command{
  command_name  check_snmp
  command_line  $USER1$/check_snmp -H $HOSTADDRESS$ -c $_HOSTSNMPCOMMUNITY$
}
```

La commande check_snmp est différente lorsqu'elle est utilisée pour le service Snmp sur le nœud srv-web3 et sur srv-web4. En effet, la variable $_HOSTSNMPCOMMUNITY$ change de valeur. Nous obtenons :

- pour srv-web3 : /usr/local/nagios/libexec/check_snmp -H srv-web3 -c public ;
- pour srv-web4 : /usr/local/nagios/libexec/check_snmp -H srv-web4 -c secret.

PRATIQUE **Quand faut-il utiliser cette méthode ?**

Cette méthode est utilisée dans les mêmes cas que l'héritage implicite : si l'information différente entre les services est spécifique aux nœuds, cette méthode est applicable.

Héritage additif : ajouter une valeur au lieu de l'écraser

Jusqu'ici, pour ajouter simplement une valeur à une propriété héritée, il fallait penser à recopier les valeurs héritées. Le modèle devenait totalement inutile à cause de cette duplication. Si on modifiait le modèle, il fallait penser à vérifier que ses héritiers n'avaient pas recopié ses valeurs en les modifiant. Étudions un nouveau type d'héritage qui permet d'éviter ce genre de souci.

Limites des modèles simples et solution de Nagios

Pour illustrer cela, nous pouvons reprendre le cas où nous souhaitons ajouter un groupe de contacts à une machine. Le serveur srv-web4 est notre cobaye attitré pour cela. Ce serveur hérite du modèle linux-web-server, défini comme :

Rappel de la définition du modèle

```
define host{
  name   linux-web-server
  contacts_group  admin-linux,admin-apache
  [...]
  register  0
}
```

Nous souhaitons ajouter le groupe admin-experts sur cette machine. Nous avons précédemment fait cela en définissant srv-web4 de cette manière :

Ajout d'un groupe d'administrateurs par recopie complète

```
define host{
  use   linux-web-server
  host_name  srv-web4
  contacts_group   admin-linux,admin-apache,admin-experts
}
```

Nous avons dupliqué les valeurs admin-linux et admin-apache. Si nous modifions contacts_group dans le modèle linux-web-server, il faut modifier le serveur srv-web4.

Nagios permet de résoudre ce problème grâce à l'héritage additif : on ajoute la valeur qu'on souhaite à une valeur qu'on hérite. Pour cela, on préfixe tout simplement les valeurs qu'on ajoute d'un signe +. Ce n'est valable que pour les paramètres de type chaîne de caractères.

Utilisons l'héritage additif sur l'exemple précédent. Nous ajoutons le groupe admin-experts au lieu d'écraser la valeur héritée.

Nous définissons srv-web4 de cette façon :

Ajout d'un groupe d'administrateurs par héritage additif

```
define host{
  use   linux-web-server
  host_name  srv-web4
  contacts_group   +admin-experts
}
```

Nous obtenons la même définition que précédemment, sans duplication et en améliorant la maintenabilité.

Ce mécanisme permet de définir simplement de nouvelles valeurs par rapport à celles héritées. Il peut être très approprié pour ajouter, par exemple, un ou plusieurs contacts particuliers sur une machine.

L'administrateur Nagios a ainsi le choix, lors de l'utilisation des modèles, entre utiliser les valeurs héritées en ne redéfinissant pas de valeur, lui ajouter des éléments grâce au signe + ou bien écraser complètement les valeurs sans ce caractère.

Héritage additif sur héritage implicite

Nous pouvons nous poser la question sur la réaction de Nagios face à l'utilisation de l'héritage additif sur un champ hérité implicitement. Son fonctionnement est en fait très simple : il applique d'abord l'héritage implicite, puis ajoute les valeurs de l'héritage additif.

Si le groupe admin-experts ne souhaite recevoir que les alertes d'un service particulier sur le serveur srv-web4, nous n'avons pas besoin de modifier la configuration du nœud. Nous reprenons notre service Http. Il est défini comme utilisant l'héritage implicite, c'est-à-dire qu'il avertit les contacts de la machine à laquelle il est associé.

Si nous souhaitons juste ajouter le groupe admin-experts sur le service, nous utilisons l'héritage additif.

Nous obtenons :

Application de l'héritage additif sur un héritage implicite

```
define host{
  host_name  srv-web4
  contacts_groups  admin-linux,admin-web
  [...]
}

define service{
  name  Http
  host  srv-web4
  contacts_groups  +admin-experts
  use  template-without-contact
}
```

Nous avons alors une définition de Http équivalente à :

Définition équivalente

```
define service{
  name  Http
  host  srv-web4
  contacts_groups  admin-linux,admin-web,admin-experts
  use  template-without-contact
}
```

Nous pouvons ainsi utiliser sans crainte l'héritage additif, même sur un champ ayant été hérité de manière implicite.

Héritages : ordre de succession

Résumons l'ordre dans lequel Nagios utilise ces techniques d'héritage. Considérons la déclaration d'un service ayant plusieurs modèles et associés à un groupe de machines. Pour les autres cas d'héritage, il suffit de ne pas prendre en compte la phase de déclaration sur les groupes de nœuds et l'héritage implicite qui est particulier aux services.

Quand nous définissons un service sur un groupe de nœuds, Nagios « éclate » simplement cette définition sur les membres du groupe. Pour chaque définition, il applique ensuite l'héritage de son premier modèle. Si celui-ci a un modèle, l'héritage est appliqué et ainsi de suite. Nagios applique ensuite le second modèle. Si une valeur est déjà définie, il ne l'écrase pas. Il utilise alors sur les valeurs vides éligibles l'héritage implicite : il récupère les valeurs sur le nœud. Il applique pour finir l'héritage additif si l'utilisateur a défini des valeurs précédées du signe +. Nous obtenons alors la déclaration définitive du service (voir figure 8-9).

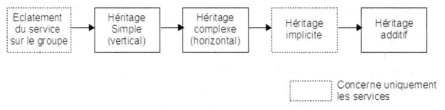

Figure 8–9 Ordre d'application des techniques d'héritages

> PRATIQUE **Se souvenir de l'ordre d'application des héritages**
>
> Pour se souvenir de cet ordre, il faut penser à la manière dont on pourrait résoudre logiquement un tel problème. On applique les définitions machine par machine, modèle par modèle, en ne gardant que les premières valeurs rencontrées et en ajoutant à la fin ce que souhaite l'administrateur.

Impact de cette puissance de configuration

S'il est un point tout particulièrement critique dans un outil de supervision, c'est bien la configuration. Si le projet de supervision est rapidement une réussite, il est vite déployé vers le reste du système d'information. Dans cette situation, la configuration se complexifie. Nous pourrions presque considérer ce problème comme étant exponentiel.

Garder la main sur cette configuration est le véritable défi de l'administrateur Nagios. Il doit factoriser le plus possible sa configuration pour que, en cas de changement, il n'ait pas à modifier un nombre important d'objets. Cette factorisation conserve la possibilité de définir des exceptions.

Les techniques d'héritage peuvent aider l'administrateur. Véritable point fort de Nagios, elles ne sont pas toutes aussi simples à utiliser. Si l'héritage simple et l'association de services à des groupes de nœuds sont les deux pierres angulaires de la configuration dans Nagios, ils ne peuvent pas gérer toutes les exceptions simplement. De plus, le nombre de groupes et de services risque d'être important. Dans ce cas, les héritages additifs et implicites se révèlent de précieux alliés pour l'administrateur. Quant aux héritages multiples, ils permettent de réduire la profondeur de l'arbre d'héritage et d'offrir ainsi une vue plus simple de la configuration.

Ces techniques sont valables lorsque nous utilisons Nagios seul. Certains outils de gestion de configuration que nous verrons par la suite proposent, en plus de celles que nous venons de voir, d'autres solutions pour simplifier la configuration.

Armé de ces outils, l'administrateur Nagios doit repérer les cas d'utilisation de ces différentes méthodes. Tout au long de ce travail, il peut utiliser les pistes que nous venons d'explorer. Cette tâche dépend cependant fortement de son expérience et de ses expérimentations. Ce sont ses meilleurs atouts.

> PRATIQUE **Méthodologie générale de simplification de configuration**
>
> Il faut garder à l'esprit que si des informations sont dupliquées, il faut appliquer une technique d'héritage. Il faut ensuite gérer les exceptions. On choisit la méthode d'héritage en fonction du contexte (nœud, service, etc).

En un mot

La gestion de la configuration peut devenir un véritable calvaire lorsque le nombre d'éléments augmente. Si l'administrateur ne fait rien, il ne peut pas gérer correctement la situation au-delà d'une cinquantaine de machines. Nagios propose heureusement une panoplie très étoffée de méthodes pour diminuer sensiblement cette configuration. Elles sont regroupées sous le terme de techniques d'héritage. L'administrateur peut diminuer le nombre de lignes de configuration sans pour autant perdre de vue les exceptions qui ne manqueront d'apparaître.

9

Pousser Nagios dans ses derniers retranchements

S'il est bien une question qui revient systématiquement lors de l'étude de Nagios, c'est celle des performances. Quel serveur faut-il pour surveiller son parc ?

Les performances : une problématique complexe

Les performances d'une solution de supervision sont critiques. Les vérifications doivent être ordonnancées régulièrement. Si les tests ne sont pas effectués à temps, on peut passer à côté de problèmes. De plus, il est fort probable que personne ne s'en aperçoive avant qu'un incident sérieux ne survienne.

Des besoins divers

Le serveur Nagios a besoin d'être correctement dimensionné. Il doit supporter la charge de la supervision et de la métrologie. Ces deux activités n'ont pas forcément les mêmes besoins. La supervision consiste à lancer un nombre élevé de vérifications sur les hôtes distants. La métrologie doit, quant à elle, conserver un nombre plus restreint d'éléments, mais sur une durée très longue.

La supervision rencontre principalement des problèmes de temps de calcul pour ordonnancer les tests. Si le serveur n'est pas capable de suivre, les tests sont lancés en retard. S'il ne peut pas rattraper ce retard, l'écart se creuse. Les tests sont de plus en plus décalés et ne se font pas aussi rapidement que le souhaitait l'administrateur. Un serveur qui dispose de ressources suffisantes lance les tests en temps et en heure.

Les principaux problèmes de la métrologie concernent, quant à eux, les disques. Les informations devant être conservées sur une longue durée, l'espace est une ressource critique. Si le volume nécessaire est plutôt simple à estimer, l'impact des disques sur le traitement des données est plus complexe à suivre et à prévoir. Une métrologie mal taillée peut rapidement ralentir la supervision, avec toutes les conséquences que nous venons d'évoquer.

Un ordonnancement coupable

La supervision est en charge de lancer des tests réguliers. Les éléments surveillés sont variés. La supervision de la charge CPU est différente de celle des espaces disques. L'obtention des informations ne s'effectue pas de la même manière et suivant un ordonnancement différent.

La charge varie très rapidement. Un serveur qui ne fait pas grand chose à 8h50 peut être sous l'eau à 9 h. La probabilité est bien moins élevée de voir un disque ayant encore 100 Go d'espace libre se remplir en moins de 5 minutes. Le risque de problème n'est pas le même dans le temps. Les vérifications de charge doivent être très proches. Celles portant sur l'espace disque peuvent être bien plus espacées.

Si ordonnancer les tests de manière trop rapprochée n'est pas problématique pour les informations reçues, ça l'est pour la charge de supervision. Lancer le test a un coût. La charge d'un test pris unitairement est très faible ; celle de plusieurs milliers, beaucoup moins.

Prenons un exemple. Pour 1000 hôtes, nous vérifions la charge CPU et l'espace disque. Les tests sont lancés toutes les minutes. Supposons qu'un test prend 50 ms. Si les tests ne sont pas lancés en même temps, ceci demande $2000 \times 0,050$ secondes $= 100$ secondes, soit plus d'une minute. L'ordonnancement ne peut suivre ce rythme.

Si nous effectuons le test sur les disques une fois par heure, nous avons en moyenne $1000 / 60 = 17$ tests à la minute. À 50 ms par test, cela représente moins d'une seconde de tests consécutifs. Ajoutés aux 50 secondes nécessaires aux tests de la charge, nous arrivons à une situation où nous avons le temps d'effectuer les tests dans une minute.

Cette situation est volontairement exagérée. Les tests de charge à la minute ne sont pas une bonne idée et, heureusement, les tests peuvent se faire de manière parallélisée. Elle illustre cependant que bien ordonnancer les tests est un exercice complexe.

Pour réaliser cela, s'adapter aux variations des indicateurs est primordial. Que les indicateurs varient rapidement ou lentement, les tests doivent suivre le rythme. Ceci permet de diminuer la charge de supervision en supprimant les informations inutiles qui peuvent ralentir la surveillance d'autres éléments.

Une rétention trop élevée

Tout comme l'ordonnancement, les durées de rétention sont importantes. Les informations n'ont pas la même valeur suivant qu'elles sont récentes ou non. La valeur de la charge d'un serveur une heure auparavant est utile pour comprendre les déficiences d'une application à ce moment-là. La même information relative au mois précédent a beaucoup moins d'importance.

Les données de performances anciennes sont utiles pour suivre l'évolution de la consommation des ressources. Si, par exemple, les administrateurs s'aperçoivent que les processeurs sont deux fois plus chargés que trois mois auparavant, ils peuvent en rechercher la raison. Ils peuvent également prévoir quand les ressources ne seront plus suffisantes. Le cas de l'espace disque est également intéressant. L'évolution de l'occupation disque est lente mais régulière. Suivre cette information sur les derniers mois permet de savoir quand augmenter l'espace disque.

Ces données n'ont pas besoin d'avoir une granularité très fine. Ce qui intéresse les administrateurs sur une grande période, ce sont les valeurs moyennes qui permettent de suivre au mieux l'évolution. Conserver l'ensemble des données issues de Nagios est inutile. Par exemple, avec un test de charge toutes les 5 minutes, nous avons 105 000 données à l'année. Avec 100 octets par données (incluant le titre, par exemple) et pour 1000 serveurs, ceci représente 10 Go par an simplement pour une donnée. Or celle-ci n'est pas la seule à être conservée. Calculer les évolutions sur une durée d'un an est très long à cause du volume à traiter.

Une agrégation des données est nécessaire. Il est utile de garder une granularité fine pour les données récentes. Les données plus anciennes sont agrégées sur certaines périodes prédéfinies. Un des formats dédié à ce travail est RRD. Il permet d'avoir, dans un fichier de taille réduite, l'ensemble des informations de performances. À la création du fichier, on renseigne les périodes de granularité et d'agrégation.

Ainsi, pour une donnée de performance observée sur l'année, la taille du fichier est de 2 Mo. Ceci est beaucoup moins consommateur d'espace disque que de conserver toutes les données, et cela réduit d'autant le risque de voir l'occupation disque exploser et les accès aux disques ralentir la supervision.

Observer les performances de Nagios

Avant de savoir si nous devons réviser notre ordonnancement, il est utile de savoir si les ressources de Nagios sont suffisantes. Après tout, est-ce utile d'améliorer une situation qui fonctionne bien ? Il peut être intéressant d'observer le comportement de Nagios face à diverses charges de supervision. Lors de la mise en place de Nagios, les administrateurs savent ainsi jusqu'où ils peuvent aller en termes d'ajout de nœuds et de services.

Nagios ordonnance des tests de vérifications. Que ce soit pour surveiller des hôtes ou des services, il lance des sondes. Sa limite s'exprime en nombre de tests lancés par minute. S'il est trop lent, il ne peut pas suivre le rythme demandé par l'administrateur. Il prend du retard dans ses vérifications. Cette situation est à éviter à tout prix.

Latence : Nagios nous montre s'il tourne au ralenti

Si nous pouvons déterminer combien de tests par minute peut lancer un serveur, comment savoir si ceci suffit à Nagios ?

Latence des ordonnanceurs

Nagios doit lancer un certain nombre de tests par minute. S'il y arrive, de meilleures performances ne lui servent à rien. S'il n'y arrive pas, il va prendre du retard. Ce phénomène est observable en figure 9-1.

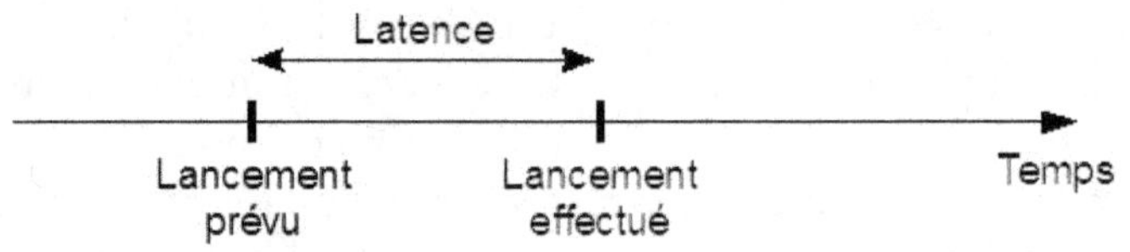

Figure 9–1
Le phénomène de latence

Mesure de la latence : nagiostats

Ce retard est mesurable. Il est l'indicateur principal du bon fonctionnement de Nagios. Il est mesuré en interne pour chaque vérification d'hôte ou de service. Le nombre de lancements de sondes est également conservé par Nagios. Ces données sont disponibles au sein du fichier d'état, `status.dat`.

Calculer soi-même ces données est lourd. C'est pour cela que Nagios propose l'outil `nagiostats`. Celui-ci figure au même niveau que le binaire `nagios`, dans `/usr/local/nagios/bin`. Il prend en argument le fichier de configuration de Nagios, où il trouve les informations dont il a besoin, comme l'emplacement du fichier `status.dat`.

Il exporte un nombre important de données. Les plus importantes sont les suivantes :

* `Services Checked` : nombre total de services configurés ;
* `Services Scheduled` : nombre de services devant être surveillés de manière active ;
* `Services Actively Checked` : nombre de services ayant été surveillés depuis le lancement de Nagios ;
* `Services Passively Checked` : nombre de services surveillés de manière passive ;
* `Total Service State Change` : taux de variations minimal, maximal et moyen des états de services, en pourcentages ;
* `Active Service Latency` : valeurs minimale, maximale et moyenne de la latence de lancement des vérifications ;
* `Active Service Execution Time` : valeurs minimale, maximale et moyenne du temps d'exécution des sondes ;
* `Active Service Checks Last 1/5/15 min scheduled` : nombre de vérifications de services lancées sur les périodes indiquées ;
* `Active Service Checks Last 1/5/15 min cached` : nombre de tests de vérification évités car pris dans le cache (ce mécanisme sera étudié un peu plus loin) ;
* `External Commands Last 1/5/15 min` : nombre de commandes externes reçues sur les durées indiquées ;
* `Used/High/Total Command Buffers` : nombre de slots utilisés actuellement, au maximum et au total, pour les commandes externes.

Les données pour les services sont également disponibles pour les hôtes. L'information étudiée dans cette partie est la latence des vérifications des services actifs.

Exemple de sortie de nagiostats

Voici, par exemple, une sortie de `nagiostats` sur un Nagios lancé depuis 11 minutes, devant vérifier 8500 services sur un seul hôte.

Exemple de sortie de nagiostats

```
CURRENT STATUS DATA
Status File: /usr/local/nagios/var/status.dat
Status File Age: 0d 0h 0m 5s
Program Running Time: 0d 0h 11m 25s
Used/High/Total Command Buffers: 0/0/4096
Services Checked: 8500
Services Scheduled: 8500
Services Actively Checked: 8500
Services Passively Checked: 0
```

```
Total Service State Change: 0/0/0%
Active Service Latency: 0.003/1.479/0.619 sec
Active Service Execution Time:        0.011/0.088/0.014 sec
Active Service State Change:          0.000/0.000/0.000%
Active Services Last 1/5/15/60 min:   1701/8498/8500/8500
Passive Services Last 1/5/15/60 min:  0/0/0/0
Active Service Checks Last 1/5/15 min: 1701/8498/19263
   Scheduled:                         1701/8498/19263
   Cached:                            0/0/0
Passive Service Checks Last 1/5/15 min: 0/0/0
External Commands Last 1/5/15 min:    0/0/0
```

La latence moyenne des vérifications actives est de 0.619 seconde. Cela signifie que les tests de vérification sont lancés moins d'une seconde après l'horaire prévu.

Supervision de la latence

Une valeur de latence inférieure à la seconde est tout à fait acceptable. Elle peut croître très fortement si nous augmentons le nombre de vérifications actives, comme nous allons le voir par la suite. Si les administrateurs ont le réflexe de vérifier, lors de la première mise en place de Nagios, à quelle latence ils ont affaire, peu pensent à suivre cette valeur sur le long terme.

Il est pourtant important de superviser cette valeur et il existe un moyen simple pour cela. Il suffit de créer un script qui vérifie la latence et avertit lorsqu'elle est trop importante. Si ce script renvoie des données de performances, l'administrateur peut suivre cette évolution au fil des mois et voir simplement si le serveur de supervision est encore capable de suivre la cadence.

Voici un script simple chargé de cette vérification :

check_latency.pl

```
#!/usr/bin/perl
$latency=`/usr/local/nagios/bin/nagiostats | grep "Active Service
Latency"|cut -f3 -d'/' | awk '{print $1}' | tr -d '\n'`;
if($latency > 5){
  print "Latency is too high $latency | latency=$latency";
  exit(1);
}else{
  print "Latency is ok $latency | latency=$latency";
  exit(0);
}
```

Le service auquel cette commande est accrochée ne doit pas sonner l'alarme à la première alerte. La latence peut augmenter temporairement, par exemple lors des sauvegardes du serveur de supervision. Une à deux heures de latence élevée représentent en revanche un délai correct pour alerter les administrateurs.

Méthodologie de test de performances

La méthode de test que nous présentons ici nous permet d'observer le comportement de Nagios lorsqu'il commence à manquer de ressources.

Une myriade de services sur un nœud

Cette méthode peut être utile aux administrateurs pour tester les capacités de leur serveur de supervision et savoir combien de tests ils peuvent planifier avant de manquer de ressources.

Le principal indicateur est la latence d'exécution des sondes. Nous allons l'observer quand le nombre de tests effectués augmente. Si la latence croît trop, c'est que le serveur ne peut pas suivre. Nous étudierons alors diverses méthodes visant à améliorer la situation.

Afin de n'avoir qu'un seul indicateur à suivre, on privilégie les exécutions de services. Un seul hôte est défini et on lui accroche un certain nombre de services. La machine utilisée ici est un serveur équipé de 2 processeurs Xeon 5160 à 3 GHz.

Les services lancent la même sonde avec la même configuration. Elle consiste à émettre un ping vers l'interface de `loopback`. Ce qui nous intéresse pour l'instant est le nombre de tests que l'on peut lancer.

> REMARQUE **Une charge infime**
>
> La charge induite par le ping sur l'interface `loopback` est négligeable face au lancement d'un nouveau processus.

Configuration nécessaire

La commande lancée est simple :

Définition de la commande check_ping

```
define command{
  command_name check_ping
  command_line $USER1$/check_ping -H 127.0.0.1 -w 3000.0,80% -c 5000.0,100% -p 1
}
```

La commande prend 3 millisecondes pour s'exécuter, ce qui est acceptable.

> PERFORMANCES **Choix de la sonde**
>
> Pour effectuer un test de ping, le plug-in `check_ping` n'est pas le plus efficace. La sonde `check_icmp` ne fait appel à aucune commande intermédiaire pour envoyer la requête, contrairement à `check_ping` qui respose pour cela sur le programme `/bin/ping`. Avec `check_icmp`, les résultats du nombre de commandes lancées sont plus impressionnants, mais là n'est pas le but de l'exercice.

L'hôte configuré se nomme `srv-1` et il est attaché à la machine locale. Son unique rôle est de servir de point d'ancrage aux services. Le fait qu'il n'y ait qu'un seul hôte n'a pas d'impact sur les performances tant qu'il est en état UP.

Définition de l'unique hôte

```
define host{
  use linux-server
  host_name srv-1
  alias srv-1
  address localhost
}
```

Les services ont comme nom `service-n` et lancent la commande `check_ping`. Ils sont ordonnancés toutes les 5 minutes. Leur retour est toujours OK. Leur nombre est notre variable lors des tests. Par exemple, la définition du `service-3` est égale à :

Exemple de définition d'un service

```
define service{
  use generic-service
  host_name srv-1
  service_description service-3
  normal_check_interval 5
  check_command    check_ping
}
```

La valeur suivie est la latence d'exécution des services. Pour la récupérer, nous utilisons le script présenté précédemment.

Une situation idéale

Cette situation est idéale, voire un peu trop. Les services renvoient toujours OK, il n'y a pas de test demandé par les administrateurs. En conditions réelles, le nombre de services que l'on peut configurer est moins important, surtout avec des scripts consommant davantage de ressources. Elle permet tout de même d'avoir un ordre de grandeur des performances que les administrateurs peuvent attendre de leurs futures solutions.

Les intervalles de vérification des éléments en état non OK ou UP sont plus courts que les intervalles normaux. Des notifications sont envoyées de temps en temps. Des vérifications supplémentaires sont effectuées pour la gestion des dépendances. Tout ceci augmente la charge de Nagios. Une marge de 20% entre nos tests et une situation réelle est raisonnable.

Évolution de la latence en fonction du nombre de services

Commençons par générer 100 services. La configuration de Nagios autorise un nombre illimité de tests lancés en parallèle. Voici un tracé, en fonction du temps, de l'évolution de la latence (voir figure 9-2).

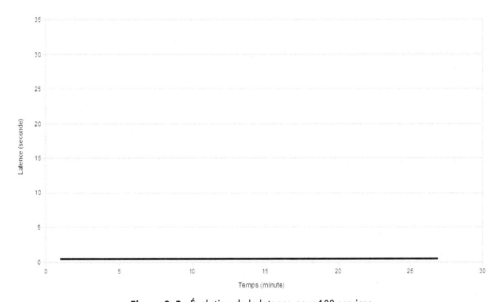

Figure 9–2 Évolution de la latence pour 100 services

La latence reste faible. Cette machine est pleinement capable de gérer le lancement de 100 commandes en 5 minutes.

Lançons à présent la mesure avec 1000 services (voir figure 9-3) :

Nous remarquons que la valeur de latence est similaire au cas précédent, comportant 100 services. Les situations de bon fonctionnement de Nagios sont caractérisées par une latence qui reste faible aux cours du temps.

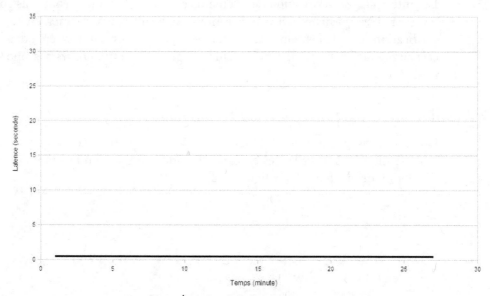

Figure 9–3   Évolution de la latence pour 1000 services

Regardons ce qui se passe avec 10 fois plus de services (voir figure 9-4).

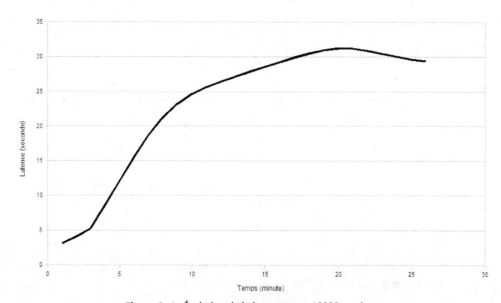

Figure 9–4   Évolution de la latence pour 10000 services

Dans ce cas, la situation est tout autre. La latence augmente de manière importante pendant les 20 premières minutes, puis se stabilise sur un plancher. Traçons cette dernière valeur suivant le nombre de services.

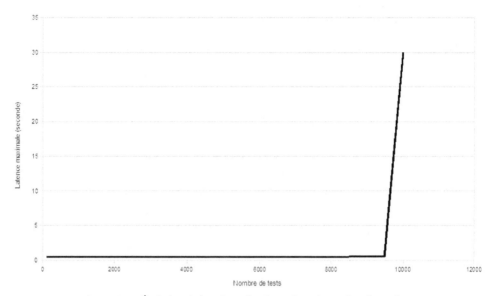

Figure 9–5 Évolution de la valeur plancher suivant le nombre de services

Une valeur acceptable pour la latence est de quelques secondes. On observe un phénomène de seuil. Lorsque Nagios a suffisamment de ressources pour effectuer ses tests, la latence est faible. Lorsqu'il commence à en manquer, la situation se dégrade très rapidement.

Nous pouvons considérer qu'avec cette configuration, la machine peut supporter environ 9500 services toutes les 5 minutes. Nous verrons par la suite que nous pouvons fortement améliorer cette valeur.

Les administrateurs peuvent reproduire ce test afin d'évaluer la charge acceptable pour leur serveur. En sachant combien de tests peuvent être lancés toutes les 5 minutes, ils peuvent configurer leur ordonnancement de façon adaptée.

Tampon de traitement des informations passives

Nous venons de traiter le cas des tests actifs, mais les informations peuvent également être passives. Elles sont mises en attente de traitement dans le tampon des commandes externes. C'est le remplissage de ce tampon qui nous intéresse. Cet indicateur est disponible par l'intermédiaire de la commande nagiostats, qui fournit la taille maximale du tampon définie par la valeur `external_command_buffer_slots` de `nagios.cfg`. Nagios consomme les éléments toutes les `command_check_interval` secondes. Il est fortement conseillé de laisser la valeur `-1` : elle signifie qu'il consomme les éléments disponibles dès que possible.

La valeur du remplissage actuel, ainsi que la valeur maximale atteinte, sont également disponibles.

Voici un exemple de valeurs :

```
Used/High/Total Command Buffers:        5 / 100 / 4096
```

Dans cette situation, l'utilisation maximale du tampon de commandes passives est de `100` commandes en attentes. Cette valeur étant loin de la limite des `4096` que compte le tampon, l'administrateur n'a pas de souci à se faire. Dans le cas d'une valeur trop proche de la limite, voire égale, il est important d'augmenter la taille du tampon sous peine de perdre des informations.

Tout comme pour la latence, si l'administrateur a une forte utilisation des commandes externes, notamment par supervision passive, il est important de garder un œil sur cette valeur.

> REMARQUE **Un cas rarissime**
>
> Les cas d'utilisation de Nagios qui occasionnent un remplissage des `4096` commandes externes sont très rares. Dans la plupart des installations, cette valeur est bien suffisante.

Le script ci-dessous permet d'être alerté en cas de problème :

check_buffer.pl

```perl
#!/usr/bin/perl
$max_tampon=`/usr/local/nagios/bin/nagiostats | grep "Used/High/Total
Command Buffers"|cut -f5 -d'/' | awk '{print $1}' | tr -d '\n'`;
$max_used=`/usr/local/nagios/bin/nagiostats | grep "Used/High/Total
Command Buffers"|cut -f4 -d'/' | awk '{print $1}' | tr -d '\n'`;

if($max_used > 0.9*max_tampon){
  print "Command buffer is too low $max_used | max_used=$max_used";
  exit(1);
}else{
  print "Command buffer is OK $max_used | max_used=$max_used";
  exit(0);
}
```

Une charge machine atypique

Nagios consomme principalement de la ressource CPU pour ce qui concerne la supervision. Nous remarquons que cette ressource peut également servir à faire fonctionner les programmes lancés par l'utilisateur ou bien à effectuer des opérations dans le noyau. Sur un système Linux, la consommation de l'utilisateur est mesurée par le `%user` de temps CPU, celle du noyau par le `%system`.

Ces mesures sont disponibles par le biais de la commande `top`. Les administrateurs ont l'habitude de voir un `%user` élevé et un `%system` faible. Dans beaucoup de situations, les applications utilisateur sont bien plus consommatrices que le noyau. Dans le cas de Nagios, la situation est différente. La raison n'est pas que Nagios est mal codé et gaspille des ressources, bien au contraire en fait. Nagios ne fait pas grand chose à part ordonnancer beaucoup de lancements de vérifications.

Ces vérifications sont des sondes à lancer. Ceci signifie que le noyau doit lancer beaucoup de processus. Cette action, prise unitairement, est dérisoire mais, multipliée par 10 000, elle l'est beaucoup moins.

Sur le serveur Nagios, il n'est pas étonnant de voir un `%system` plus élevé que la moyenne. Les sondes ne consomment en général guère de temps CPU. L'indicateur `%user` est très utile pour savoir si c'est réellement le cas. Une valeur trop élevée trahit une sonde trop gourmande, qui doit être améliorée.

> Le chapitre 14 donne des informations plus détaillées sur l'interprétation des indicateurs de charge des systèmes. Elles peuvent être appliquées au serveur Nagios afin de déterminer quelle est la ressource limitante dans une situation de contention.

Revoir l'ordonnancement de ses vérifications

Si un administrateur se retrouve face à un système saturé, il peut commencer par changer l'ordonnancement des vérifications.

Diminuer le nombre de vérifications lancées

Si les informations de la production ne doivent pas être modifiées, celles des environnements de qualification et de développement sont malléables.

Une solution pour alléger la charge de Nagios consiste à augmenter les délais de vérification de ces environnements. Bien souvent, ces environnements représentent une moitié des serveurs. Un doublement de leurs délais de supervision n'est pas grave, ces alertes ne sont pas prioritaires. Un peu de retard est moins grave que des vérifications retardées sur un environnement de production.

Si, par exemple, nous doublons le délai de vérification sur la moitié des serveurs, la charge de Nagios est diminuée de 25%. On peut alors revenir sous la limite du nombre de vérifications lancées et retrouver une latence acceptable.

Dans ce genre de situation, il est bon de vérifier que les recommandations fournies au début du chapitre ont bien été appliquées. Chaque information doit être surveillée à son rythme. Les gains peuvent être rapides et demandent peu de temps. Si c'est déjà le cas, il est alors nécessaire d'améliorer le fonctionnement de Nagios. Pour cela, nous allons étudier différentes pistes.

Suivre les conseils de Nagios

Nagios possède une option pour indiquer à l'administrateur si sa configuration peut être améliorée simplement. Il vérifie qu'il n'y a pas de faute importante dans l'ordonnancement. Pour cela, il suffit de le lancer avec l'argument -s. Si, par exemple, l'administrateur n'a pas défini la valeur 0 pour max_concurrent_checks, il impose un nombre limité de tests en parallèle. Dans ce cas, si la valeur est jugée trop faible par Nagios pour fonctionner correctement, il prévient l'administrateur. Nous voyons un tel exemple ci-dessous :

Lancement de nagios avec -s

```
SERVICE SCHEDULING INFORMATION
------------------------------
Total services: 10000
Total scheduled services: 10000
Service inter-check delay method: SMART
Average service check interval: 300.00 sec
Inter-check delay: 0.03 sec
Interleave factor method: SMART
Average services per host: 10000.00
Service interleave factor: 10000
Max service check spread: 5 min
First scheduled check: Sun Jan 4 16:34:11 2009
Last scheduled check: Sun Jan 4 16:39:11 2009

CHECK PROCESSING INFORMATION
----------------------------
Check result reaper interval: 10 sec
Max concurrent service checks: 10

PERFORMANCE SUGGESTIONS
-----------------------

Value for 'max_concurrent_checks' option should be >= 667
```

L'administrateur a tout intérêt à suivre ces conseils. Une bonne solution est de laisser Nagios gérer seul le nombre de tests qu'il va effectuer en parallèle. Pour cela, le paramètre `max_concurrent_checks` doit valoir `0`.

Améliorer les plug-ins

Les sondes sont le vecteur d'obtention des informations pour Nagios. Lancées sur le serveur de supervision, elles ont un coût en terme de performances.

Impact du type de sondes sur les performances

Nous ne nous sommes pas encore penchés sur les performances des sondes, mais il est temps de nous en préoccuper.

Un impact fort

Que ce soit pour obtenir une information directement, ou bien pour interroger des agents, il faut un certain temps d'exécution.

Suivant les sondes et leur programmation, elles vont consommer des ressources qui peuvent être du temps CPU, des entrées / sorties disques ou réseau. Pris unitairement, le lancement de ces sondes passe bien souvent inaperçu. La plupart s'exécutent en quelques millisecondes. L'administrateur demande à Nagios d'ordonnancer un grand nombre de ces tests. Si le serveur ne peut pas suivre le rythme, la latence augmente et les administrateurs ne sont plus avertis assez rapidement.

Les limites du serveur s'expriment en nombre de tests lancés par minute. Suivant les sondes utilisées, cette limite peut fortement varier. Nous allons étudier les divers types de sondes, leur impact sur les performances et l'incidence qu'a une meilleure intégration à Nagios.

Scripts contre exécutables

Les scripts sont, en règle générale, plus lents à l'exécution que leur équivalents binaires. Ces derniers n'ayant pas besoin de passer par une phase d'interprétation, leur exécution est directe.

Parmi les langages de scripts, il existe de fortes disparités en termes de performances. Les scripts `shell` sont particulièrement lents car ils reposent sur des lancements d'exécutables. Ces appels étant lents, l'exécution globale du script est ralentie.

Si nous reprenons notre exemple du chapitre 3, qui permet de vérifier la présence d'un fichier, nous obtenons les deux programmes suivants.

En `shell` tout d'abord :

check_test.sh

```bash
#!/bin/bash
if [ -f ./test.txt ]; then
  echo "le fichier existe"
  exit 0
else
  echo "le fichier n'existe pas"
  exit 2
fi
```

Et en `C` ensuite :

check_test.c

```c
#include <stdio.h>
main(){
  FILE *fp = fopen("./test.txt","r");
  if( fp ) {
    printf("Le fichier existe\n");
    fclose(fp);
    return(0);
  } else {
    printf("Le fichier n'existe pas\n");
    return(2);
  }
}
```

Si nous lançons 10 000 fois ces deux tests nous obtenons un temps total d'exécution de 30 s pour le test en shell et 8 s pour celui en C. Ils effectuent pourtant la même vérification. Sur un grand nombre de vérifications, l'impact du type de sonde est élevé.

D'autres langages de scripts offrent un large éventail de fonctions pour éviter de faire appel à des exécutables extérieurs tels que `cat` ou `grep`. Des langages comme `Perl` ou `Python`, qui offrent de telles bibliothèques de fonctions, sont à privilégier face au `shell` lorsque les performances viennent à manquer. Ils peuvent également être utiles dans le cas où les tests sont complexes à réaliser avec les commandes standard Unix.

DOCUMENTATION **Un ouvrage de référence sur Python**

Ceux souhaitant apprendre le langage Python peuvent se tourner vers le livre sur Python de Tarek Ziadé aux éditions Eyrolles. Les administrateurs pourront même grâce à lui prendre goût à la programmation.
📖 Tarek Ziadé, *Programmation Python, syntaxe, conception et optimisation*, Eyrolles, 2e édition 2009

Les scripts sont en règle générale plus simple à écrire que du code en `C`. Leur maintenance en est facilitée. Davantage de développeurs sont capables de créer des scripts
que des binaires. Ceci peut avoir un impact important car, dans le monde des administrateurs, peu sont également développeurs. Changer un script sera plus simple que
modifier et recompiler un fichier `.c`.

Utilisation de l'interpréteur Perl intégré

Un grand nombre de sondes de supervision sont disponibles sous la forme de scripts
Perl. Le moindre gain sur ce langage peut avoir des répercussions importantes sur les
performances de Nagios.

Un interpréteur intégré

Ce langage a le soutien des administrateurs. Il existe un grand nombre de bibliothèques pour effectuer les tâches d'administrations courantes. Étant un langage de
scripts, il est interprété par le binaire `perl`. Cette interprétation a un coût non négligeable en termes de temps CPU. L'action demandée, avant même son exécution,
mobilise une partie des ressources CPU.

Si l'action est répétée un nombre important de fois, la consommation est importante.
Si Nagios fait appel au script directement, celui-ci sera compilé par Perl à chaque
demande. Ceci a un impact important sur les performances.

Nagios propose un interpréteur Perl interne doté d'un cache, nommé `ePN` (pour
`embedded Perl Nagios`). Au premier ordonnancement du script Perl, Nagios le compile en `bytecode`. Ce dernier est placé dans un cache. Nagios peut ensuite l'exécuter
sans avoir à passer par le binaire `perl`. Lorsque le script est demandé à nouveau, la
phase de compilation n'est plus nécessaire car le code est déjà en cache. La phase
d'exécution peut directement se lancer. L'exécution étant lancée par le processus
Nagios, c'est une exécution de processus que l'on s'épargne. Ce gain est important et
appréciable lorsque le serveur est chargé.

Le fait de mettre en cache le code à exécuter présente un inconvénient : si le script est
modifié après avoir été compilé par Nagios, les modifications ne sont pas prises en
compte. Il est alors nécessaire de relancer Nagios pour qu'il compile à nouveau le script.

`ePN` n'est par limité aux lancements de vérifications. Il est également utilisé pour
toutes les autres commandes que lance Nagios. Les notifications et les commandes
de résolution peuvent en tirer partie.

Exemple d'utilisation d'ePN

Prenons par exemple le script `check_bonding.pl`. Il vérifie, dans les informations du noyau, l'état des liens réseau agrégés en lisant les fichiers du répertoire `/proc/net/bonding/`. Ces derniers dresse une liste d'informations sur les différents agrégats.

Si l'interpréteur n'est pas utilisé, on observe sur le système les processus suivants :

Lancement d'un plug-in Perl sans interpréteur interne

```
/usr/bin/perl /usr/local/nagios/libexec/check_bonding.pl
```

Ils ont comme père un processus `nagios`, lui même issu du processus maître. Lorsque l'interpréteur intégré est utilisé, ces processus `/usr/bin/perl` disparaissent. Ce sont les processus `nagios` qui effectuent la commande, sans avoir à appeler le binaire `/usr/bin/perl`.

Regardons la limite des tests lancés avec et sans utilisation de l'interpréteur intégré. Il est à noter que les options de performances avancées, analysées plus loin dans ce chapitre, sont également appliquées.

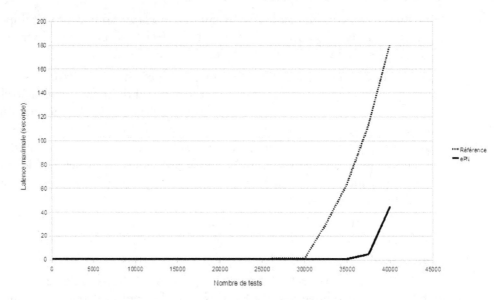

Figure 9–6 Impact de l'interpréteur Perl intégré

L'intérêt de l'interpréteur intégré est très élevé pour les administrateurs faisant appel à beaucoup de scripts Perl. On observe un gain de 30%.

Pour activer cette fonctionnalité, l'option `enable_embedded_perl` du fichier `nagios.cfg` doit être positionnée à `1`. Nagios doit également être compilé avec cet interpréteur, mais c'est généralement le cas.

PERFORMANCES **Le cache Perl est important**

À la compilation de Nagios, on peut lui demander de ne pas utiliser de cache pour les plug-ins Perl. Cette configuration est à déconseiller très fortement. Nagios devant recompiler le script à chaque lancement, les performances seront moins bonnes que si le plug-in est appelé à travers le binaire `perl`.

Tous les scripts Perl ne peuvent être utilisés de cette manière. Par exemple, les morceaux de codes `<DATA>` ou `BEGIN` ne peuvent être utilisés par l'interpréteur interne. Dans ce cas, c'est le binaire `perl` qui prend le relais, mais l'administrateur perd alors le bénéfice des performances.

Tester un script avec l'interpréteur intégré

Il est possible de tester un script Perl avec l'interpréteur intégré avant de l'inclure dans Nagios. Pour cela, un binaire à compiler, nommé `new_mini_epn`, est disponible dans le répertoire `contrib` des sources de Nagios. Un simple :

```
cd contrib
make new_mini_epn
```

suffit pour le compiler. Une fois lancé, il demande la ligne de commande à lancer. Il se comporte alors comme le module `ePN` de Nagios. Avec le script `check_mem.pl`, nous obtenons :

Test d'une sonde avec new_mini_epn

```
new_mini_epn

plugin command line: /usr/local/nagios/libexec/check_mem.pl -w 90 -c 95

embedded perl compiled plugin /usr/local/nagios/libexec/check_mem.pl
with error: Can't locate utils.pm in @INC (@INC contains: /home/nagios/
nagios-3.0.5/contrib
```

Une erreur de compilation s'est produite. Le script `check_mem.pl` fait appel au fichier module Perl `utils.pm`. Ce dernier n'est pas disponible dans le répertoire courant de `new_mini_epn`, il ne peut donc pas l'utiliser. Si nous copions ce fichier (disponible dans `/usr/local/nagios/libexec`) dans `contrib` et que nous relançons notre test, nous obtenons :

Lancement réussi

```
plugin command line: /usr/local/nagios/libexec/check_mem.pl -w 90 -c 95

embedded perl plugin return code and output was: 0 & OK: 29% Used Memory
| MemUsed=29%;90;95
```

> PIÈGE **Le fichier utils.pm**
>
> Lorsqu'un script Perl est appelé à travers le binaire `perl`, il fait appel au fichier `utils.pm` dans le répertoire du plug-in, soit `/usr/local/nagios/libexec`. Dans le cas d'une exécution à travers `ePN`, ce fichier est pris dans le répertoire `/usr/local/nagios/bin`. Oublier de copier `utils.pm` dans ce répertoire est une cause classique d'erreur avec `ePN`. Un lien vers le fichier présent dans `libexec` suffit à `ePN`.

L'administrateur a tout intérêt à tester ses scripts avec cet exécutable afin de vérifier leur fonctionnement dans `ePN`. Si un script n'est pas correct et s'il n'est pas possible de le corriger, il est important de spécifier à Nagios de ne pas utiliser l'interpréteur interne. C'est ce que nous allons voir de suite.

Spécifier à Nagios d'utiliser ou non ePN

Pour éviter de recompiler inutilement un script qui n'est pas compatible avec l'interpréteur, on peut spécifier la ligne suivante demandant à Nagios de ne pas le compiler :

Désactivation de l'ePN pour ce script

```
# nagios: -epn
```

Nagios propose par ailleurs l'option `use_embedded_perl_implicitly` dans son fichier `nagios.cfg`, grâce à laquelle les administrateurs peuvent préciser s'il doivent ou non activer automatiquement l'interpréteur pour tous les scripts Perl. Dans le cas où l'interpréteur est désactivé automatiquement, l'administrateur peut utiliser la ligne suivante pour demander à Nagios de compiler le script en interne :

Activation de l'ePN pour ce script

```
# nagios: +epn
```

Ces lignes doivent figurer parmi les 10 premières lignes du script.

Mise en place progressive d'ePN

Si les administrateurs n'ont pas de problème de performances, le plus simple pour eux est de désactiver l'ePN. Dans le cas contraire, il est recommandé de le mettre en place progressivement. Les performances peuvent se dégrader si Nagios essaie continuellement de compiler un script qui n'est pas développé dans ce but. Le paramètre `use_embedded_perl_implicitly` doit être positionné à 0 et les scripts testés petit à petit, avec `new_mini_epn`. L'ajout de la ligne `+epn` permet de les intégrer dans l'outil.

NRPE ou SSH

Au chapitre 4, il est fait mention du protocole `SSH` comme remplaçant possibles de `NRPE`. Si les deux offrent un chiffrement fort pour effectuer des commandes à distance, leur impact en termes de performances n'est pas identique. SSH consomme en effet presque trois fois plus de ressources CPU que NRPE. Ceci est dû principalement à une phase d'authentification par clés qui n'est pas présente dans NRPE.

Cette phase permet d'authentifier formellement un serveur distant avec SSH. NRPE se base quant à lui sur les adresses IP. Sur le serveur testé, on obtient pour les tests NRPE une limite de presque `30000` pour 5 minutes (avec les options de performances décrites plus loin), contre « seulement » `15000` pour SSH. En cas de problèmes de performances, il est préférable d'effectuer les vérifications par NRPE plutôt qu'à travers SSH.

> PERFORMANCES **Les conditions du test**
>
> Dans le cas de SSH, nous avons utilisé le protocole `aes128-cbr`. C'est le plus répandu et il offre de très bonnes performances.

Des vérifications actives aux passives

Les vérifications actives demandent à Nagios de lancer un processus afin d'obtenir une information. Dans le cas d'une vérification passive, l'information est envoyée dans le fichier `nagios.cmd`, qui est lu régulièrement par Nagios. La lecture du fichier a un impact bien moindre sur les performances que le lancement d'un nouveau processus. Le passage de vérifications actives à passives peut faire gagner en performances.

Ce gain a un coût très important, pour l'administrateur, en termes de gestion de la configuration. Il doit ordonnancer l'envoi des états sur l'ensemble des machines du parc ce qui est déjà, en soi, très long. De plus, toute modification de cet ordonnancement demande aussi un temps conséquent. La configuration des périodes de fraîcheur est également requise dans ce cadre. Si son impact est négligeable sur les performances, il en va tout autrement du côté de la configuration.

Sauf si des problèmes de performances se profilent à l'horizon, les vérifications passives doivent être cantonnées à la supervision de traitements particuliers. Il est conseillé, avant de passer aux vérifications passives en cas de problèmes de performances, de tester toutes les possibilités de Nagios. Les solutions étant nombreuses, rares sont les situations où des administrateurs doivent sacrifier leurs tests actifs.

La virtualisation malheureusement encore déconseillée

La virtualisation des systèmes est très pratique. Elle n'est malheureusement pas miraculeuse. Son utilisation est adaptée à des situations où la performance n'est pas critique. Les temps de calcul, dans l'espace noyau des systèmes virtualisés, sont plus conséquents que sur une machine physique. Ceci peut fortement ralentir Nagios. Une part non négligeable du temps de calcul du serveur consiste à lancer de nouveaux processus. Les temps système étant augmentés, les machines virtualisées vont être moins performantes qu'une machine physique équivalente.

Prenons comme exemple un célèbre système de virtualisation pour serveur, installé sur un serveur doté d'un processeur Xeon 5160, où deux cœurs virtuels sont dédiés à une machine virtuelle. Un même environnement est installé sur un serveur physique ayant également un processeur Xeon 5160 (soit deux cœurs).

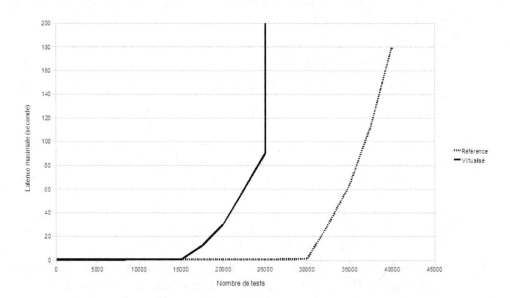

Figure 9–7 Différence entre machine virtuelle et physique

Comme nous pouvons le voir, la perte de performances est brutale, de l'ordre de 40 %. Si l'administrateur n'a pas besoin d'une telle puissance, la virtualisation est à privilégier. Dans le cas contraire, il doit préférer une machine physique.

PERFORMANCES **Conditions du test**

Les administrateurs de virtualisation peuvent se poser des questions sur les conditions du test. Le serveur de supervision était totalement à jour, les tools étaient installés correctement sur la machine virtuelle. Les autres machines fonctionnant sur le serveur étaient au repos et le `%ready` (temps d'attente de la machine) était inférieur à 3 %. La machine virtuelle n'avait pas de limite en mémoire ou en processeur. Le serveur hébergeant les machines n'était pas surchargé. De nombreux tests disponibles sur Internet arrivent au même résultat.

Options de configuration augmentant les performances

Les sondes ayant été optimisées, il ne reste plus qu'à demander à Nagios d'améliorer ses propres performances.

Mécanismes de cache de Nagios

Les vérifications lancées par Nagios ne sont pas uniquement celles que demandent les administrateurs. Nous avons vu l'impact des vérifications. Étudions celui de ces tests supplémentaires et comment le diminuer.

Vérifications supplémentaires

Dans certains cas, Nagios prend l'initiative de lancer de nouvelles vérifications pour éclaircir une situation. C'est le cas, par exemple, pour les relations de parenté réseau. Si un nœud ne répond pas, Nagios vérifie ses parents (s'il en a) afin de déterminer l'origine exacte de la perte. Le même système existe pour les dépendances de services.

Ces vérifications entrent dans le groupe des vérifications « on demand » (à la demande), lancées pour vérifier les dépendances. Leur nombre peut varier fortement suivant les relations entre les éléments, par exemple s'il existe une grande hiérarchie au sein du réseau. L'utilitaire nagiostats offre une vue sur le nombre de ces tests supplémentaires qui sont lancés au fil du temps. Les lignes suivantes leur sont dédiées :

Exemple de vérifications on demand

```
Active Host Checks Last 1/5/15 min:
On-demand: 7 / 36 / 100
Active Service Checks Last 1/5/15 min:
On-demand: 0 / 0 / 0
```

Sur cet exemple, il y a eu des tests supplémentaires pour les hôtes et ce, principalement pour la gestion des liens de parenté.

Les hôtes et les services sont surveillés régulièrement. Un test de vérification hors ordonnancement normal peut très bien survenir quelques secondes après un précédent test « normal ». Dans une grande majorité de cas, l'état sera le même. Il est intéressant de récupérer en mémoire l'état de l'élément et de ne pas relancer le test.

Réutilisation des états en mémoire

Nagios propose un tel mécanisme avec le cache de tests. Il peut, dans les situations demandant de nouveaux tests, utiliser les valeurs déjà acquises. Bien entendu, plus le temps passe, plus ces informations sont potentiellement périmées. Il propose à l'administrateur une limite de temps paramétrable pour l'âge des états. Si ceux-ci sont trop vieux, il relance un test. Dans le cas contraire, il les utilise. Les deux paramètres suivants permettent à l'administrateur de spécifier ces âges pour les hôtes et les services :

Paramètres du cache d'états de Nagios

```
cached_host_check_horizon=15
cached_service_check_horizon=15
```

Ces valeurs sont exprimées en secondes. Dans cette configuration, si l'état en mémoire est âgé de moins de 15 secondes, il sera pris en considération sans avoir besoin de relancer de nouveaux tests.

Performances contre précision

Comme dans beaucoup de situations, ce que l'on gagne en performances est perdu en précision. Si nous augmentons le temps de validité des états en mémoire, les informations peuvent se révéler inexactes. Une machine fonctionnant bien à un instant t peut avoir de gros problèmes à t + 30 s.

Dans le cas des hôtes, une erreur pourrait être levée sur un nœud, alors que c'est son parent qui est tombé. Ceci se produit si le test du parent, encore positif quelques secondes auparavant, a été pris dans le cache.

C'est pour cette raison que certains administrateurs décident de purement et simplement désactiver le cache. Pour cela, il paramétrer le temps de validité à 0 seconde.

D'autres vont accepter ces informations imprécises de temps en temps. Si, par exemple, leur installation est à sa limite de performance, le gain que représente une latence acceptable est bien supérieur à quelques imprécisions.

Trouver un bon cache hit ratio

Le cache hit ratio peut être défini comme le rapport du nombre de tests pris en mémoire sur le nombre total de demandes de revérifications. Ces valeurs sont fournies par nagiostats. Par exemple :

Exemple de résultat de nagiostats

```
Active Host Checks Last 1/5/15 min:        190 / 699 / 2141
On-demand:  7 / 42 / 109
Cached:     4 / 33 / 93
```

Nous remarquons qu'ici, sur les 699 tests de machines lancés ces 5 dernières minutes, 42 étaient des demandes de revérifications. Ceci représente presque 6 % de tests supplémentaires. 33 de ces tests ont été évités. Ceci représente 80 % de tests supplémentaires évités. C'est notre cache hit ratio. Dans cet exemple, le temps de validité est de 30 secondes. Si nous diminuons cette valeur, le taux chute fortement.

Les administrateurs peuvent suivre cet indicateur et positionner comme ils souhaitent les durées de validité des caches. Il est conseillé de maintenir une valeur faible si les administrateurs n'ont pas de problème de performances. Les informations qu'ils reçoivent sont alors totalement pertinentes.

Options spécifiques aux environnements très étendus

Lorsque les administrateurs ont vérifié leur ordonnancement, que toutes leurs sondes sont optimisées et que, malgré tout, la latence est trop élevée, il reste encore un espoir, trois en fait. Ce sont les options de configuration pour les grands environnements.

Ces options peuvent augmenter très fortement les performances de Nagios. Elles ne sont pas sans risque. Nous allons les étudier toutes les trois et observer leur impact sur le nombre de vérifications qu'il est possible d'ordonnancer. Il s'agit des Large Installation Tweaks.

Suppression des variables d'environnement

Les macros sont fournies aux commandes de vérification par deux biais :

- les arguments des sondes ;
- les variables d'environnement.

Cette dernière utilisation n'est pas très répandue. Il est bien plus simple de passer les valeurs par les arguments, dont la configuration est plus « visible ». Le positionnement des variables est très coûteux en termes de calcul. On peut demander à Nagios de ne pas le faire.

Pour cela, l'argument `enable_environment_macros` doit être positionné à 0 dans le fichier `nagios.cfg`.

Désactivation des macros d'environnement

```
enable_environment_macros=0
```

Il est important de vérifier que les sondes mises en place par l'administrateur n'utilisent pas cette fonctionnalité. Si c'est le cas, il est nécessaire de les modifier pour qu'elles utilisent ces valeurs à travers les arguments.

Si l'impact de cette modification en termes de performance n'est pas miraculeux, il est tout de même appréciable. Voici par exemple la courbe des seuils de latence sur le serveur pris en exemple, avec et sans l'utilisation de ce paramètre.

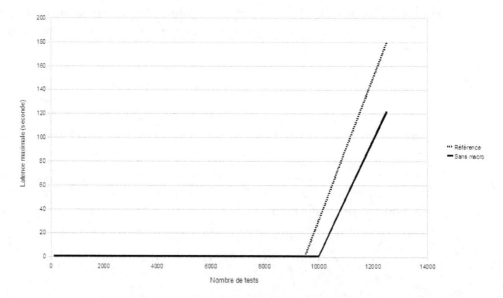

Figure 9–8 Impact du paramètre enable_environment_macros

L'amélioration est de l'ordre de 15%. Son impact n'est pas très important car l'utilisation des variables d'environnement est anecdotique parmi les sondes standards.

Nettoyage de l'espace mémoire des plug-ins

Lorsqu'un sous-processus ayant lancé une commande se termine, Nagios nettoie sa mémoire allouée. Ceci fait partie des mesures conseillées mais non obligatoires sur un système. Le système nettoie de toute manière la mémoire libérée avant de la fournir à un nouveau processus. Cette précaution est inutile dans le cadre d'un système surchargé.

Nagios peut ne pas nettoyer l'espace alloué si l'administrateur lui en fait la demande. Ceci passe par le paramètre `free_child_process_memory` de `nagios.cfg`. La valeur `0` permet de ne pas lancer le nettoyage lors de la fermeture du processus.

Suppression du nettoyage de l'espace mémoire des fils

```
free_child_process_memory=0
```

La courbe suivante présente l'impact de ce paramètre sur les seuils de latence :

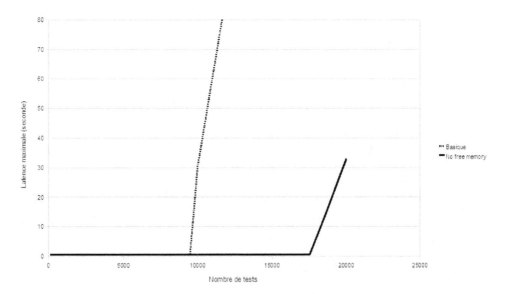

Figure 9–9 Impact du paramètre free_child_process_memory

L'amélioration issue de ce paramètre est de 90 %. Ce paramètre est très intéressant pour augmenter la performance d'un serveur Nagios. Son impact est relativement limité le temps que le système prend bien en charge les processus qui oublient de libérer leur mémoire.

> REMARQUE **Un système adéquat**
>
> Le nettoyage de l'espace mémoire des fils étant laissé au système, celui-ci doit pouvoir gérer la situation correctement. Sur la plupart des systèmes actuels, cela ne pose aucun problème et le risque est vraiment limité.

Suppression de la double duplication

Lorsque Nagios lance une sonde de vérification, il effectue une double duplication de processus. Ceci permet de rendre indépendants, du point de vue du système, le processus nagios et celui qu'il a lancé. Si ce dernier adopte un comportement anormal, Nagios n'en sera pas impacté.

Dans le cas de sondes en lesquelles les administrateurs ont pleinement confiance, cette précaution est inutile. La double duplication est très lourde à gérer par le système. Elle représente presque un doublement de la charge système. Nous avons déjà signalé que celle-ci représente une part très importante de la charge globale. Son amélioration profitera à l'ensemble de la solution.

Par exemple, si nous regardons les appels système émis par le processus nagios, nous remarquons qu'il passe une grande majorité de son temps à lancer de nouveaux processus. Ceci est représenté par l'appel clone.

Suivi des appels système de Nagios

```
strace -c -p NAGIOSPID
%time seconds usecs/call calls syscall
82.82 2.541715 2311      1100 clone
```

Le lancement de processus consomme plus de 80 % du temps système de Nagios. Réduire ces appels a un fort impact sur les performances, et ce dans le bon sens.

Le paramètre dédié à cela est child_processes_fork_twice. De base, il vaut 1. Pour supprimer la double duplication, il faut le positionner à 0.

Duplication unique pour les fils

```
child_processes_fork_twice=0
```

La figure suivante présente les courbes des seuils de supervision avec et sans suppression de la double duplication.

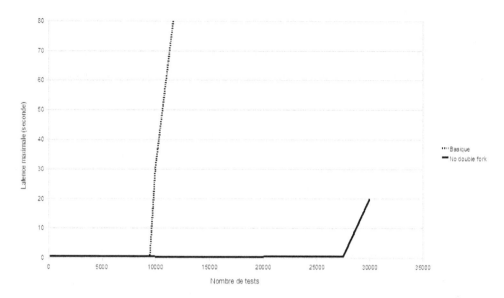

Figure 9–10 Impact du paramètre child_processes_fork_twice

Cette amélioration est la plus efficace des trois. Elle est de 190 %. Si les administrateurs ont confiance dans la robustesse de leurs sondes, cette technique peut être utilisée facilement et avec des effets rapides.

> REMARQUE **Un système adéquat**
>
> La encore, le système doit gérer la situation par lui-même. Dans ce cas, il doit repérer les processus zombies de Nagios et les supprimer. Les systèmes actuels n'ont, pour la plupart, aucun problème à le faire.

Utilisation conjointe des trois techniques

Si nous utilisons conjointement les trois techniques précédentes, notre gain est important. Même s'il n'est pas égal à la somme des trois gains individuels, il reste tout de même intéressant. Il est nécessaire de rappeler que, si nous gagnons en performances, nous devons néanmoins gérer tous les problèmes inhérents à ces astuces. Il est conseillé de les tester une par une et de ne les utiliser conjointement que si aucun problème n'est apparu dans les tests.

Le paramètre `use_large_installation_tweaks` permet d'activer les trois paramètres précédents.

Utilisation des trois *tweaks* à la fois

```
use_large_installation_tweaks=1
```

La figure suivante présente les courbes de seuils de latence avec et sans ce paramètre.

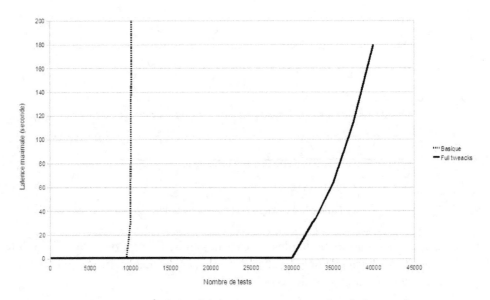

Figure 9–11 Évolution de la latence avec use_large_installation_tweaks

L'amélioration est de l'ordre de 225%. Si ce gain est impressionnant, le risque qu'il représente est loin d'être nul. Ce paramètre est à utiliser avec la plus grande précaution.

Positionnement des fichiers intermédiaires

Nagios fonctionne avec beaucoup de petits fichiers temporaires. Regardons si cela pénalise les performances et, si oui, comment les améliorer.

Systèmes de fichiers en mémoire

Les écritures sur les disques durs sont lentes, bien plus que les accès mémoire. Les disques ont toutefois l'intérêt de conserver les informations même en cas de coupure d'alimentation. Ils sont généralement d'une très grande taille face à la mémoire. Si les informations temporaires sont de taille importante, les administrateurs ont l'habitude d'utiliser l'espace /tmp monté sur un disque dur pour les y entreposer. Au redémarrage de la machine, cet espace est bien souvent vidé.

Un autre type d'espace temporaire existe. Son nom est `tmpfs` et c'est un système de fichiers accessible comme n'importe quel autre. Sa spécificité est de loger les informations en mémoire. Sans accès physique sur les disques, la vitesse de lecture / écriture est très rapide. Les fichiers consomment simplement leur taille en espace mémoire. Un tel espace existe en standard sur les systèmes Linux. Il est monté dans `/dev/shm`. Seul l'espace réellement consommé est pris en mémoire, l'excédent est disponible pour le reste du système.

Voici un exemple d'un tel espace :

Exemple d'espace en mémoire

```
df -h /dev/shm/
Filesystem          Size Used Avail Use% Mounted on
tmpfs              1013M    0 1013M   0% /dev/shm
```

Les fichiers écrits dans cet espace sont perdus si la machine est redémarrée. Ne doivent y être placés que des fichiers temporaires de taille réduite et ayant une durée de vie très faible. Il est préférable de privilégier les fichiers ayant besoin de fortes performances en lecture / écriture.

Fichier status.dat

Une source de ralentissement du serveur Nagios est la génération régulière du fichier `status.dat`. Utilisé par l'interface CGI de Nagios, il est généré régulièrement par Nagios. Sa localisation est gérée par le paramètre `temp_file`. Le fichier est ensuite copié sous `status_file`. Cette opération en deux étapes évite que les utilisateurs de `status_file` aient à lire un fichier non fini. Cette génération intervient toutes les `status_update_interval` secondes. Par défaut, le fichier est enregistré sous `/usr/local/nagios/var/status.dat` toutes les 10 secondes.

Si l'administrateur a configuré un nombre élevé d'hôtes et de services, le fichier peut être très imposant. Par exemple, pour une configuration importante de `30000` services, le fichier peut atteindre `120 Mo`. Ceci représente `12 Mo` par seconde d'écriture sur le disque, ce qui est important. Une solution consiste à diminuer l'intervalle de génération du fichier. Ceci implique cependant un délai plus long entre l'arrivée de l'information dans Nagios et son apparition sur la console.

Une autre solution existe. Le constat est simple : ce fichier a une durée de vie très limitée et n'est pas important en cas de redémarrage du serveur. Pour améliorer la situation, sans avoir à diminuer sa période de génération, nous pouvons générer le fichier dans un espace en mémoire.

Si nous configurons `temp_file`comme `/dev/shm/nagios.tmp` et `status_file` comme `/dev/shm/status.dat`, nous obtenons :

État de l'espace mémoire après l'opération

```
df -h
Filesystem            Size Used Avail Use% Mounted on
none                 1014M 123M  890M  13% /dev/shm
```

Et le fichier :

État du fichier status.dat

```
l-rw-r--r-- 1 nagios 123M Jan 2 15:28 /dev/shm/status.dat
```

Répertoire checkresults

Le répertoire `var/spool/checkresults` est également éligible à cet espace. Il recueille les résultats des tests de vérification. Il est régulièrement vidé par le processus `nagios` maître pour obtenir les informations. Ces fichiers font en moyenne `400` octets. Il y en a autant que de tests lancés par période de `check_result_reaper_frequency`, soit en général 5 secondes. Ceci peut représenter rapidement 1 Mo de fichiers mis à jour très rapidement. Ces fichiers ne sont pas importants en cas de redémarrage de serveur.

Ce chemin peut donc faire appel à l'espace en mémoire. Il est paramétré avec `check_result_path`. Lui affecter la valeur `/dev/shm` permet de créer ces fichiers en espace mémoire plutôt que sur un disque physique.

Impact des fichiers temporaires en mémoire

L'utilisation de `/dev/shm` pour les fichiers des états et des résultats de vérifications a un impact, certes léger, sur les performances de Nagios. Sur le serveur considéré avec les options de performances, décrites ci-dessus, la limite de vérifications à 5 minutes était de `31000` tests. Avec l'utilisation de `/dev/shm`, une consommation supplémentaire de `124 Mo` de RAM est à noter. La limite des tests atteint `32000` vérifications. Le gain est de `3 %` pour un risque nul.

PERFORMANCE **Des disques rapides**

Si l'impact sur la supervision n'est pas extraordinaire, celui de la métrologie l'est beaucoup plus. Si le volume des fichiers de résultats n'est pas important, leur nombre implique beaucoup d'accès disque. Comme nous le verrons au chapitre 14, les accès disque ont un impact élevé sur la charge globale d'une machine. La métrologie aura plus de disponibilité sur les ressources disques et en fonctionnera d'autant mieux.

Consommation de RAM de Nagios

Faisons un rapide point sur l'utilisation mémoire de Nagios. Les facteurs de consommation mémoire dans Nagios sont les éléments à superviser et ce qui les entoure. Les services et les nœuds sont les deux grands consommateurs. L'utilisation de la RAM est proportionnelle au nombre d'éléments supervisés. Voici une courbe présentant la consommation de RAM en fonction du nombre de services (avec un ratio de 10 services par hôte) :

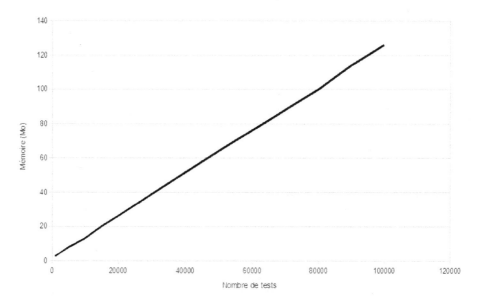

Figure 9–12 Évolution de la consommation mémoire en fonction du nombre de services

La plupart des installations n'ayant pas plus de 10 000 services, l'utilisation mémoire sera inférieure à 20 Mo. Ici, seule la consommation du processus maître est tracée. Les processus fils font la même taille avant de lancer les commandes qui, elles, ne consomment presque rien en matière de mémoire.

Considérons le cas où nous lançons 10 000 services en 5 minutes et qu'un test prend en moyenne 1 seconde à s'exécuter (à cause des temps réseau sur un système fortement réparti, par exemple). Nous avons en moyenne 33 processus en parallèle. Fort heureusement, pour les administrateurs, ceci ne représente pas 33 fois la taille mémoire du processus `nagios`, même si c'est ce que nous indique la commande `top` lorsque nous dressons la liste les processus.

Les noyaux Unix permettent de faire du `copy-on-write` de la mémoire lors de la duplication des processus. Ainsi, seules les pages mémoire qui diffèrent du processus maître sont réellement allouées. Les processus fils ne modifiant presque pas leur mémoire avant de lancer les commandes, leur consommation réelle est quasi nulle. La consommation du processus maître est la seule susceptible d'intéresser l'administrateur.

La consommation des sondes ne profite pas de ce système. Les sondes font appel à des bibliothèques, qui sont partagées entre les processus. On peut considérer qu'une sonde classique consomme entre 500 Ko et 1 Mo en mémoire. Suivant le nombre de sonde lancées en parallèle, la consommation mémoire est plus importante que celle de Nagios lui-même. Dans le cas des 33 processus simultanés, la consommation globale ne dépasse pas les 35 Mo dans la majorité des environnements. La ressource mémoire n'est pas le plus grand problème d'un système basé sur Nagios.

Ceci est d'autant plus intéressant que, dans l'architecture que nous allons monter par la suite, nous utiliserons une base de données pour gérer les données de Nagios. Ce genre de programme est très gourmand en mémoire. La mémoire non consommée par Nagios lui sera allouée.

Architectures distribuées

Si, malgré toutes ces options, la latence est trop élevée, il faut augmenter les capacités du serveur Nagios au plan physique. L'ajout de processeurs peut avoir un effet bénéfique. Une seconde solution consiste à augmenter le nombre de serveurs et les faire travailler de concert pour superviser l'ensemble des hôtes et services. Cette solution est étudiée au chapitre suivant.

En un mot

Une question revient souvent lors des études sur Nagios : quel serveur faut-il pour superviser X éléments. Dans ce chapitre, nous avons présenté un ordre de grandeur. Si ce dernier n'est pas suffisant, des méthodes permettent d'améliorer sensiblement les performances de Nagios. Elles ne sont pas toutes utilisables dans n'importe quelle situation. Que ce soit par des paramètres ou des astuces système, les administrateurs ont le choix.

10

Haute-disponibilité
et répartition de charge

Comme tout programme, Nagios a des limites, que ce soit en termes de disponibilité ou de performance. Ce chapitre traite des solutions architecturales visant à régler ces problèmes.

Haute-disponibilité

Un outil de supervision doit surveiller tous les autres. Il se doit d'être le plus résistant possible. Si la simplicité de Nagios lui permet d'être particulièrement robuste, il n'est pas totalement infaillible. De plus, dépendant d'un serveur et d'un système d'exploitation, il subit leurs aléas.

S'il est possible de mettre en place deux Nagios identiques sur deux serveurs, il ne faut pas que les administrateurs soient doublement alertés des problèmes. Nous allons étudier deux méthodes permettant de configurer Nagios en mode haute-disponibilité et gérant le problème des notifications trop nombreuses.

Un Nagios dans l'ombre d'un autre : la voie active/active

Commençons par la forme la plus simple d'architecture haute-disponibilité de Nagios, la forme active/active.

Deux Nagios actifs à la fois

Ce que les administrateurs attendent de Nagios est qu'il les avertisse en cas de problème. Si un Nagios principal n'est plus en mesure de les avertir, peu leur importe de recevoir les alertes d'un second, tant qu'ils les reçoivent bien. Ce second Nagios fonctionne en parallèle du premier. Il surveille les mêmes éléments mais ne lève les notifications que si le premier Nagios n'est plus disponible.

Le second Nagios désactive ses notifications dans sa configuration standard. S'il s'aperçoit que le Nagios principal est tombé, il les réactive (voir figure 10-1).

Figure 10–1
Un Nagios dans l'ombre

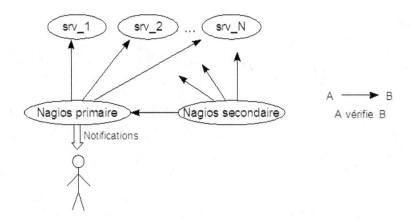

Le Nagios principal n'a pas connaissance du second. Ce dernier surveille l'hôte du primaire ainsi que le processus nagios qui fonctionne dessus. Si l'un des deux n'est plus disponible, il exécute une commande de résolution qui active ses propres notifications. Pour cela, le script qu'il appelle lance la commande externe ENABLE_NOTIFICATIONS. Le script qui lance cette commande est habituellement /usr/local/nagios/libexec/eventhandlers/enable_notifications (voir figure 10-2).

Figure 10–2
Activation des notifications

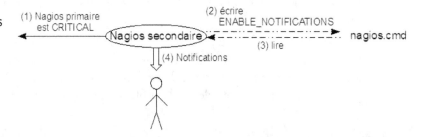

Si le Nagios principal revient, il désactive les notifications du Nagios secondaire. Pour cela, la commande DISABLE_NOTIFICATIONS est utilisée. Le script lançant cette commande est le suivant :

```
/usr/local/nagios/libexec/eventhandlers/disable_notifications.
```

Superviser un Nagios

La supervision du processus nagios distant se fait grâce à la sonde check_nagios. Cette dernière vérifie que le fichier d'état de Nagios n'est pas plus vieux qu'une limite autorisée. Pour rappel, ce fichier est généré toutes les status_update_interval secondes. Par défaut, cet intervalle est de 15 secondes. Elle vérifie également que le processus Nagios est toujours lancé. Si l'une des deux conditions n'est pas remplie, elle retourne une erreur.

La sonde prend comme arguments :

* -F : le chemin vers le fichier status.dat ;
* -e : le nombre de minutes pour l'âge maximum du fichier de rétention ;
* -C : le chemin vers le binaire Nagios.

On lance par exemple la commande suivante :

Commande de vérification d'un Nagios

```
check_nagios -e 1 -F /usr/local/nagios/var/status.dat -C /usr/local/
nagios/bin/nagios
```

Nous obtenons, sur un Nagios en bon état :

Résultat OK pour la vérification

```
NAGIOS OK: 5 processes, status log updated 7 seconds ago
```

Réaction face à la perte du Nagios maître

Voici un script nommé handle-master-nagios-event utilisé dans le cas d'un changement d'état qui arrive sur le Nagios maître :

handle-master-nagios-event

```
#!/bin/sh
case "$2" in
HARD)
  case "$1" in
```

```
      CRITICAL)
        /usr/local/nagios/libexec/eventhandlers/enable_notifications
        ;;
      WARNING)
      UNKNOWN)
        ;;
      OK)
        /usr/local/nagios/libexec/eventhandlers/disable_notifications
        ;;
      esac
    ;;
  esac
exit 0
```

Sa définition est située dans le fichier `commands.cfg` :

Définition de handle-master-nagios-event

```
define command{
  command_name handle-master-nagios-event
  command_line /usr/local/nagios/libexec/eventhandlers/handle-master-
nagios-event $SERVICESTATE$ $SERVICESTATETYPE$  (proc -> nagios)
}
```

Le script est appelé si besoin par le service du nœud secondaire qui supervise le Nagios maître. Voici un exemple de définition du service :

Appel de handle-master-nagios-event

```
define service{
  host_name srv-principal
  service_description NagiosPrincipal
  max_check_attempts                1
  event_handler handle-master-nagios-event
  check_command check_nagios_principal
  [...]
}
```

Le Nagios secondaire a la configuration suivante :

Configuration du Nagios secondaire

```
enable_notifications=0
check_external_commands=1
```

Limiter la période de brouillard

Cette méthode peut poser un problème. Le Nagios secondaire peut ne s'apercevoir de la chute du premier qu'au bout de quelques minutes. Pendant ce laps de temps, les administrateurs ne sont pas avertis des problèmes sur les autres environnements.

Pour diminuer cette période, il faut planifier fréquemment la vérification de l'hôte et du service de Nagios.

La gestion de la configuration n'est pas très complexe. Chaque `nagios.cfg` est spécifique, mais chacun inclut des fichiers communs aux deux Nagios. Ces derniers contiennent la configuration des nœuds, des services et des contacts qui doivent être partagés. Le second Nagios inclut, en plus, un fichier contenant la configuration présentée ci-dessus, pour surveiller le premier.

> PIÈGE **Garder un œil sur le second Nagios**
>
> Il est important de surveiller que le second Nagios est toujours en état de fonctionnement. Il serait dangereux de penser avoir une solution de secours en cas de souci avec le Nagios maître et qu'elle soit en fait indisponible depuis plus d'un mois. Le premier Nagios devrait avoir un service pour surveiller le second. Les administrateurs seraient alors avertis du manque de système de secours. Il n'est pas utile d'automatiser la relance du Nagios secondaire dans cette situation.

Synchroniser les deux Nagios

Les mêmes plug-ins

Avoir deux Nagios peut être complexe pour conserver la synchronisation entre les deux. Leurs sondes doivent être les mêmes. Toute modification d'un côté doit être reportée de l'autre. Un bon moyen de s'assurer de cela est de mettre en place un script qui envoie tous les plug-ins du Nagios primaire vers le secondaire. Nous pouvons utiliser pour cela le protocole SSH. La création d'un couple de clés publique et privée permet de ne pas avoir à s'authentifier à chaque connexion. Par exemple :

Script de synchronisation des sondes

```
#!/bin/sh
LIBEXEC=/usr/local/nagios/libexec

scp $LIBEXEC/* nagios@serveur-secondaire:$LIBEXEC
```

Ce script peut, par exemple, être ordonnancé par `cron` tout les quarts d'heure afin de garder les sondes au même niveau.

La même configuration

La configuration des services et des nœuds doit également être gérée. Il n'est pas possible de transférer automatiquement tous les fichiers du répertoire /usr/local/ nagios/etc. Une partie de la configuration des deux nœuds est différente. Par exemple, tout ce qui est en rapport avec handle-master-nagios-event sur le nœud secondaire n'est pas présent sur le nœud maître. La configuration du nœud maître sur le Nagios secondaire doit être placée dans un fichier à part. Le reste de la configuration des hôtes, services, commandes et contacts doit être placé dans les mêmes fichiers (hosts.cfg, services.cfg, commands.cfg et contacts.cfg). Le script suivant peut être utilisé conjointement au précédent :

Script de synchronisation de la configuration

```
#!/bin/sh
ETC=/usr/local/nagios/etc
PID=/usr/local/nagios/var/nagios.pid
cd $ETC
#on copie la configuration
scp hosts.cfg services.cfg commands.cfg contacts.cfg
nagios@secondaire:$ETC
#on redémarre nagios
ssh nagios@secondaire "kill -HUP `cat $PID`"
```

Un Nagios dormant de secours : la méthode active/passive

Étudions une autre architecture haute-disponibilité plus efficace que la précédente.

Un seul Nagios actif à la fois

La méthode précédente permet de continuer la supervision, même en ayant un Nagios à terre. Elle a cependant un inconvénient majeur : elle multiplie par deux la charge de supervision.

Le Nagios de secours supervise tous les éléments. Il ne fait rien de ces informations. Une autre méthode est de mettre en place une architecture active/passive. Le second Nagios attend que le premier ne soit plus disponible pour lancer sa supervision. Cette architecture illustrée en figure 10-3.

Il est possible de mettre en place un tel système grâce au programme HeartBeat. Celui-ci permet de lancer un service, ici Nagios, en cas de problème sur le nœud maître. Cette solution a un problème : le Nagios de secours démarre sans disposer des états précédents. Cela peut l'empêcher d'effectuer une supervision efficace rapidement.

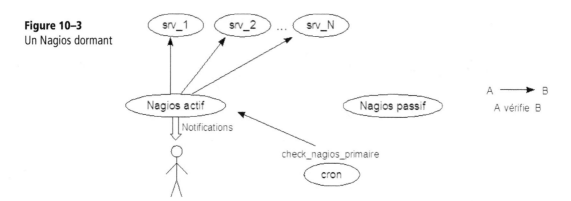

Figure 10–3
Un Nagios dormant

Problème des états précédents

Le fichier de rétention des états, `retention.dat`, peut être utile. Pour que le Nagios de sauvegarde ait accès à ce fichier, nous pouvons le placer sur un système de fichiers partagé. On peut pour cela utiliser `GFS`, ou plus simplement un montage `NFS`.

> **PIÈGE Le NFS devient un SPOF**
>
> En cas de mise en place du fichier `retention.dat` sur `NFS`, il faut bien faire attention à ce que ce dernier ne devienne pas un `SPOF` (*Single Point Of Failure*). Des méthodes existent pour configurer NFS lui-même en haute-disponibilité. L'idéal est de demander à une baie NAS dédiée de le gérer.

Si une telle mise en place est trop complexe, il est possible d'utiliser un système basé sur un Nagios semi-dormant. Il ne lance pas les vérifications, mais attend que le Nagios primaire lui envoie passivement les états. Lorsqu'il décide de lancer ses vérifications, il dispose de toutes les informations dont il a besoin pour être efficace rapidement.

Le Nagios primaire les lui fournit par le biais de `NSCA`. On ne peut pas utiliser à cette fin les commandes de résolution de problèmes. Le second Nagios a en effet besoin de tous les états. Or, ces commandes ne sont lancées qu'en cas de changement d'état.

Nagios propose les commandes `OCSP` et `OCHP` qui, si elles sont définies dans le fichier de configuration `nagios.cfg`, sont appelées après chaque vérification. Elles servent à lancer des commandes qui relaient les informations des services et des nœuds à d'autres Nagios. Elles sont définies comme suit sur le maître :

Configuration des commandes OCSP/OCHP

```
obsess_over_services=1
ocsp_command=submit_service_check_result
obsess_over_hosts=1
ochp_command=submit_host_check_result
```

La commande submit_service_check_result est définie dans le fichier commands.cfg de la manière suivante :

Définition de submit_service_check_result

```
define command{
  command_name submit_service_check_result
  command_line /usr/local/nagios/libexec/eventhandlers/
submit_service_check_result $HOSTNAME$ '$SERVICEDESC$' $SERVICESTATE$
'$SERVICEOUTPUT$'
}
```

Le script submit_service_check_result est, quant à lui, de la forme suivante :

submit_service_check_result

```
#!/bin/sh
return_code=-1
  case "$3" in
     OK)
        return_code=0
     ;;
     WARNING)
        return_code=1
     ;;
     CRITICAL)
        return_code=2
     ;;
     UNKNOWN)
        return_code=-1
     ;;
esac
/bin/printf "%s\t%s\t%s\t%s\n" "$1" "$2" "$return_code" "$4" | /usr/
local/nagios/bin/send_nsca -H server-secondaire -c /usr/local/nagios/
etc/send_nsca.cfg
```

Il également mettre en place ce type de script pour les hôtes et la commande submit_host_check_result. Lancées après chaque vérification de service ou d'hôte, ces commandes permettent d'envoyer passivement les états à un autre Nagios. Ce dernier obtient sans effort les informations du maître (figure 10-4).

PERFORMANCE **Un impact non négligeable**

Le fait d'envoyer tous les états à un Nagios secondaire a un impact fort sur les performances. Chaque lancement d'une sonde implique le lancement de la commande OCSP ou OCHP correspondante.

Figure 10–4
Envoi des états

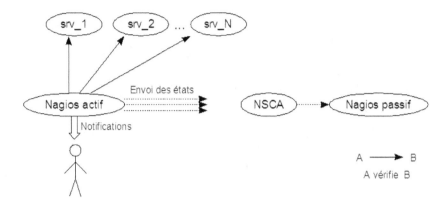

Relais par le Nagios secondaire

Le Nagios secondaire est configuré pour ne pas vérifier activement les services et des hôtes. Il doit accepter les commandes passives, le maître lui envoyant ses états passivement. Il ne renvoie pas de notification. Les paramètres suivants sont définis dans le fichier nagios.cfg du Nagios passif :

Configuration du Nagios passif

```
execute_service_checks=0
execute_host_checks=0
enable_notifications=0
check_external_commands=1
```

Ne pouvant pas lancer de vérifications actives, il ne peut pas superviser lui-même le premier Nagios. Pour cela, nous utilisons un ordonnanceur externe de type cron. Dans le cas d'un Nagios primaire qui ne répond pas, il doit donner la main au secondaire pour la supervision. Pour cela, il lance les commandes START_EXECUTING_SVC_CHECKS, START_EXECUTING_HOST_CHECKS et ENABLE_NOTIFICATIONS. Elles permettent de réactiver les tests actifs et les notifications.

Lorsque le premier Nagios est de nouveau disponible, le Nagios secondaire doit laisser la main. Pour cela, le script lancé par cron doit lancer les commandes DISABLE_NOTIFICATIONS, STOP_EXECUTING_SVC_CHECKS et STOP_EXECUTING_HOST_CHECKS. Sans vérification et sans notification, il redevient le Nagios de secours semi passif.

Un tel script, nommé check_nagios_primaire.sh, est de la forme suivante :

check_nagios_primaire.sh

```
#!/bin/sh
LIBEXEC=/usr/local/nagios/libexec
```

```
EVENT=$LIBEXEC/eventhandlers/
$LIBEXEC/check_nrpe -H srv-primaire -c check_nagios
$RET=$?
if [ "$RET" = "0" ]
then
$EVENT/disable_active_service_checks
$EVENT/disable_active_host_checks
  $EVENT/disable_notifications
else
  $EVENT/enable_active_service_checks
  $EVENT/enable_active_host_checks
  $EVENT/enable_notifications
fi
```

Il est lancé toutes les minutes par un utilisateur ayant les autorisations sur le fichier nagios.cmd, typiquement nagios (voir figure 10-5).

Figure 10–5
Le Nagios passif
se réveille

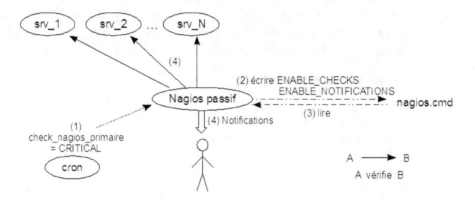

Il se peut qu'il y ait une période de recouvrement entre le redémarrage du maître et sa détection par le passif. Si le script de vérification est lancé toutes les minutes, cette période est au maximum d'une minute également. C'est tout à fait acceptable quant aux notifications qui peuvent être envoyées pendant ce court laps de temps.

Éparpillement des données de métrologie

Il ne faut pas oublier les données de métrologie dans cette architecture. Elles sont générées sur le nœud qui est actif. Suivant la solution choisie pour gérer ces données, l'administrateur doit penser à les renvoyer sur le nœud maître une fois la situation redevenue normale et à intégrer les données au jeu de données principal.

Répliquer NSCA

Les alertes passives doivent également être gérées par le système de secours. NSCA est déjà lancé, mais les clients ne s'adressent pas à lui. Un moyen pour pallier cela consiste à mettre en place une adresse virtuelle sur les deux nœuds gérés par HeartBeat. Une telle mise en place sera décrite plus loin dans ce chapitre.

Répartition de charge : à chaque Nagios sa tâche

Voyons à présent les architectures de répartitions de charge.

Centraliser les informations, pas la charge

La puissance des systèmes n'est pas infinie. Chaque installation de Nagios a une limite de taille. Si une configuration soigneuse permet de la repousser, elle existe toujours. Nous pouvons considérer que, à l'heure actuelle, un serveur de milieu de gamme peut gérer, avec une configuration de Nagios adaptée, entre 15 000 et 20 000 services. Cela ne prend en compte que la charge de Nagios. Si nous comptons en plus les services web et la métrologie, nous arrivons à environ 10 000 services. Avec une moyenne d'une dizaine de services par hôte, cela représente 1 000 nœuds.

Si les besoins des administrateurs sont moindres, le problème ne se pose pas. Dans le cas contraire, il faut mettre en place plusieurs serveurs Nagios qui vont surveiller chacun une sous partie du système d'information, tout en gardant sur la même console l'ensemble des informations.

Une architecture distribuée avec les commandes externes

Nous allons reprendre les techniques vues dans la partie haute-disponibilité pour mettre en place une architecture distribuée. Plusieurs Nagios fonctionnent de concert. L'un d'entre eux est le Nagios principal, les autres des relais de supervision. Ils surveillent une partie des hôtes, puis envoient le résultat au principal. Ce dernier ne sert qu'à lancer les notifications et à gérer la console. N'ayant pas à lancer les vérifications, sa charge est fortement réduite. Cette architecture est illustrée en figure 10-6.

En cas de problème de charge sur un des relais, il suffit de scinder ce qu'il supervise et d'en ajouter un nouveau. Les relais ne disposent que de la configuration des nœuds et des services dont ils s'occupent. Les notifications devant être levées par le primaire, leur envoi d'alertes est désactivé. Ils n'ont pas besoin non plus de la console de supervision et de son serveur web.

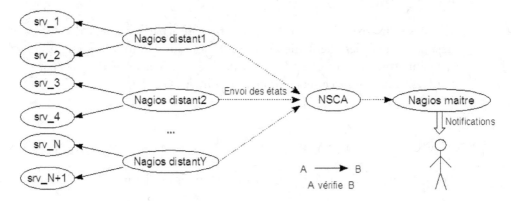

Figure 10–6 Supervision distribuée par commandes externes

Pour chaque information recueillie par les relais, ils avertissent le primaire par le biais des commandes OCSP et OCHP.

La configuration des Nagios distants est la suivante :

Configuration des Nagios distants

```
obsess_over_services=1
ocsp_command=submit_service_check_result
obsess_over_hosts=1
ochp_command=submit_host_check_result
enable_notifications=0
```

Les commandes submit_service_check_result et submit_host_check_result sont celles qui ont été définies précédemment. Elles doivent simplement envoyer les informations vers le Nagios central.

La configuration des hôtes et des services est, quant à elle, classique. Les serveurs Nagios distants ne devant pas envoyer d'alerte, la partie notification n'est pas nécessaire.

Le serveur central reçoit les états des nœuds et des services de manière exclusivement passive. Il doit accepter les commandes externes et il est chargé de lever les notifications. Nous obtenons la configuration suivante :

Configuration du serveur central

```
execute_service_checks=0
execute_host_checks=0
enable_notifications=1
check_external_commands=1
```

Il doit avoir dans sa configuration l'ensemble des hôtes et des services définis sur les serveurs distants. Il n'accepte passivement les états que des éléments dont il connaît l'existence.

Il faut, dans ce genre de situation, se prémunir des pertes des Nagios distants. Il faut, pour cela, vérifier la fraîcheur des informations reçues. Sur le Nagios primaire, nous vérifions que nous avons bien des états mis à jour régulièrement. Du point de vue du Nagios central, nous sommes dans la situation de services purement passifs. Comme nous l'avons déjà fait au chapitre 7, la définition de la commande de la vérification active renvoie une alerte. Voici une telle définition :

Vérification de la fraîcheur des données

```
define service{
   passive_checks_enabled  1
   check_freshness         1
   freshness_threshold     600
   check_command check_dummy!2!Information périmée.
   [...]
}
```

Ici, la limite est placée à 10 minutes. Suivant la planification du service sur le serveur distant, il peut être bon de l'augmenter ou de la diminuer. Un changement d'ordonnancement sur un relais doit être répercuté sur la valeur de fraîcheur, sous peine de voir lever des alertes inutiles.

Le problème de la perte d'un Nagios distant plane toujours. Dans le cas d'une simple perte réseau entre les Nagios, des informations sont irrémédiablement perdues.

La gestion de la configuration est particulièrement complexe. Chaque service est configuré au moins deux fois :

1 sur le serveur distant, pour la supervision active ;

2 sur le serveur central, pour la vérification de la fraîcheur et les notifications.

Cette solution est trop lourde à gérer.

Simplification de la répartition avec NDO

Nouveauté de Nagios passée sous silence jusqu'ici, NDO simplifie la répartition de charge.

NDOMOD : un nouveau type de module

Le système de relais Event Broker est un système de plug-ins internes pour Nagios. Cela signifie qu'il est inclus dans le processus Nagios, et non appelé par lui. Sa principale utilisation consiste à exporter des informations internes de Nagios vers l'extérieur.

> REMARQUE **Fonctionnement des modules Nagios**
>
> Les capacités des modules sont en fait un peu plus étendues que la simple extraction d'information. Ils peuvent prendre le pas sur certaines fonctions internes de Nagios comme celle qui effectue les vérifications. Un exemple sera présenté un peu plus loin dans ce chapitre avec la présentation du module DNX.

NDOMOD est un module tirant parti de ce système. Il envoie les informations à travers un fichier ou un socket, qui peut être être local ou réseau.

Les administrateurs peuvent faire ce qu'ils souhaitent des informations recueillies. Ils peuvent par exemple les mettre dans une base de données. L'exécutable s'occupant de cela se nomme ndo2db. La figure 10-7 illustre cette communication.

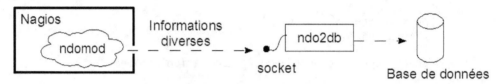

Figure 10–7 Communication ndomod/ndo2db

Le module Ndomod : exporter les données

Ndomod se compose d'un fichier ndomod.o (binaire ELF) situé dans /usr/local/ nagios/bin et d'un fichier de configuration nommé ndomod.cfg. Ce dernier est situé dans /usr/local/nagios/etc. Le fichier ndomod.o est chargé comme module par le programme Nagios.

Le fichier de configuration possède les propriétés importantes suivantes :

- instance_name : nom donné au Nagios dans lequel est chargé ndomod. Par défaut, le nom est default ;
- output_type : type de sortie. Valeur disponible dans la liste suivante :
  - file : dans un fichier plat,
  - tcpsocket : sur le réseau,
  - unixsocket : dans un fichier de type socket Unix, local au serveur ;
- output : destination de la sortie. Varie suivant la valeur de output_type :
  - file : chemin vers le fichier plat généré,
  - tcpsocket : IP vers laquelle sont envoyées les informations,
  - unixsocket : chemin du fichier de socket Unix ;
- tcp_port : port TCP utilisé dans le cas d'une sortie sur le réseau, par défaut 5668 ;

- buffer_file : fichier tampon utilisé lorsque ndomod ne peut pas transmettre ses informations, par défaut le fichier est /usr/local/nagios/var/ndomod.tmp ;
- output_buffer_items : nombre de places dans le fichier tampon, par défaut 5000 éléments ;
- reconnect_interval : temps entre deux tentatives de reconnexion lorsque la connexion sur le réseau est perdue ;
- data_processing_options : champ servant à spécifier les informations exportées. Il sera étudié plus en détail dans un second temps.

La méthode conseillée pour la connexion entre ndomod et ndo2db est la connexion réseau. Même s'ils sont situés sur le même serveur, ce type de connexion est le plus fiable.

Le module ndomod doit être chargé par Nagios. Pour cela, il faut ajouter ce qui suit dans le fichier nagios.cfg :

Appel au module ndomod dans nagios.cfg

```
broker_module=/usr/local/nagios/bin/ndomod.o config_file=/usr/local/
nagios/etc/ndomod.cfg
event_broker_options=-1
```

Choix des donnés exportées

Le paramètre data_processing_options sert à spécifier les donnés à exporter. Si la valeur est -1, Nagios envoie toutes les données. Dans le cas contraire, il va utilise les bits de la numérotation binaire pour sélectionner les informations. Celles-ci sont en effet indexées sur des puissances de 2.

Les informations disponibles ne sont pas pleinement documentées. Il faut, à l'heure actuelle, aller regarder le code de ndomod afin de voir ces valeurs. Le fichier à considérer est include/ndomod.h. Comme que ce n'est pas très pratique, les puissances de deux des éléments sont retranscrits dans le tableau 10-1.

Tableau 10–1 Données exportées par NdoMod

Nom de la donnée	Index de puissance de 2	Nom de la donnée	Index de puissance de 2
PROCESS	0	HOST_CHECK	7
TIMED_EVENT	1	COMMENT	8
LOG	2	DOWNTIME	9
SYSTEM_COMMAND	3	FLAPPING	10
EVENT_HANDLER	4	PROGRAM_STATUS	11
NOTIFICATION	5	HOST_STATUS	12
SERVICE_CHECK	6	SERVICE_STATUS	13

Tableau 10–1 Données exportées par NdoMod (suite)

Nom de la donnée	Index de puissance de 2	Nom de la donnée	Index de puissance de 2
ADAPTIVE_PROGRAM	14	AGGREGATED_STATUS	20
ADAPTIVE_HOST	15	RETENTION	21
ADAPTIVE_SERVICE	16	ACKNOWLEDGEMENT	22
EXTERNAL_COMMAND	17	STATECHANGE	23
OBJECT_CONFIG	18	CONTACT_STATUS	24
MAIN_CONFIG	19	ADAPTIVE_CONTACT	25

Certaines informations font doublon avec les fichiers plats. Par exemple, les données de journalisation et les informations de rétention sont disponibles également en base. Il est probable que, à l'avenir, Nagios propose plusieurs méthodes pour obtenir ces informations : les fichiers plats ou la base de données.

Il est déconseillé de supprimer une donnée inconnue. Il peut être intéressant, cependant, de supprimer les données inintéressantes, consommatrices de bande passante et d'espace disque. Les données les plus volumineuses sont SERVICE_CHECK, HOST_CHECK et SYSTEM_COMMAND. Elles concernent les commandes lancées par Nagios et leur résultat. Ces informations n'étant pas, à l'heure actuelle, utilisées, nous pouvons les enlever sans souci.

En ajoutant les valeurs de toutes les données, on obtient :

$$Valeur = \sum 2^{index} = 67108863$$

Si nous souhaitons enlever des données, nous calculons alors :

$$Valeur = \sum 2^{index} - \sum 2^{index\ enlevé}$$

Pour enlever les données SERVICE_CHECK, HOST_CHECK et SYSTEM_COMMAND, nous obtenons :

$$Valeur = 67108863 - 2^3 - 2^6 - 2^7 = 67108663$$

Nous utilisons cette valeur pour le paramètre data_processing_options. Les données inutiles ne sont pas envoyées à ndo2db.

PIÈGE **Garder les valeurs utiles**

Ici, nous avons enlevé les valeurs service_check, host_check et system_command car nous savons qu'elles ne sont pas utilisées par les outils que nous allons mettre en place par la suite. Il faut faire très attention aux données que l'on supprime. Si l'on n'est pas certain qu'une donnée est inutile, mieux vaut la garder.

Charge générée par l'export des données

La charge de calcul du module `ndomod` est minime. Le trafic généré est variable suivant le nombre d'éléments supervisés. L'ordre de grandeur est de 5ko/s pour 1 000 services supervisés toutes les 5 minutes. Cette consommation de bande passante est raisonnable.

Ndo2db : recevoir les données et les placer dans une base

Ndo2db est, quant à lui, un démon qui se présente sous la forme d'un exécutable situé dans `/usr/local/nagios/bin` et d'un fichier de configuration `ndo2db.cfg` situé dans `/usr/local/nagios/etc`.

Configuration

Les options intéressantes de ce fichier sont les suivantes :

- `ndo2db_user` : compte utilisé pour faire tourner ndo2db ;
- `ndo2db_group` : groupe de l'utilisateur précédent ;
- `socket_type` : type de socket que ndo2db écoute. Les valeurs possibles sont :
  - `unix` : écoute un fichier socket unix,
  - `tcp` : écoute un port TCP ;
- `socket_name` : uniquement utilisé pour un socket de type unix, c'est le chemin du fichier ;
- `tcp_port` : port écouté si le socket est de type TCP, par défaut `5668` ;
- `db_servertype` : type de base de données dans laquelle on place les données. Les valeurs possibles sont :
  - `mysql` : MySQL,
  - `pgsql` : PostgreSQL ;
- `db_host` : IP du serveur de base de données ;
- `db_port` : port de connexion à la base ;
- `db_name` : nom de la base de données ;
- `db_prefix` : préfixe utilisé devant les tables de la base ;
- `db_user` : compte utilisateur de la base de données ;
- `db_pass` : mot de passe de l'utilisateur de la base de données.

D'autres étapes d'installation de `ndo2db` sont nécessaires, principalement en ce qui concerne la création de la base de données.

Démarrage

Le programme se lance de la manière suivante :

Lancement de Ndo2db

```
/usr/local/nagios/bin/ndo2db -c /usr/local/nagios/etc/ndo2db.cfg
```

Le module ndomod se lance, quant à lui, avec Nagios. Lorsque nous le démarrons, nous obtenons dans le fichier nagios.log les entrées suivantes :

Entrées dans nagios.log pour le chargement de ndomod

```
[1230409791] ndomod: NDOMOD 1.4b7 (10-31-2007) Copyright (c) 2005-2007
Ethan Galstad (nagios@nagios.org)

[1230409791] ndomod: Successfully connected to data sink. 0 queued items
to flush.

[1230409791] Event broker module '/usr/local/nagios/bin/ndomod.o'
initialized successfully.
```

Lors de son chargement, le module demande un nettoyage des anciennes entrées dans la base. Cette étape peut prendre quelques secondes.

> PRATIQUE **Réduire le temps de lancement**
>
> Pour réduire le temps de démarrage, on peut demander à ndo2db de conserver les informations moins longtemps. De cette manière, le nettoyage est plus rapide. Les paramètres max_timeevents_age, max_systemcommands_age, max_hostchecks_age et max_eventhandlers_age, exprimés en minutes, sont utilisés dans ce but.

Il envoie ensuite les éléments sauvegardés dans buffer_file pour les envoyer en base. Dans l'exemple ci-dessus, il n'y en avait pas en attente. Le module en stocke au maximum output_buffer_items. Il enregistre dans le tampon les éléments de supervision lorsqu'il n'arrive pas à se connecter à ndo2db. Il tente de se reconnecter toutes les reconnect_interval secondes. S'il arrive à se reconnecter, il vide son fichier tampon.

Par exemple, lors de la perte de connexion, nous observons ce qui suit dans nagios.log :

Perte de connexion entre ndomod et ndo2db

```
[1230412336] ndomod: Error writing to data sink! Some output may get lost...

[1230412352] ndomod: Still unable to reconnect to data sink. 0 items lost,
669 queued items to flush.
```

Puis, une fois que la connexion est rétablie :

```
[1230412384] ndomod: Successfully reconnected to data sink! 0 items lost,
1863 queued items to flush.
[1230412386] ndomod: Successfully flushed 1863 queued items to data sink.
```

Une fois en base, les informations ne demandent qu'à être lues pour obtenir les états de supervision. Pour l'instant, la console standard de Nagios ne sait pas lire ces informations, mais nous verrons comment Centreon permet de les utiliser pleinement.

PERFORMANCE **Faire attention aux performances de la base de données**

Le module ndo2db ne consomme pas beaucoup de ressources. Il ne fait que transmettre les informations à une base de données. Celle-ci peut cependant être fortement sollicitée suivant le nombre de services et de nœuds définis. Pour l'alléger, il faut sélectionner au mieux les données exportées.

Architecture de supervision distribuée avec NDOUtils

Centralisation des données par NDO

Le module NDOMOD est utile dans la mise en place d'une solution de supervision distribuée. Contrairement à la solution précédente, les serveurs Nagios sont tous au même niveau. Il n'y a pas de Nagios maître. La base de données est utilisée uniquement pour la console de supervision. Les Nagios ont la responsabilité complète de leur périmètre de supervision et de l'envoi des notifications. Leur configuration est complète.

Ils remontent les informations par le biais de modules ndomod situés sur chaque Nagios. Ils permettent de se passer des commandes de type submit_service_check_result. Les éléments sont ajoutés automatiquement dans la base de données. Chaque module NDO doit avoir une valeur instance_name différente afin de différencier ses résultats.

Les informations sont envoyées vers un démon ndo2db qui enregistre les informations dans une base. Dans la plupart des situations, ce service se situe sur le serveur de supervision qui a le plus de ressources. Ce n'est en rien une obligation. Il peut être installé sur un serveur totalement indépendant.

DÉFAUT **Des connexions non chiffrées**

À l'heure de rédaction de ce livre, le lien entre ndomod et ndo2db n'est pas encore chiffré. Votre serviteur a proposé un correctif sur NDOUtils permettant de mettre en place un chiffrement SSL. Ce correctif n'ajoute pas de surcoût notable au fonctionnement de l'outil. Il est encore en validation chez le développeur de Nagios.

Cette architecture peut être observée en figure 10-8.

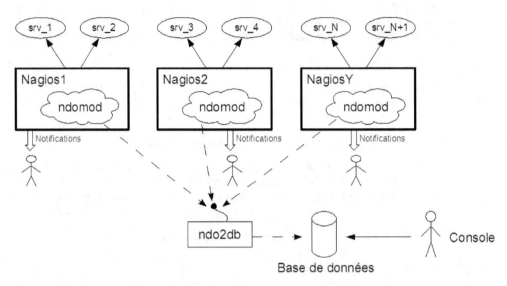

Figure 10–8 Supervision distribuée avec NDOUtils

Configuration

La configuration des services et des nœuds est répartie sur les Nagios et ce, sans duplication. La charge de l'administrateur Nagios est allégée par rapport à la solution précédente, mais reste contraignante. La gestion des configurations sur des serveurs qui peuvent se trouver très éloignés peut s'avérer délicate.

Les données de performances sont situées sur chaque serveur. Il faut que l'administrateur gère le rapatriement des données pour les intégrer dans l'outil de métrologie.

> **PRATIQUE** **Une gestion simplifiée grâce à Centreon**
>
> Nous verrons dans un prochain chapitre Centreon qui permet de faciliter cette gestion. L'administrateur pourra gérer toute sa configuration depuis une seule console.
> Centreon permet également d'automatiser la gestion des données de métrologie.

Impact limité des pertes de lien

Les pertes de connexion n'ont plus le même impact. Les Nagios ayant la pleine responsabilité de leur supervision, les pertes de connexions sont gérées comme pour tout Nagios. La console n'est pas en reste. Les informations étant transmises par ndomod, en cas de perte de connexion avec ndo2db, un tampon est disponible pour renvoyer automatiquement les informations par la suite. Il n'y a pas de perte de données.

Il est tout de même important d'être averti de ces pertes de connexion. On peut, pour cela, exploiter check_nagios, mais nous pouvons mettre en place une autre solution utilisant la base NDO. Les Nagios y enregistrent régulièrement des données. La table programstatus contenant les informations issues de PROGRAM_STATUS est ici utile. Nous pouvons y voir la dernière mise à jour d'état pour chaque instance de Nagios. Si nous recherchons l'information pour le premier Nagios, nous effectuons la requête suivante :

Requête dans la base NDO sur l'état d'une instance

```
SELECT status_update_time FROM nagios_programstatus WHERE
instance_id=1;
```

Nous obtenons le résultat suivant :

```
status_update_time=2008-12-28 15:52:03
```

Il suffit de faire la différence avec l'heure actuelle pour voir si les informations sont trop vieilles au goût des administrateurs.

Pour obtenir le numéro attribué à chaque instance, il suffit de lancer la requête suivante :

Identification des instances

```
SELECT instance_id,instance_name FROM nagios_instances;
```

Nous obtenons, ici pour une base remplie par deux instances :

```
instance_id=1, instance_name=default
instance_id=2, instance_name=distant
```

En seulement deux requêtes, il est simple de savoir si les serveurs distants sont encore fonctionnels.

La sonde check_ndo est justement faite pour cela. Son rôle est de surveiller ces enregistrements en base et d'alerter si les informations sont trop âgées. Elle prend en paramètres :

- H : l'adresse du serveur de base de données ;
- -d : le nom de la base de données NDO ;
- -u : un utilisateur de la base ;
- -p : le mot de passe de l'utilisateur ;
- -t : le temps en secondes de non-mise à jour accepté ;
- -i : le nom de l'instance Nagios qui est vérifiée.

Voici un exemple de ce que donne son lancement sur une base à jour :

Vérification de l'état d'une instance en base

```
check_ndo.pl -H srv-base -d ndo -u ndouser -p pass -t 60 -i default
```

Nous obtenons :

Instance en état OK

```
Instance "default" is running and database was updated during the last
60 seconds. OK
```

Sur une base qui n'a pas été mise à jour depuis plus d'une minute par l'instance default, nous obtenons :

Instance qui ne met plus à jour la base

```
default was not updated during the last 60 seconds.

echo $?
2
```

> PRATIQUE **Un ordonnancement fréquent**
> La charge de cette sonde est très limitée. Son intérêt étant lui très grand, il est conseillé de la planifier très fréquemment.

Répartition de charge par Worker (DNX)

Devant la complexité de la mise en œuvre de plusieurs Nagios distribués, un groupe de développeurs a décidé de proposer une méthode plus souple pour répartir la charge.

Une nouvelle utilisation de l'event broker

Des vérifications détournées

Pour cela, ils utilisent l'event broker. Ce dernier, en plus d'exporter des informations, permet à des modules de prendre la main sur des fonctions exportées.

Ce module, nommé DNX (*Distributed Nagios eXecutor*), utilise la fonction exportée NEBCALLBACK_SERVICE_CHECK_DATA. Cette dernière permet à un module de prendre en charge les vérifications actives. Lorsqu'une vérification doit être lancée, le module demande à Nagios de faire la vérification et lui retourne l'information de bon déroulement du lancement. Ce dernier est, en fait, effectué par un client distant. Ce fonctionnement est illustré en figure 10-9.

Figure 10–9 Détournement des vérifications par DNX

Le module `DNX` chargé dans Nagios, également appelé `DnxServer`, ouvre deux ports de communication :

- le port `Dispatcher`, `UDP/12480`, sert aux clients pour récupérer les commandes à lancer ;
- le port `Collector`, `UDP/12481`, sert aux clients pour retourner les résultats des commandes.

SÉCURITÉ **Des ports à ouvrir**

En cas d'utilisation conjointe de DNX et d'un pare-feu, il ne faut pas oublier d'ouvrir ces ports en entrée sur le serveur Nagios.

Des clients externes réalisant les vérifications

Les clients, nommés `DnxClients`, sont des programmes fonctionnant sous Linux. Ils utilisent un compte non privilégié, idéalement nommé `nagios`. Ils sont chargés de se connecter sur le port `Dispatcher` du serveur, et de récupérer les commandes à lancer. Les sondes doivent être placées sur les serveurs des clients.

Ils utilisent intelligemment un pool de threads pour leurs vérifications. Ce système est plus léger que la duplication de processus de Nagios. Une fois la sonde lancée, le résultat est retourné au port `Collector`.

Ce résultat, une fois récupéré par le module serveur, est exporté dans le répertoire des résultats de Nagios, comme pour n'importe quelle vérification. Nagios le parcourant régulièrement, il récupère et traite les données normalement. Ce fonctionnement est illustré en figure 10-10.

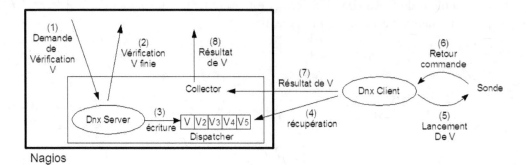

Figure 10–10 Communication au sein de DNX

Avantages

Cette méthode est très souple. Le serveur ne fait que proposer des commandes à lancer. Il ne prend pas l'initiative de contacter les clients. L'ajout d'un client est transparent pour le serveur.

La perte d'un client n'est pas critique. Les vérifications dont il avait la charge sont perdues. Nagios ne récupérant pas de résultat, il réordonnance le test. Le client étant perdu, il ne récupère pas de nouveaux tests. Ceux-ci sont à la charge des autres clients.

DNX est séparé en deux parties :

* le module serveur ;
* les clients.

Module serveur

Configuration

Une fois installé, la prise en compte du module serveur par Nagios est simple. Il suffit, comme pour NDO, d'utiliser le paramètre broker_module dans le fichier nagios.cfg :

Appel au module dnxServer dans nagios.cfg

```
broker_module=/usr/local/nagios/lib/dnxServer.so
```

> REMARQUE **Plusieurs modules dans Nagios**
>
> L'event broker de Nagios autorise le chargement de plusieurs modules. Il suffit de mettre plusieurs déclarations broker_module. Le module DNX n'entre pas en conflit avec NDO.

La configuration du module est située dans le fichier `/usr/local/nagios/etc/dnxServer.cfg`. Les paramètres principaux sont :

* `channelDispatcher` : adresses et ports à ouvrir pour la communication `Dispatcher` ;
* `channelCollector` : adresses et ports à ouvrir pour la communication `Collector` ;
* `authWorkerNodes` : listes des adresses autorisées à se connecter au serveur ;
* `localCheckPattern` : expression régulière permettant de repérer les services ne devant pas être exportés sur les clients, mais traités localement sur le serveur Nagios ;
* `syncScript` : commande permettant de synchroniser les sondes entre les clients ;
* `logFile` : fichier de journalisation du module serveur, par défaut `/usr/local/nagios/var/log/dnxsrv.log`.

Démarrage

Une fois configuré, il suffit de lancer Nagios pour charger le module :

Entrée dans nagios.log du chargement du module dnxServer

```
[1233820400] Event broker module '/usr/local/nagios/lib/dnxServer.so'
initialized successfully.
```

La lecture du fichier de journalisation de `DnxServer` permet de vérifier que tout a bien été lancé :

Lancement de dnxServer dans /usr/local/nagios/var/log/dnxsrv.log

```
[Thu Feb 5 15:13:25 2009] -------- DNX Server Module Startup Complete -
-------
[Thu Feb 5 15:13:31 2009] Allocating 25000 service request slots in the
DNX job list.
[Thu Feb 5 15:13:31 2009] Registered for SERVICE_CHECK_DATA event.
[Thu Feb 5 15:13:31 2009] Server initialization completed.
[Thu Feb 5 15:13:31 2009] DNX Registrar: Awaiting worker node
requests...
[Thu Feb 5 15:13:31 2009] Dispatcher awaiting jobs...
```

Clients DNX

Configuration

Une fois le serveur lancé, il est temps de s'occuper des clients. Lorsqu'ils sont installés, leur configuration est située dans le fichier `/usr/local/nagios/etc/dnxClient.cfg`. Les paramètres importants sont les suivants :

- `channelAgent` : adresse sur laquelle le client écoute les demandes de l'administrateur sur ses performances ;
- `channelDispatcher` : adresse du serveur auprès duquel le client doit aller récupérer les tests de vérification ;
- `channelCollector` : adresse du serveur auquel le client doit renvoyer les résultats ;
- `poolInitial` : nombre de threads alloués au lancement pour traiter les demandes ;
- `poolMin` : nombre de threads minimum que le client doit conserver ;
- `poolMax` : nombre de threads maximum qui peuvent être lancés ;
- `poolGrow` : unité d'allocation des threads ;
- `threadMaxRetries` : temps d'inactivité d'un thread avant qu'il ne se ferme ;
- `pluginPath` : chemin vers les sondes ;
- `logFile` : fichier de journalisation du client ;
- `User` : utilisateur sous lequel fonctionne le client.

Démarrage

Une fois configuré, on lance le client en appelant la commande suivante :

Lancement du client DNX

```
/usr/local/nagios/sbin/dnxClient -c /usr/local/nagios/etc/dnxClient.cfg
```

Le fichier de journalisation permet de valider le lancement :

Entrée du lancement du client DNX dans /usr/local/nagios/var/log/dnxcld.log

```
[Thu Feb 5 15:57:12 2009] -------- DNX Client Daemon Version 0.18
Startup --------
[Thu Feb 5 15:57:12 2009] Copyright (c) 2006-2008 Intellectual Reserve.
All rights reserved.
[Thu Feb 5 15:57:12 2009] Configuration file: /usr/local/nagios/etc/
dnxClient.cfg.
[Thu Feb 5 15:57:12 2009] Agent: udp://0:12480.
[Thu Feb 5 15:57:12 2009] Dispatcher: udp://172.16.49.83:12480.
[Thu Feb 5 15:57:12 2009] Collector: udp://172.16.49.83:12481.
[Thu Feb 5 15:57:12 2009] WLM: Increased thread pool by 20.
[Thu Feb 5 15:57:12 2009] WLM: Started worker thread pool.
[Thu Feb 5 15:57:12 2009] DNX Client Agent awaiting commands...
```

On peut vérifier que les commandes sont bien lancées en observant les processus de l'utilisateur nagios :

Vérification du lancement des commandes

```
ps -fu nagios
nagios   /usr/local/nagios/sbin/dnxClient -c /usr/local/nagios/etc/
dnxClient.cfg
nagios   |----->/usr/bin/perl /usr/local/nagios/libexec/check_bonding.pl
```

Avantages et inconvénients

Les avantages de DNX sont nombreux. Cette solution permet d'augmenter facilement la répartition de la charge sur plusieurs nœuds. L'ajout ou la suppression d'un client n'affecte pas, ou peu, le serveur.

Cependant, l'administrateur n'a aucun contrôle sur le client qui effectue la vérification. Si des commandes doivent être lancées d'un nœud particulier, elles doivent l'être depuis le serveur de supervision. Cette limite peut être rédhibitoire dans certains cas.

La gestion de la répartition de la charge entre les clients n'est pas évidente, même avec les paramètres de nombres de threads maximum. Il est conseillé d'avoir des machines identiques pour traiter les demandes.

Les performances de chaque client sont étrangement inférieures à celle d'un Nagios configuré pour des performances maximum. Les options de configuration vues dans le chapitre précédent ne sont plus applicables. L'administrateur risque d'avoir besoin de plus de machines en utilisant DNX que dans le cas de serveurs Nagios utilisant NDO et dont les paramètres sont affinés.

> PERFORMANCE **Des problèmes contre-balancés avec NRPE**
>
> Dans le cas où les vérifications se basent majoritairement sur check_nrpe, DNX ayant une librairie intégrée, il peut être plus performant que Nagios.

La disponibilité du processus Nagios est également un problème. Les agents ne sont pas critiques, mais le démon qui ordonnance les vérifications l'est. Il est malheureusement seul dans l'architecture actuelle.

Utilisation de DNX et NDO

Les architectures basées sur DNX et NDO ne répondent pas exactement aux mêmes besoins.

DNX est utilisé dans le cas où une instance de Nagios ne peut pas supporter la charge qui lui est demandée. L'augmentation du nombre de clients DNX permet de répartir cette charge sur plusieurs serveurs.

NDO, quant à lui, rajoute de nouvelles instances de Nagios. Elles peuvent travailler ensemble dans un objectif commun en se partageant un pan du système d'administration. Elle sont utilisées pour découper la supervision en unités logiques indépendantes.

Les notifications sont envoyées depuis chaque Nagios distribué. Le découpage de NDO peut refléter celui de l'organisation de l'entreprise : s'il existe plusieurs data-centers, chacun a sa propre équipe d'administration. Il est utile d'avoir une vision d'ensemble des problèmes. NDO peut répondre à ce besoin particulier.

Les administrateurs de chaque instance sont indépendants les uns des autres. Ils peuvent configurer leur Nagios comme bon leur semble sans risquer d'interférer avec les autres administrateurs. Si une instance est coupée du reste de la société, elle continue de surveiller son pan du système. Les administrateurs ne sont pas sans supervision pendant ce temps.

DNX, quant à lui, ne propose qu'une répartition des tests. Cette répartition n'est pas contrôlable par les administrateurs. Les notifications sont envoyées depuis un unique Nagios. Si un site est coupé du reste du monde, le client DNX n'a plus aucun intérêt puisqu'il ne peut pas interroger le serveur Nagios central. Il ne peut pas envoyer de notification. Les administrateurs se retrouvent démunis.

Ces deux systèmes ne sont pas exclusifs. NDO permet de découper de grands pans indépendants du systèmes d'information tout en ayant une vue globale des problèmes et DNX permet à chaque instance de répartir sa charge sur autant de clients qu'elle le désire. La figure 10-11 illustre cette architecture.

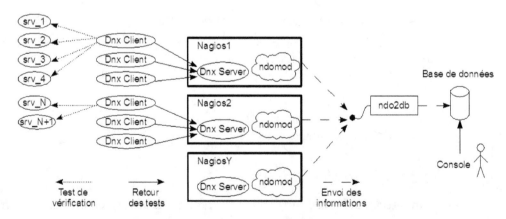

Figure 10–11 Architecture utilisant NDO et DNX de concert

Répartition de charge à haute-disponibilité

Nous avons vu les environnements à haute-disponibilité et ceux à répartition de charge. Essayons désormais d'avoir le meilleur des deux mondes.

Le besoin accru de disponibilité

Pour gérer la redondance des Nagios, la méthode active/passive est conseillée. Elle permet de diminuer la charge globale de la supervision. Elle pose tout de même le problème de la duplication de la configuration.

La répartition de charge par NDO est fiable et pratique. Elle permet de gérer simplement les pertes de liaison entre les superviseurs et le serveur de base de données. La configuration est distribuée et il n'y a pas de notion de nœud maître.

Avoir un environnement distribué augmente les chances de perdre un service Nagios. Il est important de mettre en place une solution pour gérer la perte d'un nœud. Nous allons utiliser pour cela un Nagios passif pour chaque Nagios distribué. La figure 10-12 illustre cette architecture.

Figure 10–12
Une supervision distribuée
à haute-disponibilité

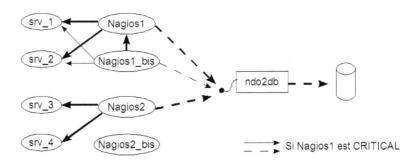

À chaque Nagios son ombre

Nous reprenons la configuration active/passive pour chaque serveur Nagios distribué. Elle se compose d'un maître et d'un autre serveur passif. Ce dernier ne lance ses vérifications que si un script lui en donne l'ordre. Leur configuration est identique en ce qui concerne les nœuds, les services et les contacts qu'ils doivent gérer.

Pour disposer d'un état cohérent quand il prend la main, le nœud secondaire doit recevoir ses états du primaire. Pour cela, nous utilisons les commandes OCSP et OCHP.

Cette solution fonctionne sans soucis dans le cadre d'un Nagios seul. Dans une architecture distribuée, il contient en plus le module ndomod. Ce dernier envoie les informations de supervision vers ndo2db. Deux envois ont lieu, un par Nagios.

Si les deux serveurs ont un nom d'instance NDO différent, chaque état est dupliqué dans la base de données. Cette situation étant à éviter, le nom est identique. Lorsque le second Nagios envoie ses données, elles sont simplement mises à jour et non dupliquées. Seul un doublement de la charge sur ndo2db et la base de données est perceptible.

Il n'y a malheureusement, à l'heure actuelle, pas de moyen de communiquer via commandes externes avec ndomod. Il faut utiliser un moyen détourné pour limiter les connexions non souhaitées provenant du système de secours.

Pour rappel, le script check_nagios_primaire.sh vérifie régulièrement que l'actif est toujours vivant. Il démarre les vérifications actives sur le système de secours si besoin. Nous pouvons lui ajouter une commande supprimant les liaisons entre ndomod et ndo2db quand le service est passif. Lorsqu'il passe en mode actif, le script est chargé d'autoriser la communication.

check_nagios_primaire.sh

```
#!/bin/sh
LIBEXEC=/usr/local/nagios/libexec
EVENT=$LIBEXEC/eventhandlers/
$LIBEXEC/check_nrpe -H srv-primaire -c check_nagios
$RET=$?
if [ "$RET" = "0" ]
then
$EVENT/disable_active_service_checks
$EVENT/disable_active_host_checks
  $EVENT/disable_notifications
  $EVENT/drop_ndo_connexions
else
$EVENT/enable_active_service_checks
$EVENT/enable_active_host_checks
  $EVENT/enable_notifications
  $EVENT/enable_ndo_connexions
fi
```

Les scripts drop_ndo_connexions et enable_ndo_connexions créent simplement une règle de pare-feu pour autoriser ou non les communications vers le port de ndo2db.

Le script suivant vérifie que la règle NetFilter est active. Si elle ne l'est pas, il la crée.

CONFIGURATION **Droits sudo**

Pour ce script, l'utilisateur nagios a besoin de lancer une commande en tant que root. Pour cela, il utilise la commande sudo. La règle à rajouter au fichier /etc/sudoers est nagios ALL=NOPASSWD:/sbin/iptables *

---

drop_ndo_connexions

```
#!/bin/sh
sudo /sbin/iptables -L | grep "ndo-server tcp dpt:5668"
RET=$?
if [ "$RET" = "0" ]
then
sudo /sbin/iptables -I OUTPUT -d ndo-server -p tcp --dport 5668 -j DROP
fi
```

Le script suivant fait exactement l'inverse : si la règle est active, il la supprime.

enable_ndo_connexions

```
#!/bin/sh
sudo /sbin/iptables -L | grep "ndo-server tcp dpt:5668"
RET=$?
if [ "$RET" = "1" ]
then
sudo /sbin/iptables -D OUTPUT -d ndo-server -p tcp --dport 5668 -j DROP
fi
```

La figure 10-13 illustre le fonctionnement de ce script.

Figure 10–13
Suppression
des connexions parasites

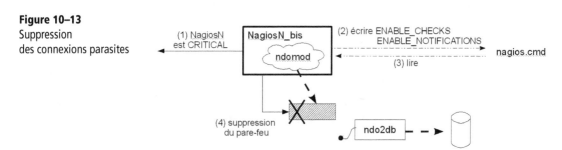

Haute-disponibilité pour NDO2DB

Une partie de la précédente architecture possède un point unique pouvant faire s'effondrer l'édifice. Voyons comment pallier cette vulnérabilité.

Un service important à doubler

Chaque Nagios étant secondé par un autre, ils sont considérés comme à haute-disponibilité. Si l'un d'eux tombe, un autre prend le relais et envoie à sa place les informations à NDO2DB. Dans les diagrammes que nous avons vus jusqu'à maintenant, ce dernier était seul. Il est pourtant important pour les consoles de supervision.

Les notifications sont toujours envoyées, mais les administrateurs ne peuvent pas obtenir plus d'informations par la console de supervision. Cette dernière se doit d'être également configurée en haute-disponibilité..

L'utilisation du logiciel HeartBeat de Linux est ici justifiée. Pour faciliter la gestion des modules ndomod, ndo2db est mis en place sur une IP virtuelle. ndo2db et l'IP virtuelle basculent au besoin sur le système de secours. Ce mécanisme est observable sur le diagramme suivant :

Figure 10–14
Haute-disponibilité de NDO2DB

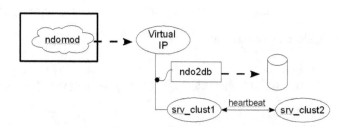

Le programme HeartBeat de chaque nœud surveille l'état de l'autre nœud. Un membre et un seul à la fois est nommé maître des ressources : l'adresse virtuelle et le processus ndo2db. S'il n'est plus disponible, le système de secours acquiert toutes les ressources. Si le nœud maître revient, il reprend la main.

Mise en place de HeartBeat

Pour mettre en place cette architecture, nous avons besoin, par exemple sur système Red Hat, des paquets heartbeat, heartbeat-stonith et heartbeat-pils. Nous supposons ici que le nœud maître se nomme srv-clust1 et le nœud de secours srv-clust2. Ils ont comme adresses, respectivement, 192.168.0.1 et 192.168.0.2. L'adresse virtuelle est 192.168.0.3 et se nomme ndo-server.

L'installation se fait en lançant sur les deux nœuds :

Installation de HeartBeat

```
rpm -Uvh heartbeat-2.0.7-1.c4.i386.rpm heartbeat-stonith-2.0.7-
1.c4.i386.rpm heartbeat-pils-2.0.7-1.c4.i386.rpm
```

Nous éditons ensuite le fichier de configuration du cluster, /etc/ha.d/ha.cf, de srv-clust1 :

/etc/ha.d/ha.cf sur srv-clust1

```
ucast           eth0 192.168.0.2

debugfile       /var/log/ha-debug
logfile         /var/log/ha-log
logfacility     local0

keepalive       2
deadtime        10
warntime        6
initdead        60

udpport         694
node            srv-clust1.domain.com
node            srv-clust2.domain.com

auto_failback on
```

CONFIGURATION **Nom des nœuds**

Les noms à placer dans les paramètres node sont ceux que l'on obtient en lançant la commande uname -n sur les serveurs.

Le fichier /etc/ha.d/ha.cf ne diffère sur srv-clust2 que de la première ligne :

/etc/ha.d/ha.cf sur srv-clust2

```
ucast           eth0 192.168.0.1
```

La configuration demande au programme HeartBeat de vérifier l'autre membre toutes les 2 secondes. Au bout de 10 secondes sans réponse, il est déclaré mort.

Le fichier /etc/ha.d/haresources sert à décrire les ressources du cluster. Il est identique sur les deux membres et se compose d'une seule ligne indiquant le nom du maître et les ressources à proprement parler :

/etc/ha.d/haresources

```
srv-clust1.domain.com Ipaddr::192.168.0.3 ndo2db
```

`Ipaddr` et `ndo2db` sont des scripts d'initialisation placés dans le répertoire `/etc/ha.d/resource.d`. Ils permettent respectivement de monter une adresse virtuelle et de lancer `ndo2db`. Le premier est fourni par le paquet `HeartBeat`. Le second, `/etc/ha.d/resource.d/ndo2db`, est reproduit ici :

/etc/ha.d/resource.d/ndo2db

```
#!/bin/sh
# Start/stop the ndo2db daemon.

Ndo2dbBin=/usr/local/nagios/bin/ndo2db
Ndo2dbCfg=/usr/local/nagios/etc/ndo2db.cfg

case "$1" in
start) echo -n "Starting ndo2db"
       $Ndo2dbBin -c $Ndo2dbCfg
       ;;
stop)  echo -n "Stopping ndo2db"
       killall $Ndo2dbBin
       ;;
esac
exit 0
```

Le fichier `/etc/ha.d/authkeys` sert à définir le message qui permet de vérifier le bon état de l'autre membre. Il est identique pour les deux membres et a les droits `root/600` :

/etc/ha.d/authkeys

```
auth 2
1 md5 "Vive ndo2db"
2 crc
```

Une fois les services `HeartBeat` lancés, les membres se mettent d'accord sur celui qui possède les ressources. Ici `srv-clust1` prend la main, car il est nommé maître des ressources dans `haresources`.

CONFIGURATION **Le lien de HeartBeat**

Ici, pour des raisons de facilité, le lien LAN primaire est utilisé pour la communication entre les serveurs `HeartBeat`. Une situation plus robuste consiste à utiliser entre les serveurs un lien dédié qui ne subit pas les aléas du réseau principal.

Adresse virtuelle pour NSCA

Dans le cadre de la mise en place des Nagios actif/passif, les nœuds passifs doivent pouvoir prendre en charge la supervision passive. Pour cela, un Heartbeat mis en place avec une adresse virtuelle suffit. C'est cette dernière qui est configurée pour les clients send_nsca. Lorsque le membre maître n'est plus actif, l'adresse virtuelle passe sur le nœud de secours et les alertes sont toujours traitées.

Supervision de HeartBeat

HeartBeat est très pratique pour mettre en place un cluster facilement. Il est important de le superviser afin de pouvoir remonter l'historique des problèmes rencontrés. Un moyen simple de vérifier si le nœud sur lequel nous nous situons est le nœud actif consiste à lancer un ifconfig. Si nous voyons l'adresse virtuelle, c'est bien le cas.

Affichage de l'interface virtuelle

```
eth0:0 inet addr:192.168.0.3
```

La commande cl_status permet d'obtenir les informations souhaitées sur l'état du cluster. Elle est appelée par la sonde dédiée à la supervision de HeartBeat. Elle se nomme check_heartbeat_link et vérifie que le programme est bien lancé sur le nœud actuel et que l'autre membre répond bien également.

Par exemple, lancé sur srv-clust1 :

srv-clust1 voit bien srv-clust2

```
Heartbeat Link OK: srv-clust2.domain.com:eth0:up
```

Si srv-clust2 n'est plus disponible

```
Heartbeat Link CRITICAL: srv-clust2.domain.com:eth0:dead
```

En un mot

Nagios n'est pas infaillible. Ses performances sont élevées, mais pas illimitées. Nagios propose des solutions architecturales permettant d'avoir une solution à haute-disponibilité, distribuée, ou les deux à la fois. Chaque architecture a ses avantages et ses inconvénients. Suivant la répartition du système d'information, les solutions basées sur DNX ou NDO peuvent permettre de gérer autant d'hôtes que le souhaitent les administrateurs. Les méthodes de haute disponibilité peuvent profiter des facilités offertes par le programme HeartBeat sous Unix.

## Troisième partie

Écosystème de Nagios et mise en place de la solution

Cette dernière partie présente les programmes associés à Nagios dans la construction de la solution globale, ainsi que leur installation et leur configuration. Tous les outils étudiés précédemment sont mis à contribution pour que le lecteur ait entre les mains une solution complète et fonctionnelle basée sur Nagios.

Le **chapitre 11** présente les outils de configuration et tout particulièrement le plus complet d'entre eux : Centreon. Nous verrons qu'il fait bien plus que générer la configuration de Nagios.

Le **chapitre 12** présente les problématiques que pose l'utilisation des information issues de Nagios. Nous abordons la visualisation agrégée des alertes sur des écrans de supervision ainsi que le reporting des alertes.

Le **chapitre 13** se concentre sur l'installation et la configuration technique des programmes. Différentes techniques de mise en place sont évoquées. Nous y traitons la mise en place par les sources afin que l'administrateur ait une connaissance approfondie de ses outils.

Après ce chapitre, le lecteur peut être tenté de partir tête baissée dans la configuration des vérifications. Avant cela, il est nécessaire de faire un point sur les indicateurs importants de la supervision des systèmes et des équipements réseau. C'est l'objet du **chapitre 14**. Ces indicateurs sont indépendants du fonctionnement de Nagios mais nous étudions également les commandes classiques de Nagios et les bonnes pratiques qui les entourent.

Le **chapitre 15** présente un système d'information type et explicite la configuration des éléments supervisés, non sans avoir rappelé les points importants qui déterminent la réussite du projet de supervision.

11

Outils d'aide à la configuration : l'exemple de Centreon

La configuration de Nagios peut être longue et fastidieuse. Heureusement, il est possible de puiser dans un écosystème applicatif très vaste pour trouver d'excellents outils d'aide à la configuration, parmi lesquels figure en première place Centreon.

Intérêt de tels outils

Étudions les avantages que les administrateurs peuvent retirer d'outils d'aide à la configuration.

Une configuration longue et fastidieuse

Le nombre de fichiers de configuration est assez important et il est courant de s'y perdre un peu. Les ajouts se faisant à la main, il est courant de commettre des erreurs de recopie.

Automatiser la configuration est donc utile et et peut faire gagner un temps considérable, qu'on passera plutôt à tester de nouvelles méthodes de détection de problèmes ou bien à en perfectionner d'anciennes.

> BONNE PRATIQUE **Efficacité**
>
> Auprès de certains publics, annoncer que l'on est capable de configurer Nagios de A à Z en ligne de commande peut faire son effet. Toutefois, en règle générale, c'est surtout signe qu'on aime perdre son temps. La configuration de Nagios est longue. Lancer vi pour ajouter un nouveau serveur n'a rien de sympathique...

De nombreux programmes gravitent dans l'écosystème d'outils libres de Nagios. Les sondes en sont la partie la plus visible, mais d'autres programmes sont également disponibles. Parmi ceux-ci, les outils de gestion de configuration ont une place toute particulière.

Ces outils sont le plus souvent basés sur une interface web. Les administrateurs y font appel pour administrer leur solution depuis n'importe quel endroit avec un simple navigateur. Leur convivialité permet de faire adopter la solution bien plus facilement que si les administrateurs doivent éditer directement les fichiers de configuration. Ils pallient bon nombres de points faibles de Nagios. Ils sont indispensables à la mise en place efficace d'une solution de supervision basée sur Nagios.

La gestion simultanée des aspects de métrologie

Ces outils ne se limitent pas à la supervision. L'aspect métrologie est également pris en compte. Ceci permet d'avoir sur la même page les alertes et les variations des indicateurs.

La partie web ne gère que l'affichage des courbes. La partie intégration des données depuis Nagios est gérée par un programme s'exécutant en tâche de fond sur le serveur de supervision. Celui-ci récupère le fichier de performances de Nagios et en exporte les données. La destination peut être une base de données relationnelle ou des fichiers RRD.

Nagios possède nativement une interface web. Celle-ci est écrite en CGI C. Ce langage n'est pas le plus approprié pour la conception de sites web. L'évolutivité de cette interface est limitée et la gestion des autorisations y est laborieuse. À l'inverse, les nouveaux outils permettent de gérer cet aspect très facilement.

La solution Centreon

Parmi toutes les solutions existantes, celle de Centreon se démarque particulièrement. Il a évolué au fil du temps pour assurer bien plus que la simple configuration de Nagios, comme nous allons le voir par la suite. S'imposant comme l'outil de référence pour bâtir une solution de supervision autour de Nagios, il est devenu indispensable pour la mise en place de Nagios dans de grands environnements.

Centreon repose sur une base très active d'utilisateurs de tous horizons. Certains sont des membres de la première heure de la communauté Nagios, d'autres sont de tout récents utilisateurs. L'entraide sur les forums est très bonne. La documentation, longtemps perçue comme le point faible de l'outil, évolue rapidement grâce à la participation de tous les membres. Un wiki est disponible afin que tout le monde puisse apporter sa brique à l'édifice.

COMMUNAUTÉ **D'Oreon à Centreon, une évolution rapide**

Le développement de Centreon commence en 2003 sous le nom d'Oreon, sous licence GLP v2. Les développeurs principaux de l'application sont français. La communauté d'utilisateurs se développe rapidement. Lorsqu'elle change de nom pour devenir Centreon, cette solution a atteint la maturité et représente un choix sûr pour mettre en place un Nagios administrable, d'autant plus qu'elle corrige au fur et à mesure ses erreurs de jeunesse, et gagne en rapidité et agilité dans la manière de proposer les informations.
▸ http://fr.doc.centreon.com/Docs:Centreon2/fr

Mise en garde : limites des outils de gestion de configuration

Si les outils de gestion de configuration sont importants, ils ne font pas tout. Faisons le point sur leurs limites.

Les outils ne font pas tout

La conception de la solution reste encore du ressort des administrateurs. Ils sont les seuls à connaître la criticité de leurs environnements. Les seuls, encore, à savoir de quelle manière ils préfèrent être avertis.

Les outils font gagner du temps lors de la mise en place, mais la phase de conception n'en est pas diminuée. Elle reste prépondérante dans la réussite du projet et ne doit sous aucun prétexte être bâclée. Le fait d'avoir un outil accélérant la mise en place de la solution ne corrige pas les erreurs d'architecture.

MÉTHODE **Un apprentissage nécessaire**

Le lecteur peut être rassuré, il n'a pas lu tous les chapitres précédents pour rien. Avec ou sans outil de configuration, leur compréhension est toujours la clé d'une mise en place réussie.

Cet état de fait est bien souvent oublié par les administrateurs. C'est pourtant la première cause d'échec de la mise en place d'une solution de supervision. Si la modification d'une sonde ou d'un paramétrage est rapide, reprendre les processus de décision concernant la supervision est bien plus contraignant. Si bien que, dans la majorité des cas, ils ne seront pas modifiés ou améliorés par la suite.

Il ne faut pas oublier que, comme il s'agit d'une couche supplémentaire à la solution, ces outils peuvent contenir des bugs. Leur conception étant relativement simple, peu de problèmes sont survenus au fil du temps. Les soucis peuvent être fâcheux, mais ils sont vite corrigés.

Nagios avance vite

Les outils permettent de gérer les options de configuration de Nagios, et celles-ci évoluent régulièrement, tout comme Nagios. Les possibilités de gestion de configuration évoluent très vite. Une configuration jugée invalide dans une version peut ne plus l'être par la suite.

> Prenons, par exemple, l'héritage implicite. Ce dernier permet d'hériter d'un nœud certains champs pour les services. Cette possibilité est arrivée avec la version 3 de Nagios. Les outils de gestion de configuration qui ne fonctionnaient qu'avec Nagios 2 considéraient qu'une configuration reposant sur ce principe était invalide. Ce qui était vrai dans Nagios 2 ne l'était plus avec Nagios 3. Les administrateurs utilisant les outils de gestion de configuration ont dû choisir entre conserver leur outil et exploiter cette nouvelle possibilité de Nagios.

Les différents éléments étant liés, leur évolution suit le même rythme. Il n'est pas toujours possible de profiter des toutes dernières nouveautés de Nagios sans attendre une mise à jour de l'outil de configuration.

Parfois le fonctionnement des outils de gestion de configuration n'est que partiel avec une nouvelle version majeure de Nagios. Dans ce cas, si les fonctionnalités perdues ne sont pas utilisées par les administrateurs, rien n'empêche d'exploiter l'outil en l'état. Dans le cas contraire, les administrateurs peuvent soit attendre une nouvelle version, soit modifier directement les outils. Ces derniers étant Open Source, rien n'empêche les administrateurs de les adapter aux nouvelles fonctionnalités. Ils peuvent en faire profiter la communauté par la suite.

Des fonctionnalités à utiliser avec parcimonie

Certaines possibilités offertes par les outils de gestion de configuration paraissent alléchantes mais sont à utiliser avec parcimonie. Dans la majorité des situations, elles permettent de combler un manque de Nagios ou d'améliorer son fonctionnement.

Il ne faut pas oublier que ce sont des surcouches de Nagios. Suivant la manière dont se font ces améliorations, elles peuvent être plus ou moins liées à l'outil. Dans le cas d'un lien faible, changer d'outil ne pose pas de problème. Avec un lien fort, une partie de la solution peut ne plus être utilisable.

La partie gérant la configuration est tout particulièrement concernée. Les outils génèrent les fichiers de configuration de Nagios, fichiers qui sont valides de son point de vue. Le problème qui peut se poser concerne leur maintenance sans l'outil. Nous verrons que c'est le cas avec Centreon.

Le problème pourrait paraître bloquant, mais il ne faut pas oublier que ces outils sont libres. Rien n'empêche les administrateurs de récupérer les données qu'ils souhaitent ou bien d'adapter les outils à de nouvelles fonctionnalités. Dans le cas d'un outil propriétaire, le problème serait beaucoup plus inquiétant.

Centreon, le meilleur ami de votre Nagios

Centreon est une référence parmi les outils de configuration de Nagios. Il est même devenu bien plus que ça.

Nous verrons en détail son installation et sa configuration aux chapitre 13 et 15.

Un outil incontournable

Dressons une liste des avancées de Centreon qui lui ont permis de gérer de plus en plus d'aspects de la solution de supervision.

Une évolution constante

Centreon a géré les aspects de configuration et de visualisation dès ses premières versions. L'affichage des alertes par Centreon ressemblait alors beaucoup à celui de l'interface CGI de Nagios. Si Centreon a évolué fortement depuis lors afin d'améliorer sans cesse son interface et de la rendre plus agréable, plus efficace pour les administrateurs, ce n'est pas le cas de celle de Nagios.

Une nouvelle gestion de la métrologie

Centreon a évolué au fil du temps pour intégrer la gestion de la métrologie. À l'époque de sa première version, seul le programme `PerfParse` était disponible pour gérer les données de métrologie de Nagios. Cet outil était très performant car écrit en C, mais il avait une interface écrite dans le même langage.

Il posait un autre problème : il stockait tout dans une base de données relationnelle, sans agréger les informations au fil du temps. Les volumes à traiter grandissaient très rapidement, si bien qu'au bout d'un moment, les interrogations pour générer des courbes pouvaient prendre plus d'une vingtaine de minutes.

Le projet a cessé d'évoluer en 2005. Centreon a alors proposé une solution nommée `ODS` (qui sera renommée `CentStorage` par la suite) afin de gérer au mieux la métrologie sans retomber dans les travers de `PerfParse`.

Une gestion simple des alertes SNMP (traps)

Une autre évolution de Centreon a consisté à prendre en charge d'une manière simple les alertes SNMP. À une époque, les administrateurs disposaient uniquement de la méthode présentée au chapitre 7 pour gérer ces alertes. Cette méthode est lourde à mettre en place. De plus, elle n'est pas souple dans le sens où toutes les alertes arrivent sur un même service. Ceci n'est pas forcément souhaitable.

Centreon apporte une solution simple et élégante à la gestion de ces alertes puisqu'elle permet de charger simplement de nouvelles alertes. Elle offre également la possibilité de sélectionner les alertes reçues et de n'avertir que les administrateurs concernés.

Des architectures distribuées enfin simples

La dernière version majeure de Centreon prend en compte la mise en place d'architectures distribuées. Comme nous l'avons vu au chapitre précédent, une telle mise en place peut se révéler complexe. Son administration au fil du temps est également problématique. De nouveaux problèmes se posent, par exemple celui des données de métrologie situées sur des serveurs distants. Centreon propose ici encore une solution simple. Les administrateurs peuvent gérer un parc de superviseurs aussi facilement qu'un serveur unique.

Sa prise en main est simple et il permet de mettre en place très rapidement une solution Nagios. Cet aspect permet de convaincre des administrateurs rebutés par Nagios et sa myriade de fichiers de configuration. Les performances de Centreon ont également bien évolué depuis ses premières versions.

PERFORMANCE **Explication des gains de performances**

Ces gains ont été possibles grâce aux améliorations de Nagios et tout particulièrement l'arrivée du module NDO.

Aspect configuration : le cœur de Centreon

Le but premier de Centreon est d'aider à la configuration de Nagios. Pour cela, il propose une application web écrite en PHP, fournissant aux administrateurs des formulaires correspondant aux différentes parties de la configuration de Nagios. Le fichier principal et les éléments de configuration sont gérés.

Une fois les paramètres fournis, les valeurs sont sauvegardées dans une base de données MySQL, fournie par Centreon. Cette partie est nommée CentWeb.

Les pages de configuration sont claires et l'on s'y retrouve facilement. Des onglets permettent de regrouper les données par thèmes. Par exemple, dans la configuration d'un service, l'administrateur a le choix entre les onglets suivants :

- Service configuration : paramètres définissant quelle commande lancer et qui avertir en cas de souci ;
- Relations : paramètres définissant les nœuds auxquels accrocher le service ;
- Data processing : paramètres concernant des options facultatives comme la vérification de la fraîcheur des services passifs ;
- Service Extended Info : données facultatives comme un lien vers la documentation ;
- Macros : onglet permettant de définir des macros pour ce service.

Dans la majorité des cas, les administrateurs n'utilisent que les deux premiers onglets.

Ils peuvent dupliquer un élément pour en définir un autre. Cette fonctionnalité est toutefois à utiliser à petite dose. Une duplication d'informations est dangereuse sur le long terme. Il est préférable d'utiliser le plus possible les modèles, afin de diminuer le nombre de pages à modifier le jour où un paramètre commun doit être changé. Les principes de configuration étudiés au chapitre 8 s'appliquent également à Centreon.

Une fois la configuration complète, l'administrateur demande à Centreon de générer les fichiers de configuration de Nagios. Avant d'écrire la configuration finale, on peut générer et faire tester par Nagios une version dans un répertoire temporaire. Si celle-ci est validée, la configuration de Nagios est écrasée et il lui est demandé de la relire.

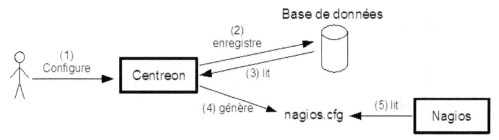

Figure 11–1 Génération de la configuration de Nagios par Centreon

L'administrateur n'a pas besoin de modifier directement les fichiers de configuration de Nagios. Ceux-ci sont regénérés à chaque demande. Il n'a pas besoin de savoir parfaitement le nom des propriétés des objets. Il est tout de même fortement conseillé de connaître la méthodologie de configuration de Nagios. Sans cela, la configuration n'a pas forcement le sens souhaité par l'administrateur.

Nous pouvons voir ci dessous une capture d'écran de l'interface de configuration d'un hôte dans Centreon.

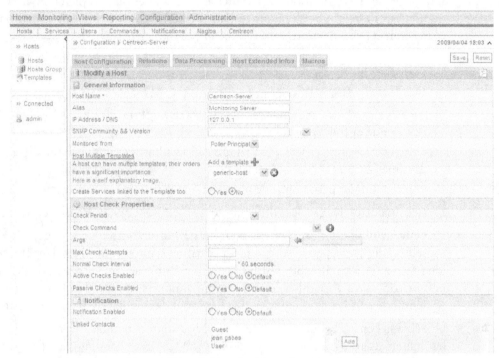

Figure 11–2   Capture d'écran de l'interface de configuration d'un hôte dans Centreon

Les configurations passées ne sont pas oubliées

Centreon possède un module permettant de charger une configuration Nagios existante en base de données. Il accepte les fichiers plats ou une archive. Cette fonctionnalité peut rajouter des valeurs ou écraser des paramètres existants.

Elle est particulièrement pratique lorsqu'un administrateur ayant déjà un Nagios en production souhaite mettre en place Centreon sans perdre toute sa configuration. Le chargement des fichiers de configuration doit cependant se faire dans un certain ordre. Centreon refusera de charger un objet qui fait référence à un élément inconnu.

L'ordre de chargement est simple. Les relations de dépendance des objets doivent être respectées. Pour rappel, les voici représentées à la figure 11-3.

Figure 11–3
Relations de dépendance
entre les objets de Nagios

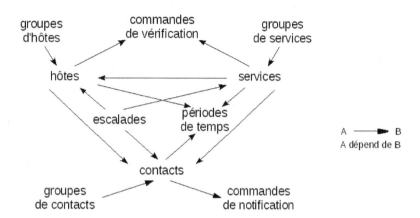

Le chargement doit être effectué dans l'ordre suivant :

1 commandes de notification ;
2 commandes de vérification ;
3 périodes de temps ;
4 contacts et groupes de contacts ;
5 hôtes et groupes d'hôtes ;
6 services et groupes de services ;
7 escalades.

Pour chaque étape, Centreon indique le nombre d'éléments qu'il a chargés. L'administrateur vérifie ainsi que l'ensemble de sa configuration est bien chargée. Une fois complète, il peut demander à Centreon de regénérer la configuration et relancer Nagios.

CONFIGURATION **Des commandes différentes**

Centreon fait la différence entre les commandes de vérification et celles de notifications. Cette différence n'étant pas présente au niveau des fichiers de Nagios, l'import doit se faire en deux étapes distinctes.

Des possibilités de configuration bien connues

Les éléments configurables dans Centreon sont variés : les classiques hôtes, services, contacts, les groupes de ces différents éléments, les périodes de temps et enfin les différentes commandes.

Centreon présente également des possibilités de gestion de configuration de Nagios. Les modèles d'éléments y sont aussi disponibles. Centreon propose une édition en masse des éléments. Les modèles sont toutefois préférables à l'édition en masse.

L'administrateur peut choisir plusieurs modèles, ils seront retranscrits dans l'ordre dans les fichiers de configuration. Les héritages multiples sont ainsi utilisables.

D'autres un peu plus particulières

Centreon propose également une possibilité de configuration que Nagios n'offre pas en standard. Il est possible d'accrocher un modèle de service à un modèle d'hôte. Ceci peut paraître inutile : après tout, ces modèles ne sont pas créés réellement dans Nagios. Ce sont juste des facilités de configuration. Ce lien entre modèles ne sera pas généré dans les fichiers de configuration. Nagios ne reconnaît pas ce type de liaison.

Mais Centreon possède une option pour générer dans sa base de données les services accrochés à un modèle lorsque celui-ci est appliqué sur un nœud. Tous les services accrochés au modèle seront générés.

Si un modèle de service est modifié, tous les services qui ont été générés à partir de lui sont mis à jour. Ceci permet de générer sans crainte un grand nombre de services.

Cette manière de procéder est une approche totalement opposée à celle d'un Nagios traditionnel. Dans une configuration normale de Nagios, les services sont appliqués aux groupes d'hôtes. Les techniques d'héritage permettent de gérer la plupart des particularités des nœuds.

Un cas est cependant difficile à gérer : lorsque nous souhaitons modifier un service particulier appliqué à un grand nombre de nœuds. Si cette modification ne concerne que peu de nœuds, une méthode à base d'héritage à macros variables est envisageable. Elle nécessite une prise en charge, par la commande, d'un argument variable suivant l'hôte. Le positionnement de cette variable sur les nœuds est également nécessaire. Ceci peut demander beaucoup de temps et d'effort.

Les services générés automatiquement par Centreon sont librement modifiables par les administrateurs. Les cas particuliers peuvent être modifiés directement. Dans ce cas, l'utilisation des services appliqués à des groupes est à remplacer par des modèles de services appliqués à des modèles de nœuds.

> REMARQUE **Valable pour les versions de Nagios antérieures à la 3.1**
>
> Comme nous l'avons vu au chapitre 8, dans les versions inférieures ou égales à Nagios 3.1, les exceptions sur un service appliqué à un groupe de nœuds n'étaient pas simples. Avec les modifications intégrées aux versions suivantes, ce problème ne devrait plus se poser.

Lors de la conception de la configuration, les groupes de nœuds sont à remplacer intégralement par les modèles de nœuds. Ceux-ci ont deux utilisations :

- placer les paramètres de supervision d'hôte ;
- servir de point d'accroche de services.

Cette méthode a cependant quelques inconvénients. Les administrateurs ont un peu de mal à s'y retrouver parmi la montagne de services configurés. Ce problème se règle rapidement avec une bonne utilisation des filtres.

Un problème un peu plus ennuyeux se pose lorsqu'un modèle est retiré d'un nœud. Les services sont générés automatiquement, mais leur suppression ne l'est pas. Ce problème peut devenir difficile à gérer lorsque le nombre de nœuds devient important.

Il se pose un autre problème avec cette utilisation lorsque l'administrateur veut changer d'outil de gestion de configuration. La configuration générée par Centreon est valide du point de vue de Nagios. On peut l'intégrer sans mal dans un nouvel outil. En revanche, les liens de templates lui sont spécifiques et ils sont donc perdus ; et avec eux, la gestion des mises à jour simples des services.

Les administrateurs se retrouvent face à un nombre important de services non factorisés. Leur travail de refactorisation est important. Les risques d'erreur sont élevés lors de cette phase. Heureusement, au vu des qualités de Centreon, ce genre de situation n'a que peu de chances de se produire.

Moins d'utilisation du shell

À la configuration d'une commande, l'administrateur peut demander à Centreon de celle-ci tester depuis l'interface graphique. Ceci permet de simuler un lancement comme dans le cadre de Nagios. L'administrateur n'a pas besoin de se connecter avec un shell pour effectuer cette vérification.

> REMARQUE **Pas toujours possible**
> Nous verrons plus loin que ce n'est pas toujours possible à cause de problèmes de droits.

Cette possibilité permet à un plus grand nombre d'administrateurs de définir des commandes ou des variations de commandes existantes. Ils n'ont pas à connaître l'emplacement physique des commandes pour les tester. Une option de Centreon permet de lancer les commandes avec l'argument -h, qui sert à demander la documentation de la sonde. L'administrateur a alors toutes les informations nécessaires pour tester et configurer efficacement sa nouvelle vérification.

Aspect supervision des alertes

Centreon permet de configurer les éléments à superviser, mais il est également capable de présenter le résultat des vérifications.

Une console très pratique

L'écran principal dresse la liste des erreurs des services. L'administrateur peut filtrer seulement sur certains nœuds ou services qui l'intéressent.

Des vues organisées par groupes d'hôtes ou de services sont également disponibles. Elles permettent aux administrateurs de garder un œil sur les informations essentielles pour eux.

Les vues les plus pratiques sont celles présentant les problèmes en cours. Les administrateurs n'ont pas grande considération pour les cas où tout est en ordre. Ce qui les intéresse, ce sont les situations où un problème se pose. Ils n'ont pas envie de passer leurs journées à parcourir des pages de messages OK pour enfin arriver à une information CRITICAL. Les pages affichant l'ensemble des informations ne sont pas souvent utilisées par les administrateurs.

Certaines vues proposent également d'afficher uniquement les problèmes qui n'ont pas encore été pris en compte par un administrateur. L'information est fournie par Nagios. Un administrateur peut avertir Nagios qu'il prend en compte un problème et qu'il est inutile de l'avertir à nouveau. Ce fonctionnement a été étudié à la fin du chapitre 3, sur la base de la commande externe ACKNOWLEDGE_SVC_PROBLEM. Nous verrons pas la suite que Centreon propose un moyen simple pour que l'administrateur prévienne Nagios.

Lorsqu'un administrateur sélectionne un hôte ou un service, il obtient les informations précises de la supervision. Outre le retour du plug-in de vérification et sa date de lancement, on dispose des informations suivantes :

- type d'état (Hard ou Soft) ;
- nombre de tentatives de vérification ;
- date de la prochaine vérification ;
- latence ;
- temps d'exécution de la vérification ;
- date du dernier changement d'état ;
- pourcentage de changement pour le flapping.

Ces informations permettent à l'administrateur de vérifier que l'information disponible est récente. Il peut ainsi vérifier où en est un service pour lequel il a été alerté récemment par e-mail. L'état présenté est le dernier que possède Nagios.

Certaines commandes externes de l'élément sont proposées. L'administrateur peut, par exemple, demander une vérification immédiate. Voici une liste des principales commandes disponibles :

- planifier une vérification immédiate ;
- désactiver ou réactiver les futures vérifications de l'élément ;

- fournir un résultat passif ;
- désactiver ou réactiver les notifications de l'élément ;
- prendre en compte l'alerte ;
- planifier une période de maintenance.

On peut fournir des commandes à Nagios sans pour autant devoir accéder à un shell sur le serveur de supervision. La syntaxe des commandes n'étant pas évidente, le passage par une page web est le bienvenu.

Nous pouvons voir ci-après une capture d'écran de l'interface de visualisation de l'ensemble des alertes, ainsi qu'une alerte particulière.

Figure 11–4
Capture d'écran de l'interface de visualisation de l'ensemble des alertes

Figure 11–5
Capture d'écran de l'interface de visualisation d'une alerte particulière

Obtention de toutes ces informations

Pour fournir ces informations aux administrateurs, Centreon doit les obtenir de Nagios. Si le fichier `status.dat` est prévu à cet effet, il possède de gros inconvénients. C'est un fichier plat, qu'il faut parcourir en entier pour obtenir la moindre information. Ce fichier peut atteindre une taille assez conséquente. Il n'est pas rare de rencontrer des fichiers `status.dat` de plus de 10Mo.

Le parcours d'un fichier d'une telle taille a un coût non négligeable, d'autant plus si nous l'analysons à chaque interrogation. Afficher les informations utiles aux administrateurs pourrait prendre plus de 5 secondes, multipliées par le nombre d'utilisateurs et par des délais de rafraîchissement des pages : les ressources d'un serveur peuvent être monopolisées par ses consoles de supervision.

Un méthode plus légère est nécessaire. Ce genre de parcours est plus efficace en base de données et les requêtes sont plus simples à écrire. C'est pour cela que Centreon utilise NDO. Le module NDOMOD, que nous avons déjà évoqué au précédent chapitre, est utilisé ici. Nagios envoie ses données dans la base NDO grâce à l'utilisation conjointe de `ndomod` et `ndo2db`. Centreon se contente de lire les données en base.

La configuration de ces deux programmes est gérée dans Centreon, ce qui en simplifie la mise en place.

Pour information, l'interface web de Nagios utilise encore à ce jour le fichier `status.dat`. Il n'est pas conseillé de l'utiliser comme console de supervision constamment affichée sur un écran. Sa charge, en termes de temps de calcul CPU, est assez importante. C'est l'une des raisons pour lesquelles elle n'est pas traitée dans cet ouvrage.

Un historique des alertes

Si observer les alertes en temps réel est pratique, pouvoir remonter le temps peut l'être également. Centreon offre un accès à l'historique de toutes les alertes passées. Celui-ci permet de vérifier ce qui s'est passé aux alentours d'une date correspondant à un incident. Le filtrage sur les noms de machines et de services permet de gagner un temps précieux lorsque nous recherchons les causes d'un problème particulier.

Centreon propose de sélectionner simplement les nœuds ou les services, qu'il rassemble en groupes de nœuds ou de services. Si le groupe entier est sélectionné, l'ensemble des informations des membres seront remontées. On peut par ailleurs appliquer d'autres filtres à celles-ci. Parmi ces filtres, les plus utiles sont ceux sur la période à étudier, le type de message recherché (une alerte ou une notification par exemple) et enfin les états des éléments recherché (comme UP/DOWN pour les hôtes ou OK/CRITICAL pour les services).

Ces sélections sont très rapides. Elles permettent de retrouver facilement et rapidement une information précise sur un évènement passé. Les informations remontées peuvent être exportées : les formats gérés sont le CSV et le XML. Ces données peuvent être utilisées par d'autres outils ou être remontées, par exemple, comme preuve à la direction.

Heureusement, cette recherche ne s'effectue pas directement dans les fichiers journaux de Nagios, qui rallongeraient d'autant la recherche qu'ils peuvent être volumineux. À la place, toutes les 5 minutes, le programme `/usr/local/centreon/bin/logAnalyser` analyse le fichier journal de Nagios. Il en extrait les informations qu'il dépose en base de données. Ce script permet également d'archiver dans `/usr/local/nagios/var/archives` les anciens fichiers journaux de Nagios.

Les recherches étant effectuées en base de données, elles sont très rapides. Elles profitent des possibilités de filtrage des requêtes SQL.

Restrictions d'accès

Les informations de supervision ne sont pas publiques. Elles peuvent contenir des données confidentielles. Certaines politiques de sécurité sont nécessaires.

Des informations privées

Les administrateurs réseau n'ont pas besoin de connaître l'état des serveurs. Les administrateurs système n'ont pas besoin de voir les détails des liens réseau. Une vue synthétique leur suffit largement.

Une alerte bénigne sur un élément réseau peut être mal interprétée par un administrateur système. Si, par exemple, un lien secondaire est tombé, il n'y aura aucune incidence sur les liens vus par les serveurs. Si, à ce moment-là, un problème survient entre deux applications, le réseau est accusé de suite. Seuls les administrateurs responsables de leur partie peuvent interpréter correctement les informations qu'ils reçoivent. Eux seuls peuvent qualifier l'alerte.

La séparation des vues sur les erreurs est importante. Une interprétation erronée est très vite arrivée. Les règles de visualisation doivent être positionnées afin de limiter ces problèmes. Les administrateurs ne doivent pas avoir accès à tous les nœuds et services.

Diminuer le nombre d'éléments affichés

En plus de conduire à des erreurs d'interprétation, présenter des éléments non pertinents pour les administrateurs est également problématique pour la lisibilité. Si un administrateur a accès à plus de nœuds qu'il ne devrait, il voit également les alertes y étant accrochées. Ces informations, s'il n'en a pas besoin, vont le polluer. Il ne verra pas clairement, au premier regard sur la console, ce qui est de son ressort ou non.

En cas d'erreur critique sur un élément, il faut vérifier duquel il s'agit. L'alerte peut porter sur un problème qui ne concerne pas l'administrateur. Il peut également perdre du temps inutilement à déterminer si l'élément impacté est de sa responsabilité ou non. Les notifications sont envoyées uniquement aux personnes responsables des éléments : la vue dans la console doit faire de même.

Des accès en modification à surveiller

Les accès en modification doivent également être limités. Certains administrateurs ne sont pas formés à l'utilisation de Nagios. Ils peuvent modifier un élément, mais sans savoir ce qu'ils font précisément. Ils peuvent créer de gros problèmes de configuration. Si la configuration est incorrecte, Nagios refusera de se relancer.

> PRATIQUE **Au moins deux administrateurs Nagios**
>
> Il est fortement déconseillé de fonctionner avec un seul administrateur Nagios. C'est d'autant plus vrai lorsque les commandes de résolution de problèmes sont configurées. Si elles causent des soucis alors qu'aucun administrateur n'est disponible, la solution de supervision dans son ensemble peut en pâtir.

Un administrateur formé règle ce problème très rapidement. Il ne se serait pas trouvé dans une telle situation. Si aucune personne capable de régler le problème n'est présente, la supervision devient indisponible et peut conduire à une situation critique. Des éléments rencontrent des problèmes sans que personne ne puisse les détecter avant les utilisateurs.

Les accès en modification doivent être réservés aux personnes qui y sont formées. Une formation, même sommaire, peut suffire. Tous les champs ne sont pas intéressants pour les administrateurs. Ceux-ci souhaitent le plus souvent changer les paramètres des commandes lancées. S'ils savent qu'ils ne doivent toucher qu'à ce champ, les risques sont amoindris.

Ils ne doivent avoir accès qu'à des éléments dont ils sont responsables. Un administrateur système n'a pas à changer un paramètre sur une sonde vérifiant un élément réseau. Même avec les meilleures intentions du monde, cela ne peut conduire qu'à des problèmes.

Gestion des accès selon Centreon

ACL

Centreon propose une gestion des accès très fine. Nommées ACL (*Access Control Lists* ou listes de contrôle d'accès), ces règles permettent de limiter la vision et les actions des utilisateurs. On peut paramétrer les pages accessibles, ainsi que les éléments modifiables.

Suivant les groupes d'un utilisateur, il pourra avoir accès à certaines parties de l'interface et pas à d'autres. Sa vision sera limitée aux nœuds et services qui le concernent. Une application simple de ce principe consiste à définir des utilisateurs ayant seulement le rôle de pupitreur. Ils ne peuvent pas accéder à la partie configuration des éléments. Ils peuvent observer les alertes des nœuds qui les intéressent, mais ne voient pas le reste des éléments définis dans Nagios.

Accès aux pages de l'interface

Les possibilités de filtrage sont regroupées dans des grandes familles que l'on peut inclure ou exclure facilement :

* `home` : vue globale des états des éléments ;
* `monitoring` : vue précise des erreurs ;
* `views` : accès à la partie métrologie ;
* `reporting` : partie réservée au reporting de Centreon ;
* `configuration` : partie concernant la configuration de Nagios et des éléments qui s'y trouvent ;
* `administration` : partie concernant l'administration de Centreon.

Visibilité sur les éléments

Les éléments visibles et modifiables sont également disponibles. La sélection peut se faire sur des groupes de machines, des hôtes ou bien des services, que l'on peut inclure ou exclure. Cette fonctionnalité permet de filtrer très finement l'accès.

Il est important de noter que ces accès sont décorrélés des notifications de Nagios. Les administrateurs peuvent recevoir une alerte de ce dernier sans pour autant avoir les autorisations d'accès à l'élément dans la console. Ce type de configuration est fortement déconseillé : les administrateurs risquent de se sentir lésés par la solution.

La partie `administration` doit être réservée aux administrateurs de Centreon. Les autres utilisateurs n'ont pas à y avoir accès. Ils pourraient y faire des modifications empêchant le bon fonctionnement de Centreon.

La partie `configuration` peut être laissée aux administrateurs ayant été formés à Nagios. Ils peuvent changer directement la configuration pour la supervision des éléments qui les concernent sans avoir à demander systématiquement l'intervention de l'administrateur Nagios. Il est conseillé de leur faire tester la configuration par Nagios avant de le relancer, car les modifications de configuration sont rarement bonnes du premier coup.

Centreon, gestionnaire de la métrologie

En plus de la configuration et de la visualisation des alertes, Centreon gère les données métrologiques recueillies par Nagios.

CentStorage : le gestionnaire des données de performances

Centreon propose un module permettant de gérer facilement la métrologie. Celui-ci se nomme CentStorage. Il récupère les données de métrologie issues de Nagios dans le fichier /usr/local/nagios/var/service-perfdata. Ce dernier est rempli par Nagios de toutes les données de métrologie issues des services. Pour cela, Centreon positionne dans la configuration de Nagios les paramètres suivants :

Activer la gestion des performances dans nagios.cfg

```
process_performance_data=1
service_perfdata_command=process-service-perfdata
```

La commande process-service-perfdata est définie comme :

Appel à la commande process-service-perfdata

```
$USER1$/process-service-perfdata "$LASTSERVICECHECK$" "$HOSTNAME$"
"$SERVICEDESC$" "$SERVICEOUTPUT$" "$SERVICESTATE$" "$SERVICEPERFDATA$"
```

Le script appelé est /usr/loca/nagios/libexec/process-service-perfdata. Il écrit simplement dans le fichier service-perfdata les données passées en arguments :

/usr/loca/nagios/libexec/process-service-perfdata

```
TIMET=$1
HOSTNAME=$2
SERVICEDESC=$3
OUTPUT=$4
SERVICESTATE=$5
PERFDATA=$6
PERFFILE="/usr/local/nagios/var/service-perfdata"

/usr/bin/printf "%b"
"$TIMET\t$HOSTNAME\t$SERVICEDESC\t$OUTPUT\t$SERVICESTATE\t$PERFDATA\n"
>> $PERFFILE
```

Voici un exemple de ligne disponible dans ce fichier :

Extrait de /usr/local/nagios/var/service-perfdata

```
1232884634      srv-web1      Reboot OK: uptime=8028213s      OK
uptime=8028213s
```

Où :

- `1232884634` : est la date de la donnée, exprimée en temps Unix. Ici le dimanche 25 janvier 2009 à 12h57.
- `srv-web1` :est le nom de l'hôte.
- `Reboot` : est le nom du service.
- `OK: uptime=8028213s` » : est le texte de retour de la sonde.
- `OK` : est le code retour de la sonde ?
- `uptime=8028213s` : est la donnée de performances à utiliser pour le graphique.

Le module `CentStorage` est un programme écrit en Perl tournant en tâche de fond. Il utilise le compte `nagios` pour fonctionner et il a pleinement accès au fichier `service-perfdata`. Par défaut, le programme `CentStorage` est situé dans `/usr/local/centreon/bin/`.

Destination des informations

Le fichier de données est lu régulièrement : par défaut, toutes les 10 secondes. Une fois le fichier analysé, il est vidé. Les données ont alors deux destinations :

- dans une base de données `MySQL` de Centreon ;
- dans des fichiers `RRD`.

Chaque service défini dans Centreon et renvoyant des données de performances possède une base `RRD`, qui est celle intéressant les administrateurs. C'est elle qui sert à générer les graphiques présentés aux utilisateurs de Centreon.

La base de données de Centreon est utilisée pour re-générer les bases `RRD` lorsque ces dernières ont des problèmes, ou bien lors des phases de migration du serveur de supervision. Les données sont conservées un certain nombre de jours dans ces deux formats (par défaut, `180` jours). Il est fortement recommandé d'augmenter cette durée de rétention, ne serait-ce que pour les bases `RRD`. Il peut être utile de conserver les données au moins une année.

Accès aux courbes

Centreon permet d'accéder rapidement aux données de métrologie depuis un service affiché sur l'interface. Différentes périodes de temps sont proposées pour l'affichage des données. L'administrateur peut observer les données sur les dernières heures, les derniers jours ou la dernière année.

Il peut également observer les données sur une période particulière. Les données sont de plus en plus agrégées au fil du temps. Cette fonctionnalité ne peut être utilisée avec des informations précises que sur des données récentes, comme sur les tous derniers jours par exemple.

Voici un exemple d'espace disque consommé sur un serveur au cours des derniers mois :

Figure 11–6
Exemple de courbe issue de CentStorage

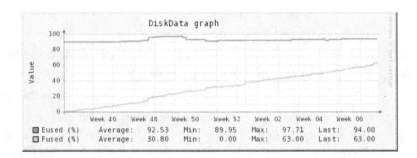

Sur cette courbe, nous observons une forte augmentation de l'espace occupé sur le disque F: (courbe gris clair). Si l'évolution continue à ce rythme, dans deux mois, le disque sera plein. Les administrateurs doivent prendre des mesures rapidement sous peine de devoir trouver de l'espace disque en urgence.

Des informations sur les performances de Nagios

Centreon propose aussi des graphiques qui ne sont pas rattachés à des services définis par les administrateurs. Ils représentent différents indicateurs des performances de Nagios. Les principaux indicateurs sont :

- le nombre de vérifications de nœuds ;
- le nombre de vérifications de services ;
- les temps de latence.

Avec ces informations, l'administrateur Nagios peut savoir d'un simple coup d'œil si Nagios a assez de ressources ou non – se référer au chapitre 9 pour l'interprétation des temps de latence.

PRATIQUE **Supervision de la latence**

Si l'observation de la latence dans Centreon est pratique, il est tout de même conseillé de mettre en place sa propre supervision comme expliqué au chapitre 9.

Centreon facilite la gestion des alertes SNMP

Comme nous avons pu le voir dans un chapitre précédent, la gestion des traps SNMP au sein de Nagios n'est pas évidente. SNMPTT facilite la vie de l'administrateur mais reste encore lourd à gérer.

Pour rappel, l'envoi des alertes SNMP vers Nagios nécessite de compiler la MIB d'un constructeur. Cette étape garantit que SNMPTT, à réception d'une alerte contenue dans la MIB, envoie une alerte passive à Nagios sur le service TRAP. La commande effectuant ceci est :

Commande de conversion de MIB pour en extraire les traps SNMP

```
snmpttconvertmib -in=EQUIPEMENT.MIB --out=/etc/snmp/
snmptt.conf.equipement --exec='/usr/local/nagios/libexec/eventhandlers/
submit_check_result $r TRAP 1'
```

Cette méthode n'était pas très pratique. Il fallait lancer cette commande pour chaque fichier MIB, ce qui n'a rien de simple. Toutes les alertes du fichier arrivaient à un même service dans Nagios, et ce même si les informations étaient destinées à des contacts différents. Il n'était pas possible de définir plusieurs services pour plusieurs contacts. Tous devaient être reliés au même service TRAP et tous recevraient les alertes.

Ce manque de souplesse explique en grande partie pourquoi les traps SNMP ne sont que peu déployés dans le cadre d'un Nagios simple. Les administrateurs n'ont pas particulièrement envie de passer leur temps à compiler des MIB en ligne de commande pour obtenir des informations trop globales à leur goût.

Un chargement et une compilation automatique

Centreon en propose une gestion simplifiée et plus souple, et les administrateurs ont tout intérêt à l'utiliser s'ils souhaitent faire usage des traps SNMP dans leur environnement.

Dans l'interface de Centreon, on peut définir des constructeurs, qui servent simplement à contenir un ensemble de MIB provenant du même fabricant. Une fois un constructeur défini, on peut lui charger des fichiers MIB directement par l'interface. Il n'y a pas besoin d'envoyer le fichier sur le serveur de supervision, il sera simplement chargé au travers de l'interface web.

Centreon propose d'effectuer automatiquement et sans effort le travail de compilation des MIB pour SNMPTT. Chaque alerte lue est insérée dans la base de données de Centreon. Une fois l'ensemble des informations nécessaires enregistrées en base, l'administrateur peut demander la génération automatique de la configuration de SNMPTT. Pour chaque constructeur, un fichier /etc/snmp/centreon_traps/snmptt-CONTRUCTEUR.conf va être créé, dans lequel nous retrouvons la structure classique de la configuration de SNMPTT : chaque OID aura sa propre entrée. Les messages des alertes et un appel au script /usr/local/nagios/libexec/traps/trapHandler y figurent. Ce script, fourni par Centreon, est chargé d'envoyer ces alertes à Nagios.

Remontée d'alertes de SNMPTT vers Nagios

Voici, par exemple, la ligne d'appel à trapHandler, située dans l'entrée d'un OID se levant en cas d'authentification erronée sur un élément réseau :

Appel à trapHandler

```
/usr/local/nagios/libexec/traps/trapHandler $aA $A $o "An
authenticationFailure trap signifies that the SNMP $*"
```

Les arguments de trapHandler sont des macros de SNMPTT. Tout comme dans le cas de Nagios, elles sont modifiées lorsque la commande est envoyée. Elles signifient respectivement :

• $aA : adresse IP de l'émetteur,
• $A : nom de l'émetteur,
• $o : OID de l'alerte SNMP envoyée.

Avec ces informations, trapHandler peut rechercher le service à mettre en alerte. Une fois que l'administrateur a défini les OID dans Centreon, il peut les associer à un service. Cette association se fait dans la base de données de Centreon. Nagios n'en a aucune connaissance. Cette fonctionnalité permet de définir plusieurs services pour des alertes différentes. Les fichiers MIB ne sont plus vus comme un bloc, mais bien comme une collection d'alertes dans laquelle les administrateurs pourront piocher à souhait.

Pour savoir qui alerter, trapHandler parcourt ces relations définies en base de données. S'il trouve, pour la machine qui a envoyé l'alerte, un service accroché à l'OID émis, il génère alors une alerte passive pour ce service. Pour cela, il écrit simplement dans le fichier nagios.cmd avec l'appel :

Envoi d'un résultat à Nagios

```
/bin/echo "[$datetime]
PROCESS_SERVICE_CHECK_RESULT;$this_host;$this_service;$status;$argument
s_line" >> $conf[0]
```

La valeur $conf[0] est le fichier nagios.cmd.

Nagios recevant une alerte passive, il lève les notifications requises au besoin, comme pour n'importe quelle alerte passive. Le fonctionnement global est illustré sur le diagramme suivant :

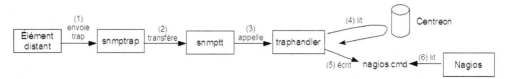

Figure 11–7 La gestion des alertes SNMP (traps) au sein de Centreon

Centreon permet d'associer simplement, et en passant uniquement par son interface graphique, des OID et des services. Les administrateurs n'ont plus besoin de compiler à la main les MIB ni d'écrire la configuration des fichiers SNMPTT pour chaque service : le gain de temps est donc très important.

Centreon pour gérer Nagios en distribué

La dernière faculté de Centreon est utile dans le cas de grands environnements : il permet de gérer simplement plusieurs serveurs Nagios.

Une configuration complexe

De même qu'il nous facilite la gestion des alertes SNMP, Centreon peut grandement nous aider à mettre en place une architecture distribuée. Comme nous l'avons vu au chapitre précédent, Nagios peut être installé sur plusieurs serveurs afin de répartir la charge de supervision.

Cette installation peut être fastidieuse. De plus, la gestion de la configuration sur plusieurs serveurs peut devenir complexe. Centreon gère cette possibilité. Avec une seule console de supervision, les administrateurs peuvent visualiser la totalité des alertes. Ils peuvent également l'utiliser pour configurer tous les Nagios répartis.

Les Nagios distants : des pollers

Pour cela, Centreon propose la notion de *poller* ou satellite. Il en nécessite au moins un. Chaque poller est un Nagios distribué. Il y a un Nagios local au serveur Centreon comme auparavant, mais aussi d'autres, situés sur des serveurs distants. Cette mise en place est simple et sera étudiée en détail dans un prochain chapitre.

Le module permettant de gérer les interactions entre Centreon et les différents Nagios est CentCore. C'est un programme écrit en Perl qui se trouve dans /usr/local/centreon/bin. Il utilise le compte nagios du serveur Centreon.

Chaque Nagios a un nom, qui sert pour la valeur instance_name de la base NDO des Nagios. Ce module est utilisé pour centraliser les alertes provenant des Nagios distribués.

Dans Centreon, chaque Nagios possède ses propres fichiers de configuration `nagios.cfg` et `ndomod.cfg`. Le serveur Centreon, quant à lui, dispose en plus d'un fichier `ndo2db.cfg` utilisé par `ndo2db`. Ce dernier réceptionne les messages des Nagios distants et envoie les informations dans une base de données.

Cette base est ensuite lue par Centreon pour afficher les informations aux utilisateurs. C'est le même fonctionnement qui est utilisé dans le cadre d'un Nagios simple mais, ici, chaque Nagios distant a son identifiant en base.

Associations poller / hôtes

Les nœuds à superviser sont accrochés à un satellite et un seul. On crée cette relation très facilement dans la configuration au sein de Centreon.

> CONFIGURATION **Un poller proche**
>
> Lorsque l'on déploie des pollers pour des problèmes de performances, il est fortement recommandé de sélectionner le satellite le plus proche en termes de réseau pour effectuer la vérification.

Une fois ces relations définies, Centreon génère la configuration de chaque poller. Celle-ci se compose des fichiers `nagios.cfg` et `ndomod.cfg`, mais également des fichiers de tous les éléments à superviser et ce qui y est raccroché. Seuls les éléments devant être supervisés par le poller sont générés. La configuration globale est répartie sur l'ensemble des pollers.

L'ensemble des contacts et des commandes figurent dans les configurations distribuées. Les serveurs distants devant lancer les vérifications et avertir les administrateurs, ils ont besoin de ces informations.

Envoi des configurations

Cet éclatement de la configuration est effectué par `CentCore`. Une fois toutes les configurations générées, elles sont envoyées sur les serveurs distants grâce à `SCP`, commande de copie utilisant le protocole `SSH`. Une fois l'envoi terminé, un test est effectué avec la commande `md5sum` afin de vérifier que les fichiers n'ont pas été modifiés pendant l'envoi.

L'administrateur peut demander à chaque Nagios distant de vérifier la configuration qui lui est soumise. Si elles sont toutes valides, il peut leur demander de recharger leur configuration.

Des Nagios presque indépendants

Chaque processus Nagios distant fonctionne de manière indépendante des autres. Ils n'ont même aucune connaissance les uns des autres. Leur seul lien avec Centreon est leur module NDOMOD qui envoie les données vers la base NDO.

Ils doivent superviser les hôtes que leur ont confiés les administrateurs. Ils doivent lancer les commandes de vérification et gérer les problèmes comme le ferait n'importe quel Nagios. Leur comportement est identique à un Nagios unique ayant sa propre configuration. Ils lancent les notifications si besoin.

Les pertes de connexion avec NDO2DB sont gérées avec le tampon d'envoi de ndomod, ce que nous avons étudié au chapitre précédent. Il est conseillé de dimensionner ce tampon de manière assez large si les liaisons entre les différents éléments sont de mauvaise qualité.

> PRATIQUE **Ne pas oublier de surveiller les Nagios**
>
> Comme étudié au chapitre 10, la supervision des Nagios est importante. Pour cela, la sonde check_ndo est toute adaptée.

Métrologie issue des satellites

Les valeurs de métrologie recueillies sur les pollers ne sont pas oubliées. Chaque Nagios génère son propre fichier service-perfdata. CentCore récupère ces fichiers régulièrement. Ce transfert se fait, comme pour les fichiers de configuration, par SCP. Une fois récupérés, les fichiers sont déposés dans le répertoire /var/lib/centreon/perfdata/ID. La valeur ID est l'identifiant du satellite dans la base Centreon. Une fois un fichier déposé dans ce répertoire, CentStorage l'intègre dans sa base MySQL et dans les bases RRD. La suite est identique au cas d'un seul satellite. Ce fonctionnement est illustré par le diagramme suivant :

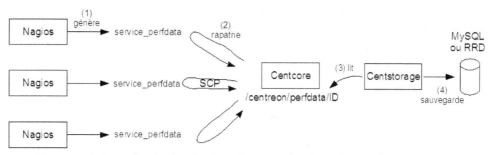

Figure 11–8 La gestion des données de performances dans le cas d'une architecture distribuée

Les administrateurs n'ont pas à se préoccuper de l'intégration des données de performances lorsqu'ils disposent d'une architecture distribuée. Leur travail en est grandement facilité.

Des notifications à repenser

Dans cette configuration, les notifications sont envoyées directement par les Nagios satellites. Si, dans la majorité des cas, cela ne pose pas de problème, certains cas particuliers font surface.

Les serveurs SMTP des entreprises ne sont pas ouverts à toutes les machines. Il existe une liste de serveurs autorisés à s'y connecter. Dans le cas d'une architecture distribuée, chaque serveur distant a besoin d'un tel accès. Il ne faut pas oublier de les rajouter et procéder à un test d'envoi d'e-mail lors de la mise en place.

L'utilisation de `rss-multiuser` peut également poser des problèmes. Les serveurs distants ont juste besoin d'un Nagios. Un serveur Apache n'est pas utile. Si les processus `nagios` génèrent chacun un fichier `RSS`, les administrateurs doivent rajouter un serveur web sur chaque satellite. Pour empêcher cela, il peut être utile de faire pointer les sorties des scripts `rss-multiuser` sur un partage `NFS` monté par le serveur Centreon qui héberge le service Apache. De cette manière, chacun rajoute ses informations dans un fichier commun.

En un mot

Les outils d'aide à la supervision peuvent recéler des pièges que les administrateurs doivent connaître : il est courant de voir des personnes mettre en place une solution complète et penser qu'avec une interface graphique, ils n'ont pas à concevoir les méthodes de supervision. Ces outils sont néanmoins très utiles, ils induisent un gain de temps à ne pas négliger. Parmi eux, Centreon est une référence. Il s'occupe de nombreux aspects de la solution comme la supervision, la configuration, la gestion des alertes SNMP (traps) ou encore la métrologie. Il facilite grandement la mise en place d'environnements distribués.

12

Au-delà de la supervision : cartographie et reporting

Une fois les informations de supervision recueillies, il peut être important de les présenter sous différentes formes, que les données soient utilisées immédiatement ou agrégées pour être intégrées dans des indicateurs.

Agrégation de vues avec NagVis

Nous avons étudié les notifications et les consoles de supervision. Jusqu'ici, la présentation des alertes est très technique. Voyons comment il est possible de représenter ces informations pour coller au mieux au système d'information tel que ce que les administrateurs et les utilisateurs se le représentent.

Mise en relief des informations importantes

Le rôle de cette représentation n'est pas de remplacer les consoles de supervision. Elle doit se limiter à un nombre raisonnable d'indicateurs représentatifs.

> RAPPEL **Des moyens d'alerte variés**
>
> Les administrateurs reçoivent les notifications de Nagios sous diverses formes. Les e-mails, flux RSS et SMS sont les moyens les plus connus. Le chapitre 6 en a présenté une large panoplie. Certains peuvent faire sourire, mais ils représentent des moyens efficaces pour que les administrateurs présents à leur bureau soient avertis.
>
> Les consoles de supervision sont également une source précieuse d'informations sur les alertes en cours. Certaines n'ont pas encore été envoyées aux administrateurs car elles demandent vérification. Leur niveau de criticité peut cependant être important. Des alertes de niveau CRITICAL sont captées du regard bien plus facilement que de simples avertissements. Cette gestion des niveaux de criticité a également été étudiée au chapitre 6.

Des consoles qui ne se vident pas

Un nombre conséquent d'alertes sont présentes en continu sur ces consoles de supervision. Elles présentent au minimum les notifications qu'ont reçues les administrateurs et généralement un peu plus. Suivant la taille du système d'information, le nombre moyen d'alertes varie entre 1 % et 2 % du nombre d'éléments supervisés. Les consoles ne sont jamais totalement vertes. Les administrateurs ayant comme objectif de n'avoir aucune erreur déchantent généralement assez vite.

Les erreurs ne restent jamais bien longtemps sur la console. Pour celles qui ne sont que passagères, un test supplémentaire suffit à les supprimer. Les administrateurs ne reçoivent pas de notification pour de telles alertes. Elles ne sont présentes que temporairement sur les consoles de supervision. Dans d'autres cas, il peut s'agir de vraies erreurs ; dans ce cas, les administrateurs sont avertis et les résolvent rapidement.

Une console de supervision affiche donc toujours des erreurs, qu'elles soient temporaires ou non. Les systèmes et les applications en subissent constamment.

Les administrateurs se battent pour que ce nombre reste raisonnable. Ils tendent, au fil du temps, à améliorer la situation grâce à des interventions plus rapides ou des résolutions automatiques. Le nombre d'erreurs moyen est censé diminuer, mais c'est sans compter sur le fait qu'ils définissent aussi de nouveaux indicateurs. Ils supervisent de plus en plus d'éléments – car ils ne sont limités, en la matière, que par leur imagination.

Un équilibre existe entre ces deux tendances. Il se stabilise entre 1 et 2 % de taux moyen d'alertes. Celles-ci tendent à devenir de moins en moins critiques. C'est sur cet aspect que les administrateurs peuvent le plus améliorer la disponibilité du système d'information.

> EN PRATIQUE **Un taux de 1 % à viser... après paramétrage !**
>
> Ce taux n'est valide que pour une solution stabilisée. Lors de sa mise en place, les erreurs de paramétrage lui font régulièrement dépasser 10%.

Des alertes plus ou moins critiques

Les alertes remontent dans la console pour l'ensemble des environnements. Les simples avertissements sont nombreux. Les administrateurs ne veulent voir en direct que les indicateurs qui les intéressent vraiment. Pour le reste, les notifications font très bien l'affaire. Ils traiteront ces problèmes en temps voulu, une fois la production assurée.

Une vue plus agrégée des alertes peut être pratique. Cette vue peut être affichée sur des écrans allumés dans le service informatique. Même si les administrateurs ne sont pas à leur poste, ils peuvent voir si un élément est en panne.

Ces écrans, contrairement aux e-mails ou aux notifications, sont visibles par l'ensemble des personnes présentes dans les locaux. Il est extrêmement important de n'y faire figurer que des informations utiles. Si un directeur passe et observe sur l'écran une image de périphérique avec des indicateurs rouges ou verts, il peut ne pas l'apprécier, d'autant plus que les ressources consommées sont celles de son service.

EN PRATIQUE **Une vitrine à ne surtout pas négliger**

Ces écrans sont la partie la plus visible de la solution de supervision. Ils servent aussi de point d'accès aux informations pour les non-administrateurs. Ils sont aussi importants que la partie non visible.

Écrans publics et écrans privés

Les écrans peuvent être selon les cas :

- visibles de tout le monde ;
- visibles des seuls administrateurs.

La figure 12-1 présente un exemple de placement des différents écrans.

Figure 12–1
Exemple de placement
des écrans

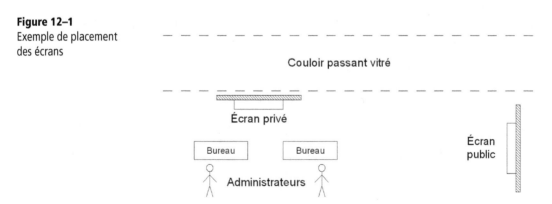

Dans ces deux situations, les informations qu'il est possible de fournir ne sont pas identiques, comme nous allons le voir par la suite. Que ce soit sur le fond ou la forme, les deux types d'écrans ne présentent pas les mêmes niveaux d'information.

Il est important que les écrans des administrateurs ne soient pas visibles de tout le monde. Les responsables eux-mêmes ne devraient pas les avoir sous les yeux en continu. Dans la majorité des cas, ils ne peuvent pas prendre le recul suffisant pour interpréter les informations reçues de Nagios. Ce ne sont pas eux qui ont défini les services et les seuils de criticité.

Ils ne devraient venir voir ces écrans que lorsqu'un indicateur est passé en orange ou en rouge sur les écrans publics. Une fois avertis d'une application posant problème, ils peuvent demander à un administrateur ce qui se passe. Bien souvent, ce dernier peut alors montrer l'écran où l'information est clairement affichée.

Choisir les informations à afficher

Le choix des indicateurs importants varie selon le public visé. Les changements portent sur le fond aussi bien que sur la forme des écrans.

Sélection des alertes sur les écrans publics

Les administrateurs n'aiment pas que les écrans publics affichent en permanence du rouge, puisqu'ils sont... responsables lorsque quelque chose va mal. Le rouge est directement interprété comme une erreur critique par la majorité des personnes. Des écrans continuellement rouges sont synonymes de problèmes critiques constants. Or si tel était réellement le cas, ces administrateurs ne seraient plus en poste depuis longtemps... C'est donc que le système d'information fonctionne plutôt bien en période normale.

Ces périodes normales devraient être caractérisées par des écrans publics principalement verts, qui ne sont pas nécessairement ceux des consoles d'administration, puisque ces dernières relèvent y compris des avertissements sur l'ensemble du système.

RAPPEL **Sélection des indicateurs**

Les administrateurs doivent faire particulièrement attention aux indicateurs sélectionnés pour l'affichage. Ce qui est critique pour eux ne l'est pas forcément pour leur direction. Un service de sauvegarde peut être arrêté et remonté en erreur critique pour les administrateurs. Pour eux, le problème est grave. Sans intervention, les prochaines sauvegardes n'auront pas lieu. Le service est tout de même fourni aux utilisateurs. C'est cet aspect, et uniquement celui-là, qui doit être remonté sur les écrans publics.

Les vues utilisateur doivent être exposées au regard de tous ; elles démontrent ainsi une volonté de transparence de la part du service informatique – à plus forte raison quand celui-ci a mauvaise réputation. Les administrateurs sont généralement vus comme des personnes peu sympathiques, s'exprimant en des termes ésotériques pour la majorité des personnes. Ils sont responsables de tous les maux survenant sur le système d'information. Bien souvent, ils sont même accusés de faire de la rétention d'information quant à la disponibilité des applications.

Avec un tel système d'écrans, tout le monde peut savoir dans quel état se trouvent les applications. Il n'est pas utile d'afficher des indicateurs trop hermétiques aux utilisateurs, comme les charges des machines ou les espaces disque. C'est l'accessibilité des applications qui doit être l'information principale et visible comme telle.

Quant aux niveaux de fonctionnement dégradés, ils peuvent certes être représentés sur ces écrans mais sans être considérés comme critiques. Un utilisateur ou un directeur passant par là et voyant une croix rouge à côté du nom d'une application pense immédiatement qu'elle n'est pas disponible du tout. Si l'indicateur est orange, il comprend, sans que personne ne lui donne la notice d'explication, que des problèmes existent mais qu'ils ne mettent pas en péril l'utilisation de l'application.

Sélection des alertes sur les écrans privés des administrateurs

Les administrateurs aiment être avertis en cas de problèmes. Ils ne veulent l'être que lorsque cela les intéresse vraiment. Ce dilemme s'est déjà posé lors de la mise en place des notifications. Il se pose à nouveau lorsque nous parlons des écrans de surveillance qu'ils ont sous les yeux en permanence.

Les administrateurs sont encore plus sensibles à ces derniers qu'aux notifications. Ils doivent donc choisir un nombre restreint d'indicateurs au sein de Nagios à afficher en continu. Le critère de choix est similaire à celui des notifications critiques. Seules les alertes demandant une intervention immédiate doivent être présentes sur ces écrans.

Il est possible de voir ces écrans de surveillance comme un prolongement des notifications, qui avertissent d'un problème que, suivant le niveau de criticité, l'administrateur prend en compte ou non. Les écrans de supervision peuvent ainsi concentrer les indicateurs les plus importants pour les administrateurs. Ceux-ci reçoivent toujours les notifications, mais leur regard est attiré automatiquement lorsqu'un changement se produit. Au lieu d'afficher une liste d'erreurs, les écrans peuvent représenter un état global des systèmes. En cas d'erreurs nombreuses, cela permet de s'y retrouver beaucoup plus facilement et les administrateurs traitent en priorité ce qui se trouve sur les écrans.

Les états des applications sont de bons indicateurs pour les administrateurs. Ils reflètent le service délivré aux utilisateurs. On peut également ajouter d'autres indicateurs plus techniques, par exemple les liens réseau. La visualisation des différents éléments d'un cluster est également importante. Les utilisateurs ont toujours accès aux applications, mais les administrateurs doivent régler les problèmes le plus rapidement possible avant qu'ils ne se propagent.

Ces écrans permettent aux administrateurs de faire leur contrôle matinal bien plus rapidement. Ils peuvent bien sûr aller vérifier les notifications qu'ils ont reçues pendant la nuit, mais un écran leur montre l'état actuel. Un écran rempli de vert est bon signe : il n'y a pas d'erreur importante. Ils peuvent se concentrer sur des actions moins importantes que remettre en marche la production.

> REMARQUE **Des différences entre les écrans pour administrateurs et pour utilisateurs**
>
> Il est intéressant de remarquer que les administrateurs souhaitent des écrans bien différents de ceux des utilisateurs. Ils tendent vers une vision conceptuelle de leur architecture. A contrario, les utilisateurs veulent des informations basiques limitées aux applications. Ces différences illustrent bien les différents points de vue entres ces deux mondes.

Les flux entre les applications sont également des informations qu'il est possible d'afficher. Les administrateurs peuvent, en arrivant le matin, tout comme pour l'état des applications, savoir si les traitements importants de la nuit se sont bien passés. Cette vérification a le mérite d'être immédiate.

Lutter contre la tentation de multiplier les indicateurs

Les administrateurs ont tendance à vouloir toujours plus d'indicateurs sur les écrans de supervision. Ce n'est pas une bonne idée. L'administrateur en charge de Nagios pourrait y passer ses journées.

> RAPPEL **Écrans versus consoles de supervision**
>
> Rappelons que les écrans ne remplacent pas les consoles de supervision comme celle de Centreon. Ils sont une *agrégation* des indicateurs les plus importants.

Les administrateurs doivent identifier parmi les leurs un nombre raisonnable d'éléments à afficher. S'ils ne sont pas capables de le faire, c'est qu'ils n'ont pas été capables de bien ordonnancer leur criticité pour les notifications. Il faut alors leur expliquer comment procéder.

Des vues hiérarchisées d'indicateurs

Comme nous allons le voir par la suite, on peut présenter sur les écrans des indicateurs en contenant d'autres.

Cela permet de créer une hiérarchie de cartes. Une conception du général au particulier est recommandée. Le système d'information doit être représenté dans son ensemble. Nous le découpons en applications principales. Celles-ci peuvent être redécoupées géographiquement si besoin.

La figure 12-2 montre un exemple de hiérarchie de cartes.

Figure 12–2
Exemple de hiérarchie
de cartes de supervision

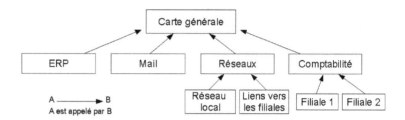

Plus on descend dans l'arbre des cartes, plus on entre dans le détail. Les responsables n'ont pas besoin d'avoir les cartes précises sous les yeux. Une vue plus haute leur suffit généralement.

Deux hiérarchies parallèles sont utilisées :

* une pour les écrans publics ;
* une autre pour les écrans des administrateurs.

La vue des administrateurs est plus précise que celle des utilisateurs. Elle comporte bien plus d'erreurs. Si cette vue se situait en-dessous, hiérarchiquement, de celle des utilisateurs, ces derniers observeraient des erreurs qu'ils ne devraient pas voir. Un autre arbre parallèle au premier est nécessaire. Les données ne sont pas liées à un arbre, mais peuvent être affichées dans plusieurs arbres simultanément. Il n'y a donc pas de problème de duplication de données.

PRATIQUE **Un nombre variable de hiérarchies**

Nous conseillons deux hiérarchies afin de bien séparer les vues utilisateur et administrateur. Ce nombre ne constitue pas une limite haute. Si des vues représentent une vision plus précise d'un pan du système d'information et qu'elles ne sont destinées qu'à certains utilisateurs, alors elles peuvent former leur propre hiérarchie.

Vues de différents types : logique, physique, géographique

Si la visualisation au sein de Nagios ou de Centreon est très axée sur les erreurs des machines, les cartes de supervision laissent libre champ à l'imagination des administrateurs.

Différents types de vues sont possibles. Ils vont dépendre de ce que Nagios est capable de superviser. Ses possibilités sont grandes ; par exemple il est possible de faire figurer des indicateurs qui ne sont pas du tout techniques (par exemple, indicateur issu d'une sonde alertant un financier sur la chute d'un cours de bourse, etc.).

De manière générale, on peut distinguer trois types de cartes :

• physique : représentation des serveurs ou des éléments réseaux ;
• logique : représentation des applications ;
• géographique : liens réseau entre les pays, par exemple.

Les administrateurs peuvent représenter facilement des indicateurs pour des personnes peut enclines à recevoir des alertes par e-mail. Elles peuvent avoir un état des lieux des informations importantes en levant la tête.

Représenter graphiquement la prise en compte des erreurs

Les outils de mise en page de cartes permettent de présenter les erreurs ayant été prises en compte. Cela permet aux administrateurs de montrer que le problème est en cours de résolution et qu'il n'est pas nécessaire de les prévenir qu'un incident est en cours.

Les administrateurs sont plus enclins à utiliser cette fonction de Nagios si elle est directement visible. Elle peut même devenir une véritable interface entre les administrateurs et les utilisateurs. Ces derniers peuvent vérifier simplement qu'un problème est survenu, mais également qu'il a été détecté et pris en compte par les personnes responsables. Si la prise en charge des incidents est rapide, l'image du service informatique peut être fortement améliorée.

Localiser et illustrer les erreurs

Les vues doivent être présentées de façon claire et concise. De longues listes linéaires d'erreurs permettent à l'administrateur de s'apercevoir qu'une erreur est en cours, mais l'obligent à s'approcher de l'écran pour connaître précisément l'environnement en cause.

Si en revanche l'erreur est localisée sur un schéma de l'environnement par une croix rouge, située devant un élément, le message est bien plus clair. Il n'est pas nécessaire de s'approcher de l'écran pour savoir ce qui est en panne.

Quant aux images représentant les éléments, elles doivent être choisies avec soin. Si l'élément représenté est une imprimante, mettre une image de serveur n'a que peu de sens. Mettre l'image d'une imprimante quelconque est déjà une démarche plus intéressante.

Ces vues sont aussi nombreuses qu'il y a de systèmes informatiques. Les administrateurs doivent pouvoir définir eux-mêmes les images de fond des écrans. Ils peuvent ainsi y placer, à leur convenance, les informations relevées par Nagios. Ce dernier mettant à jour ses informations régulièrement, les administrateurs observent des données à jour.

Ces images de fond doivent être sobres. Si elles fourmillent de détails, on a du mal à y retrouver les informations importantes. Des diagrammes avec des couleurs pâles sont très adaptés à ce genre de cas. Ils peuvent représenter facilement les différentes couches des applications.

GRAND COMPTE **Sur une carte du monde...**

Les situations géographiques peuvent également être prises en compte. Une simple carte du monde avec peu de couleurs et quelques indicateurs représentant la connectivité des filiales suffit. Cette carte est interprétée par tout le monde comme l'état des liens entre les pays. Le titre de la page n'est même pas nécessaire.

Fonctionnement de NagVis pour cartographier les erreurs

Parmi les outils permettant d'agréger les données de supervision de Nagios pour obtenir des écrans de supervision, il en est un qui se détache nettement en termes de fonctionnalités et de stabilité : NagVis. Écrit en PHP, il utilise beaucoup de Javascript afin de donner vie aux pages.

COMMUNAUTÉ **Licence GPL v2 de NagVis**

La licence de NagVis est, comme souvent, la GPL v2. Le projet NagVis connaît une évolution sûre et régulière, et regroupe une très large communauté. Les contributions d'utilisateurs concernent principalement des images utilisables pour l'outil.

La création des cartes se fait directement depuis son interface web. Cette étape est intuitive. Les fonctionnalités Javascript font que la définition d'un élément et son placement sont faciles.

Disposition des indicateurs sur une carte de supervision

NagVis propose aux administrateurs de créer leur propre carte de supervision. Celle-ci est un simple fond au format PNG sur lequel ils placent différents indicateurs. Il est possible de choisir ceux-ci dans la liste suivante :

- hôte ;
- service ;
- groupe d'hôte ;
- groupe de service ;
- carte.

Si les premiers éléments sont clairement définis, le dernier nécessite quelques explications. Il permet d'obtenir une hiérarchie entre les cartes. Un état est associé à chaque carte, correspondant à l'état le plus grave des éléments qu'elle contient. Si une carte contient un hôte qui est en état DOWN, alors elle est en état critique.

Les informations peuvent ainsi être remontées aux niveaux supérieurs. Si les niveaux les plus élevés sont verts, c'est que tous les indicateurs définis en-dessous le sont également.

Choix des images par l'administrateur

Images des éléments supervisés

En plus de permettre le choix des fonds de carte, NagVis propose aux administrateurs de choisir les images représentant les différents éléments supervisés. Une collection est disponible en standard. Elle est composée d'images au format PNG représentant des croix rouges, oranges ou vertes. Une collection a un nom (NOM) et les images qui la composent doivent être nommées en respectant la forme suivante :

- NOM_ack.png : un problème sur un hôte ayant été pris en compte par un administrateur ;
- NOM_error.png : l'information n'est pas disponible ;
- NOM_unknown.png : l'état est UNKNOWN ;
- NOM_critical.png : le service est en état CRITICAL ;
- NOM_ok.png : le service est en état OK ;
- NOM_up.png : l'hôte est en état UP ;
- NOM_down.png : l'hôte est en état DOWN ;
- NOM_sack.png : un problème sur un service ayant été pris en compte par un administrateur ;
- NOM_warning.png : le service est en état WARNING.

Ces images doivent être situées dans le répertoire /usr/local/nagios/share/nagvis/nagvis/images/iconsets. Les administrateurs peuvent définir, sur chaque carte, une collection à utiliser par défaut. Si un ou plusieurs éléments doivent utiliser une autre collection, il est possible de le spécifier.

Les administrateurs peuvent ainsi créer des images de différentes tailles ou plus représentatives des éléments que les simples croix fournies par défaut.

ERGONOMIE **Le format PNG pour gérer la transparence**

Les images doivent être au format PNG. Cela permet de gérer la transparence. Sans cela, les cartes sont beaucoup moins jolies.

De nombreux modèles sont mis à disposition par la communauté. Ils peuvent être adaptés librement.

Bibliothèque d'images libres

NagVis permet également aux administrateurs de placer sur les cartes les images qu'ils souhaitent – sans qu'elles soient forcément liées à un élément supervisé. Elles peuvent être utiles afin d'égayer les fonds choisis par les administrateurs.

Il est bien plus simple de définir un fond simple et basique, et d'y apposer des images, que de redessiner des fonds pour chaque cas. Les administrateurs pouvant placer les images librement avec un simple navigateur web, la maintenance et la création de nouvelles cartes en est simplifiée.

La figure 12-3 présente un exemple de carte qu'il est possible de créer avec `NagVis`, en l'occurrence une représentation des états des services principaux d'un système de messagerie électronique.

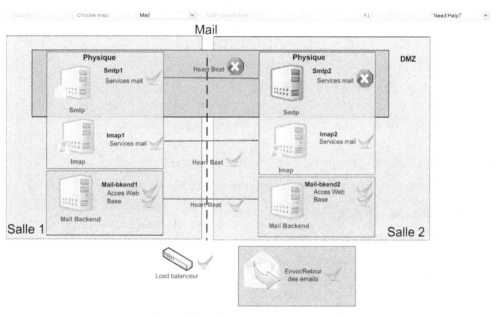

Figure 12–3 Exemple de carte avec NagVis

Récupération des états

NagVis peut récupérer les données de Nagios de plusieurs manières. L'administrateur doit pour cela définir un backend, autrement dit une méthode d'accès aux informations. Deux backends sont disponibles :

- ndomy ;
- ndo2fs.

Ndomy : lecture depuis une base MySQL (ndo2db)

La première méthode est utilisée dans le cas où les informations issues de Nagios sont stockées grâce à ndo2db. NagVis récupère les données de Nagios en scrutant la base NDO. Dans le cadre d'une solution utilisant Centreon, NDO est déjà présent. L'intégration de NagVis en est facilitée.

Les requêtes de NagVis ne sont pas particulièrement consommatrices du point de vue de la base de données. Lors de la configuration de NagVis, il faut fournir le nom, l'adresse et un compte pour la base de données.

Ces paramètres doivent être placés dans la partie backend_ndomy_1 du fichier de configuration de NagVis :

- backendtype : nom du module utilisé, ici ndomy ;
- dbhost : adresse du serveur MySQL ;
- dbport : port de la base ;
- dbname : nom de la base NDO utilisée ;
- dbuser : utilisateur pour accéder à la base ;
- dbpass : mot de passe de l'utilisateur ;
- dbprefix : préfixe utilisé pour les tables de la base NDO, généralement nagios_ ;
- dbinstancename : nom de l'instance Nagios utilisée ;
- maxtimewithoutupdate : temps d'inactivité d'instance à partir duquel NagVis affiche une erreur ; généralement 180 secondes (3 minutes).

Voici un exemple de configuration standard :

Configuration MySQL pour NagVis

```
[backend_ndomy_1]
backendtype="ndomy"
dbhost="localhost"
dbport=3306
dbname="db_nagios"
dbuser="nagios"
dbpass="superpassword"
dbprefix="nagios_"
dbinstancename="default"
maxtimewithoutupdate=180
```

Ndo2fs : lecture depuis des fichiers plats

Ce module concurrent de ndo2db permet d'exporter les données de Nagios non pas dans une base de données mais directement en fichiers plats. Le programme ndo2fs est un programme écrit en Perl qui écoute sur un socket les informations provenant de ndomod. Assez jeune, il n'est pas encore très utilisé.

EN COULISSES **Choix du nom de ndo2fs par les auteurs de NagVis**

Les auteurs de NagVis ont nommé leur module ndo2fs du même nom que le programme éponyme qui *génère* les fichiers en sortie de ndomod (qui joue un rôle équivalent à ndo2db).

---

ndo2fs peut être utile dans le cas où l'on ne souhaite pas mettre en place de base MySQL. Si l'on n'utilise pas Centreon, la base de données n'est qu'une gêne pour obtenir les informations. Avec ndo2fs, un simple répertoire suffit à contenir les informations de Nagios et à les présenter au reste du monde.

IMPORTANT **Utilisation conjointe de ndo2fs et ndo2db**

L'utilisation de Ndo2fs n'empêche pas celle de ndo2db. Le premier est capable de transmettre toutes les informations reçues sur un socket. Cela permet de chaîner les programmes. Ce processus est illustré en figure 12-4.

Figure 12–4
Chaînage des modules
ndo2fs et ndo2db

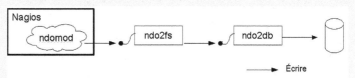

Seules certaines données sont gérées par ce module. Voici la liste des données conservées :

- les vérifications d'hôtes (check) ;
- les changements d'état (statechange) ;
- les états des nœuds (host_status) ;
- les contacts (contact_status) ;
- les états des services (service_status) ;
- les commentaires (comment) ;
- les fichiers de configuration principaux (main_config) ;
- les prises en compte d'incidents (acknowledgement) ;
- la sauvegarde des états entre les redémarrages (retention) ;
- la configuration des objets (object_config) ;

- les périodes de maintenance (`downtime`) ;
- l'état du processus Nagios actuel (`program_status`) ;
- les vérifications de services (`service_check`) ;
- l'historique des anciens processus Nagios (`process`).

L'administrateur souhaitant utiliser uniquement `ndo2fs` peut définir le paramètre `data_processing_options` de `ndomod` à la valeur `32259009`.

Les fichiers générés sont répartis dans deux répertoires :

- `PERSISTENT` : toutes les données qui se conservent à la fermeture de Nagios, comme les fichiers de journalisation ;
- `VOLATILE` : les informations temporaires.

Le second répertoire, `VOLATILE`, est le plus intéressant. C'est dans celui-ci que se trouvent les données utilisées par NagVis. Il est organisé en répertoires pour chaque instance de Nagios. Les répertoires disponibles sont :

- `auth` : liens entre les contacts, les hôtes et les services ;
- `contactgroups` : liste des contacts dans les groupes ;
- `contacts` : liste des contacts ;
- `hostauth` : liens entre les contacts les hôtes ;
- `hostgroups` : liste des nœuds dans leurs groupes ;
- `hosts` : liste des hôtes ;
- `serviceauth` : liens entre les contacts et les services ;
- `servicestate` : états des services.

Quatre fichiers sont à la racine de l'instance :

- `mainconfig` : paramètres du fichier de configuration principal ;
- `process_status` : historique des anciens processus Nagios ;
- `program_status` : état du processus Nagios actuel ;
- `runtimevars` : statistiques de la configuration de Nagios.

La consommation d'espace des fichiers de la partie `VOLATILE` est constante lors d'une exécution de Nagios. À titre d'exemple, une configuration de `6 000` services consomme environ `110 Mo`. Il est conseillé de placer ce répertoire directement en mémoire. Pour cela, il suffit de le faire pointer vers le répertoire `/dev/shm` sous Linux.

PERFORMANCE **Une consommation raisonnable**

La majorité des processus `nagios` gèrent entre 3 000 et 6 000 éléments. Même poussée à l'extrême avec les 40 000 services définis dans le chapitre 9, la consommation de l'espace de `ndo2fs` reste acceptable aux vu des capacités mémoire des serveurs actuels.

La configuration de la partie ndo2fs au sein de NagVis est plus simple que celle de ndomy :

- path : chemin vers les fichiers de ndo2fs ;
- dbinstancename : nom de l'instance Nagios utilisée ;
- maxtimewithoutupdate : temps d'inactivité d'instance à partir duquel NagVis affiche une erreur, généralement 180 secondes.

La charge de ndo2fs est plus faible que celle de ndo2db. N'ayant pas à gérer toute une base de données, cette solution consomme moins de ressources CPU. Elle n'est pas adaptée pour les analyses sur le long terme des informations. Il est conseillé de l'installer en mémoire afin d'en maximiser les performances.

Les informations des éléments sont directement accessibles selon leur nom grâce à la hiérarchie de ndo2fs. NagVis n'ayant pas besoin d'effectuer une requête pour obtenir les informations, la charge est limitée. Si les informations sont en mémoire, la charge est même minimale.

Rotation des vues dans NagVis

Les écrans de supervision sont accrochés au mur. Ils n'ont pas d'utilisateur constamment connecté. Dans bien des cas, un PC est caché sous un bureau et l'écran relié affiche les cartes. Il n'est pas envisageable de demander à une personne de faire défiler les cartes les unes après les autres.

Une solution possible est de laisser affichée la carte située au sommet de la hiérarchie. Outre le fait d'abîmer les écrans, elle permet de savoir qu'un problème est arrivé, mais n'est pas très précise. Certes toujours utile, l'information pourrait être bien mieux exploitée.

NagVis propose une solution simple à ce problème : les rotations. Il s'agit de listes de cartes définies par l'administrateur. Lorsqu'une rotation est affichée à l'écran, la page est rafraîchie automatiquement par la carte la suivant dans la rotation. L'intervalle de temps entre les cartes est paramétrable par l'administrateur. Par défaut, il est égal à 15 secondes.

Suivant les écrans, les cartes affichées ne doivent pas être les mêmes. Pour cela, l'administrateur peut définir différentes rotations. Dans chaque rotation, il place les cartes qu'il a créées pour les différents types d'écrans. Une fois la rotation lancée, les écrans se succèdent sans fin. Le choix des écrans présentés ne doit pas se faire à la légère. Pour les écrans publics, trop d'informations peuvent être néfastes. Pour les administrateurs, avoir trop d'informations ralentit la détection des problèmes.

> PRATIQUE **Des hiérarchies très utiles**
>
> Une bonne méthode pour choisir les cartes à placer dans les rotations consiste à repartir des hiérarchies de cartes. Toutes les vues n'ont pas besoin d'être représentées. Suivant la taille de l'arbre, les deux ou trois premiers niveaux peuvent constituer la rotation. Les utilisateurs observant un problème sur un niveau supérieur n'ont qu'à attendre quelques secondes pour obtenir une information plus précise.

Mise à jour automatique des cartes à l'ajout d'un noeud

Mettre à jour régulièrement les cartes peut être fastidieux. Si les administrateurs souhaitent avoir beaucoup d'indicateurs, l'administrateur Nagios passe une partie de son temps à ajouter de nouveaux éléments.

Certaines vues représentent une sous-partie du système d'information, par exemple les serveurs présents dans une filiale de grande importance. Lorsqu'un nouvel élément est ajouté dans la filiale, il faut penser à l'ajouter sur la carte. Dans un cas sur deux, l'administrateur oublie.

Pour gérer cela, NagVis propose une fonctionnalité permettant de générer des cartes automatiques. Une fois qu'un nœud lui est fourni, il est capable de représenter l'état de ses enfants et petits-enfants. Il est possible de se limiter au niveau de la profondeur de l'arbre à afficher. Dès qu'un nouvel hôte est ajouté, le rafraîchissement suivant de la carte le représente.

> DÉFAUT **Vue par groupes**
>
> Il aurait pu être pratique de proposer une vue par groupes d'hôtes ou de services. Malheureusement, NagVis ne propose pas, pour l'instant, une telle fonctionnalité.

Reporting dans Nagios

Les alertes en temps réel sont importantes, mais pouvoir prendre du recul en étudiant leur répartition et leur évolution dans le temps l'est tout autant.

De l'importance d'une analyse plus globale et dans le temps

La supervision, comme nous l'avons mise en place jusqu'à présent, se focalise sur les alertes en temps réel. Les notifications permettent de remonter dans le temps récent. La métrologie permet, quant à elle, d'observer de plus près des manques récents de ressources. Sur une longue période, elle permet de prévoir, en extrapolant, les consommations futures. À partir de là, les administrateurs peuvent tailler au plus juste les environnements.

Sur le long terme, une alerte n'a que peu d'importance. Si elle est très âgée, le problème est sûrement résolu. Il en est de même pour la métrologie. Une valeur ancienne a peu d'intérêt. C'est pour cette raison que la métrologie est agrégée afin de fournir les variations sur le long terme.

La supervision doit également faire l'objet d'agrégations. C'est le rôle du reporting des alertes. Si une moyenne du nombre d'alertes est disponible pour chaque environnement, il est possible de détecter ceux qui ont le plus de difficultés.

> PSYCHOLOGIE **Superviser les administrateurs ?**
>
> Encore plus que pour la supervision en temps réel, les administrateurs peuvent très mal prendre les résultats présentés ici. Il faut faire particulièrement attention à ce que les moyennes sur les environnements ne soient pas interprétées comme des moyennes sur les personnes. Les valeurs recueillies par les outils que nous allons voir ne doivent pas tomber entre toutes les mains.

Lorsque les administrateurs reçoivent au jour le jour les alertes, ils ne peuvent pas prendre un recul suffisant pour apprécier au mieux les points faibles des environnements. Ces sujets sont en outre très sensibles, et peu d'administrateurs sont objectifs lorsqu'il s'agit de leurs serveurs.

Un calcul effectué de manière totalement objective permet d'éviter ce genre de problèmes. Une fois les environnements repérés, les efforts d'amélioration peuvent se concentrer dessus. La supervision passe à un stade supérieur.

Reste à définir ces calculs précisément et comment les mettre en place.

Définir les indicateurs : une mission délicate

Le plus délicat dans la mise en place de l'outil de reporting n'est pas la partie technique, mais le choix de ce que nous souhaitons calculer. Une simple moyenne de tous les indicateurs n'est pas intéressante. Leur nombre est trop important pour réussir à s'y retrouver.

On utilise des indicateurs agrégés. L'agrégation est ici aussi utile que dans le cadre de la métrologie. Sa définition est cependant un peu plus complexe. Pour la métrologie, une simple agrégation sur le temps suffit. Dans le cas de la supervision, l'administrateur doit définir des indicateurs agrégeant divers éléments.

Deux pistes complémentaires sont à considérer :
- l'analyse des taux de disponibilité ;
- les taux de performances dégradées.

Dans le premier cas, seuls les éléments de supervision représentant un état binaire des services sont pris en compte. C'est la forme de donnée la plus simple à obtenir.

Dans le second cas, les occurrences de performances dégradées sont prises en compte. Ces indicateurs sont plus complexes à mettre en place.

Leur interprétation n'est pas évidente non plus. Si le service informatique est soumis à contrat avec les autres services, les taux acceptables ont déjà été discutés. Suivant que les contraintes aient été fortes ou non, suivant la réalité des chiffres, les parties peuvent se remettre d'accord sur des valeurs plus acceptables.

La limite du taux de disponibilité des applications est plus simple à définir que celle des performances dégradées. Les utilisateurs ne comprennent pas qu'un système peut être disponible mais plus lent que la normale. Là encore, les taux peuvent être remaniés pour coller au plus près de la politique de l'entreprise.

Si les informations ne sont utilisées qu'en interne dans le service, la pression de ces chiffres est moindre. Les résultats permettent de savoir si des investissements particuliers sont nécessaires.

Par exemple, si la disponibilité de l'application est très bonne, mais que son taux de performances dégradées est élevé, des améliorations sont à prévoir. Si les pertes sont dues à une faiblesse d'un nœud du cluster, l'ajout d'un membre est envisageable.

> RAPPEL **Une couleur à part : l'orange**
>
> Si, en matière de supervision, les couleurs vertes et rouges sont simples à comprendre, l'orange est plus sujet à interprétation. Tout le monde l'interprète comme « quelque chose va mal ». Au regard de leurs expériences respectives, les utilisateurs pensent à un problème de disponibilité sur un module particulier alors que les administrateurs pensent à un ralentissement.

Le module de reporting de Centreon

Centreon permet à l'administrateur de sélectionner une période de temps sur laquelle il souhaite obtenir des valeurs. Une fois cette période choisie, l'administrateur sélectionne l'élément sur lequel porte le calcul. Il peut choisir une liste de nœuds, des groupes de nœuds ou enfin des groupes de services.

L'interface va chercher les informations en base de données. Une fois le calcul effectué, les données sont affichées à l'utilisateur sous plusieurs formes.

Dans le cas d'un hôte, les différents états sont représentés. Les taux sont exprimés en termes de pourcentage et de durée pendant laquelle l'élément était dans un état donné. Les informations sont également disponibles pour chaque service qui y est attaché.

Un histogramme représentant les états du nœud sur la période choisie est disponible. Lors d'un événement particulier, l'administrateur a accès à sa date et sa durée. Il peut retracer finement les erreurs qui se sont produites.

En un mot

Les administrateurs ont souvent besoin d'observer l'état des indicateurs les plus importants de leurs systèmes. Des écrans de supervision placés dans leur bureau constituent un élément incontournable de la solution. NagVis permet de récupérer les informations de Nagios et de les présenter de manière agréable. Le choix des informations à y placer n'est pas si simple. Suivant la personne qui regarde les écrans, les alertes peuvent ne pas être interprétées de la même manière. Les écrans publics doivent être conçus avec un très grand soin.

Les solutions de reporting ne sont pas en reste. Elles font pleinement partie de l'aspect processus du projet. Centreon propose un module relativement complet.

13

Compilation et installation de Nagios, Centreon et NagVis

Passons enfin à la mise en place des outils étudiés ! Voyons comment, en partant d'un système vierge, nous pouvons arriver à une solution pleinement fonctionnelle.

Les différentes possibilités de mise en place

Les possibilités d'installation de logiciels sous Linux sont variées. Étudions-les afin que les administrateurs puissent faire leur choix en connaissance de cause.

Installation à partir de paquets

Les distributions recourent à des gestionnaires de paquets pour l'installation de programmes. Cette méthode assure une cohérence et le maintien des différents éléments à niveau. Lors de l'installation, c'est le système qui gère les relations de dépendance : l'administrateur demande l'installation d'un programme, et tous les paquetages dont il dépend sont proposés et installés.

Cette méthode est la préférée des administrateurs système. Une seule commande met à jour l'ensemble de leur système. L'uniformisation de cette méthode permet de gagner du temps. Nul besoin de connaître par cœur toutes les options des programmes puisque le développeur qui a compilé et empaqueté le programme a déjà fait le choix des options, qui permettent d'utiliser le programme dans le maximum de situations.

Hélas, en de rares occasions, ces choix ne sont pas adaptés aux besoins de l'administrateur.

EXEMPLE **Inclusion de l'interpréteur Perl dans le paquet**

Par exemple, à une époque, il n'était pas possible de choisir d'utiliser ou non l'interpréteur Perl intégré à Nagios. Ce choix était fait lors de la compilation. Si un script ne passait pas la phase de compilation interne, il était lancé avec l'interpréteur Perl du système. Chaque lancement demandait une compilation interne vouée à l'échec, qui dégradait les performances. Suivant le choix du créateur du paquetage, l'inclusion ou non de l'interpréteur Perl pouvait correspondre ou non aux besoins de l'administrateur.

Compilation depuis les sources

La méthode par compilation est plus contraignante. Elle demande à l'administrateur de connaître les options de compilation des programmes qu'il souhaite mettre en place. Il peut choisir ses chemins d'installation. Suivant ce qu'il décide d'utiliser, il n'a pas la même installation que les autres personnes. Ceci peut lui demander de changer des paramètres des programmes qui utiliseront l'outil.

L'administrateur reproduit tout le travail de celui qui fait les paquetages pour la distribution...

Cette méthode lui permet de choisir ses propres options de compilation. Si une fonctionnalité de l'outil ne l'intéresse pas, il peut ne pas l'intégrer. Ceci permettra notamment de diminuer les ressources nécessaires au programme.

PERFORMANCE **Un gain minime**

Le principal gain dans la suppression d'une option de compilation est la mémoire. Nous avons vu que la consommation de Nagios sur ce point est très raisonnable. Le gain à espérer est donc minime.

Mise en place complète automatique avec FAN

Nagios fonctionne sur de nombreux environnements. Le nombre de distributions GNU/Linux l'intégrant dans leurs paquetages standard est très important. Peu d'entre elles proposent une installation simple et automatique de la solution complète. Une seule existe pour l'instant : FAN (*Fully Automated Nagios*). Elle est basée sur la distribution CentOs et propose la solution la plus simple et efficace pour mettre en place `Nagios`, `Centreon`, `NagVis` et `Nareto` (un outil de reporting) en une seule installation. Elle a de plus l'avantage de proposer un environnement déjà configuré. Les administrateurs n'ont plus qu'à rajouter leurs éléments à superviser.

Cette distribution avance rapidement et elle est promise à un grand avenir dans le monde de la supervision Open Source. Elle va devenir sans l'ombre d'un doute la référence pour la mise en place d'une solution complète de supervision basée sur de Nagios.

COMMUNAUTÉ **Histoire de FAN**

Initié par Cédric Temple début 2008 pour répondre à des besoins quotidiens d'administration, le projet FAN, *Fully Automated Nagios*, est une distribution GNU/Linux dédiée à la supervision basée sur Nagios et son formidable écosystème. Les auteurs ont écouté les demandes de nombreux utilisateurs pour bâtir une solution complète qui comprend les principaux plug-ins de Nagios, l'interface de configuration Centreon pour la configuration, NagVis pour la visualisation agrégée des problèmes, ou bien encore NaReTo pour le reporting arborescent. Son objectif principal est de fournir tout cela en moins de 20 minutes avec la même simplicité d'installation que pour n'importe quelle autre distribution.

Installation manuelle complète – à titre didactique

Lors de la précédente mise en place, nous avons utilisé la méthode par paquetage. L'administrateur a pu commencer à prendre en main l'outil. Nous allons étudier une installation par compilation, surtout afin de bien comprendre les répertoires et dépendances des applications qui nous intéressent.

ALTERNATIVE **FAN pour aller plus vite !**

Dans le cas d'une installation en environnement réel, si les administrateurs manquent de temps, ils peuvent se tourner vers la distribution FAN dont nous venons de parler.

Lors de cette installation, nous allons mettre en place tous les outils évoqués jusqu'à maintenant. L'ordre de mise en place est important : Centreon a besoin de `NDO` pour fonctionner ; ce dernier a besoin d'un Nagios fonctionnel.

Les grands principes d'installation de logiciels ayant été traités, il est temps de se concentrer sur le cas de notre solution de supervision.

Compilation et installation de Nagios

Nagios étant la pierre angulaire de notre solution, nous allons commencer par lui.

Récupération du programme Nagios

La compilation commence par la récupération des sources. L'administrateur peut obtenir celles de Nagios sur le site officiel, http://www.nagios.org. Nous allons utiliser la dernière version stable au jour de rédaction : la 3.1.0.

> PRATIQUE **Une installation en tant que root**
>
> Les commandes à lancer de ce chapitre doivent être lancées par l'utilisateur root.

Les sources se présentent sous la forme d'un fichier tar.gz de 2.5 Mo. Il est nécessaire de transférer le fichier sur le serveur choisi par l'administrateur. Pour cela, on peut utiliser le logiciel winscp, disponible librement. Une fois le fichier transféré, l'administrateur doit décompresser les sources.

Décompression des sources de Nagios

```
tar xvfz nagios-3.1.0.tar.gz
```

Pré-requis de Nagios

La compilation de Nagios demande un compilateur. Le plus adapté à cette situation est le compilateur roi du monde Open Source : gcc. Le programme make est également nécessaire.

Installation des outils de développement

```
yum install make gcc
```

Phases de l'installation de Nagios

Compiler un programme pour Linux suit presque toujours les trois mêmes étapes :

1 configure
2 make
3 make install

La première phase permet à l'administrateur de sélectionner les composants à intégrer à l'outil, mais aussi les chemins de fichiers. Le script configure génère les options de compilation pour la suite des opérations.

La seconde étape lance la compilation à proprement parler. Cette phase peut être relativement longue suivant le programme.

La dernière phase déploie le programme compilé ainsi que tous ses fichiers dans les répertoires choisis par l'administrateur.

Phase de configuration

Le programme `configure` possède de nombreuses options. L'administrateur peut en dresser la liste avec l'option `--help`. Voici les options principales de ce script pour la compilation de Nagios :

- `--prefix` : chemin principal de l'installation. Par défaut, `/usr/local/nagios`.
- `--libexecdir` : chemin des sondes. Par défaut, `$prefix/libexec`.
- `--sysconfdir` : chemin des fichiers de configuration de Nagios. Par défaut, `$prefix/etc`.
- `--localstatedir` : chemin pour les fichiers temporaires de Nagios. Par défaut, `$prefix/var`.
- `--enable-nanosleep` : active la fonction `nanosleep` au sein de Nagios. Celle-ci permet à l'ordonnanceur d'être plus précis.
- `--enable-event-broker` : active les fonctions d'`event broker`.
- `--enable-cygwin` : permet à des administrateurs téméraires de mettre en place un système Nagios sous Windows.
- `--with-nagios-user` : utilisateur de l'application, habituellement `nagios`.
- `--with-nagios-group` : groupe de l'utilisateur de l'application, habituellement `nagios`.
- `--with-checkresult-dir` : chemin des fichiers résultats des commandes de vérification, habituellement `$prefix/var/spool/checkresults`.
- `--enable-embedded-perl` : active l'interpréteur Perl interne.
- `--with-perlcache` : active le cache Perl évitant de compiler les scripts à chaque lecture.
- `CFLAGS` : permet de spécifier des options de compilations au programme `GCC`.

Dans l'installation que nous allons mettre en place, nous allons utiliser les chemins par défaut de Nagios. Le programme sera installé dans `/usr/local/nagios`. La configuration sera dans `/usr/local/nagios/etc`, les sondes dans `/usr/local/nagios/libexec`, le binaire `nagios` sera dans `/usr/local/nagios/bin` et enfin les fichiers temporaires de Nagios seront dans `/usr/local/nagios/var`.

La fonction `nanosleep` permet à Nagios d'être plus précis dans l'ordonnancement des vérifications. Sans elle, il est contraint d'utiliser la fonction `sleep` qui permet seulement d'attendre un nombre entier de secondes, contrairement à `nanosleep` qui permet des attentes de l'ordre de la milliseconde.

Dans notre installation, le module NDO aura une importance prépondérante. Il utilise les fonctionnalités – obligatoires – d'event broker de Nagios.

Le cache Perl est d'une importance primordiale si l'administrateur souhaite utiliser l'interpréteur intégré. Sans le cache, le gain de l'interpréteur est nul, voire négatif. Grâce au cache, Nagios n'est pas obligé de compiler les scripts Perl à chacun de leurs lancements. S'ils sont appelés souvent, le gain est très important.

Les options par défaut de GCC activent les options de débogage et une optimisation modérée des programmes. Si l'administrateur n'a aucune idée du rôle du programme gdb, les options de débogage ne sont pas nécessaires. Quant aux options de compilation, il est conseillé d'opter pour des valeurs maximales. Les options de GCC deviennent alors -O3 (optimisation niveau 3).

L'utilisateur nagios devant faire fonctionner l'application n'existe pas encore. Pour l'ajouter, il faut lancer la commande :

Ajout de l'utilisateur nagios

```
adduser nagios
passwd nagios
```

Au final, l'appel à configure est :

Lancement de configure

```
./configure --prefix=/usr/local/nagios --enable-nanosleep --enable-
event-broker --with-nagios-user=nagios --with-nagios-group=nagios --
enable-embedded-perl --with-perlcache CFLAGS=-O3
```

Si aucun message d'erreur n'est affiché, la configuration de la compilation est prête.

Phase de compilation

Pour lancer la compilation, il faut faire appel au programme make. Ce dernier utilise le fichier Makefile généré par la commande configure et prend en argument les objets à compiler. Le plus simple est d'utiliser l'argument all permettant de compiler tous les objets.

La commande make prend également en argument -j le nombre de processus parallèles de compilation. Si le serveur possède plusieurs processeurs, l'administrateur a tout intérêt à utiliser cette fonctionnalité. Placer une valeur légèrement supérieure au nombre de processeurs est optimal.

Pour lancer la compilation de Nagios sur une machine bi-processeur, il suffit de lancer :

Compilation de Nagios sur une machine double cœur

```
make all -j 3
```

Après l'exécution d'une longue série de commandes ésotériques, la commande rend la main. Elle annonce fièrement par un `*** Compile finished ***` que la compilation est réussie.

Phase d'installation

On doit ensuite lancer les commandes suivantes :

* `make install` : crée le répertoire `/usr/local/nagios` et y installe le binaire `nagios` ;
* `make install-init` : installe le script `nagios` dans `/etc/init.d` pour le lancer en tant que service ;
* `make install-commandmode` : crée le répertoire contenant le fichier de commandes externes de Nagios ;
* `make install-config` : installe des exemples de fichiers de configuration dans `/usr/local/nagios/etc` ;
* `make install-webconf` : ce lancement optionnel installe les fichiers de configuration pour Apache dans `/etc/httpd/conf.d`.

Une fois toutes ces commandes exécutées, Nagios est installé.

Tous les fichiers indispensables au fonctionnement de Nagios sont situés dans le répertoire `/usr/local/nagios`. Déplacer un Nagios simple sur un nouveau serveur consiste simplement à copier ce répertoire.

Compilation de NDOUtils

`NDOUtils` est indispensable à la communication des informations au sein de la solution : c'est à son tour d'être installé.

Récupération et compilation de NDOUtils

La compilation de `ndoutils` ressemble fortement à celle de Nagios. Les sources disponibles sur le site de Nagios correspondent à la version `1.4b7`. Une fois le fichier des sources téléchargé et placé sur le serveur, il faut le décompresser :

Décompression des sources de NDOUtils

```
tar xvfz ndoutils-1.4b7.tar.gz
```

Les options de `configure` sont les suivantes :

- `--prefix` : même sens que pour Nagios ;
- `--enable-mysql` : utiliser les bases `MySQL` pour `ndo2db` ;
- `--enable-pgsql` : utiliser à la place les bases `PostgreSQL` ;
- `--with-ndo2db-user` : utilisateur faisant fonctionner `ndo2db` ;
- `--with-ndo2db-group` : groupe de l'utilisateur ci-dessus.

Dans notre situation, nous allons privilégier une base sous `MySQL`. C'est la seule gérée par Centreon que nous installerons plus tard.

La compilation de `NDO` demande les bibliothèques de développement de `MySQL`. Pour cela, il faut installer le paquetage `mysql-devel` :

Installation des bibliothèques de développement pour MySQL

```
yum install mysql-devel
```

Il est important d'installer ces bibliothèques avant de lancer le script `configure`.

Lancement de configure

```
./configure --prefix=/usr/local/nagios --with-ndo2db-user=nagios --
with-ndo2db-group=nagios -enable-mysql
```

La phase de compilation qui suit est très rapide.

Compilation de NDOUtils

```
make all
```

Une fois la compilation effectuée, il faut créer la base de données dans laquelle `ndo2db` va envoyer ses informations. Nous allons nommer cette base `nagios`. Le programme `ndo2db` a besoin d'un compte pour y accéder à la base : le compte créé est `nagios`.

Création de la base pour NDO

Le programme `mysql` est nécessaire pour gérer les bases de données. Pour l'installer et le lancer, on utilise les commandes suivantes :

Installation et lancement du serveur MySQL

```
yum install mysql-server
/etc/init.d/mysql start
```

La création de la base nagios est simple si nous utilisons le programme mysqladmin :

Création de la base nagios

```
mysqladmin create nagios
```

> REMARQUE **Un nom variable pour la base**
>
> Il arrive de voir cette base porter le nom ndo dans certaines documentations. C'est tout à fait valide et ceci n'entraîne pas de problème par la suite.

Créer le compte nagios nécessite de se connecter à la base nommée mysql :

Création de l'utilisateur nagios pour la base du même nom

```
mysql mysql

GRANT CREATE,SELECT,INSERT,UPDATE,DELETE ON nagios.* TO
'nagios'@'localhost' IDENTIFIED BY 'superpass';
flush privileges;
```

Pour vérifier que le compte est fonctionnel, il suffit se connecter à la base :

Vérification de l'accès à la base

```
mysql -u nagios -psuperpass nagios
```

La base est créée mais ne possède aucune table utilisée par NDO. Les sources de NDOutils comportent toutefois un répertoire db. Le script installdb qu'il contient permet de créer automatiquement les tables :

Installation de la base nagios

```
installdb -u nagios -p superpass -h localhost -d nagios
```

Le script ne trouvant pas les tables de NDO dans la base, il procède à leur création :

Résultat de l'installation

```
DBD::mysql::db do failed: Table 'nagios.nagios_dbversion' doesn't exist
at ./installdb line 51.
** Creating tables for version 1.4b7
    Using mysql.sql for installation...
** Updating table nagios_dbversion
Done!
```

La première ligne est une erreur normale. Elle résulte de l'absence de la table `nagios_dbversion`.

Installation de NDO

Une fois la base prête, il est temps de passer aux binaires, qui sont situés dans le répertoire `src`. Le module `ndomod` est constitué du fichier `ndomod-3x.o`. `Ndo2db`, quant à lui, correspond au fichier `ndo2db-3x`. La dénomination `-3x` sert à différencier les versions 2 et 3 de Nagios. Elle n'est pas utile dans notre mise en place actuelle.

L'installation des fichiers est simple :

Mise en place de NdoMod et Ndo2db

```
cp ndomod-3x.o /usr/local/nagios/bin/ndomod.o
cp ndo2db-3x /usr/local/nagios/bin/ndo2db
```

Les seuls fichiers manquants sont les fichiers de configuration des deux binaires. Ils sont situés dans le répertoire `config`. Il suffit de les copier dans le répertoire `/usr/local/nagios/etc`.

Mise en place des fichiers de configuration

```
cp ndomod.cfg /usr/local/nagios/etc/
cp ndo2db.cfg /usr/local/nagios/etc/
chown nagios:nagios /usr/local/nagios/etc/*cfg
```

Installation des sondes de Nagios

Le Nagios actuel est incapable de lancer des sondes, et pour cause : il n'y en a aucune. Sur le site de Nagios, les sources des plug-ins standard sont disponibles, sous la forme d'une archive de `2.2 Mo` dans la version actuelle (`1.4.13`). Une fois l'archive déposée sur le serveur, l'administrateur peut procéder à sa décompression et à la compilation des sources.

Décompression des sources des sondes Nagios

```
tar xvfz nagios-plugins-1.4.13.tar.gz
cd nagios-plugins-1.4.13
```

Le script `configure` possède beaucoup d'options. Les principales sont :
* `--prefix` : chemin de l'installation de Nagios ;
* `--with-ipv6` : utiliser les capacités IPv6 des sondes ;
* `--with-ping-command` : commande pour `ping`.

Dans notre cas, nous allons lancer la commande de manière simple :

Lancement de configure

```
./configure --prefix=/usr/local/nagios
```

Si des WARNING figurent dans la sortie de la commande, certains pré-requis néces-saires à des sondes ne sont pas présents.

Par exemple, nous pouvons avoir :

Erreur dans configure sur snmpget

```
checking for snmpget... no

configure: WARNING: Get snmpget from http://net-snmp.sourceforge.net to
make check_hpjd and check_snmp plugins
```

Cela signifie que la commande snmpget n'est pas disponible sur le système. Pour l'installer, ainsi que tous les utilitaires SNMP, il faut lancer :

Installation des outils SNMP

```
yum install net-snmp-utils perl-Net-SNMP
```

Il faut alors relancer le script configure. La ligne WARNING disparaît et les sondes uti-lisant SNMP sont prises en compte.

La commande make all permet de compiler les sondes configurées.

Compilation des sondes

```
make all -j3
```

La commande make install procède à l'installation des sondes dans /usr/local/nagios/libexec.

Installation des sondes

```
make install
```

Toutes les sondes disponibles ne sont pas installées. Certaines sont entreposées dans le répertoire contrib : elles sont en phase d'acceptation dans la branche principale. La plupart sont des scripts Perl. Les sources C doivent être compilées avant d'être uti-lisées. Pour cela, l'administrateur doit utiliser make. Par exemple, pour compiler le fichier check_cluster2.c :

Compilation d'un plug-in en particulier

```
make check_cluster2
```

Le binaire doit être copié dans `/usr/local/nagios/libexec` pour être utilisé par Nagios.

Il est fortement recommandé à l'administrateur d'étudier et de tester les sondes disponibles.

> La compilation et l'installation de l'agent NRPE et sa commande check_nrpe sont très similaires à celles de Nagios et ne seront pas traitées ici.

Installation de Centreon

Les briques de base étant en place, l'administrateur peut se concentrer sur les outils visant à parfaire la solution. Centreon est le premier à être installé.

Pré-requis à l'installation

Une fois installés Nagios, les modules ndomod et ndo2db, il est temps de mettre en place Centreon. Il faut bien l'avouer, cette mise en place n'est pas des plus courtes. Elle n'est pas complexe, mais repose sur de nombreux pré-requis.

Les plus importants sont :

- Nagios ;
- les sondes ;
- Apache ;
- MySQL ;
- PHP 5 ;
- GD ;
- sudo ;
- RRDTool 1.2 ;
- la bibliothèque net-snmp.

Pour cela, il faut lancer la commande :

Installation des prérequis à Centreon

```
yum install php gd gd-devel rrdtool net-snmp sudo httpd
```

Les bibliothèques nécessaires à Centreon sont nombreuses :

```
yum install php-mysql php-pear php-snmp php-posix gd-devel libpng
libpng-devel perl-Config-IniFiles perl-Crypt-DES perl-Digest-Hmac perl-
Digest-SHA1 perl-GD perl-IO-Socket-INET6 perl-Net-Snmp perl-rrdtool
perl-Socket6 php-gd php-ldap
```

Récupération et installation de Centreon

Les sources de Centreon sont disponibles sur le site http://www.centreon.com. Une fois l'archive décompressée sur le serveur, l'administrateur peut passer à la phase d'installation.

Décompression des sources de Centreon

```
tar xvfz centreon-2.0.tar.gz
cd centreon-2.0
```

Toute l'installation se fait à travers le script install.sh. Ce dernier pose des questions à l'administrateur. S'il valide l'option sans saisir de valeur, la valeur par défaut, située entre crochets [], est utilisée.

Nous dressons ci-dessous la liste des questions pour lesquelles l'administrateur ne doit pas laisser les valeurs par défaut :

Lancement de l'installation de Centreon

```
./install.sh -i

Do you accept GPL license ?
[y/n], default to [n]: y

Do you want to install : Centreon Web Front
[y/n], default to [n]: y

Do you want to install : Centreon CentCore
[y/n], default to [n]: y

Do you want to install : Centreon Nagios Plugins
[y/n], default to [n]: y

Do you want to install : Centreon Snmp Traps process
[y/n], default to [n]: y

Do you want me to create this directory ? [/usr/local/centreon]
[y/n], default to [n]: y
```

```
Do you want me to create this directory ? [/usr/local/centreon/log]
[y/n], default to [n]: y

Do you want me to create this directory ? [/etc/centreon]
[y/n], default to [n]: y

Where is the RRD perl module installed [RRDs.pm] default to [/usr/lib/
perl5/RRDs.pm]
/usr/lib/perl5/vendor_perl/5.8.8/i386-linux-thread-multi/RRDs.pm
```

Pour trouver ce module, on utilise la commande suivante :

Localisation du fichier RRD.pm

```
updatedb && locate RRDs.pm
```

Le script d'installation se poursuit :

```
Where is PEAR [PEAR.php] default to [/usr/share/php/PEAR.php]
/usr/share/pear/PEAR.php
```

Pour ce fichier, on utilise encore la commande locate :

Localisation du fichier PEAR.php

```
locate PEAR.php
```

Suite de l'installation

```
Do you want me to create this directory ? [/usr/local/centreon/bin]
[y/n], default to [n]: y

Where is your NDO ndomod binary ?
default to [/usr/sbin/ndomod.o] : /usr/local/nagios/bin/ndomod.o

Do you want me to configure your sudo ? (WARNING)
[y/n], default to [n]: y
```

Nous arrivons à un message peu clair :

```
I think you'll have a problem with
'Default requiretty' in sudo file
Press enter to continue.
```

Il faut ouvrir une nouvelle session shell et éditer le fichier /etc/sudoers pour y commenter la ligne suivante :

Ligne qui doit être commentée dans /etc/sudoers

```
# Defaults      requiretty
```

Elle permet à un utilisateur n'ayant pas de vrai shell de faire appel à sudo. Centreon étant une application web, c'est le service Apache qui fait appel à sudo. Apache fonctionne sans shell. Une fois ceci fait, la suite de l'installation de Centreon peut reprendre.

```
Do you want to add Centreon Apache sub configuration file ?
[y/n], default to [n]: y

Do you want to reload your Apache ?
[y/n], default to [n]: y
```

La phase suivante du script met à jour les modules de PHP nécessaires à Centreon. On utilise pour cela le module PEAR de PHP. Avec une connexion directe, aucun problème ne survient ; dans le cas contraire, il faut rajouter les informations de proxy. Dans un nouveau shell :

Configuration d'un proxy pour PEAR

```
pear config-set http_proxy "http://monuser:monpass@serveur-proxy:3128"
```

> PRATIQUE **Un premier passage raté**
>
> Il se peut que la partie PEAR du script d'installation se lance avant que l'administrateur ait eu le temps d'ajouter le proxy. Ce n'est pas bloquant : le script fait simplement un premier passage infructueux avant d'en proposer un second qui sera bien meilleur. L'administrateur a tout de même le temps d'aller prendre un café pendant la première phase...

Phase de mise à jour de PEAR et fin de l'installation :

```
Upgrading PEAR modules

Do you want me to create this directory ? [/var/run/centreon]
[y/n], default to [n]: y

Do you want me to create this directory ? [/var/lib/centreon]
[y/n], default to [n]: y
```

```
Do you want me to install CentStorage init script ?
[y/n], default to [n]: y

Do you want me to install CentStorage run level ?
[y/n], default to [n]: y

Do you want me to install CentCore init script ?
[y/n], default to [n]: y

Do you want me to install CentCore run level ?
[y/n], default to [n]: y

Do you want me to create this directory ? [/var/lib/centreon/
centplugins]
[y/n], default to [n]: y
```

Configuration de Centreon

La suite de l'installation passe par les pages web de Centreon, auxquelles on accède par l'URL `http://192.168.0.5/centreon/`

Une fois la licence GPL v2 acceptée, les pages de configuration commencent.

Pour la page 3, les options à entrer sont :

- Nagios user : **nagios** ;
- Nagios group : **nagios** ;
- Apache User : **apache** ;
- Apache Group : **apache** ;
- Nagios Version : **3.x** ;
- Nagios configuration directory : **/usr/local/nagios/etc/** ;
- Nagios plugins : **/usr/local/nagios/libexec/** ;
- RRDTool binary : **/usr/bin/rrdtool** ;

Les pages 4 et 5 vérifient que toutes les options de PHP sont correctement installées. Avec les paquetages que nous avons indiqués jusqu'à maintenant, il ne devrait y avoir aucun problème sur cette page.

La page 6 sert à configurer l'accès à la base de données. Deux nouvelles bases de données sont nécessaires pour Centreon :

- centreon : sert à stocker les éléments configurés par les administrateurs ;
- centstorage : sert à stocker les données de performances avant leur intégration en base RRD.

Les options à configurer sont les suivantes :

- `Root password` : mot de passe root pour `MySQL`, vide s'il n'a pas de mot de passe ;
- `Centreon Database` : nom de la base Centreon, indiquer **centreon** ;
- `Centstorage Database` : nom de la base Centstorage, mettre **centstorage** ;
- `Database Password` : un mot de passe pour l'accès à la base ;
- `Database location` : adresse du serveur MySQL, **localhost** pour la plupart des installations ;
- `Centreon Web Interface location` : adresse du serveur Centreon, habituellement **localhost** ;
- `MySQL Client version` : version de MySQL, ici `>= 4.1`.

La page 7 vérifie la connectivité avec la base `MySQL`.

La page 8 permet de configurer le compte administrateur de Centreon :

- `Administrator login` : nom du compte administrateur de Centreon, indiquer **admin** ;
- `Centreon Administrator password` : mot de passe de l'administrateur ;
- `Firstname Administrator` : prénom de l'administrateur ;
- `Lastname Administrator` : nom de l'administrateur ;
- `Email` : adresse e-mail de l'administrateur.

La page 9 set à configurer l'accès à une base `Ldap` pour Centreon. Nous ne l'utiliserons pas ici.

La page 10 permet de vérifier que Centreon a accès en écriture à `/etc/centreon/`. Il y génère ses fichiers de configuration :

- pour `Centreon` : `/etc/centreon/centreon.conf.php` ;
- pour `Centstorage` : `/etc/centreon/conf.pm`.

La page 11 sert à installer les tables dans les bases `centreon` et `centstorage`.

Une fois l'installation finie, on peut démarrer les programmes `centcore` et `censtorage`.

Lancement de CentCore et CentStorage

```
/etc/init.d/centcore start
/etc/init.d/centstorage start
```

On accède à Centreon par l'URL locale `http://192.168.0.5/centreon/`

Mise en place de NagVis pour l'agrégation de vues

La suite de l'installation passe par le module de visualisation avancée, NagVis.

Installation de NagVis

La mise en place de NagVis est plus simple que celle de Centreon. La version que nous mettons en place est la version stable actuelle, la 1.3.2. On récupère l'application sur le site du projet, http://www.nagvis.org. Une fois l'archive déposée sur le serveur, on la décompresse :

Décompression des sources de NagVis

```
tar xvfz nagvis-1.3.2.tar.gz
mv nagvis-1.3.2 nagvis
```

NagVis utilise l'application graphviz pour générer ses graphiques ainsi que la bibliothèque mbstring de PHP.

Installation des pré-requis de NagVis

```
yum install graphviz graphviz-php php-mbstring
```

L'installation de NagVis est simple : il suffit de déplacer son répertoire dans la partie web de Nagios.

Installation de NagVis

```
mv nagvis /usr/local/nagios/share/
```

Configuration de NagVis

Le fichier de configuration de NagVis est /usr/local/nagios/share/nagvis/etc/nagvis.ini.php.

Mise en place de la configuration

```
cd /usr/local/nagios/share/nagvis
cp etc/nagvis.ini.php-sample etc/nagvis.ini.php
```

Il faut l'éditer pour modifier l'accès à la base de données nagios par NagVis. La partie qui nous intéresse pour l'instant est le bloc backend_ndomy_1.

Configuration de NagVis pour l'accès à la base MySQL

```
[backend_ndomy_1]
; type of backend - MUST be set
backendtype="ndomy"
; hostname for NDO-db
dbhost="localhost"
; portname for NDO-db
dbport=3306
; database-name for NDO-db
dbname="nagios"
; username for NDO-db
dbuser="nagios"
; password for NDO-db
dbpass="superpass"
; prefix for tables in NDO-db
dbprefix="nagios_"
; instace-name for tables in NDO-db
dbinstancename="default"
; maximum delay of the NDO Database in Seconds
maxtimewithoutupdate=180
; path to the cgi-bin of this backend
htmlcgi="/nagios/cgi-bin"
```

Configuration des droits sur NagVis

Une fois NagVis configuré, nous positionnons les droits de l'application afin que l'utilisateur apache puisse accéder aux informations et éditer les cartes contenues dans /usr/local/nagios/share/nagvis/etc/maps.

Changement des droits

```
chown -R apache:apache /usr/local/nagios/share/nagvis/
chmod 664 /usr/local/nagios/share/nagvis/etc/nagvis.ini.php
chmod 775 /usr/local/nagios/share/nagvis/nagvis/images/maps
chmod 664 /usr/local/nagios/share/nagvis/nagvis/images/maps/*
chmod 775 /usr/local/nagios/share/nagvis/etc/maps
chmod 664 /usr/local/nagios/share/nagvis/etc/maps/*
chmod 775 /usr/local/nagios/share/nagvis/var
```

Comme nous n'avons pour l'instant pas déclaré l'interface de Nagios dans Apache, nous allons le faire. Cela demande simplement de copier le fichier sample-config/httpd.conf dans le répertoire conf.d d'Apache.

Déclaration du site Nagios auprès d'Apache

```
cd ~/nagios-3.1.0/sample-config
cp httpd.conf /etc/httpd/conf.d/nagios.conf
/etc/init.d/httpd restart
```

L'accès aux pages de Nagios et NagVis nécessite de s'authentifier. Nous ajoutons un utilisateur nagiosadmin :

Ajout d'un utilisateur du site

```
htpasswd -c /usr/local/nagios/etc/htpasswd.users nagiosadmin
```

On accède à l'interface de configuration de NagVis par l'URL locale :

`http://192.168.0.5/nagios/nagvis/config.php`

Mise en place de la base de connaissances

Un wiki comme gestionnaire de base de connaissance

Comme nous l'avons vu, une base de connaissances contenant les descriptifs des tests effectués ainsi que les explications pour résoudre les problèmes fait partie intégrante d'une solution de supervision.

Si les administrateurs possèdent déjà une base de connaissances, ils peuvent tout naturellement l'utiliser dans ce cadre. Dans le cas contraire, un wiki est tout à fait adapté à ce genre de situation. Nous allons mettre en place le plus célèbre d'entre eux, MediaWiki, qui est le moteur de Wikipedia.

DOCUMENTATION **Aller plus loin sur MediaWiki**

Ceux voulant pousser l'étude de ce formidable outil qu'est MediaWiki peuvent consulter avec profit le livre *MediaWiki efficace*.

📖 D. J. Barrett, *MediaWiki Efficace – Un wiki sur mesure à la portée de tous*, Eyrolles, 2009

Installation de MediaWiki

L'installation de MediaWiki ressemble à celle de toutes les applications web classiques. Le paquetage d'installation se télécharge sur le site du projet. Une fois l'archive déposée sur le serveur, il suffit de la décompresser dans /var/www/html.

Décompression de MediaWiki

```
cp mediawiki-1.14.0.tar.gz /var/www/html
cd /var/www/html
tar xvfz mediawiki-1.14.0.tar.gz
mv mediawiki-1.14.0 wiki
chown -R apache:apache wiki
```

La suite de l'installation se passe par l'interface web sur l'URL `http://192.168.0.5/wiki`. La page proposée permet de générer la configuration du programme. Les champs intéressants sont :

- `Wiki name` : nom donné au site, typiquement le nom de la société ;
- `Admin username` : nom du compte administrateur du wiki, habituellement `WikiAdmin` ;
- `Password` : mot de passe du compte administrateur ;
- `Database host` : adresse du serveur de base de données ;
- `Database` : nom de la base de données ;
- `DB username` : nom de l'utilisateur qui accède aux données ;
- `DB password` : mot de passe du compte d'accès aux données ;
- `Superuser name` : compte administrateur de la base de données ;
- `Superuser password` : mot de passe de l'administrateur de la base ;
- `Database table prefix` : préfixe à placer devant le nom des tables ;
- `Storage Engine` : moteur de `MySQL` à utiliser pour la base de données, typiquement `InnoDB`.

Une fois le formulaire rempli, le fichier `config/ LocalSettings.php` est créé : il contient toute la configuration de l'outil. Il suffit de le placer à la racine du site pour que l'application soit disponible.

Finalisation de l'installation

```
mv config/LocalSettings.php .
```

Mise en place de la sauvegarde avec mysqldump

Lorsque nous évoquons la mise en production d'un nouvel outil, il est indispensable de se préoccuper de sa sauvegarde. Chaque application a ses particularités en matière de sauvegarde : certaines peuvent être sauvegardées à chaud, d'autres non.

> **REMARQUE** **Le retour de Murphy ?**
>
> Il est intéressant de voir à quel point ce sont les applications non sauvegardées qui on besoin de restauration. C'est peut être un effet de notre chère loi de Murphy, ou bien représentatif du soin avec lequel un administrateur gère une application, au choix...

Si nous parlons d'un Nagios pur, il n'y a aucun problème pour le sauvegarder à chaud avec un simple tar. C'est aussi le cas pour l'application NagVis. Le point qui mérite un peu plus d'attention concerne les bases Centreon et Nagios (NDO). Ces bases MySQL peuvent être sauvegardées à chaud, grâce à l'application mysqldump. Elle nécessite un compte sur la base de données. Cette sauvegarde est cohérente si aucun utilisateur ne fait de modification dans la configuration sans l'avoir validée.

> **PRATIQUE** **Sauvegardes nocturnes**
>
> Si la sauvegarde est lancée à 3h du matin, le risque qu'un administrateur soit en train d'effectuer des modifications est plus faible...

Les fichiers sauvegardés sont placés dans /backup/files, les fichiers journaux dans /backup/log. Ce premier script sauvegarde le répertoire de Nagios et la base NDO.

/backup/bin/save_nagios.sh

```sh
#!/bin/sh

LOG_NAGIOS=/backup/log/nagios_`date +%d%m%Y`.log
SAVE_NAGIOS=/backup/files/nagios_$INSTANCE_NAME_`date+%d%m%Y`.tar.bz2
NAGIOS_DIR=/usr/local/nagios/

echo "Debut de la sauvegarde de nagios a"`date` | tee -a $LOG_NAGIOS

cd $NAGIOS_DIR
tar cvfj $SAVE_NAGIOS .| tee -a $LOG_NAGIOS

echo "Backup de la base Nagios (ndo)"
DATE=`date +'%Y%m%d'`
cd /backup/files/
mysqldump -u nagios -psuperpass nagios | bzip2 -c >
nagiosdb_${DATE}.dump.bz2 | tee -a $LOG_NAGIOS

echo "Supprime les sauvegardes datant de plus de deux semaines" | tee -
a $LOG_NAGIOS
```

```
#On nettoie les ancien backups de plus de 14 jours
find -mtime +14 -exec rm -f {} \;
cd /backup/log/
find -mtime +14 -exec rm -f {} \;

echo "Fin de la sauvegarde de Nagios a"`date` | tee -a $LOG_NAGIOS
```

Le second script sauvegarde les fichiers et des deux bases de Centreon.

/backup/bin/save_centreon.sh

```
#!/bin/sh

LOG_CENTREON=/backup/log/centreon_`date +%d%m%Y`.log

echo "Debut de la sauvegarde de Centreon a"`date` | tee -a $LOG_CENTREON

echo "Dump de la base Centreon" | tee -a $LOG_CENTREON
DATE=`date +'%Y%m%d'`
cd /backup/files/
mysqldump -u root -psuperpass --databases centreon centstorage | bzip2 -
c > centreondb_${DATE}.dump.bz2 | tee -a $LOG_CENTREON

echo "Dump des fichiers Centreon" | tee -a $LOG_CENTREON
cd /usr/local/centreon
tar cvfj /backup/files/centreon_${DATE}.bz2 . | tee -a $LOG_CENTREON

echo "Fin de la sauvegarde de Centreon a"`date` | tee -a $LOG_CENTREON
```

La planification se fait par le biais de cron :

/etc/crontab

```
# Sauvegardes
00 3 * * * root /backup/bin/save_nagios.sh
00 3 * * * root /backup/bin/save_centreon.sh
```

On recharge cron à l'aide de la commande :

```
/etc/init.d/cron reload
```

Ces scripts peuvent être améliorés pour contrôler le résultat des commandes tar et mysqldump. Ils pourraient prévenir Nagios, de manière passive, du bon déroulement ou non de la sauvegarde.

PRATIQUE **Une mise en place précoce**

Nombreux sont les écueils de configuration que rencontrent les administrateurs Nagios à leurs débuts. Il est conseillé de planifier des sauvegardes très fréquentes. Un test de restauration avant de rentrer toutes les machines du parc informatique n'est pas superflu non plus. Si le test échoue, il y aura moins de pertes.

En un mot

L'administrateur a mis en place ses outils. Avant de procéder à la configuration effective des éléments à superviser, il est important de se pencher sur les principaux indicateurs disponibles sur les systèmes. L'administrateur ayant déjà les informations sur ce qu'il est possible de superviser ou non, il sera plus à même d'aider les autres dans leurs demandes de supervision en vue de la mise en place finale de la solution. C'est l'objet du chapitre suivant.

Aide à l'interprétation des indicateurs classiques

Les possibilités de supervision offertes par Nagios sont très importantes. Voyons quels sont les indicateurs les plus utiles et comment les administrateurs doivent les interpréter.

Obtention des indicateurs

La supervision est basée sur la lecture d'indicateurs. Regardons comment les sondes les obtiennent.

Sur les systèmes Linux

L'obtention des informations sous un système Linux est très simple. Le noyau expose ses informations à travers un système de fichiers un peu particulier, `procfs`. Celui-ci est monté sous le répertoire `/proc`. Les fichiers disponibles ne sont pas tous accessibles à n'importe quel utilisateur. Les informations disponibles peuvent être globales au système ou concerner un processus particulier.

Ces fichiers n'existent sur aucun disque physique. Ils sont uniquement situés en mémoire. Il suffit de les lire pour obtenir les informations, que le système génère à la volée. Il est possible d'écrire dans certains fichiers, mais cette possibilité n'est pas utilisée dans le cadre de la supervision.

Informations globales

Les informations globales concernant l'état du système sont variées. Par exemple, le fichier /proc/meminfo est une véritable mine d'informations sur l'état de la mémoire. En voici un court extrait :

/proc/meminfo

```
MemTotal:      2073936 kB
MemFree:        156012 kB
Buffers:         71108 kB
Cached:         906720 kB
```

Ce fichier est accessible à tous les utilisateurs du système. D'autres sont réservés à l'utilisateur root. Par exemple, le fichier /proc/kcore est un accès direct à la mémoire du noyau. Ce type de fichier n'est, en règle générale, pas utile dans la supervision.

Informations relatives aux processus

Les processus ont, quant à eux, un répertoire qui leur est dédié. Il s'agit tout simplement de /proc/PID, où PID est l'identifiant du processus concerné. Ce répertoire contient des informations sur les ressources consommées par le processus. Il n'est lisible que par l'utilisateur qui a lancé le processus. Le fichier /proc/PID/status permet d'obtenir les informations sur l'état d'un processus. Nous pouvons, par exemple, savoir si un processus est en état zombie ou non. Les fichiers /proc/PID/stat et /proc/PID/statm permettent d'obtenir des informations à propos de la consommation de ressources du processus.

Analyse des informations

Ces fichiers ne sont, en général, pas simples à lire. Ce sont des valeurs brutes sans autre indication. Ils diffèrent selon les versions du noyau. De nombreux outils les parcourent pour présenter plus lisiblement ces informations. Les administrateurs les utilisent tous les jours. Parfois ils ne savent pas très bien d'où viennent leurs informations. Ces commandes sont ps, top et netstat, pour les plus connues.

Ces commandes analysent les fichiers du répertoire /proc et en tirent les informations souhaitées. Il n'est pas intéressant de refaire ce travail. Ces outils gèrent les différentes versions des fichiers et sortent un résultat constant. Leur utilisation peut faire gagner beaucoup de temps dans l'obtention d'informations de supervision et de métrologie.

> DOCUMENTATION **Un ouvrage sur /proc**
>
> 📖 Ceux qui souhaitent pousser l'étude de /proc peuvent se tourner vers le livre */proc et /sys* d'Olivier Daudel aux éditions O'Reilly.

Un simple appel à ps dresse la liste des processus d'un utilisateur avec les informations choisies. Par exemple, imaginons que nous souhaitions obtenir les informations suivantes sur l'ensemble des processus du système :

* PID : numéro de processus ;
* ARGS : commande lancée avec les arguments ;
* RSS : taille de la mémoire résidente du processus ;
* %CPU : pourcentage de CPU utilisé.

Il suffit de lancer la commande suivante :

```
ps -eo pid,args,rss,%cpu
```

Voici un extrait du résultat :

Visualisation des processus du système

```
24398 /usr/local/nagios/bin/ndo2d 488 0.0
25047 /usr/sbin/httpd          47512 5.8
25103 /usr/sbin/httpd          49680 5.9
25116 /usr/sbin/httpd          74720 5.7
25125 /usr/sbin/httpd          46596 5.8
26260 sshd: nagios@pts/1        1860 0.0
26291 -bash                     1520 0.0
28106 /usr/local/nagios/bin/nagio 10856  0.0
28107 /usr/bin/perl -w /usr/local  8384  1.5
28109 /usr/local/nagios/bin/nagio 10856  0.0
28110 /usr/bin/perl -w /usr/local  8380 10.0
```

Nous remarquons que les processus httpd sont consommateurs d'espace mémoire et de ressources CPU. Cette information peut être utile dans la supervision.

En ce qui concerne les informations réseau, la commande netstat permet d'avoir un suivi précis de l'état des connexions. Elle permet d'obtenir, à travers l'utilisation du fichier /proc/net/netstat, la consommation des ressources réseau et, par /proc/net/tcp et /proc/net/udp, la liste des connexions actuellement en cours.

Tout comme les fichiers associés aux processus, ils sont difficilement compréhensibles. La commande `netstat` est chaudement recommandée.

Il peut être utile de suivre le nombre de connexions ouvertes ou le nombre de paquets envoyés et reçus sur le réseau.

Nous allons présenter les informations importantes à superviser sur les systèmes Linux dans ce chapitre. Si les fichiers `/proc` originaux seront évoqués, les sondes utilisent principalement les commandes comme `ps` ou `netstat`.

Sur les systèmes Windows

Dans le chapitre 4, nous avons évoqué les tables `WMI`. Elles permettent d'accéder, avec une syntaxe proche du `SQL`, aux informations des systèmes Windows et des quelques logiciels compatibles.

La méthode d'accès aux informations a été présentée précédemment, et nous n'y reviendrons pas. Les tables intéressantes pour la supervision et la métrologie seront énumérées dans la suite de ce chapitre.

L'existence d'un indicateur de charge globale

Commençons notre étude des indicateurs par le rêve de tout administrateur : un indicateur de charge globale.

Une question récurrente

Si une question trotte dans la tête des administrateurs, c'est bien celle-ci : ses serveurs sont-ils (trop) chargés ? Pour y répondre, il doit trouver un moyen d'observer la charge des machines. Le besoin de définir un seuil de surcharge apparaît alors.

Les administrateurs doivent gérer un nombre très important de machines. Ils ont besoin de tailler au plus juste les environnements. Pour cela, l'observation de la charge des anciennes machines peut se révéler plus qu'utile.

DANS LA VRAIE VIE **Le bon administrateur doit être paresseux**

Il ne faut pas oublier que les administrateurs sont des informaticiens. Or, un bon informaticien est fainéant et les administrateurs sont généralement de bons informaticiens. Ils souhaitent obtenir l'information de charge par un seul indicateur qui permette de déterminer si une machine est surchargée ou non.

Ce sont les ressources d'une machine surchargée qui nous intéressent tout particuliè-rement ici. Dans cette machine, de nombreux éléments peuvent être sur-sollicités. Les plus importants sont les suivants :

- CPU ;
- RAM ;
- disques durs ;
- interfaces réseau.

Traitons tout de suite le cas de la RAM. Lorsqu'une machine n'en a pas assez, elle utilise les espaces d'échanges. Ceux-ci sont situés sur les disques durs. Dans ce cas, la ressource bloquante est le disque. On ne donne donc pour la RAM que deux états : il y en a assez, ou non. Elle n'est pas prise en compte dans l'indicateur global car elle est contenue dans les disques durs lorsqu'elle ne suffit pas.

Lorsqu'une machine n'arrive pas à traiter les informations assez rapidement, les files d'attente des traitements augmentent. Les traitements sont les processus. L'indica-teur qui nous intéresse est la file d'attente des processus. Les Unixiens pensent immédiatement au `load average`. Ci-après, un rapide rappel sur cet indicateur de charge moyenne – pour ceux qui n'ont pas pris l'unixien en première langue.

Définition de la charge moyenne, ou load average

De nombreux mythes et légendes entourent cet indicateur. Par exemple, certains affirment qu'il doit être inférieur à 1, d'autres qu'il ne doit pas dépasser le nombre de CPU physiques. Cela n'étant pas totalement vrai, il est conseillé aux administrateurs même les plus aguerris de lire la suite.

> REMARQUE **Des load average similaires sous Unix/Linux**
>
> Cette section traite du cas du load average sous Linux. Il hérite de la définition et du comportement com-muns à tous les Unix. Les informations fournies ici peuvent être généralisées sur l'ensemble des Unix. Les systèmes Windows ne disposent malheureusement pas de cet indicateur en standard.

Composé de trois chiffres, le load average est disponible par les commandes `uptime` ou `top`, ainsi que dans le fichier `/proc/loadavg`. Les trois chiffres du load average représentent le nombre moyen (au sens d'une moyenne pondérée sur le temps) de processus en état d'exécution ou en attente d'une ressource au cours des dernières 1, 5 et 15 minutes.

Cette définition n'étant pas particulièrement triviale, étudions-la morceau par mor-ceau.

Processus pris en compte

Tout d'abord, faisons un rapide rappel sur les états d'un processus. Pour simplifier, ils peuvent être en état d'exécution, en attente d'une ressource ou bien ne rien faire. Seuls les deux premiers sont considérés dans le calcul du load average.

Le noyau compte régulièrement ces processus et met à jour les moyennes. Ce relevé est effectué toutes les cinq secondes. L'horloge du système est cadencée à une fréquence HZ définie dans le noyau : son quantum de temps correspond donc à 1/HZ secondes. Dans un environnement moderne, HZ est défini à 100 hertz. Par conséquent, pour que le relevé ait lieu toutes les cinq secondes, il est effectué tous les 5xHZ intervalles, soit 5xHZ/HZ = 5 secondes.

> PIÈGE **Les architectures « tickless »**
>
> Certains vont se demander comment un tel intervalle peut être défini sur les architectures tickless. Ces dernières ont comme particularité de ne pas définir de temps système réguliers mais de se réveiller quand le système a quelque chose à faire. Elles n'ont pas de valeur définie pour HZ. Dans ce cas, le système fournit le temps écoulé depuis la dernière mesure à la fonction qui détermine si une mise à jour des moyennes est nécessaire. Quand ce temps dépasse cinq secondes, le calcul est effectué.

Le noyau obtient le nombre de processus à compter à travers la fonction nr_active disponible dans le fichier kernel/sched.c du noyau Linux. Voici un extrait de cette fonction :

Fonction du noyaux Linux qui compte le nombre de processus pour la charge

```
unsigned long nr_active(void)
{
  unsigned long i, running = 0, uninterruptible = 0;
  for_each_online_cpu(i) {
    running += cpu_rq(i)->nr_running;
    uninterruptible += cpu_rq(i)->nr_uninterruptible;
  }
  [...]
  return running + uninterruptible;
}
```

Les processus qui s'exécutent (cpu_rq(i)->nr_running) et ceux qui attendent une ressource (cpu_rq(i)->nr_uninterruptible) sont pris en compte.

Nous avons ainsi défini la liste des processus pris en compte. Voyons maintenant le calcul des moyennes à proprement parler.

Moyennes exponentielles

REMARQUE **Pertinence de l'étude**

Cette partie n'est pas indispensable aux administrateurs pour interpréter le load average. Elle permet cependant de mieux comprendre son évolution au cours du temps. Les administrateurs allergiques aux mathématiques peuvent sauter cette partie. C'est cependant dommage car elle montre à quel point elles pourraient les aider dans la vie de tous les jours.

Nous avons évoqué que les moyennes sont pondérées sur le temps. Les valeurs prises en compte lors des derniers relevés doivent avoir un poids plus fort dans la moyenne que les anciennes valeurs. La décroissance des poids est une exponentielle décroissante. Ce calcul se trouve dans le fichier kernel/timer.c de Linux. La fonction en question est calc_load.

Calcul du load average

```
void calc_load(unsigned long ticks)
{
  unsigned long active_tasks;
  static int count = LOAD_FREQ;

  count -= ticks;
  if (unlikely(count < 0)) {
    active_tasks = count_active_tasks();
      do {
        CALC_LOAD(avenrun[0], EXP_1, active_tasks);
        CALC_LOAD(avenrun[1], EXP_5, active_tasks);
        CALC_LOAD(avenrun[2], EXP_15, active_tasks);
        count += LOAD_FREQ;
        } while (count < 0);
    }
  }
}
```

La valeur count permet de savoir quand faire le calcul. Elle est inférieure ou égale à zéro toutes les 5 secondes. Après le calcul, elle est réinitialisée. La mise à jour des valeurs de charge a lieu dans la macro CALC_LOAD. Voici les macros impliquées dans ce calcul. Elles sont définies dans kernel/timer.h.

Macros utilisées dans le calcul

```
#define FSHIFT 11 /* nr of bits of precision */
#define FIXED_1 (1<<FSHIFT) /* 1.0 as fixed-point */
#define LOAD_FREQ (5*HZ+1) /* 5 sec intervals */
#define EXP_1 1884 /* 1/exp(5sec/1min) as fixed-point */
```

```
#define EXP_5 2014 /* 1/exp(5sec/5min) */
#define EXP_15 2037 /* 1/exp(5sec/15min) */

#define CALC_LOAD(load,exp,n) \
        load *= exp; \
        load += n*(FIXED_1-exp); \
        load >>= FSHIFT;
```

La valeur FSHIFT permet de définir la précision des calculs. LOAD_FREQ sert à positionner l'intervalle de 5 secondes. Les valeurs EXP_* sont, pour l'instant, un peu mystérieuses. La macro CALC_LOAD calcule la charge à l'instant t, dans le cas de la charge sur une minute, par :

$$load(t) = \frac{load(t-1) * \text{EXP\_1} + n * (\text{FIXED\_1} - \text{EXP\_1})}{(\text{FIXED\_1})}$$

C'est en fait la définition mathématique d'une moyenne mobile exponentielle. Pour la comprendre, transformons-la un peu. FIXED_1 est le chiffre 1.0 représenté en notation à virgule fixe. Cette notation permet d'exprimer un nombre qui possède un nombre fixe de chiffres après la virgule, ici 11. Le décalage binaire vers la droite >> de 11 chiffres équivaut à une division par 2^{11}, soit FIXED_1. Une fois la formule transformée, nous obtenons :

$$load(t) = \underbrace{n}_{\text{valeur actuelle}} + \underbrace{(\text{EXP\_1}/\text{FIXED\_1}) * (load(t-1) - n)}_{\text{poids du passé}}$$

Pour rappel, la valeur n est le nombre de processus travaillant lors de la mesure. La charge est égale à ce nombre de processus, auquel nous ajoutons une valeur. Si la valeur n est plus grande que l'ancienne charge, alors load(t-1)-n est négatif et la charge calculée pour l'instant t est égale au nombre de processus qui travaillent, moins une valeur. Si le nombre de processus qui travaillent est inférieur à l'ancienne charge, alors load(t-1)-n est positif et la charge calculée est égale au nombre de processus auquel on ajoute une valeur. La figure 14-1 montre un exemple d'évolution de la courbe pour chacun des cas :

Figure 14–1
Calcul de l'évolution
du load average

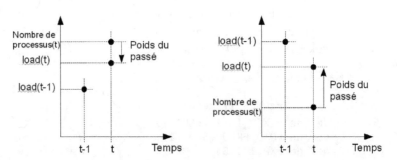

Cette valeur que nous ajoutons ou soustrayons est un multiple de EXP_1/FIXED_1. FIXED_1 est égal à 2^11=2048. EXP_1 vaut, d'après le code, 1884. C'est la représentation en virgule fixe de 1/exp(5/60). Cette valeur provient de la définition de la moyenne mobile exponentielle. Elle prend en compte la période des mesures. Dans le cas de la minute, elle est égale à 5/60.

Que ce soit pour 1, 5 ou 15 minutes, la valeur est toujours inférieure à FIXED_1. La représentation en virgule fixe de EXP_K est calculée comme suit :

$$\exp(5/60K) \Leftrightarrow \exp(5/60K)/2^{11}$$

Nous avons alors :

$$\text{EXP\_K} \Leftrightarrow 2^{11}/2^{(5*log2(e)/60K)}$$

Si nous augmentons K, nous tendons vers

$$\lim_{K \to \infty} \text{EXP\_K} = 2^{11} = \text{FIXED\_1}$$

sans jamais l'atteindre. Le facteur EXP_1/FIXED_1 est toujours inférieur à 1. Voici ce qu'il vaut pour 1,5 et 15 minutes :

- EXP_1/FIXED_1 = 0,919 ;
- EXP_5/FIXED_1 = 0,983 ;
- EXP_15/FIXED_1 = 0,994.

Ce facteur représente le « poids du passé » pour le calcul de la charge. Plus nous nous basons sur de longues périodes, plus il est important. Cela signifie que la valeur à la minute a une volatilité plus importante que celle à 15 minutes par exemple.

Si nous calculons les valeurs de charge sur plusieurs périodes, les facteurs se multiplient sur les valeurs les plus anciennes. Cela donne son allure d'exponentielle à la courbe.

Pour trois relevés consécutifs, si nous posons

$$Q = \text{EXP\_1/FIXED\_1}$$

le calcul suivant est effectué pour la dernière valeur :

$$
\begin{aligned}
load(t) &= n + Q * ((n_{t\text{-}1} + Q * (load(t-2) - n_{t\text{-}1})) - n) \\
&= n + Q * (n_{t\text{-}1} - n) + Q^2 * (load(t-2) - n_{t\text{-}1})
\end{aligned}
$$

Les valeurs du passé ont un coefficient Q à une puissance égale à leur âge. Ce coefficient étant inférieur à 1, cela donne une allure exponentielle à la courbe.

Si n est stable sur une longue période, la valeur de load(t-1)-n diminue de plus en plus au fil des calculs. La charge tend vers n.

Exemples de courbes

Prenons un cas simple pour notre exemple. La machine considérée possède deux cœurs. Seuls les processus consommant de la ressource CPU sont considérés. Deux de ces processus sont lancés à t=0s. À t=900s, ils sont arrêtés. La courbe de la figure 14-2 représente l'évolution des trois composantes du load average.

Figure 14–2
Évolution du load average

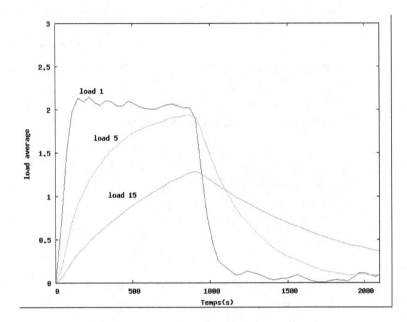

Nous retrouvons bien les courbes exponentielles évoquées ci-dessus. Les courbes tendent, chacune à leur rythme, vers la valeur 2 lors de la phase de consommation de ressources. La valeur à la minute est bien plus rapide à arriver à cette limite que celle à 15 minutes. Le même phénomène est présent dans la phase descendante, lorsque les valeurs tendent vers 0.

Si nous savons désormais tout ce qu'il y a à savoir sur le calcul du load average, cela ne nous éclaire pas encore sur la manière de l'interpréter.

Représentation visuelle du load average

Pour faciliter l'analyse de cet indicateur, il peut être pratique de se le représenter. Pour cela, nous repartons des trois ressources que peuvent consommer les processus, à savoir les processeurs, les disques durs et le réseau. Un même processus ne peut en consommer plusieurs à la fois. Une représentation possible du système est celle d'un entonnoir.

Celui-ci est d'un type un peu particulier. Il possède autant de tuyaux de sortie que de ressources. Les processus y entrant sont obligés de faire la queue devant la sortie qu'ils souhaitent utiliser. Ils peuvent être en état d'attente ou en cours de consommation de la ressource. Les processus sont représentés comme un nombre moyen de processus à cette position.

Dans le cas d'une machine avec un processeur à deux cœurs, un disque, une interface réseau et ayant en moyenne trois processus consommant un cœur, le système peut être représenté comme en figure 14-3.

Figure 14–3
Représentation des files
d'attente des ressources

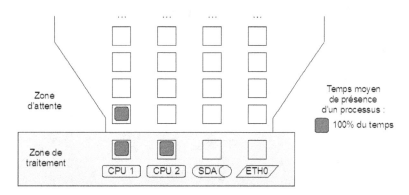

Le load average est simplement la moyenne pondérée sur le temps du nombre de processus présents dans le diagramme.

Étudions quelques cas représentatifs afin d'observer la charge des machines dans diverses situations.

Systèmes typiques

Système sous-dimensionné

Dans l'exemple de la figure 14-3, le load average tend vers trois. Deux processus sont en moyenne en train de consommer les ressources CPU et un est en attente de pouvoir le faire. Nous nous retrouvons face à une situation de contention au niveau des processeurs. Le système mériterait d'avoir un cœur d'exécution en plus.

Le load average est de trois, pour quatre ressources au total, ou deux si l'on considère uniquement les processeurs. Une interprétation possible du load average concernant les processus consommant uniquement des processeurs est qu'il doit être inférieur au nombre de ressources disponibles. Dans le cas contraire, il y a des contentions.

C'est en général le cas. Il existe cependant une situation où cette affirmation est erronée. Par exemple, imaginons que le processus qui attend possède une priorité plus basse que les deux autres. L'administrateur a jugé que le temps de calcul de ce processus n'était pas important. S'il ne cause pas de souci aux autres, est-ce réellement grave d'avoir une contention à ce niveau ? Cela dépend des attentes de l'administrateur concernant ce processus.

Système bien dimensionné

Prenons désormais une situation moins chargée que la précédente. La ressource processeur n'est consommée qu'à moitié. En moyenne, un processus est en train d'être exécuté (voir figure 14-4).

Figure 14–4
Files d'attente sur un système bien dimensionné

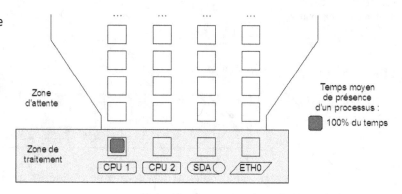

Il n'y a, a priori, pas de contention. Le load average est de 1. Nous pourrions considérer que cette machine est bien dimensionnée et que ses ressources CPU sont utilisées à hauteur de 50%.

C'est oublier un peu vite que le load average est une moyenne temporelle. Les processus illustrés ici sont une moyenne. Deux cas font surface :

- un processus unique a consommé toute une ressource CPU sur la durée étudiée ;
- une myriade de processus ont travaillé de temps en temps et consommé en moyenne le CPU complètement.

Dans le premier cas, le processus gagnerait sûrement à disposer d'un processeur plus puissant. Dans le second, aucun processus n'a consommé toute une ressource. Le CPU est utilisé à 50%. Le fait de savoir si cela est suffisant sera discuté un peu plus loin dans ce chapitre.

Le load average est le même dans ces deux situations mais son interprétation est complètement différente. Les applications fonctionnant sur le système semblent avoir leur importance. Continuons notre analyse afin de comprendre cela.

Système sur-dimensionné ?

Notre prochain système a en moyenne un quart de cœur de consommé ainsi qu'un quart d'une ressource disque. Cela est illustré sur la figure 14-5.

Figure 14–5
Files d'attente sur un système sur-dimensionné

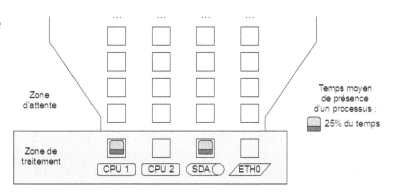

Le load average est de ¼+¼=0,5. Aucun processus ne peut avoir consommé la totalité d'une ressource. Cette situation semble idyllique. Elle a un goût de système sur-dimensionné : les utilisateurs de cette machine doivent être ravis. Le load average inférieur à 1 semble synonyme de charge tout à fait acceptable. Ce n'est malheureusement pas forcément le cas.

Changement de point de vue

Nous nous étions placés dans la peau d'un administrateur jusqu'ici. Plaçons-nous désormais dans la peau des utilisateurs. Les machines qui soutiennent des applications leur étant dédiées, il est important de ne pas oublier cet objectif dans notre analyse de la charge.

Analyse contradictoire

Reprenons deux analyses précédentes depuis notre nouveau point de vue :

- load average à 1 où un processus consomme un cœur continuellement ;
- load average à 0.5 où une partie des processeurs et des I/O disque sont consommées.

Du point de vue de l'administrateur, la première situation est un cas de processeur surchargé, la seconde un cas où tout va bien. Suivant les applications, les utilisateurs peuvent ne pas avoir le même avis.

Dans le premier cas, prenons l'exemple d'une application qui consomme toute une ressource CPU, quelle que soit la puissance dont elle dispose. Un jeu appartient à ce type de programmes. S'il n'est pas limité en nombre d'images par seconde à générer, il consomme toute une ressource CPU. Suivant la vitesse du processeur, le jeu peut tourner à plus ou moins de 60 images par seconde. Au-dessus de ce seuil, les joueurs ne ressentent pas la différence. En-dessous, le jeu n'est pas fluide. La charge machine est toujours de 1 dans les deux cas. Du point de vue des utilisateurs, les ressentis de charge ne sont pas les mêmes.

Une relation charge/application semble se profiler. Regardons sur le second cas si c'est bien le cas dans une situation qu'un administrateur qualifie de non chargée.

Considérons qu'un processus est responsable de la charge de 0.5. Ceci signifie qu'il a travaillé approximativement la moitié du temps. Cela est une moyenne. Il a très bien pu travailler 30 secondes d'affilée. Un utilisateur a très bien pu aussi demander 60 pages web, chacune demandant 0,5 seconde de travail pour s'afficher.

Dans le premier cas, l'utilisateur peut n'être pas totalement satisfait. Il a presque le temps d'aller prendre un expresso pendant le traitement. Dans le second, aucune page n'ayant mis plus d'une demi-seconde à arriver, il est pleinement satisfait.

> REMARQUE **Une fâcheuse manie**
>
> Si l'utilisateur n'est pas friand de caféine, il peut remplacer le café par un coup de téléphone pour se plaindre auprès des administrateurs. Ce genre de situation est à éviter à tout prix.

La relation charge/application est réelle. Une même charge n'est pas interprétée de la même manière suivant les applications fonctionnant sur la machine.

Attentes des utilisateurs

Certaines applications sont reconnues par les utilisateurs comme n'ayant pas besoin de temps de réponse particulièrement rapides. Les applications de reporting en font partie. D'autres, au contraire, ne sont utilisables qu'à partir d'un certain seuil de performances. Les jeux en sont le meilleur exemple. Si le nombre d'images par seconde n'est pas suffisant, c'est injouable.

Ces attentes des utilisateurs peuvent également varier suivant la période. Un utilisateur du pôle financier n'est pas aussi patient pendant une période de clôture comptable qu'en-dehors.

Obtenir les informations de temps de réponses acceptables de la part des utilisateurs est très important. L'idéal consiste à pouvoir tester ces indicateurs sur un scénario applicatif et à les comparer aux souhaits des utilisateurs.

Une analyse variable de la charge

Le load average a-t-il perdu toute son utilité ? Non. Les scénarios applicatifs ne sont pas toujours réalisables. Les informations de temps de réponse acceptables sont une denrée extrêmement rare de la part des utilisateurs.

S'ils connaissent bien les applications fonctionnant sur leurs machines, les administrateurs peuvent exploiter des retours des utilisateurs à propos de temps de réponse trop lents. Corrélés avec le load average, ces retours leur permettent de définir le seuil de charge acceptable pour une machine donnée. À types d'applications et machines équivalents, il est possible d'utiliser ce seuil sur d'autres serveurs. Ces seuils ne sont pas fixes et il n'existe pas de méthode miracle pour les définir.

L'indicateur de load average est également utile pour observer l'évolution de la charge sur une même machine au cours du temps. Il est le compagnon idéal de l'administrateur. Il est une très bonne moyenne de charge, mais qui dit moyenne dit perte de données. C'est pourquoi il est également indispensable de suivre la consommation des différentes ressources. Le load average peut alerter d'un problème de charge globale. Reste ensuite à trouver la ressource limitative.

Deux indicateurs valent mieux qu'un

Le mythe de l'indicateur global étant tombé, voyons si nous pouvons tirer d'autres informations de notre étude du load average.

Limites du load average considéré seul

Nous venons de voir que le load average était principalement constitué des attentes processeur et des attentes d'entrées/sorties, comme celles des disques. Lorsqu'un administrateur cherche à améliorer une situation, il peut jouer sur ces deux facteurs. Les processeurs se remplacent, et les accès disques s'améliorent en ajoutant du cache. Le load average étant une moyenne des deux, l'administrateur ne peut pas l'utiliser pour savoir quoi améliorer. Sur les systèmes Linux, on peut distinguer les deux composantes du load average :

- processeurs ;
- ressources bloquantes (disques).

Analyse du load average

Obtention de l'information

Sous Linux, le noyau exporte le fichier `/proc/stat` où deux lignes nous intéressent tout particulièrement :

Lecture du fichier /proc/stat

```
[...]
procs_running 3
procs_blocked 0
```

La ligne `procs_running` indique le nombre de processus en état `running` ou en attente de processeur. La seconde indique le nombre de processus en attente d'entrée/sortie. Ce sont les deux composantes du load average. Il est intéressant de remarquer que la première ligne ne peut pas être à zéro. Le processus qui effectue la lecture consommant du temps processeur, il faut retirer 1 à cette valeur afin d'avoir le nombre réel de processus qui travaillent.

Calcul des moyennes exponentielles

Si le noyau fournit la moyenne exponentielle de la charge totale dans `/proc/loadavg`, il n'effectue pas ce calcul pour ces deux composantes. Nous devons faire appel à un démon qui calcule cette moyenne et exporte cette valeur pour l'utilisateur. Votre serviteur a écrit un tel démon sous licence GPL v2. Il se nomme `advanced load average` et se présente sous la forme d'un script Python. Il permet d'agréger d'autres données que celle des composantes du load average. Nous en reparlerons par la suite.

> REMARQUE **Un outil qui tombe à pic**
> Comme peut se douter le lecteur, cet outil est le résultat de l'analyse du fonctionnement du load average.

Son lancement est fort simple :

Lancement d'avanced load average

```
/usr/local/nagios/bin/advLoadAvgd.py -c /usr/local/nagios/etc/
advLoadAvgd.cfg
```

Il exporte par défaut ses fichiers de résultats dans `/dev/shm`. Celui qui nous intéresse pour l'instant est `/dev/shm/advLoadAvg_component.dat`.

/dev/shm/advLoadAvg_component.dat

```
0.28 0.58 0.74 0.54 0.47 0.44
```

Les trois premières valeurs sont la charge CPU à 1, 5 et 15 minutes. Les trois dernières sont la charge I/O à 1, 5 et 15 minutes. Le load average était :

Load average

```
0.84, 1.03, 1.17
```

Nous retrouvons :

- $0.84 \sim 0.28 + 0.54$
- $1.03 \sim 0.58 + 0.47$
- $1.17 \sim 0.74 + 0.44$

Les approximations sont dues aux calculs de moyennes. La sonde check_load_component permet d'envoyer ces données à Nagios et de vérifier que le démon fonctionne toujours bien.

```
check_load_component.py -c /usr/local/nagios/etc/advLoadAvgd.cfg
OK daemon is UP | LoadCpu1=0,28 LoadCpu5=0.58 LoadCpu15=0.74
LoadIo1=0.54 LoadIo5=0.47 LoadIo15=0.44
```

Exemples de mesures

Si nous traçons les courbes de charge à 15 minutes de nos deux nouveaux indicateurs, nous obtenons un graphique similaire à celui de la figure 14-6.

Figure 14–6
Tracé des charges CPU
et I/O sur une semaine

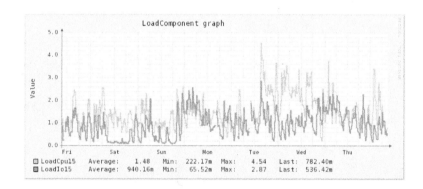

La courbe du load average pour la même période est représentée en figure 14-7.

Figure 14–7
Tracé du load average

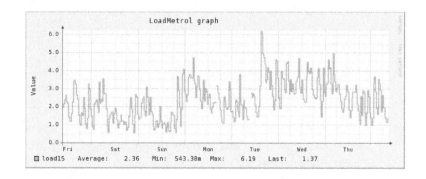

La courbe du load average est bien la somme des deux premières courbes, `LoadCpu15` et `LoadIo15`. Avec le premier tracé, l'administrateur sait quel gain il peut retirer de l'amélioration des processeurs ou des entrées/sorties. Dans le cas présent, les améliorations des accès disques sont à privilégier pour avoir les meilleurs gains. La machine ayant déjà 8 processeurs physiques et une charge CPU à 2, en ajouter ne servirait à rien

L'administrateur pourrait aussi obtenir une courbe comme celle de la figure 14-8.

Figure 14–8
Tracé des charges CPU et I/O

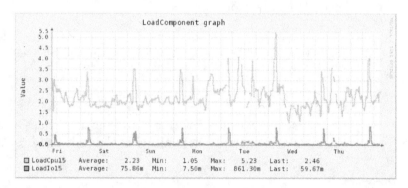

Dans ce cas, l'amélioration des disques ne servirait à rien. Suivant le nombre de processeurs que possède la machine, il peut être intéressant d'en ajouter. Ici, la machine en possède 4, il n'y a aucun intérêt à en ajouter.

Étant des moyennes, ces valeurs subissent les mêmes inconvénients que le load average. Elles nécessitent d'autres indicateurs et l'expérience des administrateurs pour pouvoir en tirer toutes les informations nécessaires.

Charge des processeurs

Lorsqu'on parle de système chargé, on pense immédiatement aux processeurs.

Un indicateur important

Les processeurs sont, dans l'esprit de tout un chacun, la première ressource des machines. Si, dans de nombreuses situations, les disques sont bien plus limitatifs, il est important de garder un contrôle sur leur utilisation.

Celle-ci n'est pas constante. Un processeur n'a que deux états : il travaille ou il ne travaille pas. Lorsque nous parlons de pourcentage d'utilisation, il est question d'une moyenne des états sur une certaine durée.

Les courbes de consommation de CPU sont, par définition, très variables. Un processeur inactif à l'instant t peut être surchargé à t+1. Si la charge est ponctuelle, cela ne porte pas à conséquence, c'est une variation « normale » pour cet indicateur. Si la charge est constante sur une durée plus longue, nous avons probablement affaire à une contention.

Cet aspect de volatilité de l'indicateur a un impact sur le paramétrage des services le surveillant. Le relevé de l'indicateur se fait à un instant t. L'indicateur d'utilisation du CPU n'est pas une moyenne temporelle comme le load average. Il est important de définir plusieurs vérifications de charge avant d'avertir les administrateurs. Si la charge est passagère, il n'y a pas de problème. Si, après plusieurs tests, elle est toujours élevée, un envoi d'alerte est nécessaire. Cela se configure par le biais des paramètres `max_check_attempts` et `retry_interval`. Une durée de charge de 15 minutes est acceptable avant de lancer une notification.

> REMARQUE **Seuil variable**
>
> Cette durée est variable suivant les environnements et surtout les utilisateurs concernés.

Plusieurs types de charge CPU

La consommation des processeurs peut se faire à plusieurs niveaux :

* un processus utilisateur ;
* le noyau du système.

Suivant la source de la consommation, la résolution du problème n'est pas la même. Dans le cas d'une application, une consommation excessive de temps de calcul est observable, par exemple, avec les commandes `top` ou `ps` sous Linux. Une fois l'application fautive identifiée, reste à la modifier pour qu'elle ne recommence pas.

Le cas de l'utilisation par le noyau est bien plus complexe à gérer. Ceci signifie qu'une partie du temps de calcul se passe en mode noyau. Cela peut être dû au code du noyau qui s'exécute, mais cela n'arrive que très rarement. Les noyaux sont écrits avec une très grande rigueur et cherchent à passer inaperçus dans la charge de la machine. Ils y arrivent généralement très bien.

Ils doivent gérer les demandes des processus comme les accès aux disques ou le lancement de nouveaux processus. Ces actions se passent en mode noyau. Le temps passé à les réaliser est décompté sur le temps système. De trop nombreux accès disques sont caractérisés par un temps d'utilisation du noyau important.

Récupération effective de la charge CPU

Sous les Unix

La commande `vmstat` permet d'obtenir les différents pourcentages d'utilisation de chaque type d'utilisation du processeur. Elle cherche ses informations dans le fichier `/proc/stat`. La sonde `check_cpu` y fait appel :

check_cpu

```
check_cpu -w 90 -c 95
OK: CPU is 38% full | cpu=38% idle=62% user=20% sys=18%
```

Le démon `advanced load average` exporte les moyennes de ces composantes dans le fichier `/dev/advLoadAvg_cpu.dat` qui est lu par la sonde `check_load_cpu.py`. Ces mesures permettent de lisser les courbes pour une meilleure analyse de métrologie.

Sous Windows

Interrogation WMI directe

Sous Windows, l'information de l'utilisation des processeurs est disponible dans la table WMI `Win32_Processor`. Chaque processeur a un identifiant. Il existe un indicateur supplémentaire qui fait une moyenne de la charge des autres. Le pourcentage d'utilisation est contenu dans le champ `LoadPercentage`. Voici un exemple d'interrogation qui récupère le pourcentage d'utilisation des processeurs :

Récupération de la charge processeur en WMI

```
SELECT LoadPercentage FROM Win32_Processor
```

Voici un exemple de résultat sur une machine à deux cœurs qui en a un d'utilisé pleinement :

```
DeviceID=CPU0:LoadPercentage=0
DeviceID=CPU1:LoadPercentage=100
```

Utilisation de NSClient++

Si l'administrateur a la bonne idée d'utiliser l'agent `NSClient++`, celui-ci propose une valeur moyenne de l'utilisation des CPU sur une certaine durée. Par exemple, si l'utilisation moyenne sur cinq minutes intéresse l'administrateur, il peut utiliser la commande suivante :

Récupération de la charge processeur par NSClient++

```
check_nt -H serveur -v CPULOAD -15,70,90
CPU Load 9% (5 min average)
```

Il est alerté si la valeur dépasse 70 ou 90% suivant le niveau de criticité choisie. Cela permet de ne pas avoir à positionner de paramètres retry_interval à cause de la volatilité de l'utilisation CPU.

Une valeur de 5 minutes est trop courte pour justifier une levée d'alerte. Il est conseillé d'utiliser une moyenne de l'ordre du quart d'heure à la place.

Les différents temps CPU

Le cas traité pour l'instant est celui de la charge globale des processeurs. Il n'est pas fait mention de la répartition du temps consommé. Le système Windows propose des indicateurs assez précis sur la source de la charge. Ces informations sont disponibles dans la table Win32_PerfFormattedData_PerfOS_Processor. Les champs utilisés sont :

- PercentDPCTime : temps passé sur l'activité réseau. Une valeur supérieure à 50% montre un problème ;
- PercentPrivilegedTime : temps passé sur l'activité des disques. Une valeur supérieure à 20% montre un problème.

Il peut être utile d'alerter les administrateurs si ces seuils sont franchis. Il est important d'avoir une documentation claire sur ces indicateurs. Leur nom est en effet assez peu parlant et un administrateur recevant une alerte pourrait ne pas prendre la peine d'en rechercher la signification.

Superviser la mémoire

La mémoire est l'une des ressources qui revient le moins cher sur les environnements actuels. Il est tout de même important de la surveiller.

Un indicateur un peu particulier

Il est possible, grâce à la métrologie, de repérer des machines ne consommant pas toute la mémoire dont elles disposent et de l'affecter à d'autres qui en manquent cruellement. Il est très courant de voir un jeu de chaises musicales dans les machines peu de temps après la mise en place de la supervision.

La RAM a été mise de côté lors de l'étude de la charge machine. Les ralentissements dus à un nombre d'accès mémoire important sont observables dans le temps CPU. Si le système commence à manquer d'espace RAM, il déplace des pages mémoire en zone d'échanges, sur disque dur. Les performances lors de l'accès à ces pages sont catastrophiques, les disques étant bien plus lents que des barrettes de mémoire. Si un ralentissement est perceptible, il est caractérisé par une utilisation de la ressource I/O disque. Il n'y a pas de contention sur l'accès à la mémoire à proprement parler.

Nous pouvons considérer que deux états sont observables :

* le système a assez de mémoire ;
* le système en manque, il utilise la mémoire d'échanges.

Cela est un peu réducteur car toutes les situations ne se résument pas à ces deux états. Étudions comment observer des manques de mémoire et cherchons les cas où la supervision est complexe.

Méthode naïve de supervision de la mémoire

Une première méthode lors de la supervision de la RAM consiste à avoir deux services :

* un pour le pourcentage de RAM utilisé ;
* un pour la mémoire d'échanges utilisée.

Cette méthode fonctionne plutôt bien en théorie. Si la RAM est pleine, les administrateurs sont avertis. Si la mémoire d'échanges se remplit également, ils sont encore avertis. Ils peuvent agir dans les deux situations.

Si les systèmes étaient simples, ce fonctionnement ne poserait aucun problème. Malheureusement, les développeurs de systèmes et les administrateurs réservent des utilisations toutes particulières à cette ressource.

Le piège des caches disque

Étudions les principaux écueils de la supervision de la mémoire.

Des caches bien pratiques

Les développeurs de systèmes partent d'un constat simple : si un espace mémoire n'est pas utilisé, il est inutile. Ils cherchent à utiliser au maximum cette ressource. L'un des pièges les plus fréquents lors des premiers tests de supervision de la mémoire concerne les caches disque.

Cet espace mémoire permet de stocker une partie des données lues ou écrites par les applications. La mémoire étant bien plus rapide que les disques durs, si un programme fait de nouveau appel à une information disponible dans le cache, il y a accès très rapidement.

Les systèmes exploitent l'espace mémoire non utilisé par les applications comme espace de cache disque. Sur un système Linux, on peut l'observer dans la commande `free`.

Commande free

```
free -mt
              total       used       free     shared    buffers     cached
Mem:           2023       1944         79          0         87        664
-/+ buffers/cache:        1192        831
Swap:           509          8        501
Total:         2533       1952        580
```

Un espace disponible

Il est intéressant d'observer que la valeur de `used` comporte l'espace de cache. L'espace mémoire `free` d'un système Linux est systématiquement très réduit. Les programmes demandant de la mémoire ne se la voient pas pour autant refuser. Cet espace est simplement déduit de celui du cache. Lorsque nous supervisons l'espace mémoire disponible d'un système, il est important de prendre en compte l'espace `free`, mais également l'espace de cache disque. Dans le cas contraire, les systèmes semblent systématiquement dépourvus de mémoire disponible alors que ce n'est pas le cas.

> REMARQUE **Un indicateur piège pour l'admin Linux débutant**
>
> Beaucoup d'administrateurs Linux débutants s'affolent en voyant leur mémoire disponible ridiculement faible. Ils ajoutent alors des barrettes de mémoire avant de s'apercevoir que cela ne sert à rien. Ils commencent alors enfin à en chercher le sens.

Sous Unix

La commande dédiée à cette vérification sur les UNIX est `check_mem.pl`. Elle utilise la commande `free`. Elle prend en compte correctement les caches disque.

Voici un exemple d'exécution du script :

Vérification de l'espace mémoire sous Unix

```
check_mem.pl -w 90 -c 95
OK: 43% Used Memory | MemUsed=43%;90;95
```

L'espace d'échanges est observé par la commande `swapon`. La sonde `check_swap` permet de surveiller l'utilisation de cet espace.

Vérification de l'espace d'échanges sous Unix

```
check_swap -w 80% -c 50%
SWAP OK - 100% free (501 MB out of 502 MB) |swap=501MB;401;251;0;502
```

Les seuils de check_swap sont exprimés en pourcentage d'espace libre. Avec cette configuration, si le swap est utilisé à plus de 20%, un WARNING est levé. S'il est supérieur à 50%, c'est un CRITICAL.

Sous les systèmes Windows

Sous Windows, la table WMI Win32_OperatingSystem exporte la mémoire utilisée. Elle contient également les caches disque. Les champs à prendre en compte sont FreePhysicalMemory et TotalVisibleMemorySize. Voici un exemple de résultat de l'exécution de la requête :

Récupération de la consommation mémoire en WMI

```
SELECT FreePhysicalMemory, TotalVisibleMemorySize FROM
Win32_OperatingSystem
```

Cette requête renvoie le résultat suivant :

```
FreePhysicalMemory=466648
TotalVisibleMemorySize=1047460
```

Ce résultat représente 55% de mémoire utilisée, ce qui est acceptable.

L'espace d'échanges (swap) utilisé est, quant à lui, indiqué dans la table Win32_PageFileUsage par les champs AllocatedBaseSize et CurrentUsage. Voici un exemple de lancement de la requête :

Récupération de la consommation de l'espace d'échanges (swap) en WMI

```
SELECT AllocatedBaseSize,CurrentUsage FROM Win32_PageFileUsage
```

Cette requête renvoie le résultat suivant :

```
AllocatedBaseSize=1536
CurrentUsage=120
```

Pour les administrateurs utilisant NSClient++, la commande à utiliser est :

Récupération de la consommation de l'espace d'échange (swap) avec NSClient++

```
check_nt -H serveur -v MEMUSE -w 80 -c 90
```

L'inconvénient majeur de cette méthode est de fournir des seuils sur l'utilisation de la mémoire virtuelle. Celle-ci est définie comme la mémoire physique plus l'espace d'échanges. Il est déconseillé de placer un seuil sur cette valeur. Lorsque l'espace d'échanges est utilisé, il est déjà trop tard. De plus, le ratio entre espace mémoire et espace d'échanges est rarement identique sur tous les serveurs. Le placement du seuil devrait se faire au cas par cas.

Cas des gestionnaires de bases de données

Les administrateurs de bases de données ont eu une idée similaire à celle des développeurs de systèmes. Les bases de données faisant un nombre important d'accès disque, un cache des données récemment utilisées est disponible. Ce cache entre en conflit avec celui du système. Il est plus approprié dans cette utilisation particulière.

Les administrateurs ont tendance à remplir au maximum ce cache applicatif. Il consomme tout l'espace mémoire disponible. Le système n'a pas connaissance du rôle de cet espace. Pour lui, l'application l'utilise. Il n'est pas disponible pour d'autres applications.

Ces serveurs sont, en règle générale, dédiés à ce rôle. Il n'y a pas d'autres applications qui demandent beaucoup de mémoire. L'utilisation de la mémoire n'est donc pas alarmante mais totalement normale. Pourtant, le pourcentage d'utilisation de la mémoire est très important. Les alertes standard relèvent des erreurs. Dans cette situation, il est important de surveiller également l'espace d'échanges.

Si des applications n'arrivent pas à obtenir de mémoire, elles sont déplacées en espace d'échanges. Cela révèle une contention au niveau de l'espace mémoire. Cette alerte est très importante pour les administrateurs.

Une solution pourrait consister à n'avertir les administrateurs que si l'utilisation de l'espace d'échanges augmente. Il n'est pas toujours possible de procéder de cette manière.

Espace d'échanges sollicité non vide malgré la mémoire disponible

Parfois, un processus alloue de la mémoire, y effectue des opérations, puis ne l'utilise plus pendant une longue durée. Cet espace est en RAM alors qu'il n'est pas utilisé activement. Il ne doit pas être perdu, le processus n'a pas demandé sa suppression et n'apprécierait guère qu'on efface ses valeurs. Le cache disque se voit amputé d'un volume mémoire égal à cet espace.

Le cache disque n'est jamais une perte sur les systèmes actuels. Ceux-ci font une utilisation intensive des informations sur les disques. Plus le cache disque est grand, mieux le serveur se porte. L'espace inactif du processus est dommageable pour les performances du système. Ce dernier peut alors prendre la décision de placer les pages mémoire non utilisées depuis longtemps en mémoire d'échanges. Elles ne sont pas perdues, mais ne prennent plus d'espace mémoire inutilement. La RAM libérée peut être réaffectée au cache.

La plupart des systèmes fonctionnent de cette manière. Sous Linux, il est possible de spécifier au système s'il doit utiliser ce mécanisme souvent ou non. Ce paramètre est la `swappiness`. Il est accessible dans le fichier `/proc/sys/vm/swappiness`.

REMARQUE **Windows, un cas à part**

Windows Server, avant sa version 2008, ne propose pas encore de fonctionnement équivalent. Il place une borne supérieure au cache. Une partie de la mémoire est systématiquement perdue.

Ce fonctionnement pose problème dans la supervision. La mémoire d'échanges peut être en partie occupée alors que la mémoire centrale n'est pas pleine. Il ne peut être à lui seul un indicateur de contention au niveau de la mémoire.

Relation de dépendance

Puisqu'aucun des deux indicateurs ne peut apporter d'information précise sur la contention mémoire, il peut être utile de les utiliser conjointement. Une contention se produit quand la mémoire physique est pleine et que l'espace d'échanges commence à se remplir. Si nous définissons un service pour la mémoire et un pour l'espace d'échanges, nous pouvons définir une relation de dépendance (voir figure 14-9).

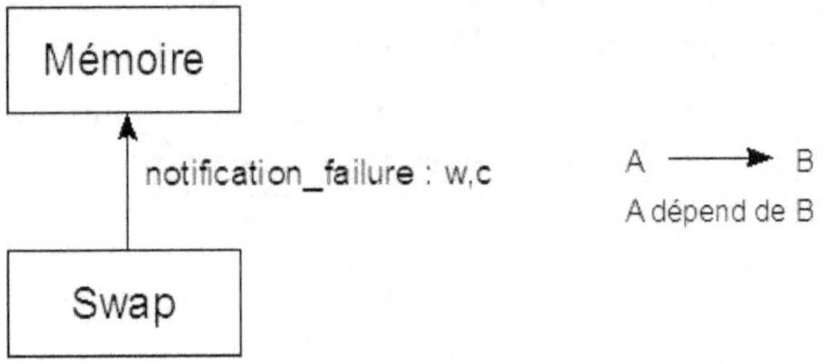

Figure 14–9
Dépendance entre la mémoire et l'espace d'échanges

La mise en place des dépendances étant un peu longue, il peut être également intéressant de tout simplement écrire un script qui effectue les deux vérifications. Ce dernier ne renvoie une erreur que dans la situation suivante : la mémoire est utilisée à plus de 95% et la mémoire d'échanges à plus de 10%. Ces seuils permettent de gérer les cas cités ci-dessus.

Problème des I/O disque

Point souvent mis de côté, la supervision des I/O disque est pourtant de la première importance.

Une ressource très limitative

De nos jours, les processeurs fonctionnent à une cadence infernale. Les quantités de mémoire sont très importantes. L'évolution de ces deux ressources sur la dernière décennie est très importante. Les performances des processeurs a augmenté de 1 500 % en 10 ans et la quantité de mémoire d'environ 3 000 %.

Une ressource est malheureusement en retrait de cette course : les disques durs. Leur espace a augmenté de 30 000 %, mais leur vitesse reste toujours le parent pauvre des systèmes actuels. Elle augmente d'un pénible 500 % si l'on considère le nombre d'accès qu'ils peuvent délivrer. Les problèmes de performances des disques ont obligé les administrateurs à augmenter les caches disque et applicatifs pour pallier ce problème.

Si le grand public a l'habitude d'entendre parler de vitesse d'écriture des disques durs, les administrateurs n'utilisent pas les mêmes unités. Dans la majorité des situations où un disque subit des contentions, les débits ne sont pas importants. Ils peuvent même surprendre un néophyte lorsqu'on lui apprend qu'un serveur a du mal à délivrer plus de 4 Mo/s sur les disques.

Le problème se trouve sur la manière dont fonctionnent les disques durs actuels. Fonctionnant mécaniquement, ils nécessitent un temps de déplacement de la tête de lecture pour atteindre l'information. Si l'utilisateur demande des données situées les unes à côté des autres, la tête de lecture n'a pas besoin de bouger pour les obtenir. Le débit peut être important.

Dans le cas d'accès complètements aléatoires sur la surface du disque, les temps de déplacement sont problématiques. Un tel déplacement prend entre 5 et 10 millisecondes. Si l'application fait appel à de nombreuses petites données réparties sur tout le disque, ce dernier ne va peut délivrer qu'entre 100 et 150 données par seconde. Si chaque donnée fait 4 ko, cela ne représente que 400 Ko/s.

Ce nombre d'accès par seconde est la principale limitation des systèmes actuels. Elle se nomme IO/s (I/O par seconde).

PERFORMANCE **L'avènement des disques SSD**

Les disques SSD (*Solid State Disk*) commencent à se démocratiser. N'ayant plus de partie mécanique, ils peuvent fournir plus de 5000 IO/s, soit plus de 50 fois plus qu'un disque standard. Leur prix élevé et leur capacité réduite les cantonnent pour l'instant au marché des serveurs haut de gamme, mais leur démocratisation pourrait être l'une des avancées majeures dans le monde serveur depuis ces 10 dernières années.

Une supervision complexe

Cette ressource ayant un impact particulièrement important, il est important de la superviser. Placer un seuil de nombre d'I/O par seconde est presque impossible sur un système en production. Les demandes sont variées et le nombre d'accès change suivant la taille des blocs remontés.

Cette information est utile dans le cadre de la métrologie. Elle permet de voir l'impact des modifications de cache des systèmes et des applications. Utilisée conjointement à un indicateur de load average, elle permet de déterminer la source de la charge. Si le nombre d'opérations par seconde augmente fortement, il est urgent d'intervenir.

Des indicateurs de files d'attente d'I/O existent. Par exemple, sous Unix, la commande `iostat` du paquet `sysstat` est l'arme préférée des administrateurs à la recherche des ralentissements de disques. Le champ `avgqu-sz` permet d'obtenir le nombre de demandes en attente. Si cette valeur dépasse régulièrement 2, il peut être utile de mettre des disques plus rapides. L'indicateur `%util` de `iostat` indique le pourcentage d'utilisation sur le temps d'un disque. Il est également très utile.

Comme nous l'avons vu dans la partie du load average, un indicateur fourni par `advanced load average` permet de prévoir les gains que l'administrateur peut obtenir en améliorant les accès disques.

Sous Windows, l'indicateur `PercentPrivilegedTime` déjà présenté dans la partie CPU permet de détecter des situations de contention sur les disques.

Supervision de la charge réseau

Il est inenvisageable, à notre époque, de couper un serveur du réseau. Voyons comment superviser cette ressource critique.

Des liens parfois insuffisants

Les réseaux ont profité pleinement des avancées technologiques. Les débits proposés sur les réseaux locaux sont impressionnants. La demande ayant malheureusement suivi, les contentions réseau ne sont pas rares. Que ce soit sur un serveur ou sur un élément réseau, il est important de vérifier que les liens sont dimensionnés correctement pour supporter la charge.

La supervision des systèmes et des éléments réseau n'est pas effectuée de la même manière. Dans le monde réseau, le `SNMP` est roi. Il est utilisé pour obtenir cette valeur. Sur les systèmes d'exploitation, on préfère les agents.

Systèmes d'exploitation

Sous Unix

La commande `netstat` permet d'avoir les statistiques des interfaces réseau. La sonde `check_network` l'utilise. Elle est uniquement utilisée dans la métrologie. Corrélée à une alerte CPU de `%sys` élevé, elle peut permettre d'identifier une contention.

Sous Windows

Tout comme les disques, nous pouvons observer les files d'attente en sortie des cartes réseau. Si la valeur dépasse régulièrement 2, c'est que la machine doit faire face à une une contention au niveau des interfaces réseau.

La requête WMI associée est :

Récupération des files d'attente réseau en WMI

```
SELECT Name,OutputQueueLength FROM
Win32_PerfFormattedData_Tcpip_NetworkInterface
```

Attention, il faut exclure des résultats `MS TCP Loopback interface` car cette interface est virtuelle.

Éléments réseau

S'il arrive que les serveurs soient sujets à des problèmes de débit réseau, bien souvent, cela provient du cœur du réseau. Ce dernier doit être capable de gérer l'ensemble des flux.

Les commutateurs et routeurs proposent, sur leur interface d'administration, des informations relatives au débit passé pour chaque interface. Cette valeur augmente au fil du temps. Les informations de débit sont bien plus utiles aux administrateurs réseau. Il est nécessaire de faire une différence entre une valeur relevée et une valeur ancienne. Pour cela, des fichiers temporaires sont utilisés.

La sonde `check_centreon_snmp_traffic` est dédiée à cette tâche. Lors du premier lancement, elle stocke la valeur dans le fichier `/tmp/centreon_trafic_ifINTERFACE_IP`. Dans ce fichier se trouvent la valeur relevée et sa date.

Lors du premier lancement, le plug-in retourne un état `UNKNOWN` avec la sortie suivante :

Premier lancement de check_centreon_snmp_traffic

```
First Execution : Buffer in creation ...
```

Cette sonde permet également de vérifier que les interfaces mesurées sont dans un état UP. Dans le cas contraire, une erreur est levée :

Interface non disponible

```
Error : interface is not ready, status down
```

Le paramétrage de ce plug-in est un peu complexe lors des premiers essais. Le point important est de déterminer le nom des interfaces à surveiller. Il utilise des expressions rationnelles pour les spécifier. Les différents systèmes d'un même constructeur ne nomment pas nécessairement les interfaces de la même manière. Pour cela, le paramètre -s permet de dresser la liste des noms et des états des interfaces. Lorsque le nom des interfaces est déterminé, la sonde peut être utilisée pour interroger l'état des liens.

Voici un exemple de lancement sur un commutateur :

Récupération du trafic d'un port

```
check_cetreon_snmp_traffic -H 192.168.0.1 -i "Port 47" -n -r
Traffic In : 228.22 kb/s (0.0 %), Out : 2.93 Mb/s (0.3 %) - Total RX Bits
In : 19.79 GB, Out : 14.24 Gb|traffic_in=228224,0Bits/s
traffic_out=2929806,9Bits/s
```

Ici, l'interface est utilisée à 0.3% en émission. Si la valeur devient trop importante, par défaut supérieure à 80% et 95% d'utilisation pour respectivement un avertissement et un état critique, une erreur est levée. Ces seuils sont paramétrables avec les arguments -w et -c.

> PRATIQUE **Rester raisonnable**
>
> Il est déconseillé de suivre l'état de tous les liens. Les administrateurs réseau n'ont besoin de suivre que quelques liens particuliers. Un lien arrivant sur un poste client déclencherait une alerte chaque fois que l'utilisateur allume son PC, ce qui n'est probablement pas le comportement souhaité...

Le reste de la supervision système

Nous avons traité les points principaux de la supervision système. Ils sont importants, mais d'autres indicateurs sont tout de même à surveiller.

Espace disque

Une ressource importante

Les disques ont une fâcheuse tendance à se remplir. Plus il y a de place disponible, plus les utilisateurs inventent de nouveaux moyens de les remplir. Cette guerre sans fin a besoin d'être supervisée. Des disques pleins peuvent non seulement ennuyer des utilisateurs, mais également causer des problèmes sévères. L'exemple d'un traitement de sauvegarde qui échoue pour cause de disque plein a été évoqué dans le premier chapitre. Ses impacts peuvent être très importants.

Seuils d'alerte

Lorsqu'il est question de placer les seuils pour les sondes qui supervisent les espaces disques, deux écoles sont possibles :

* seuils en terme de pourcentage d'espace libre ou utilisé ;
* seuils en terme de volume fixe sur l'espace libre.

Dans le premier cas, que nous plaçons un seuil d'avertissement à 80 % d'espace utilisé ou 20 % d'espace libre, nous arrivons au même résultat. Dans le second, parler en terme de volume utilisé, comme par exemple 200 Go, n'a pas de sens, sauf si on connaît l'espace disponible et que l'on souhaite modifier ce seuil pour chaque volume.

Les seuils en volume sont fortement déconseillés. L'utilisation des pourcentages est bien plus pertinent. Prenons un exemple simple. Un administrateur possède deux disques, un de 300 Go et un de 10 Go. Il peut s'agir d'un espace de données et d'un espace pour le système. Il peut décider de placer un seuil qui lève une alerte à moins d'1 Go d'espace disque disponible. Cette valeur n'est jamais idéale. Suivant le volume considéré, la situation est être bien différente.

Sur le disque de 300 Go, 1 Go ne représente pas grand chose. Si une application ou des utilisateurs ont réussi à remplir 299 Go, le dernier Go ne durera pas bien longtemps. Un seuil de 30 Go d'espace disque disponible aurait été plus pertinent.

Sur le disque de 10 Go, ce même 1 Go représente un espace conséquent. Une application ayant rempli seulement 9 Go ne remplit pas forcément aussi rapidement 1 Go que dans le cas précédent. Le seuil est acceptable dans cette situation.

Bien sûr, il est possible de positionner des seuils en volume espace par espace. Mais l'administrateur va finalement revenir à la méthode du pourcentage pour les calculer. Dans ces conditions, autant placer les seuils en pourcentage directement et éviter une configuration fastidieuse.

Sondes de supervision

Sur les systèmes Unix, la commande `check_disk` s'occupe de cette supervision. Son utilisation est très simple :

Récupération d'espace disque sous Unix

```
check_disk -w 80 -c 90
Disk OK free space: / 1425MB (19% inode=91%); /boot 159MB (88% inode
99%); /data 52900MB (45% inode=99%)
```

La commande vérifie également que le nombre d'inodes des espaces n'est pas trop important. Ce sont des liens vers les fichiers. Leur nombre est limité par système de fichiers. Les cas de remplissage ne sont pas courants, mais particulièrement traîtres.

Si certains espaces ne doivent pas être surveillés, l'administrateur peut utiliser l'argument `-x`.

Sur les systèmes Windows, la table `Win32_LogicalDisk` exporte ces informations. Seuls les disques doivent être surveillés. Les espaces comme les lecteurs CD-Rom ne sont pas importants. Pour cela, nous utilisons un filtre sur le champ `DriveType` à 3.

Récupération de l'espace disque en WMI

```
SELECT Name,FreeSpace,Size FROM Win32_LogicalDiskwhere drivetype=3
```

Nous obtenons :

```
Name=C: Freespace=1639153669 Size=9345678543
```

`NSClient++` propose le test `USEDDISKSPACE` pour vérifier plus simplement les disques :

Récupération de l'espace disque par NSClient++

```
check_nt -H $HOSTADDRESS$ -v USEDDISKSPACE -l C -w 80% -c 90%
```

PRATIQUE **Vérifier séparement les espaces**

Il est fortement conseillé de créer deux services de vérification des disques :
• un pour les disques système ;
• un pour les données utilisateur.
Ces derniers étant régulièrement pleins, ils pourraient cacher des problèmes plus graves sur les disques système.

Montages NFS

Les partages NFS sont très répandus dans le monde Unix. Ils peuvent, de temps en temps, tomber suite à des problèmes de connexion. Les administrateurs doivent en être avertis le plus rapidement possible. La sonde check_nfs_client est dédiée à cette tâche. Elle procède en lisant le fichier /etc/fstab dans lequel doivent être référencés les montages NFS. Elle procède alors par un simple changement de répertoire dans les points de montage. Si la commande ne rend pas la main rapidement, le montage est déclaré comme tombé.

Agrégats réseau

Sous Linux, les interfaces réseau peuvent être montées en bonding. Ce type d'interfaces est un agrégat d'interfaces physiques. Ils permettent de pallier la perte d'un lien. Cette perte n'est pas critique car le second prend le relais. Cette information doit être remontée aux administrateurs.

La sonde check_bonding.pl est dédiée à cette tâche. Elle vérifie dans les fichiers /proc/net/bonding/bond* les informations des connexions. L'information Link Failure Count permet de déterminer le nombre d'interfaces tombées.

Voici un exemple de lancement du script :

Vérification de l'état des agrégats de liens sous Linux

```
check_bonding.pl
bond0 up on eth0: member: eth1 (up) eth0 (up)
```

> PRATIQUE **Bonding sur le serveur Nagios**
>
> La communication entre Nagios et les nœuds est essentiellement faite sur le réseau. Les interfaces doivent avoir des propriétés de haute disponibilité. L'utilisation de bonding est fortement conseillée sur le serveur de supervision.

État des imprimantes

De nombreux éléments peuvent être indisponibles dans un système d'information. S'il en est un qui agace tout particulièrement les utilisateurs, c'est bien les imprimantes. Elles ont une faculté à avoir des problèmes qui défie l'imagination. Elles peuvent être supervisées par différents biais. Les imprimantes étant des équipements réseau, le protocole SNMP est souvent disponible. Les constructeurs ne sont cependant pas souvent d'accord sur les MIB à utiliser.

Un moyen de supervision plus simple consiste à se placer sur le serveur d'impression. Ce dernier a toute la visibilité nécessaire pour cette vérification.

Sous Unix

Le gestionnaire d'impression sous Unix est Cups. Nous pouvons interroger l'état des imprimantes avec la commande lpstat.

Vérification des imprimantes par lpstat

```
lpstat -h serveur -a
IMPRIMANTE accepting requests since Sat Jan 17 18:16:56 CET 2009
```

La sonde check_lpstat permet de vérifier qu'il n'y a pas trop d'impressions en attente sur les imprimantes.

Sonde qui automatise la vérification des imprimantes

```
check_lpstat -H serveur
OK: IMPRIMANTE: 1 job
```

Sous Windows

Sur un serveur d'impression Windows, les données d'état des imprimantes sont disponibles dans la table Win32_Printer. Le champ PrinterStatus est celui qui nous intéresse tout particulièrement. Un état normal d'imprimante équivaut à une valeur de PrinterStatus à 3. La requête permettant d'obtenir une liste des imprimantes en défaut est :

Récupération de l'état des imprimantes en WMI

```
SELECT Name,PrinterStatus Win32_Printer Name,PrinterStatus WHERE
PrinterStatus!=3
```

Voici un résultat de cette requête dans le cas où une imprimante est en erreur :

```
Name=IMPRIMANTE PrinterStatus=1
```

La sonde check_printer permet d'obtenir des informations plus simples à comprendre pour les administrateurs sur l'état des imprimantes. Voici un exemple de sortie de cette sonde :

État des imprimantes avec check_printer

```
CRITICAL: IMPRIMANTE: The printer is out of toner (0 jobs)
```

Services lancés automatiquement

Sous Windows, il est possible de connaître l'état d'un service. Si ce dernier doit être lancé automatiquement au démarrage, un état arrêté est synonyme d'erreur. Pour cette vérification, une simple requête WMI suffit :

Récupération de l'état des services en WMI

```
SELECT Name,State,StartMode FROM Win32_Service WHERE StartMode="Auto"
and State="stopped" and name!="sysmonlog"
```

Il est important de noter que le service sysmonlog est, dans une situation normale, arrêté alors qu'il est indiqué comme lancé au démarrage. Ce service mis à part, si la requête retourne un résultat, c'est que le service en question est arrêté alors qu'il ne devrait pas.

> PRATIQUE **Services comme sysmonlog dont l'arrêt est normal**
>
> Les services marqués comme démarrant automatiquement mais dont l'arrêt est normal ne sont pas courants. Certaines applications en installent. Il est nécessaire de modifier le test lorsque de tels services sont mis en place.

Redémarrage des machines

Les serveurs peuvent redémarrer de temps en temps. Le plus souvent, c'est sur demande d'un administrateur. Parfois, cet arrêt est imprévu. La supervision des hôtes permet de savoir quand une machine ne répond plus. Mais comment différencier un redémarrage d'une simple perte réseau ? S'il est situé derrière un élément réseau, cette perte est gérée par les relations de parenté. Dans le cas d'un serveur sur le réseau local, cette distinction est bien plus complexe.

Un moyen simple pour cela est de suivre l'indicateur d'uptime. Ce dernier donne le nombre de secondes depuis le démarrage. Si cette valeur est petite, c'est qu'un démarrage a eu lieu.

Sous Unix, il suffit de lire le fichier /proc/uptime. La première valeur est le nombre de secondes depuis le dernier démarrage. La sonde check_uptime est utilisée pour automatiser cette vérification :

Vérification du redémarrage

```
check_uptime .pl
OK : uptime : 6409856 s
```

Sous Windows, il suffit de lire cette information dans la table `SystemUpTime`. Le champ porte le même nom.

PRATIQUE **Nom du service**

Les administrateurs risquent d'avoir du mal de bon matin à faire la corrélation entre un uptime faible et un redémarrage. Nommer le service `Uptime` n'est pas approprié. Un nom comme `Reboot` est beaucoup plus parlant.

Indicateurs physiques

Derniers indicateurs à être traités mais non des moindres : les indicateurs physiques.

Alertes prioritaires

Les indicateurs physiques regroupent, par exemple, les informations sur la température ou l'humidité. Elles ne sont pas en rapport direct avec les systèmes d'information. Elles représentent cependant une couche indispensable à son fonctionnement.

Les erreurs devant lever des messages hautement critiques, envoyés le plus souvent par SMS, ne sont pas nombreuses. Les indicateurs physiques en font partie. Si une panne électrique fait surface au beau milieu de la nuit, il est important de la traiter au plus tôt.

Dans cette partie, les mesures dépendent fortement du matériel mis en place. Il arrive que certains éléments ne puissent pas être supervisés. Lorsqu'ils seront à changer, ce critère devra entrer en ligne de compte.

Pour la majorité d'entre eux, heureusement, le SNMP est disponible. Les éléments peuvent être configurés pour envoyer des alertes SNMP (traps) lorsque des problèmes surviennent. Les polls SNMP sont, quant à eux, utilisés principalement pour la métrologie. Il est possible, au fil du temps, de suivre des indicateurs importants comme la température ou l'énergie totale consommée par la salle machine.

Température et humidité

Des sondes existent pour mesurer la température et l'humidité. Peu chères, elles sont indispensables sur les sites distants. Leur coût étant faible, il est conseillé de les mettre en place partout.

La température : une valeur très variable

Les serveurs sont bien plus sensibles à la température que ce que l'on peut penser. Si une machine de bureau n'a pas de problème pour fonctionner dans une salle à 35°C, un serveur s'arrête pour ne pas être endommagé.

Une température de bon fonctionnement d'une salle serveur est d'environ 20°C. Une première alarme à 25°C est acceptable. L'alerte critique est à 30°C. En cas de panne de la climatisation, la température peut monter très rapidement. Les 25°C peuvent être atteints en moins d'une demi-heure.

Les tests de température étant limités à quelques sondes, il est conseillé de les ordonnancer très régulièrement. Chaque minute peut compter lorsqu'une climatisation tombe en panne. Un test toutes les minutes n'est pas du luxe.

> PRATIQUE **Placement judicieux des sondes de température**
>
> Les sondes doivent renvoyer une information sur la température globale de la salle. Si elles sont placées derrière un serveur, elles peuvent être fortement influencées par l'activité de ce dernier. On peut les placer sur le côté des armoires.

On peut éventuellement associer cette alarme à une action d'extinction de serveurs non critiques. C'est une bonne idée, mais attention à bien vérifier que l'alarme soit correctement placée sous peine de générer plus de dégâts qu'autre chose.

L'humidité : variable suivant la saison

L'humidité diminue légèrement l'espérance de vie des machines. Elle varie fortement suivant la période de l'année. Elle est plus élevée en été qu'en hiver. Certains endroits de la planète sont plus sujets à avoir une valeur élevée que d'autres. L'Asie a par exemple une humidité moyenne plus élevée que l'Europe de l'Ouest.

Un seuil de 60 % de taux d'humidité est acceptable. Cette valeur ne doit pas donner lieu à une alerte critique. Elle peut cependant refléter des problèmes dans la climatisation et n'est donc pas à ignorer totalement.

Consommation électrique

Peu de machines arrivent à fonctionner sans électricité. Si cet élément est indispensable, il est étonnant de voir que peu d'installations sont supervisées. La plupart des onduleurs ont pourtant une console d'administration.

Différentes alertes peuvent intéresser les administrateurs. Les onduleurs ont généralement plusieurs sources d'alimentation. Si l'une d'entre elles n'est plus disponible, les autres sont capables de supporter la charge. Une alerte doit être levée afin de rétablir le système de secours le plus rapidement possible. Une coupure du lien restant serait plus que critique.

L'état des batteries est important. Si celles-ci sont trop vieilles, elles ne se chargent plus. Les administrateurs pensent avoir un système de secours alors que ce n'est pas le cas. Un simple suivi de l'état de charge des batteries suffit à éviter une catastrophe.

Les onduleurs ont une forte sensibilité aux variations de tension. Si les valeurs deviennent trop faibles, ils peuvent arrêter de fonctionner. Là encore, la plupart permettent d'alerter les administrateurs en cas de problème.

PRATIQUE **Destinataires des alertes**

Les informations sur l'état de la salle intéressent fortement les responsables de la salle. Bien souvent, ils ne font pas partie du service informatique. Leur coopération est indispensable pour obtenir les informations. Il est de bon goût de leur envoyer les alertes en cas de problème. S'ils sont avertis rapidement, la résolution n'en est que plus rapide.

Enfin, la consommation générale de la salle est intéressante à plus d'un titre. Les administrateurs ont souvent pour objectif de faire baisser les charges. Dans celles-ci, les frais concernant la consommation électrique des serveurs et de la climatisation pèsent sur les résultats. La virtualisation et la consolidation des systèmes permettent un gain fort appréciable. La mesure à l'onduleur de la consommation globale permet de fournir des chiffres clairs à la direction sur les économies réalisées.

En un mot

Les éléments à superviser sur les systèmes sont nombreux. Les indicateurs sont nombreux également. Le plus célèbre d'entre eux dans le monde Unix est le load average. S'il n'est pas parfait, il est très représentatif de la charge d'un serveur. Les autres éléments d'un système ne sont pas si simples à superviser qu'il y paraît. Qu'il s'agisse des ressources processeur, mémoire ou disque, chacune a des cas particuliers qu'il faut penser à gérer. D'autres éléments comme la température et l'humidité sont importants pour le système d'information. La mise en place de la solution doit les prendre en considération.

15

Configuration appliquée
à un système imaginaire

Les applications étant en place, l'administrateur ayant pris connaissance des différents indicateurs qu'il peut récupérer sur son système, il est temps de finir la configuration de la solution. Avant cela, il faut faire la liste des indicateurs à surveiller et organiser toute la supervision.

Nous allons détailler une configuration adaptée à un environnement classique, composé de systèmes hétérogènes (Windows et GNU/Linux), d'applications qui le sont tout autant (serveurs web et bases de données), le tout fonctionnant sur un réseau administré par une équipe dédiée.

Récupération des informations sur le système à superviser

La première étape dans la configuration du système de supervision consiste à aller voir l'ensemble des personnes susceptibles d'être intéressées par des alertes. Elles seules sont capables de fournir une liste des éléments dont elles souhaitent être averties.

Cette liste doit aussi indiquer le niveau de criticité des alertes. Sur ce point, il faut faire tout particulièrement attention au ratio entre alertes critiques et simples avertissements. Les personnes ont tendance à tout placer en niveau critique. Il faut leur faire comprendre un point : on qualifie de critique ce qui porte atteinte au fonctionnement même du système d'information. Si les utilisateurs n'ont pas conscience du problème lorsqu'il survient, il ne nécessite en aucun cas une alerte critique, mais un simple avertissement.

La période de supervision des éléments est également importante. Certaines applications ne sont pas disponibles la nuit. Il est inutile de les surveiller et d'alerter la moitié des administrateurs pour rien.

Les personnes doivent aussi choisir un ou plusieurs biais de notifications. Les e-mails sont un choix classique, mais il faut leur présenter également les alertes par flux RSS et toutes les autres solutions du chapitre 6.

Certains aiment recevoir un message en cas de résolution du problème alors que d'autres ne souhaitent pas les recevoir : ce choix doit être fait par le contact.

Recueillir toutes ces informations peut prendre du temps. Il y a peu de chances d'y parvenir en une seule journée. Cette phase est pourtant primordiale. Elle doit être accompagnée d'explications pour les contacts afin qu'ils comprennent que la supervision peut leur faciliter la vie de tous les jours. Si des réticences font surface à ce moment là, par peur de perdre le contrôle, il faut expliquer aux interlocuteurs qu'ils sont encore maîtres de la diffusion des alertes. Il ne devrait plus y avoir de problèmes une fois ce point mis au clair.

PRATIQUE **Le nécessaire soutien de la hiérarchie**

Certains soucis d'ordre organisationnel peuvent survenir lors de ce recensement. Certains pans du système d'information sont de véritables zones d'ombre. Personne ne sait qui s'en occupe et personne ne veut reprendre le flambeau. Il faut pourtant désigner quelqu'un pour recevoir les alertes correspondantes émises depuis Nagios. L'administrateur Nagios ne peut décider seul de cela : il a besoin de l'appui de sa hiérarchie davantage encore que pour le reste de la mise en place de la solution.

Conception de l'architecture de supervision

Une fois toutes ces informations recueillies, il est temps de les agglomérer pour former des groupes.

Regroupement par type : système, réseau, applicatifs...

Ce n'est pas un mince travail qui attend l'administrateur Nagios. S'il n'arrive pas à factoriser correctement sa configuration, il passera une grande partie de son temps futur à s'en occuper. Le temps passé à concevoir la configuration de Nagios n'est pas du temps perdu, loin de là.

Il est conseillé de découper les éléments suivant plusieurs plans :

* systèmes ;
* réseaux ;
* applicatifs ;
* autres.

Ce découpage permet de séparer les éléments des différents administrateurs. Ceci nous facilitera grandement la vie lors de la configuration.

Une fois le découpage effectué, nous pouvons regrouper les éléments par familles de systèmes d'exploitations ou par types d'applications. On peut, par exemple, créer un groupe avec les systèmes Linux et un autre pour les systèmes Windows. Chaque ensemble sera redécoupé suivant la criticité des éléments :

* production ;
* qualification et moins.

MÉTHODE **Le niveau développement**

Il est tentant de définir un troisième niveau : développement. Les services sur ce niveau ne renverraient jamais un état autre que OK. Seule la métrologie serait utilisée. Mais c'est une fausse bonne idée. Ces serveurs doivent avoir un minimum de supervision, même s'ils n'envoient pas d'alertes. Celles-ci ne seront visibles que sur les consoles de supervision au niveau de simples avertissements. L'administrateur peut ainsi faire un tour, le matin, des alertes en cours. Tout comme pour la qualification, une alerte peut annoncer un dysfonctionnement qui aura des conséquences sur la production.

Concernant les applications, c'est la manière dont elles peuvent être surveillées qui nous intéresse. Les bases de données et les sites web sont dans des groupes distincts. Il y a peu de chances que les mêmes méthodes de supervision soient utilisées dans ces deux cas.

Parmi les éléments à superviser sur les hôtes, il est important de repérer ce qui doit être remonté aux contacts des nœuds, de ce qui doit être envoyé à des contacts particuliers. Par exemple, les informations sur l'espace disque intéressent naturellement les administrateurs responsables du serveur. Savoir si l'antivirus est bien lancé concerne surtout les administrateurs sécurité. Lors de la configuration des services, cette information sera très importante pour la définition des contacts.

Procéder par étape

Lors de la mise en place, il n'est pas conseillé de tout surveiller de suite. L'administrateur Nagios a besoin de quelque temps pour se familiariser avec la solution. La première version de la configuration n'est peut-être pas la bonne. Il est plus simple de remodeler une configuration d'une vingtaine de nœuds que d'une centaine.

Le choix des premiers environnements surveillés ne doit pas être fait au hasard. Ils doivent représenter le parc. Les administrateurs impliqués dans ces premiers essais doivent être ceux qui se sont révélés les plus enthousiastes lors des phases d'analyse. Lors des premiers essais, ils risquent de recevoir de nombreuses alertes avant que le responsable de la solution arrive à gérer correctement les niveaux de criticité des alertes ou bien les relations de dépendances entre les éléments.

Des administrateurs peu enclins au changement y verraient une raison supplémentaire de mettre des bâtons dans les roues de l'administrateur en charge de cette mise en place. Si les personnes sont un peu plus curieuses, elles vont s'intéresser à l'outil et aider à sa mise en place. Aussi vaut-il mieux attendre que tout soit bien réglé pour intégrer d'autres administrateurs au projet.

Lors de cette deuxième phase, il faut bien donner toutes les informations sur ce que les administrateurs risquent de recevoir. En outre il est important de leur donner accès à une base de connaissance pour expliciter le sens des alertes, s'ils n'ont pas participé activement à leur définition. Ce lien peut être fourni directement dans l'e-mail d'alerte afin de faciliter cette recherche.

PRATIQUE **Mise en place itérative**

Bien sûr deux phases ne sont pas suffisantes pour une mise en place complète. Les nouvelles vérifications soulèvent de nouvelles questions de la part des administrateurs. Ils peuvent, suivant le résultat, demander des ajustements sur les tests effectués. Leur soutien dans la mise en place est primordial.

Une montée en charge progressive peut également être utile pour s'assurer que le serveur choisi suffit pour la supervision. Dans le cas contraire, il faut appliquer les recommandations du chapitre 9 avant d'ajouter de nouveaux éléments. Rater des problèmes à cause d'une latence trop élevée est bien plus grave que de ne pas surveiller de nouveaux éléments. Les administrateurs se pensent à l'abri, alors que ce n'est pas le cas. La confiance qu'ils ont dans l'outil pourrait disparaître à tout jamais.

ATTENTION **Attendre pour mettre en place les écrans de supervision !**

La mise en place des écrans de supervision ne doit se faire qu'après avoir obtenu des alertes fiables. Ces écrans sont là pour rassurer et alerter en cas de problème toutes les personnes du service. Si les informations sont fausses, les effets peuvent être dramatiques.

Groupes d'administrateurs et contacts

Nous allons avoir 5 groupes d'administrateurs :

- administrateurs Unix ;

- administrateurs Windows ;
- administrateurs réseau ;
- administrateurs Active Directory ;
- responsables des salles.

Chaque groupe peut comporter un ou plusieurs contacts. Tous reçoivent les alertes par e-mail. Certains souhaitent lire les alertes au fur et à mesure dans un flux RSS. Leur période de notification est de 24/7.

Des contacts sont définis dans chaque groupe comme personnes d'astreinte. Ces contacts ne sont pas nommés, car les personnes effectuent des rotations. La période de notification de ces contacts est no-workhours, soit de 18h à 8h du matin et toutes les journées de samedi et dimanche. Leur unique commande de notification est constituée de send-by-sms.

Les SMS ne doivent être envoyés que sur les périodes d'astreinte. Il n'est pas possible de choisir une période de notification pour chaque commande, cette période est reliée au contact. Un nouveau contact est donc nécessaire. Étant dans le groupe d'administrateurs, il suffira de rajouter ce dernier pour que la personne d'astreinte soit alertée et ce, uniquement la nuit et le week-end.

Groupes de machines à superviser

Les hôtes qui nous intéressent sont répartis en 7 groupes de machines :
- Unix*Prod* ;
- Unix*Qualif* ;
- Windows*Prod* ;
- Windows*Qualif* ;
- Reseaux ;
- ActiveDirectory ;
- DetecteursPhysiques.

Ces groupes vont accueillir nos packs de sondes. D'autres groupes pourront être rajoutés par la suite. Ceux présents actuellement représentent l'ossature de notre configuration.

Les différences entre les services s'appliquant sur les membres des groupes Prod et Qualif sont les suivantes :
- les commandes de qualification ne peuvent renvoyer qu'un état WARNING au maximum ;
- les services s'appliquant sur de la qualification ne peuvent pas provoquer des notifications.

Ces deux éléments en place, les administrateurs ne seront pas pollués par des messages provenant d'environnements non critiques. Ils pourront regarder le matin la console de supervision pour vérifier s'il y a des alertes sur les environnements de qualification. Si une de ces machines tombe, ils seront tout de même avertis.

Packs de sondes à mettre en place

Concernant les packs de sondes, les points les plus importants sont les suivants :

- Unix :
  - charge moyenne ;
  - espace disque ;
  - mémoire ;
  - métrologie disques ;
- Windows :
  - charge CPU ;
  - espace disque ;
  - mémoire ;
  - métrologie disques ;
  - services automatiques lancés ;
- Réseaux :
  - métrologie des liens entre les switchs et routeurs ;
  - supervision de quelques ports importants ;
  - services DNS ;
- Active Directory :
  - état d'Active Directory ;
- Détecteurs physiques :
  - température ;
  - humidité ;
  - alimentation électrique.

D'autres éléments sont également à ajouter. L'ensemble de ces points a été étudié au chapitre précédent.

Les applications ne sont pas en reste. Quelques traitements importants seront supervisés par Nagios. Ils sont ordonnancés par cron sur quelques serveurs. Leur état est important pour le bon fonctionnement du système d'information. Les administrateurs souhaitent également être avertis si ces traitements n'ont pas fonctionné depuis une certaine période de temps. La supervision passive avec détection de la fraîcheur des états est utile ici.

L'indispensable base de connaissances

Chaque vérification doit donner lieu à une entrée dans la base de connaissances. Il est possible, et même recommandé, de regrouper les vérifications par famille. Par exemple, une page peut contenir tous les tests effectués sur les systèmes Windows.

Chaque entrée doit spécifier en quoi consiste la vérification et comment la reproduire sans Nagios. Un administrateur cherchant des compléments sur une alerte pourra reproduire le test. De cette manière, il acceptera mieux les informations que lui fournit la solution. Comprenant ce qu'il fait, il pourra même proposer des améliorations.

Si le problème a une solution, il est conseillé de la faire figurer dans l'entrée correspondant à la vérification. Quand l'administrateur reçoit une alerte, il n'a plus qu'à cliquer sur le lien présent dans l'e-mail et à appliquer les instructions qui lui sont données.

Configuration de Nagios dans Centreon

Le but premier de Centreon est de configurer Nagios. Regardons comment faire.

Un ou plusieurs Nagios

Centreon permet de configurer un ou plusieurs Nagios. Notre exemple n'en comporte qu'un seul, à la configuration simple. Il n'est pas conseillé de tenter d'optimiser le fonctionnement de Nagios dès les premières mises en place. Si le nombre d'éléments est raisonnable (moins de 300 machines), il n'y a aucune raison de tenter d'améliorer la situation : installé sur un serveur de milieu de gamme, Nagios a suffisamment de ressources pour remplir son office.

> Pour avoir une idée du nombre de vérifications qu'est capable de supporter un tel serveur, se référer au chapitre 9.

La configuration se déroule dans l'onglet `Configuration->Nagios->nagios.cfg`. Dans cet écran figure la liste des principaux fichiers de configuration des Nagios définis par l'administrateur. Ici, nous éditerons le seul présent, `Nagios CFG 1`. Il est accroché à l'unique `poller` Nagios défini, `Poller Principal`.

Configuration d'un Nagios

Fichiers journaux et autres

La première page présente les différents fichiers liés au fonctionnement de Nagios comme les fichiers journaux ou bien le fichier `p1.pl` nécessaire à l'interpréteur Perl intégré. Dans la première page, il est conseillé de modifier le paramètre `Aggregated Status Updates Option` pour le passer à `Yes`. Ce paramètre est à `Yes` par défaut dans la configuration de Nagios et, vu que le fichier de statut n'est plus utilisé par les interfaces, il n'est pas nécessaire de le mettre à jour trop fréquemment.

Options de vérification

La seconde page présente les options de vérification. L'option `Soft Service Dependencies` est un choix que doit faire l'administrateur. Si l'option est positionnée à `Yes`, des dépendances pourraient prendre en compte des états non sûrs. Il est généralement conseillé de laisser ce paramètre sur `No`. Nagios sera moins réactif sur les problèmes et leurs dépendances, les administrateurs risquent de recevoir un peu plus de notifications, mais ce surplus devrait être limité.

Le paramètre de `flapping` est, par défaut, placé sur `No`. Il est pourtant d'un grand secours lorsque les environnements commencent à « avoir le hoquet ». Il est conseillé de le positionner à `Yes`. Les autres taux proposés par défaut sont acceptables et filtrent relativement bien. Il est bon de rappeler que les hôtes et les services peuvent redéfinir ce paramètre.

Le paramètre `Obsess Over Services` placé sur `No` ne doit pas être modifié, sauf à vouloir mettre en place un Nagios miroir.

Les paramètres de `Cached Host Check` et `Cached Service Check` sont, par défaut, vides dans Centreon. Cette configuration équivaut, au sens de Nagios, à une plage de temps de `15` secondes. Si ces paramètres sont appréciables en termes de gains de performances, ils impliquent une approximation dans les relations de parenté. Dans notre situation, les performances ne sont pas encore un problème et nous positionnerons donc pour l'instant ces paramètres à `0`. Ils seront un levier intéressant pour améliorer les performances si le besoin se présente dans le futur.

Le reste des options de configuration de la page n'a pas besoin d'être modifié pour une installation standard.

Options de timeout

La page suivante présente les options sur ce qui entre dans les fichiers journaux et les différents timeout de Nagios. Une option intéressante à mettre à `No` est `Initial`

State Logging. De cette manière, les redémarrages de Nagios n'impliquent pas d'ajouts en nombre dans le fichier nagios.log.

Interaction avec NDO

La page Data permet de spécifier les options NDO et des données de performances de Nagios. Il est bon de vérifier que le paramètre Broker Module est égal à :

Paramètre Broker Module

```
/usr/local/nagios/bin/ndomod.o config_file=/usr/local/nagios/etc/
ndomod.cfg
```

Le paramètre Broker Module Options doit, quant à lui, être égal à -1 dans un premier temps. Lorsque la situation sera stabilisée, ce paramètre pourra être remplacé par 67108663 dans le cas de l'utilisation de Centreon et NagVis.

> Ce paramètre a été présenté au chapitre 10.

Les options de métrologie n'ont pas besoin d'être modifiées. Elles sont paramétrées correctement pour que CentStorage puisse récupérer les données et les traiter.

Options de performances

La page de tuning n'a pas à être modifiée pour l'instant. Cette page sera en première ligne dans la bataille contre une latence élevée, si l'administrateur doit livrer ce combat.

Pages de débogage

Les pages Admin et Debug regroupent quelques détails sur le fonctionnement de Nagios. Il est intéressant de regarder les paramètres disponibles pour savoir où en fixer les valeurs, si besoin.

Une fois ces éléments sauvegardés, l'administrateur peut passer au reste de la configuration.

Configuration de NDO dans Centreon

Centreon propose une interface pour la configuration de ndomod et ndo2db. Elle est accessible par les onglets Configuration->Centreon.

Accès à la base de données (NDO2DB)

La configuration de NDO2DB se résume globalement à choisir le port TCP à écouter et à préciser l'accès à la base de données. Un seul démon NDO2DB est nécessaire, même en cas de supervision distribuée. Qui dit un seul démon dit une seule configuration.

La première page permet de vérifier que le type de socket est bien TCP. Le port par défaut est le 5668. Sauf raisons particulières, il n'est pas nécessaire de le changer.

La seconde page permet de configurer l'accès à la base de données. Si le système de gestion de base de données MySQL n'est pas hébergé en local sur le serveur, il est bon de modifier son adresse. La configuration standard de Centreon considère que la base NDO est nommée ndo. Nous l'avons installée sous le nom nagios et nous devons donc changer le paramétrage au sein de Centreon. Le mot de passe superpass doit être renseigné dans le champ dédié.

La dernière page permet de fixer les limites de validité des données principales. Il n'est pas utile de modifier pour l'instant ces paramètres. En cas de problèmes de volume et d'activité de la base de données, ces limites peuvent être abaissées.

Le paramétrage de l'accès à la base de NDO est utilisé pour NDO2DB. Il est également utilisé par Centreon pour obtenir les données de supervision disponibles dans la page d'alertes temps réel.

NDOMOD

Les fichiers de configuration de NDOMOD sont uniques pour chaque Nagios. Ici nous n'en mettons qu'un en place. Chaque ndomod est relié à un poller. Dans le cas du poller principal, l'unique valeur à modifier est Buffer File. Il est conseillé de placer ce fichier dans le répertoire var de Nagios. Par exemple : /usr/local/nagios/var/buffer.dat.

Dans le cas du Nagios principal, la taille du tampon importe peu. Le processus ndo2db n'ayant pas à être redémarré souvent, il y a peu de chance que NDOMOD se retrouve face à un port 5668 non disponible. Ils sont sur la même machine.

REMARQUE **Un tampon important pour les sites distants**

Si dans le cas d'un ndomod et ndo2db situés sur la même machine, le tampon importe peu, ce n'est pas le cas avec des Nagios distants. La taille doit être inversement proportionnelle à la qualité du réseau assurant les liaisons avec ndo2db. Un tampon de 15000 éléments n'est pas absurde sur une grosse filiale ayant une ligne particulièrement mauvaise.

Le nom de l'instance est par défaut `Central`. Dans NagVis, nous avons utilisé le nom standard de Nagios, `default`. Pour que NagVis puisse retrouver ses informations, il faut utiliser le même nom d'instance.

Application des techniques d'héritage dans Centreon

Choix de la méthode de configuration

Nagios et les éléments de NDO étant configurés, il est temps de passer à la configuration des hôtes et services. Dans ce domaine, Centreon propose les mêmes possibilités que Nagios, à une exception près : il ajoute la possibilité de relier des modèles de services à des modèles d'hôtes.

Comme discuté au chapitre 11, cette possibilité est séduisante. Elle laisse une maîtrise complète sur la configuration. L'ensemble des services étant générés et indépendants, il est aisé d'en modifier certains pour en faire des exceptions. Cette fonctionnalité est à double tranchant : lors de la suppression d'un modèle de service sur un modèle d'hôte, les services qui ont été générés ne sont pas supprimés. Lorsque, au bout d'un certain temps, l'administrateur souhaite revoir ses packs de sondes, il risque d'avoir à supprimer à la main un nombre important d'anciens services.

Si cette vision n'inquiète pas l'administrateur, il peut exploiter cette possibilité offerte par Centreon. Dans le cas contraire, elle peut faire perdre plus de temps qu'autre chose, surtout dans les phases initiales.

> PRATIQUE **Une méthode très utile sur une configuration stabilisée**
>
> Au début de la mise en place, les services varient fortement mais, une fois la phase de stabilisation passée, ces changements sont beaucoup moins courants. La souplesse apportée par ce type de configuration peut devenir nécessaire et, une fois le problème de suppression écarté, l'administrateur a tout intérêt à l'adopter.

Configuration des commandes et des contacts

Des commandes déjà configurées

Les commandes se trouvent dans l'onglet `Configuration->Commands` de Centreon. De nombreuses entrées existent déjà. Par exemple, Centreon fournit des plug-ins basés sur le protocole `SNMP`. Ces sondes sont très pratiques pour avoir un premier niveau de supervision sur les éléments distants sans avoir d'agent à déployer. Elles surveillent la charge des machines, observent les processus qui y sont lancés ou bien obtiennent les informations sur le trafic réseau.

Ces commandes sont malheureusement limitées lorsque la supervision se complexifie. Dans ce cas, la mise en place d'un agent est indispensable. Nous l'avons déjà évoqué précédemment, les deux agents système les plus répandus sont NRPE pour les Unix et NSClient++ sur Windows. Nous allons voir par la suite comment configurer les commandes pour les interroger.

D'autres sondes sont paramétrées dans Centreon. Les tests réseau simples sont particulièrement représentés. La commande check_dhcp est prête à l'utilisation ainsi que les commandes check_dns, check_ftp et check_http.

Les commandes d'interrogation du serveur de supervision sont déjà présentes. Elles comportent dans leur nom le terme local.

Facilités de configuration apportées par Centreon

Pour rajouter une nouvelle commande, il suffit de cliquer sur le lien add présent en haut de la liste des commandes. On saisit tout d'abord le nom de la nouvelle commande, puis sa ligne d'appel. Dans cet exercice, Centreon propose quelques fonctionnalités faisant gagner un temps précieux aux administrateurs.

Sur la droite de la page, plusieurs listes déroulantes proposent des valeurs. La première fournit la liste des macros utilisateur de type $USER1$. La seconde donne la liste des sondes présentes dans le répertoire libexec de Nagios. L'administrateur n'a pas besoin d'ouvrir un shell pour consulter la liste des fichiers et retrouver le nom exact de la sonde, Centreon le fait pour lui. La dernière des listes est la plus pratique : elle fournit l'ensemble des macros définies au sein de Nagios. Il est simple de rajouter la macro $HOSTADDRESS$ sans se tromper dans son orthographe.

Une fois la commande entrée avec ses arguments $ARG1$, $ARG2$, etc., il est important de la tester afin de vérifier qu'elle remplit bien son rôle. Les champs Argument Example et $HOSTADDRESS$ sont positionnés à cet effet. Ils permettent de simuler un véritable appel à la commande avec des arguments, comme le ferait Nagios. Une fois ces cases remplies et la petite icône en forme de triangle sélectionnée, une nouvelle page s'ouvre avec le résultat de la commande.

Il existe quelques restrictions à ce test. Tout d'abord, la sonde appelée doit être placée dans le répertoire libexec de Nagios, sans quoi Centreon refusera de la lancer pour des raisons de sécurité. La seconde limitation relève du compte avec lequel ce test est effectué : le compte du serveur web, apache sur un système RedHat. Tout comme il est fortement déconseillé de lancer en tant que root des commandes faisant appel à des fichiers intermédiaires, les exécuter avec apache conduira aux mêmes problèmes de droits sur les fichiers. Lorsque l'administrateur utilise cette fonctionnalité dans

Centreon, il doit être certain que son lancement avec un utilisateur autre que nagios ne causera pas de problèmes.

Si le test n'est pas concluant, c'est peut-être parce que l'administrateur n'a pas su utiliser la sonde correctement. Il peut afficher l'aide des plug-ins depuis Centreon. À côté du menu déroulant donnant la liste des fichiers présents dans le répertoire libexec, une petite icône permet d'appeler l'exécutable avec l'argument -h. Ce dernier sert dans la quasi-totalité des cas à fournir la syntaxe et les possibilités des plug-ins. Une fois la documentation relue, l'administrateur peut corriger sa configuration et refaire un test.

> REMARQUE **La base de connaissances à la rescousse**
>
> Là encore, la base de connaissances a tout son intérêt. Si elle est bien renseignée, l'administrateur doit y trouver un exemple d'utilisation des sondes. Son travail n'en est que facilité.

Une fois le test concluant, il peut sauvegarder la commande, comme commande de vérification ou bien de notification. Cette distinction, non présente dans Nagios, permet de filtrer un peu les commandes présentées aux administrateurs dans le reste de la configuration de Centreon.

Configuration des sondes check_nrpe et check_nt

Les sondes d'interrogation des agents sont un peu particulières. Elles prennent en argument des paramètres pour leur fonctionnement interne mais également relatifs à l'objet à demander. Elles peuvent également fournir des arguments aux commandes distantes, si l'administrateur le souhaite.

Dans la plupart des situations, une perte de connexion sur une interrogation d'un agent ne doit pas aboutir à la notification d'un administrateur. Le retour de la commande doit être un UNKNOWN et non pas un WARNING ou un CRITICAL. Pour avoir ce fonctionnement avec check_nrpe, il suffit d'utiliser le paramètre -u.

Le passage d'argument est également possible avec NRPE. Pour cela, il faut utiliser le paramètre -a. Les arguments qui suivent sont fournis à l'agent NRPE. Ce paramètre doit être le dernier de la commande. Si les administrateurs souhaitent ou non utiliser des arguments sur les agents NRPE, il faut définir la commande avec le paramètre -a.

Par défaut, Nagios arrête une commande de vérification au bout de 10 secondes. Le niveau d'alerte est alors CRITICAL. Le délai d'abandon de la recherche par check_nrpe est également de 10 secondes. Il n'arrivera pas au bout pour placer un UNKNOWN si Nagios l'arrête juste avant. Nagios démarre son compteur peu de temps avant de lancer check_nrpe. Il est conseillé de placer la valeur de timeout de check_nrpe juste en dessous de 10 secondes pour éviter ce problème et obtenir réellement un état UNKNOWN. Le paramètre dédié est -t.

Une commande standard de check_nrpe sera :

Définition de la commande check_nrpe

```
$USER1$/check_nrpe -H $HOSTADDRESS$ -t 9 -u -c $ARG1$
```

À la configuration du service appelant cette commande, l'administrateur n'aura plus qu'à placer correctement la valeur de $ARG1$.

La commande check_nt ne peut pas renvoyer un état UNKNOWN en cas de problème de connexion. Ses arguments sont un peu plus limités que check_nrpe. Elle peut, contrairement à cette dernière, vérifier les valeurs reçues. C'est le but des paramètres -w et -c. Pour spécifier la valeur à demander, il faut utiliser le paramètre -l. Enfin le paramètre -s permet de fournir un mot de passe de connexion à l'agent.

Il est conseillé, dans le cas de check_nt, de créer plusieurs commandes dans Centreon : une pour chaque valeur qu'il est possible de demander. L'administrateur n'aura plus qu'à placer les seuils d'alertes en arguments.

Par exemple, pour la commande de vérification de la consommation CPU sur les deux dernières minutes :

Appel à check_nt sur la charge CPU

```
$USER1$/check_nt -H $HOSTADDRESS$ -v CPULOAD -s "superpass" -l
2,$ARG1$,$ARG2$
```

Commande d'envoi des e-mails

Centreon propose une commande d'envoi d'alertes par e-mail, une pour les hôtes, et une pour les services. Nous avons vu au chapitre 6 que mettre de la couleur dans les e-mails peut être bénéfique. Un lien vers la base de connaissances est aussi fortement recommandé. Pour cela, nous allons utiliser les scripts sendmailservices.pl et sendmailhost.pl.

Une fois ces scripts téléchargés depuis le site Nagios Exchange, placés dans le répertoire libexec de Nagios et leurs droits d'exécution donnés pour l'utilisateur nagios, il est possible de les configurer dans Centreon.

Dans la page Configuration->Commands->Notifications, il faut ajouter une commande de notification et entrer :

Commande send-email-host-color

```
$USER1$/sendmailhost.pl "$NOTIFICATIONTYPE$" "$HOSTNAME$" "$HOSTSTATE$"
"$HOSTADDRESS$" "$HOSTOUTPUT$" "$SHORTDATETIME$" "$CONTACTEMAIL$"
```

Et pour les services :

Commande send-email-service-color

```
$USER1$/sendmailservices.pl "$NOTIFICATIONTYPE$" "$SERVICEDESC$"
"$HOSTALIAS$" "$HOSTADDRESS$" "$SERVICESTATE$" "$SHORTDATETIME$"
"$SERVICEOUTPUT$" "$CONTACTEMAIL$" "$SERVICENOTESURL$"
```

Configuration des contacts

Une fois les commandes de vérification en place, on peut configurer les contacts. Ceci se passe dans l'onglet Configuration->Users. Chaque administrateur a besoin d'un contact. Il est même recommandé d'en définir un second pour les périodes d'astreinte. Les périodes de notification, que l'on peut définir dans le même onglet, sont accrochées à un contact et non pas à une commande de notification. Un point à ne pas oublier concerne les messages de types recovery : certains ne souhaitent pas les recevoir, il faut respecter leur choix.

Au niveau de la commande d'envoi des notifications par e-mail, l'administrateur doit enlever notify-by-email et mettre à la place send-email-service-color pour les services et send-email-host-color pour les hôtes.

Il suffit d'appliquer les demandes des utilisateurs quant aux périodes où ils souhaitent être avertis et les différentes manières dont ils sont notifiés. Dans cette page, on peut donner accès, ou non, à l'interface de Centreon. En règle générale, il est conseillé de laisser cette possibilité aux utilisateurs.

Si le contact est noté comme Admin de Centreon, il n'aura aucune limite en ce qui concerne ses possibilités de navigation et de configuration. Il n'est pas recommandé de qualifier systématiquement les administrateurs en Admin, mais de les placer sous ACL afin qu'ils ne puissent faire dans Centreon que ce qu'ils savent faire. Ce sujet sera traité un peu plus loin dans ce chapitre.

Configuration des hôtes

Commencer par les modèles

Le nombre de nœuds configurés étant généralement important, le rôle des modèles est primordial dans la bonne tenue d'une configuration de Nagios. Au moins deux niveaux de modèles sont à définir :

- les modèles généraux ;
- les modèles de types de systèmes.

Les premiers sont peu nombreux. Ils servent à définir la méthode générale de supervision. La méthode active est généralement utilisée dans la supervision des hôtes, mais une supervision totalement passive est possible : ce seront nos deux modèles d'ordre général.

Le premier, generic-host, existe déjà dans Centreon. Les notifications et Normal Check Interval mis à part, les valeurs proposées sont correctes.

Le paramètre Notification Interval est positionné à 0 : cela signifie qu'une seule notification sera levée. Il est plutôt conseillé d'envoyer le message une fois par jour. De cette manière, un message passé inaperçu a encore des chances d'être lu le lendemain. Le paramètre devient donc 1440 (60 minutes × 24 heures).

Le paramètre Notification Enabled est, par défaut, sur No, il est conseillé de le placer sur Yes.

Le paramètre Check Interval n'a pas de valeur par défaut et il est conseillé d'en mettre une. Dans le cas contraire, les hôtes ne sont pas surveillés activement, ce qui n'est pas le but recherché.

Pour créer le second modèle, il est possible de partir du premier. Pour cela, il faut le sélectionner et utiliser l'option duplicate dans le menu déroulant. Apparaît alors un generic-host_1, qu'il faut renommer en generic-passive-host. Les champs à modifier sont :

- Check Command : **check_dummy**
- Normal Check Interval : **0**
- Max Check Attempts : **1**
- Active Checks Enabled : **yes->no**
- Passive Checks Enabled : **no->yes**

Les modèles de systèmes héritent des deux modèles précédents. Ils définissent simplement une nouvelle commande de vérification. Ceci ne s'applique, bien entendu, qu'aux vérifications actives.

La commande de prédilection dans ce cas est check_tcp avec les ports d'administration des machines. Il est conseillé d'utiliser un timeout faible. Cette vérification doit être rapide : si un élément ne répond pas en moins de 3 secondes, il peut être considéré comme inaccessible. Des temps plus élevés empêchent tout échange efficace.

Définir les groupes

Une fois les modèles définis, les sept groupes que nous avons explicités précédemment doivent être créés. Ils forment les groupes de base auxquels d'autres viendront s'ajouter.

Ces groupes supplémentaires sont nécessaires pour certains services très particuliers. Les hôtes doivent faire partie d'au moins un groupe de base. Les packs de services sont appliqués à ces groupes, ce qui garantit alors une supervision minimale des éléments constituant le système d'information.

Configuration – fastidieuse – des nœuds

Une fois les groupes définis, il est temps de créer les hôtes. Pour cela, il faut faire appel le plus possible aux modèles. De manière idéale, un hôte ne devrait avoir comme paramètres qu'un modèle, un nom et une adresse. Si c'est possible, les contacts doivent être placés dans les modèles. De cette manière, la configuration des nœuds restera minimale.

> PRATIQUE **Automatisation de l'ajout de nœuds**
>
> Cette phase d'ajout des nœuds peut être longue. Si l'administrateur est capable de générer la configuration de Nagios dans des fichiers plats, il peut importer la configuration dans Centreon par la page `Configuration->Nagios->Load` : le gain de temps est considérable. Les commandes `awk` et `sed` seront d'une grande aide pour cet exercice.

Configuration des services

Quelques principes de bon sens : nommage et parcimonie

Lorsque deux indicateurs sont similaires mais s'appliquent à deux groupes différents, il est important de conserver le même nom de service. De cette manière, on facilite l'apprentissage des alertes pour les administrateurs. Par exemple, que ce soit sur un système Windows ou un système Linux, une alerte de charge processeur se nommera `CPU`.

À la première mise en place d'un indicateur, le nombre d'essais en cas de retour anormal doit être un peu plus élevé que ce qui est initialement prévu. Lors des premières prises de contacts avec l'outil, il est important de ne pas brusquer les administrateurs. S'ils reçoivent trop d'alertes identiques, ils peuvent se braquer inutilement contre la vérification, voire contre l'outil s'ils le découvrent. La première image qu'ils doivent avoir n'est pas celle d'un outil qui les submerge par une avalanche d'alertes. S'ils pensent que certaines alertes doivent être remontées plus souvent, ce choix leur appartient. Ils auront l'impression d'améliorer l'outil et s'y intéresseront davantage.

Commencer encore par les modèles

Les premiers services à configurer ou modifier sont les `templates`. Au moins deux sont nécessaires :

- `generic-service` ;
- `generic-passive-service`.

Le premier sert aux services actifs, le second aux vérifications passives. Le premier est déjà défini au sein de Centreon. Sa configuration standard est déjà satisfaisante, hormis un point : les notifications, comme pour les hôtes. Les mêmes changements de paramètres `Notification Interval` et `Notification Enabled` sont nécessaires.

Il est conseillé de supprimer tous les contacts définis dans ces modèles. De cette manière, les services n'ont pas de contacts s'ils n'en définissent pas. Les notifications sont alors envoyées aux administrateurs des machines, comme spécifié dans la configuration des nœuds. C'est l'héritage implicite qui s'applique.

Pour créer le second modèle, il faut procéder comme pour les hôtes, par une duplication du premier. Les champs à modifier sont alors :

- `Is volatile` : **no-> yes**
- `Check Command` : **check_dummy**
- `Normal Check Interval` : **0**
- `Max Check Attempts` : **1**
- `Retry Check Interval` : **0**
- `Active Checks Enabled` : **yes->no**
- `Passive Checks Enabled` : **no->yes**

Sur le modèle, nous ne définissons pas de vérification de la fraîcheur. Tous les traitements étant différents sur ce point, le modèle ne servira à rien.

Ces deux modèles configurés, ils peuvent servir de base pour d'autres modèles plus fins comme ceux n'envoyant pas de notifications ou bien seulement sur certaines périodes de notification.

Les packs d'abord

Les hôtes étant configurés et placés dans des groupes, il est temps de mettre en place les commandes communes aux systèmes. Nous utilisons les commandes définies précédemment. Il est important de définir le moins de services possibles, mais les particularités des hôtes ne doivent pas être oubliées.

Pour gérer ces exceptions, il est important de gérer au mieux les possibilités de Nagios et des agents. Par exemple, au lieu de placer les arguments dans le service, il est possible de les placer dans la configuration de `NRPE`. Grâce aux possibilités offertes par le fichier `specifique.cfg` sur chaque hôte, on peut définir des exceptions facilement si Nagios n'est pas capable de le faire. Ce point a été étudié au chapitre 4.

Lorsque c'est possible, la configuration doit être gérée au sein de Nagios directement. Pour cela, il ne faut pas oublier d'appliquer les techniques d'héritage, et notamment celle basée sur les macros variables. Ces techniques sont tout particulièrement adaptées dans le cas des services réseau SNMP, mais tout argument propre à une machine peut être utilisé par ce biais.

Les particularités de la supervision système ensuite

Certains systèmes ont des particularités. Par exemple, tous les serveurs n'ont pas de pare-feu. Sur ceux qui en possèdent, on doit raccrocher un service afin de vérifier leur état et leurs alertes. Deux solutions sont envisageables dans cette situation :

- ne mettre le service que sur les machines en question ;
- le déployer sur toutes les machines.

Dans le premier cas, une configuration supplémentaire est nécessaire. Si seules quelques machines sont concernées, on peut placer le service directement dessus. Si le nombre de machines commence à être important, un groupe est nécessaire.

La solution par ajout sur les hôtes peut sembler présenter un gain de temps, mais elle est à double tranchant : lorsqu'une nouvelle machine arrive dans l'infrastructure, elle doit être qualifiée en fonction des services dont elle a besoin. Bien sûr, elle est placée dans un groupe principal d'hôtes. Elle hérite automatiquement de tous les services qui y sont raccordés. Pour les services secondaires, si l'administrateur a placé des services directement sur les machines, il doit dresser la liste de tous les services pour trouver ceux qui s'appliquent à la machine. S'il avait créé des groupes, il n'aurait qu'à parcourir leur liste, généralement plus succincte, et à rajouter la nouvelle machine dans les groupes nécessaires.

La seconde solution pour gérer les particularités consiste à appliquer le service, et donc une commande de vérification, à l'ensemble des nœuds. Bien que séduisante, cette méthode n'est pas applicable à toutes les situations.

Le principe consiste à renvoyer un résultat OK lorsque l'élément à superviser n'existe pas. Si la vérification a pour rôle de tester sa présence, la contradiction est totale. Le test ne pourra alors être lancé que sur des machines particulières. Dans le cas contraire, si la sonde « oublie » le cas où l'objet n'existe pas, elle peut être utilisée partout. Des tests seront lancés pour rien sur certains hôtes, mais la configuration est fortement simplifiée. L'administrateur peut faire le choix de la performance ou d'une configuration plus réduite.

Nous pouvons prendre comme exemple le cas de la vérification des liens d'un agrégat réseau sous Linux. L'intérêt de cette vérification est de détecter qu'une interface de l'agrégat est tombée. Si les informations sur l'agrégat ne sont pas disponibles, la sonde `check_bonding.pl` renvoie un avertissement. Ce cas n'est pas particulièrement utile. Si l'agrégat n'est pas disponible, les services qui y sont hébergés et qui sont tout de même surveillés renvoient une erreur. Si c'est le lien principal, le serveur est tout simplement déclaré `DOWN`.

Une modification intéressante consiste à changer ce comportement. Il suffit d'adapter le code suivant (ligne `109`) :

Check_bonding.pl avant

```
if (not $message) {
  $message = "No bond information found";
  $err = 1;
}
```

en :

Check_bonding.pl après

```
if (not $message) {
  $message = "No bond information found";
  $err = 0;
}
```

Lorsque la sonde est lancée sur un serveur n'ayant pas d'agrégat, elle ne renvoie pas d'erreur. Cette vérification peut être déployée sur l'ensemble des serveurs au lieu d'une sous-partie d'entre eux. Plutôt que de définir un nouveau groupe nommé `ServeursBonding`, on peut rajouter le service dans le pack commun à tous les Linux.

Les applications pour finir

Une fois que les éléments de l'infrastructure sont supervisés, il est temps de passer aux applications qu'ils hébergent. Si la supervision système est commune d'un système d'information à un autre, les applications ne sont pas du tout les mêmes.

Il est courant d'arriver à ce stade, sans avoir défini les commandes utilisées pour superviser les applications. Si c'est le cas, il faut se tourner vers les sondes.

Les méthodes de supervision du chapitre 4 sont à appliquer. Les méthodes de détection de ports ouverts montrent très rapidement leurs limites. Elles sont cependant les seules utilisables dans certaines situations. Les applications web et celles, plus généralement, reposant sur un protocole ouvert, sont plus faciles à superviser. Se faire passer pour un client est la meilleure des méthodes de supervision. L'important est ce qu'attendent les vrais utilisateurs, et non d'avoir des processus au niveau système qui semblent bien lancés.

Parfois, les applications sont dispersées sur plusieurs machines. Dans ce cas, le fait d'accrocher le service à un serveur plutôt qu'un autre n'est pas évident. Si une adresse virtuelle est disponible, elle doit être surveillée. Pour cela, il faut définir un nouvel hôte et le service pourra lui être affecté.

Dans certains cas, l'application est vraiment dispersée. Elle ne possède pas d'adresse virtuelle. Pourtant, un ensemble de services est possible. Dans cette situation, il ne faut pas hésiter à définir un hôte virtuel. Ce dernier est tout simplement une coquille vide qui a pour nom l'application surveillée. Il ne sert qu'à accrocher des services pour Nagios. Un bon modèle pour ces nœuds est l'hôte passif. Si personne n'envoie d'information à son sujet, il n'est jamais en erreur.

Ne pas oublier la base de connaissances

Dans la page `Service Extended Info` des services et des hôtes, Centreon propose le champ `URL` que nous utilisons comme lien vers notre base de connaissances. Chaque service devrait avoir son entrée dans cette base.

Configuration des ACL

La notion d'`ACL` est spécifique à Centreon. Elle permet de gérer les accès aux pages de l'application ainsi que les éléments présentés aux administrateurs. Toute la configuration est basée sur les groupes de contacts. Ces derniers se voient reliés à des hôtes ou des services. Cette configuration est malheureusement dissociée de celle des notifications des éléments.

Une fois reliés à des objets, ils se voient autoriser l'accès à certaines pages. La sélection est très fine. Dans la plupart des situations, l'accès aux pages de configurations des hôtes et services, aux pages de supervision et aux diagrammes de performances sont suffisants pour les contacts standard. S'ils ne sont pas formés à la configuration au sein de Nagios, la partie `Configuration` doit leur être interdite.

Génération de la configuration par Centreon

Une fois tous les éléments configurés, Centreon peut générer la configuration finale. Ceci se passe dans la page `Configuration->Nagios`. Centreon peut générer la configuration pour chaque Nagios défini. Ce choix s'effectue avec le menu déroulant `Nagios Server`, où sont listés l'ensemble des `pollers` définis par l'administrateur et une entrée nommée `All Nagios Servers`.

Tout comme pour la configuration de Nagios, il est fortement recommandé de faire un test avant de générer réellement le fichier. Si, dans la situation actuelle, il n'y a rien à perdre, prendre cette habitude dès le début évitera de gros problèmes par la suite.

L'option Generate Configuration Files demande à Centreon de créer les fichiers de Nagios à partir des informations contenues dans sa base de données. Cette génération se fait dans le répertoire /usr/local/centreon/filesGeneration/nagiosCFG. Chaque Nagios possède un répertoire, dans lequel se trouve l'ensemble des fichiers qui le concernent comme nagios.cfg ou ndomod.cfg. Dans le premier répertoire, celui du serveur Nagios principal, se trouve également le fichier ndo2db.cfg. Ce démon n'étant présent que sur ce serveur, il est généré seulement dans ce répertoire.

Centreon, avec l'option Run Nagios Debug (-v) permet de lancer Nagios en mode vérification de configuration, avec l'option -v. On peut utiliser cette vérification pour la configuration du Nagios local, ou sur n'importe quelle configuration des Nagios distants. En une seule demande, il est possible de vérifier l'ensemble des configurations Nagios du système.

Pour cela, deux fichiers nagios.cfg sont créés dans le répertoire temporaire. Le second se nomme nagiosCFG.DEBUG. Son unique différence avec le premier porte sur le chemin d'inclusion des appels cfg_file. Le fichier principal de Nagios a pour rôle d'appeler les fichiers hosts.cfg, services.cfg, etc. Si l'appel de vérification se fait sur le fichier normal, les chemins pointent sur /usr/local/nagios/etc. Ce chemin est celui de la version actuelle de Nagios, pas de la nouvelle configuration générée. C'est pour cela que le fichier .DEBUG possède le chemin temporaire. Une vérification lancée sur ce fichier permet de vérifier la nouvelle configuration.

Si cette étape de vérification s'est bien déroulée, l'administrateur peut demander, avec l'option Move Export Files, de déplacer ces fichiers de configuration temporaires vers leur destination réelle /usr/local/nagios/etc.

L'administrateur a le choix entre trois méthodes de redémarrage :

* redémarrage du service ;
* rechargement du service ;
* rechargement par commande externe.

Les deux dernières méthodes aboutissent au même résultat. Nagios doit être déjà démarré. Pour notre premier lancement, nous devons faire appel à la première méthode. Par la suite, le rechargement évite de repasser par une phase potentiellement longue de rechargement du module ndo.

La commande lancée, le résultat est fourni pour chaque Nagios. Une rapide lecture permet de voir si des problèmes sont survenus.

Nagios est lancé, l'administrateur peut consulter le résultat sur l'onglet Monitoring. Malheureusement, il n'y a aucune information. Aucune machine n'est présente.

Si nous regardons le fichier journal de Nagios, nous remarquons la ligne suivante que son démarrage a généré :

Erreur en provenance de Ndomod

```
ndomod: Could not open data sink! I'll keep trying, but some output may
get lost...
```

Ndomod n'arrive pas à envoyer ses données et pour cause : ndo2db n'est pas lancé. Pour corriger cela, il faut le démarrer avec le compte nagios :

Lancement de Ndo2db

```
/usr/local/nagios/bin/ndo2db -c /usr/local/nagios/etc/ndo2db.cfg
```

Une fois la commande lancée, nous vérifions que ndomod a bien réussi à envoyer ses informations :

Déchargement du tampon de ndomod dans ndo2db

```
[1234290317] ndomod: Successfully connected to data sink. 3433 queued
items to flush.
[1234290318] ndomod: Successfully flushed 3433 queued items to data
sink.
```

Sur la page de supervision de Centreon, nous commençons à voir arriver les entrées. Notez que Centreon vérifie les entrées dans la base nagios remplie par ndomod. Il faut un certain temps pour qu'elles soient ajoutées dans la base. Ce délai est de Maximum Service Check Spread minutes. Au bout de ce délai qui, par défaut, est égal à 5 minutes, toutes les entrées devraient être présentes.

Dans la partie supervision, les différentes vues permettent aux administrateurs de s'y retrouver simplement parmi tous les indicateurs. Les filtres sur les états Acknowledged sont pratiques. Si les administrateurs renseignent effectivement leur prise en compte des erreurs, la vue de Centreon peut s'en trouver fortement allégée. Seules les nouvelles erreurs dont personne ne s'occupe sont présentées. Ces informations ne seront pas perdues comme nous le verrons par la suite.

Création des vues agrégées dans NagVis

Nagios et Centreon étant configurés, il est temps de s'occuper de NagVis.

Séparation des différents types de cartes

Deux types de vues vont être définis dans NagVis :

- des vues pour les utilisateurs ;
- des vues précises des systèmes pour les administrateurs.

Parmi les premières vues, les utilisateurs souhaitent avoir un état de l'intranet, du serveur de fichiers principal et enfin du système de courrier électronique. Ces informations vont être concentrées sur un seul écran. Chaque information sera présentée dans un seul indicateur de couleur.

Mise en place d'une nouvelle carte

Le plus long dans la mise en place des vues agrégées dans NagVis n'est pas la définition des indicateurs, ni même la configuration, mais le dessin du fond. Dans bien des cas, les administrateurs ont un sens artistique tout particulier. Se faire aider sur ce point peut être utile...

L'image doit être au format PNG pour pouvoir être intégrée dans NagVis. Sur la page principale, un clic droit donne accès à un menu, dans lequel le lien manage->map permet de créer une nouvelle carte. Chacune a besoin d'un nom unique et de droits en lecture et écriture. Pour en autoriser l'accès à tous, il faut entrer dans les champs EVERYONE. Le Map Iconset permet de spécifier un thème par défaut de la carte.

L'administrateur peut rajouter son propre thème. Pour cela, se référer au chapitre 12.

Un nouveau clic droit puis open map permet d'ouvrir la nouvelle carte en écriture. Le menu permet d'ajouter des hôtes, des services, des groupes ou d'autres cartes.

Choix des indicateurs représentés

Sur la carte dédiée aux utilisateurs, seuls trois services sont représentés. Les indicateurs doivent être clairs et sans ambiguïté. Dans la meilleure des situations, les vérifications sous-jacentes doivent être au plus proche des actions effectuées par les utilisateurs.

Dans le cas des cartes pour les administrateurs, les informations sont un peu plus complètes. Les hôtes et services sont utilisés conjointement. Les utilisateurs n'ont que faire des hôtes. Seuls les services qu'ils utilisent les intéressent. Les administrateurs sont plus concernés par l'état des machines.

Dans les cartes des administrateurs, il est conseillé de représenter les hôtes et services importants, une famille d'applications par carte. Par exemple, une carte pour l'ensemble des serveurs responsables de l'intranet, que ce soient les serveurs d'applications ou la base de données ; une autre carte pour les serveurs de messagerie.

Il est important d'ajouter dans les cartes un indicateur sur l'état global du service. Ces indicateurs permettront de faire la corrélation entre une erreur sur un serveur et l'arrêt du service aux utilisateurs.

Les états des hôtes peuvent agréger ou non ceux des services qui sont accrochés dessus, ce que l'on définit avec recognize_services. Il est déconseillé d'opter pour l'agrégation. Les hôtes peuvent accueillir des services non critiques. Les administrateurs souhaitent avoir les informations sur un nombre restreint d'indicateurs, les plus importants. Les informations des autres services des nœuds peuvent les induire en erreur.

Une hiérarchie de cartes à respecter

La hiérarchie des cartes est importante. Toutes ne sont pas nécessairement faites pour être affichées en continu. Elles peuvent être simplement utilisées pour affichage dans une carte de plus haut niveau. Si les administrateurs observent un problème, ils peuvent consulter la carte directement.

Il est important d'avoir une carte globale du niveau le plus élevé. En un seul coup d'œil sur la carte, chacun sait quelle carte regarder.

Les rotations sont indispensables dans NagVis lorsque le nombre de cartes devient important. Chaque pôle d'administrateurs est intéressé par quelques cartes seulement. Ce découpage permet de définir des rotations. À l'heure actuelle, on utilise pour cela le fichier de configuration de Nagvis :

```
/usr/local/nagios/share/nagvis/etc/nagvis.ini.php
```

La définition des rotations est simple. Chaque rotation a un nom, une liste de cartes et, enfin, un intervalle de rotation. Par exemple, pour définir la rotation nommée system et ayant comme cartes carte1 et carte2 :

Une rotation, system

```
[rotation_system]
; maps to rotate in this pool
maps="carte1,carte2"
; rotation interval (seconds)
interval=15
```

L'accès aux rotations se fait sur la page principale de NagVis. Chaque groupe d'administrateurs doit avoir sa propre rotation.

Des exemples de cartes pour les administrateurs

Dans le cas du réseau, une carte peut représenter le réseau interne. Une autre peut représenter le réseau entre les filiales. Pour ce type de carte, les cartes géographiques font de très bons fonds.

La carte interne représente les switchs et routeurs. Sur ces derniers, les liens importants sont symbolisés par les services `PortX/Y` entre les éléments. Ils sont choisis parmi les liens entre les éléments du cœur de réseau.

Pour la carte globale, les filiales sont représentées par l'hôte du routeur ou pare-feu de la filiale. Cet élément est représentatif de la connectivité du site distant. Il pourra être choisi comme parent des autres serveurs de la filiale dans la configuration de Nagios.

Dans le cas des serveurs de type Windows, un bon indicateur sur l'état des applications est le service vérifiant le lancement de tous les services automatiques. En cas de souci avec une application, il y a de fortes chances pour que son service ne soit plus disponible. Si l'application est directement vérifiable par le réseau, cette dernière méthode est tout de même à privilégier.

Les indicateurs sur les systèmes Unix sont un peu plus complexes à choisir. La plupart du temps, on privilégie un service vérifiant qu'un processus est bien lancé. Là encore, un test direct de l'application sur le réseau est à choisir, s'il en existe.

Pour chaque hôte, on ne doit choisir qu'un ou deux services. Au delà, les vues agrégées perdent leur intérêt. Si les administrateurs souhaitent avoir l'ensemble des alertes des hôtes, l'utilisation de Centreon avec des filtres est plus adaptée, son affichage est moins expressif. Les administrateurs ont besoin de se rapprocher des écrans afin de lire les erreurs.

Mais, en matière de répartition dans les cartes, il est conseillé d'avoir une vue par application, et non par type de serveurs. Lorsqu'ils reçoivent une alerte utilisateur, ceux-ci donnent très rarement le nom de la machine en question. Ils parlent au niveau applicatif. Les cartes permettent de représenter cette vue pour les administrateurs et de la transformer en vue serveurs.

En un mot

Une fois qu'il en a terminé avec les vues agrégées, l'administrateur peut souffler un moment : il a entre les mains une solution complète de supervision et métrologie. Il en a une totale maîtrise et, ayant réussi à réunir tous les administrateurs dans ce projet, a su éviter les plus grands écueils d'un projet de supervision. Au fils du temps, les alertes vont se préciser et la disponibilité du système d'information va faire un véritable bond en avant.

16

Conclusion et perspectives

Nous voici arrivés à la fin d'une aventure, et au début de nombreuses autres. Regardons un peu le chemin que nous venons de parcourir, et voyons ce que Nagios et son écosystème nous réservent pour la suite.

Une solution pleinement fonctionnelle

Arrivé à ce point, l'administrateur qui a mis en pratique les principes et méthodes décrites jusqu'ici a dans les mains une solution complète de supervision et de métrologie. Il connaît le rôle de chaque élément et, plus important encore, sait comment gérer un projet de mise en place d'une solution de supervision.

Les différents processus de ce projet sont importants. Les vérifications vont devenir de plus en plus nombreuses. Les anciennes vérifications vont se perfectionner et devenir plus précises. Si l'organisation de la configuration est bien pensée, et si l'administrateur utilise toutes les ressources de Nagios pour la gérer correctement, il n'aura aucun problème à gérer un parc important de machines. Les exceptions devraient être gérées souplement grâce à la gestion de configuration poussée que propose Nagios.

À mesure que les administrateurs décrivent de nouveaux problèmes, l'écriture de sondes pour les détecter devient nécessaire. Cette tâche est simple, même pour un développeur débutant.

Une fois la vérification rodée, il ne faut pas hésiter à la partager avec le reste de la communauté, notamment sur le site *Nagios Exchange*. Personne ne va se jeter sur un développeur en criant au scandale car une sonde n'est pas assez documentée. Si c'est vraiment le cas, libre à chacun de s'en occuper et pallier le manque en documentant lui-même. Les autres membres de la communauté pourront améliorer la vérification. L'administrateur aura pleinement participé à améliorer les solutions basées sur Nagios et la communauté l'en remerciera.

Nagios, une solution en constante évolution

Un chemin important a été parcouru depuis la naissance de Nagios, en 1999, mais il est loin d'être terminé. De nombreux contributeurs participent au projet et le nombre d'installations de Nagios progresse de jour en jour. Arrivées à maturité, ces solutions n'ont pas à rougir face aux solutions propriétaires des grands éditeurs.

L'écosystème de la supervision open source évolue très régulièrement. Il est important de se tenir informé de l'évolution de Nagios. L'outil mûrit rapidement et a pour objectif de gérer des parcs de plus en plus importants avec le moins de configuration possible. Les architectures basées sur l'`Event Broker`, notamment `NDO`, progressent rapidement. Des modules arrivent très régulièrement. L'un des derniers à l'heure de la rédaction de ce livre est `bronx`, un module remplaçant astucieusement `NSCA`. Étant encore un peu jeune, il n'a pas été étudié plus en détail.

Nagios est à un carrefour de son évolution. Les environnements informatiques grandissent constamment, et les systèmes distribués vont prendre de plus en plus d'importance. Référence dans le monde de la supervision open source, Nagios gardera sa place tant qu'il conservera les principes qui font sa force : sa simplicité et sa modularité. Gageons que l'auteur et la communauté sauront continuer à suivre cette voie pour le plus grand bonheur des administrateurs.

A

Les principales sondes

Nous avons vu au fil de l'ouvrage un certain nombre de sondes. Faisons un rapide tour d'horizon des sondes les plus utilisées dans Nagios.

> MÉTHODE **L'aide sur les sondes : l'option -h**
>
> N'oubliez pas le précieux argument -h qui permet d'afficher la documentation d'une sonde...

Supervision des ressources système locales

check_load

Permet de vérifier l'indicateur de « charge moyenne » (*load average*) sur les Unix.

> Pour plus d'information sur cette valeur, se référer au chapitre 14.

Vérification du load average

```
check_load -w 1,1,1 -c 2,2,2
```

check_swap

Permet de vérifier sur les Unix l'état du remplissage du fichier d'échange.

Vérification du swap

```
check_swap -w 50% -c 10%
```

check_mem

Vérifie l'état des espaces mémoire sur les Unix.

Vérification de la mémoire

```
check_mem.pl -w 75 -c 95
```

check_disk

Vérifie les espaces disques disponibles sur les Unix.

Vérification des espaces disques

```
check_disk -w 10% -c 5%
```

check_file_age

Permet de vérifier qu'un fichier a été mis à jour rapidement et qu'il a une taille minimale.

Vérification de la mise à jour et de la taille d'un fichier

```
check_file_age -w 60 -c 120 -W 300 -C 500 -f monfichier.log
```

check_ntp_peer

Permet de vérifier le temps du système par rapport à un serveur NTP.

Vérification de l'heure

```
check_ntp_peer -H ntp.univ-lyon1.fr -w 0.5 -c 1 -W 4 -C 6 -j -1:100 -k -
1:200
```

La supervision de l'état physique de la machine

check_ide_smart

Cette sonde vérifie les informations SMART des disques. Lorsqu'un d'entre eux devient défectueux, cette sonde permet de le détecter.

Vérification de l'état des disques

```
check_ide_smart -d /dev/hda -n
```

check_sensors

Les systèmes Unix exportent des informations sur l'état de la machine. La commande sensors permet de vérifier ces informations. La sonde check_sensors permet d'intégrer ce test à Nagios.

Vérification de l'état de la machine

```
check_sensors
```

La supervision des applications locales

check_procs

Sur les systèmes Unix, cette sonde permet de surveiller les processus et leurs propriétés.

Vérification des processus

```
check_procs -w 1:1 -c 1:1 -C ntpd
```

check_mailq

Cette commande permet de vérifier de lancer la commande mailq qui vérifie les e-mails en attente d'envoi par sendmail ou qmail.

Vérification des envois d'e-mails

```
check_mailq -w 20 -c 50
```

check_log2

Permet de vérifier les nouvelles entrées dans un fichier de log entre deux tests.

> Pour plus d'informations sur cette sonde, se référer au chapitre 7.

Vérification d'un fichier de log

```
check_log2.pl -l fichier.log -s fichier.tmp -p Alerte -c
```

La supervision des services distants

check_tcp pour les services ftp, dhcp, (s)pop, (s)smtp, (s)imap, nntp(s), jabber, etc.

Toutes les sondes suivantes sont en fait une seule et même sonde : check_tcp. Elle permet de vérifier l'ouverture d'un port. Si le protocole à utiliser est de type texte, un message peut être envoyé et le retour analysé.

Vérification de l'ouverture d'un port TCP

```
check_tcp -H serveur -p 21 -s Question -e Réponse
```

check_udp

Identique à la sonde précédente mais pour les ports UDP.

Vérification de l'ouverture d'un port UDP

```
check_udp -H serveur -p 161 -s Question -e Réponse
```

check_dhcp

Permet de vérifier qu'un serveur DHCP répond bien aux demandes d'adresse IP.

Vérification du fonctionnement d'un serveur DHCP

```
check_dhcp -i eth0 -s 192.168.0.254 -r 192.168.0.1
```

check_dig check_dns

Ces sondes permettent d'interroger un serveur DNS et de vérifier des enregistrements.

Vérification des enregistrements DNS

```
check_dig -l www.google.fr -H 212.27.40.240
```

check_flexlm

Cette sonde permet de vérifier le bon état d'un serveur de licence de type flexlm.

Vérification de l'état d'un serveur de licence

```
check_flexlm -F license.dat
```

check_smtp

Cette sonde permet de vérifier le bon fonctionnement d'un serveur SMTP.

Vérification d'un service SNMTP

```
check_smtp -H smtp.free.fr -U user -P pass
```

check_http

Cette sonde permet de faire une vérification simple d'accès à une page web.

Vérification d'une page Web

```
check_http -H serveur -u /path
```

check_oracle

Ce plugin permet de vérifier diverses informations sur l'état d'une base de données Oracle : connexion au listener, état des caches, remplissage des tablespaces... Cette sonde a besoin d'un client Oracle pour fonctionner.

Vérification de l'état d'une base Oracle

```
check_oracle --tablespace MABASE user superpass MyTABLESPACE 80 90
```

check_mysql et check_pgsql

Ces sondes permettent de tester des connexions à des bases MySQL et PostgreSQL.

Vérification d'une base MySQL

```
check_mysql -u user -p pass -d base
```

Vérification d'une base PostgreSQL

```
check_pgsql -l nagios -p superpass -d nagios
```

La supervision des systèmes distants

check_icmp check_fping check_ping

Le test de réponse à une requête ICMP est un moyen simple de vérifier qu'une machine est encore connectée au réseau. Les trois sondes effectuent cette requête. La plus légère est check_icmp.

Vérification d'une réponse ICMP d'un serveur

```
check_icmp -H serveur
```

check_hpjd

Les imprimantes réseau de marque HP possèdent pour la plupart une interface JetDirect. Cette dernière permet de superviser l'imprimante à distance par SNMP. La sonde check_hpjd permet d'effectuer cette vérification.

Vérification de l'état de l'imprimante

```
check_hpjd -H imprimante -C public
```

check_centreon_snmp_traffic

Les liens des éléments réseau peuvent être surchargés ou tout simplement indisponibles. La sonde `check_centreon_snmp_traffic` permet de suivre le trafic d'un lien et de vérifier qu'il est en bon état.

Vérification de l'état d'un lien réseau

```
check_centreon_snmp_traffic -H switch -C lecread -i NomDuPort -n -r
```

check_snmp

Les informations publiées par SNMP sont nombreuses. La sonde `check_snmp` est générique. Elle permet de faire une interrogation d'une ou plusieurs OID. Une fois le résultat obtenu, il est possible de le comparer avec des seuils définis par l'administrateur.

Vérification d'une information SNMP

```
check_snmp -H serveur -o HOST-RESOURCES-MIB::hrSystemUptime.0
```

check_disk_smb

Les partages de fichiers Windows sont nombreux. Leur supervision peut être faite avec la sonde `check_disk_smb`. En plus de vérifier l'état du partage, elle permet également de vérifier que l'espace n'est pas plein.

Vérification de l'état d'un partage

```
check_disk_smb -H 192.168.0.14 -S Jean -w 80% -c 90%
```

check_ups

L'électricité étant une nécessité première pour tout système d'information, il est courant de recourir à des onduleurs de type UPS. Leur supervision est importante. La sonde `check_ups` est dédiée à cette tâche.

Vérification de l'état d'un onduleur

```
check_ups -H IpUps -u UPS
```

check_snmp_load, check_snmp_mem, check_snmp_storage

Ces sondes effectuent le même travail que celles pour les systèmes locaux, mais effectuent la vérification sur des serveurs distants via SNMP.

Vérification de la charge par SNMP

```
check_snmp_load.pl -H serveur -C public -w 1,1,1 -c 2,2,2 -T netsl -f
```

Vérification de la mémoire par SNMP

```
check_snmp_mem.pl -H serveur -C public -w 80,80 -c 90,90 -f
```

Vérification de l'espace disque des lecteurs C, F, G, H et I d'un Windows

```
check_snmp_storage.pl -H serveur -C public -w 80% -c 90% -m ^[CFGHI]:
```

check_snmp_win

Les services sous Windows sont pratiques pour superviser les applications qui s'y trouvent. Ces informations sont disponibles par SNMP. La sonde check_snmp_win permet de superviser l'état d'un ou de plusieurs services.

Vérification de l'état d'un service par SNMP

```
check_snmp_win.pl -H serveur -C public -n Service
```

Les sondes utilitaires pour Nagios

check_nagios

Lors de la mise en place d'architectures distribuées ou hautement disponibles de Nagios, une sonde est nécessaire pour vérifier qu'au moins un des processus Nagios fonctionne toujours correctement.

> Pour plus d'information, se référer au chapitre 10.

Vérification de l'état d'un Nagios

```
check_nagios -F /usr/local/nagios/var/nagios.log -e 20 -C /usr/local/
nagios/bin/nagios
```

check_dummy

Dans le cadre de la supervision passive, Nagios est amené à lancer une sonde pour vérifier l'état d'un élément. Cette commande va devoir renvoyer ce que demande l'administrateur. La sonde check_dummy est faite pour cela : elle renvoie l'état et le texte passé en argument.

> Pour plus d'information sur ce fonctionnement, se référer au chapitre 7.

Fausse vérification

```
check_dummy 2 ''Traitement en retard''
```

check_nrpe, check_by_ssh et check_nt

Les agents situés sur les hôtes ont aussi besoin de leur propre commande pour être interrogés.

Interrogation d'un agent NRPE

```
check_nrpe -H serveur -c commande
```

Interrogation d'une commande par SSH

```
check_by_ssh -H serveur -C :usr/local/nagios/libexec/check_load
```

Interrogation du nombre de processus d'un agent NSClient++

```
check_nt -H serveur -v INSTANCES -l Process
```

check_cluster

La commande check_cluster permet de faire une agrégation d'états au sein de Nagios. Les administrateurs peuvent être avertis lorsqu'un certain nombre de services d'un cluster sont tombés.

Vérification de plusieurs états en un seul test

```
check_cluster -s -d 0,0,0
```

B

Options de configuration de nagios.cfg

Nous n'avons vu qu'une partie des options de configuration présentes dans le fichier nagios.cfg. Cette annexe dresse la liste des paramètres et présente leur rôle.

Déclaration des fichiers

log_file

Chemin vers le fichier de journalisation principal de Nagios.

```
log_file=/usr/local/nagios/var/nagios.log
```

cfg_file

Chemin vers un fichier de configuration à inclure.

```
cfg_file=/usr/local/nagios/etc/objects/commands.cfg
```

cfg_dir

Chemin vers un répertoire. Tous les fichiers .cfg qui s'y trouvent sont chargés comme fichiers de configuration.

```
cfg_dir=/usr/local/nagios/etc/servers
```

object_cache_file

Fichier où Nagios exporte sa configuration pour que les outils tiers la parcourent. Il est généré à chaque lancement de Nagios.

```
object_cache_file=/usr/local/nagios/var/objects.cache
```

precached_object_file

Fichier où Nagios exporte sa configuration lorsqu'il la vérifie. Il peut être lu lors du lancement afin de ne pas avoir à revérifier la configuration. Cette dernière opération peut prendre du temps.

```
precached_object_file=/usr/local/nagios/var/objects.precache
```

resource_file

Fichier de configuration où l'administrateur définit les valeurs $USERN$, N allant de 1 à 32. Ces valeurs n'étant pas accessibles aux interfaces graphiques, c'est un bon emplacement pour les mots de passe.

```
resource_file=/usr/local/nagios/etc/resource.cfg
```

status_file

Fichier mis à jour régulièrement où sont placés les états des éléments supervisés. Les applications tierces peuvent y lire les informations dont elles ont besoin.

```
status_file=/usr/local/nagios/var/status.dat
```

status_update_interval

Intervalle de temps, en secondes, auquel le fichier d'états est généré.

```
status_update_interval=10
```

Configuration de la supervision

nagios_user

Compte système avec lequel le démon fonctionne. Ce compte ne peut pas être root.

```
nagios_user=nagios
```

nagios_group

Groupe de l'utilisateur précédent.

```
nagios_group=nagios
```

check_external_commands

Booléen permettant de savoir si Nagios doit ou non lire le fichier de commandes externes.

```
check_external_commands=1
```

command_check_interval

Intervalle de temps entre deux lectures du fichier de commandes externes. Si cette valeur est entière, l'intervalle est un multiple de interval_length (en général 60 secondes). Pour l'exprimer en secondes, il suffit de le faire suivre d'un s (exemple : 15s). Si la valeur est égale à -1, le fichier est lu aussi souvent que possible.

```
command_check_interval=-1
```

command_file

Fichier de commande externe. C'est un tube nommé créé au lancement du démon. L'utilisateur exécutant ce dernier doit avoir les droits adéquats sur le répertoire.

```
command_file=/usr/local/nagios/var/rw/nagios.cmd
```

external_command_buffer_slots

Nombre d'emplacements dans le tampon des commandes externes qui n'ont pas encore été traitées. La commande nagiostats permet d'évaluer son remplissage.

```
external_command_buffer_slots=4096
```

lock_file

Fichier où le démon place son pid afin d'éviter de se lancer plusieurs fois.

```
lock_file=/usr/local/nagios/var/nagios.lock
```

temp_file

Fichier temporaire créé par Nagios, renommé comme fichier d'états une fois rempli. De cette manière, ce dernier est toujours cohérent.

```
temp_file=/usr/local/nagios/var/nagios.tmp
```

temp_path

Chemin utilisé par Nagios pour y placer ses fichiers temporaires.

```
temp_path=/tmp
```

Chargement des modules

broker_module

Chemin et argument pour charger un module de Nagios. Peut être appelé plusieurs fois pour différents modules.

```
broker_module=/usr/local/nagios/bin/ndomod.o arg1 arg2=3 debug=0
```

event_broker_options

Option permettant de choisir les options exportées par l'event broker. Pour plus d'informations sur cette option, voir le chapitre 10.

```
event_broker_options=-1
```

Options de journalisation

log_rotation_method

Méthode utilisée pour la rotation des journaux de Nagios.
- n : ne pas faire de rotation des journaux ;
- h : faire une rotation au début de chaque heure ;
- d : faire une rotation par jour, à minuit ;
- w : faire une rotation par semaine, le dimanche à minuit ;
- m : faire une rotation par mois, à minuit le dernier jour du mois.

```
log_rotation_method=d
```

log_archive_path

Chemin utilisé pour y placer les fichiers de journalisation de Nagios après leur rotation.

```
log_archive_path=/usr/local/nagios/var/archives
```

use_syslog

Utiliser, ou non, syslog pour y placer les données de journalisation de Nagios.

```
use_syslog=1
```

log_notifications

Enregistrer dans le journal les envois de notifications.

```
log_notifications=1
```

log_service_retries

Enregistrer dans le journal les tentatives de revérification de services.

```
log_service_retries=1
```

log_host_retries

Enregistrer dans le journal les tentatives de revérification d'hôtes.

```
log_host_retries=1
```

log_event_handlers

Enregistrer dans le journal les lancements de commandes d'actions correctives.

```
log_event_handlers=1
```

log_initial_states

Enregistrer dans le journal les états des éléments lors du lancement de Nagios.

```
log_initial_states=0
```

log_external_commands

Enregistrer dans le journal les commandes externes reçues.

```
log_external_commands=1
```

log_passive_checks

Enregistrer dans le journal les vérifications passives reçues.

```
log_passive_checks=1
```

Configuration de l'ordonnancement

global_*_event_handler

Commande par défaut s'il faut utiliser une commande de correction, mais que celle-ci n'a pas été définie.

```
global_host_event_handler=somecommand
global_service_event_handler=somecommand
```

*_inter_check_delay_method

Méthode pour espacer les vérifications lancées par Nagios.

> Pour plus d'informations à ce propos, se référer au chapitre 3.

```
service_inter_check_delay_method=s
```

max_*_check_spread

Temps, en minutes, sur lequel Nagios espace ses premières vérifications.

```
max_service_check_spread=30
```

service_interleave_factor

Méthode d'étalement des vérifications de la file. Permet de diminuer la probabilité de lancer plusieurs commandes sur un même hôte en même temps.

> Pour plus d'informations, se référer au chapitre 3.

```
service_interleave_factor=s
```

max_concurrent_checks

Nombre maximum de vérifications pouvant être lancées en parallèle. Une valeur nulle signifie qu'il n'y a pas de limite.

```
max_concurrent_checks=0
```

check_result_reaper_frequency

Intervalle de temps, en secondes, entre deux intégrations des résultats des vérifications dans var/spool/check-results.

```
check_result_reaper_frequency=10
```

max_check_result_reaper_time

Temps maximum, en secondes, durant lequel l'intégration des résultats est autorisée à fonctionner.

```
max_check_result_reaper_time=30
```

check_result_path

Répertoire dans lequel Nagios place les résultats des vérifications pour qu'ils soient analysés par la suite.

```
check_result_path=/usr/local/nagios/var/spool/checkresults
```

max_check_result_file_age

Âge maximum, en secondes, des fichiers de résultats. S'ils sont trop vieux, ils ne sont pas analysés.

```
max_check_result_file_age=3600
```

cached_*_check_horizon

Temps, en secondes, pendant lequel les informations d'état des vérifications peuvent être utilisées, dans le cadre des dépendances, sans lancer de vérification supplémentaire.

```
cached_service_check_horizon=15
cached_host_check_horizon=15
```

enable_predictive_*_dependency_checks

Permet à Nagios, dans le cas d'une dépendance, de lancer, en même temps qu'une vérification, les vérifications qu'il aurait dû lancer peu de temps après en cas de retour anormal du premier test.

```
enable_predictive_service_dependency_checks=1
enable_predictive_host_dependency_checks=1
```

soft_state_dependencies

Permet de prendre en considération les états SOFT pour les dépendances.

```
soft_state_dependencies=0
```

time_change_threshold

Différence de temps entre Nagios et le système, qui provoque un changement d'heure de référence de Nagios.

```
time_change_threshold=900
```

auto_reschedule_checks

Permet à Nagios de réorganiser ses vérifications en cours d'exécution afin de relisser les vérifications. C'est une fonctionnalité non finalisée à l'heure actuelle.

```
auto_reschedule_checks=0
```

auto_rescheduling_interval

Intervalle de temps entre deux réorganisations de la file de vérifications.

```
auto_rescheduling_interval=30
```

auto_rescheduling_window

Période de temps, en secondes, pendant laquelle Nagios tente de réorganiser ses vérifications.

```
auto_rescheduling_window=180
```

sleep_time

Temps, en secondes, pendant lequel Nagios attend lorsqu'il a fini ses vérifications.

```
sleep_time=0.25
```

*_timeout

Divers délais, en secondes, d'expiration des actions.

```
service_check_timeout=60
host_check_timeout=30
event_handler_timeout=30
notification_timeout=30
ocsp_timeout=5
perfdata_timeout=5
```

retain_state_information

Permet à Nagios de sauvegarder l'état des éléments entre deux redémarrages.

```
retain_state_information=1
```

state_retention_file

Fichier de rétention des états.

```
state_retention_file=/usr/local/nagios/var/retention.dat
```

retention_update_interval

Intervalle de temps entre deux générations du fichier de rétention.

```
retention_update_interval=60
```

use_retained_program_state

Permet à Nagios de sauvegarder toutes ses informations entre deux redémarrages. Si ce paramètre a la valeur 1, les valeurs courantes des options enable_notifications, enable_flap_detection, enable_event_handlers, execute_service_checks, et accept_passive_service_checks sont conservées au redémarrage.

```
use_retained_program_state=1
```

use_retained_scheduling_info

Permet à Nagios de sauvegarder l'ordonnancement des vérifications entre deux redémarrages.

```
use_retained_scheduling_info=1
```

retained_*_attribute_mask

Masque binaire sur les informations à ne pas sauvegarder. Le tableau B-1 recense les valeurs possibles.

```
retained_host_attribute_mask=0
retained_service_attribute_mask=0
retained_process_host_attribute_mask=0
retained_process_service_attribute_mask=0
retained_contact_host_attribute_mask=0
retained_contact_service_attribute_mask=0
```

Tableau B–1 Données du masque de sauvegarde

Donnée	Valeur	Donnée	Valeur
NONE	0	FLAP_DETECTION_ENABLED	16
NOTIFICATIONS_ENABLED	1	FAILURE_PREDICTION_ENABLED	32
ACTIVE_CHECKS_ENABLED	2	PERFORMANCE_DATA_ENABLED	64
PASSIVE_CHECKS_ENABLED	4	OBSESSIVE_HANDLER_ENABLED	128
EVENT_HANDLER_ENABLED	8	EVENT_HANDLER_COMMAND	256

Tableau B–1 Données du masque de sauvegarde (suite)

Donnée	Valeur	Donnée	Valeur
CHECK_COMMAND	512	FRESHNESS_CHECKS_ENABLED	8192
NORMAL_CHECK_INTERVAL	1024	CHECK_TIMEPERIOD	16384
RETRY_CHECK_INTERVAL	2048	CUSTOM_VARIABLE	37768
MAX_CHECK_ATTEMPTS	4096	NOTIFICATION_TIMEPERIOD	65536

interval_length

Temps, en secondes, de l'intervalle par défaut. Il est déconseillé de modifier cette valeur.

```
interval_length=60
```

check_for_updates et bare_update_check

Permettre à Nagios de vérifier qu'une nouvelle version est disponible.

```
check_for_updates=1
bare_update_check=0
```

use_aggressive_host_checking

Utiliser, ou non, la vérification agressive des hôtes. Il est déconseillé d'activer cette option.

```
use_aggressive_host_checking=0
```

execute_*_checks

Permettre à Nagios de lancer des vérifications actives.

```
execute_service_checks=1
execute_host_checks=1
```

accept_passive_*_checks

Autorise les vérifications passives dans Nagios.

```
accept_passive_service_checks=1
accept_passive_host_checks=1
```

enable_notifications

Autorise Nagios à envoyer des notifications.

```
enable_notifications=1
```

enable_event_handlers

Permet à Nagios de lancer des commandes de réparation.

```
enable_event_handlers=1
```

process_performance_data

Permet à Nagios de traiter les données de performances.

```
process_performance_data=1
```

*_perfdata_command

Commandes pour générer les données de performances.

```
host_perfdata_command=process-host-perfdata
service_perfdata_command=process-service-perfdata
```

*_perfdata_file

Fichiers de données des performances.

```
host_perfdata_file=/usr/local/nagios/var/host-perfdata
service_perfdata_file=/usr/local/nagios/var/service-perfdata
```

*_perfdata_file_template

Format pour l'export des données de performances.

```
host_perfdata_file_template=[HOSTPERFDATA]\t$TIMET$\t$HOSTNAME$\t$HOSTE
XECUTIONTIME$\t$HOSTOUTPUT$\t$HOSTPERFDATA$

service_perfdata_file_template=[SERVICEPERFDATA]\t$TIMET$\t$HOSTNAME$\t
$SERVICEDESC$\t$SERVICEEXECUTIONTIME$\t$SERVICELATENCY$\t$SERVICEOUTPUT
$\t$SERVICEPERFDATA$
```

*_perfdata_file_mode

Mode d'ouverture du fichier de performances :
- a : ajoute les informations ;
- w : écrase les informations ;
- p : le fichier est un tube nommé.

```
host_perfdata_file_mode=a
service_perfdata_file_mode=a
```

*_perfdata_file_processing_command

Commandes pour gérer les données de performances.

```
host_perfdata_file_processing_command=process-host-perfdata-file
service_perfdata_file_processing_command=process-service-perfdata-file
```

*_perfdata_file_processing_interval

Intervalle de temps entre deux lancements de la commande service_perfdata_file_processing_command.

```
host_perfdata_file_processing_interval=0
service_perfdata_file_processing_interval=0
```

obsess_over_*

Activer ou non les commandes lancées après chaque vérification.

```
obsess_over_services=0
obsess_over_hosts=0
```

ocsp_command

Commande lancée après chaque vérification de service.

```
ocsp_command=somecommand
```

ochp_command

Commande lancée après chaque vérification d'hôte.

```
ochp_command=somecommand
```

translate_passive_host_checks

Dans le cadre d'une supervision active/passive, le second nœud peut ne pas voir les éléments sous le même angle que le premier. Les relations de parenté ne sont pas obligatoirement les mêmes. Cette option permet au second Nagios de changer les états reçus pour qu'ils correspondent à son point de vue.

```
translate_passive_host_checks=0
```

passive_host_checks_are_soft

Permet de considérer les vérifications passives d'hôtes comme SOFT.

```
passive_host_checks_are_soft=0
```

check_for_orphaned_*

Permet à Nagios de réordonnancer les vérifications s'il n'a pas le retour d'une commande lancée.

```
check_for_orphaned_services=1
check_for_orphaned_hosts=1
```

check_*_freshness

Active dans Nagios la gestion de la fraîcheur des éléments.

```
check_service_freshness=1
check_host_freshness=0
```

service_freshness_check_interval

Valeur, en secondes, entre deux vérifications de la fraîcheur des éléments.

```
service_freshness_check_interval=60
host_freshness_check_interval=60
```

additional_freshness_latency

Nombre de secondes ajoutées par Nagios aux intervalles de fraîcheur qu'il calcule lui-même. Cela permet de laisser un peu de temps aux informations pour arriver par rapport à leur rythme normal.

```
additional_freshness_latency=15
```

enable_flap_detection

Active la détection de l'effet « yoyo ».

```
enable_flap_detection=1
```

*_flap_threshold

Valeur utilisées pour la gestion de l'effet « yoyo ».

> Pour plus d'informations, se référer au chapitre 6.

```
low_service_flap_threshold=5.0
high_service_flap_threshold=20.0
low_host_flap_threshold=5.0
high_host_flap_threshold=20.0
```

Options de localisation

date_format

Format des dates de Nagios :
- us : MM-DD-YYYY HH:MM:SS
- euro : DD-MM-YYYY HH:MM:SS
- iso8601 : YYYY-MM-DD HH:MM:SS
- strict-iso8601 : YYYY-MM-DDTHH:MM:SS

```
date_format=us
```

use_timezone

Décalage horaire que doit utiliser Nagios.

```
use_timezone=Europe/Paris
```

enable_embedded_perl

Activer l'interpréteur Perl intégré.

```
enable_embedded_perl=1
```

p1_file

Chemin vers le fichier p1.pl nécessaire à l'interpréteur Perl intégré.

```
p1_file=/usr/local/nagios/bin/p1.pl
```

use_embedded_perl_implicitly

Utiliser par défaut l'interpréteur Perl intégré.

```
use_embedded_perl_implicitly=1
```

illegal_object_name_chars

Caractères interdits dans le nom des objets.

```
illegal_object_name_chars=`~!$%^&*|'"<>?,()=
```

illegal_macro_output_chars

Caractères interdits dans les macros.

```
illegal_macro_output_chars=`~$&|'"<>
```

use_regexp_matching

Utiliser les fonctionnalités d'expressions rationnelles dans la définition des objets.

```
use_regexp_matching=0
```

use_true_regexp_matching

Utiliser les expressions rationnelles pour toutes les propriétés des objets.

```
use_true_regexp_matching=0
```

admin_*

Informations de contact de l'administrateur de Nagios.

```
admin_email=nagios@localhost
admin_pager=pagenagios@localhost
```

Options de débogage et de performances

daemon_dumps_core

Autorise Nagios à créer un fichier core en cas d'arrêt inhabituel.

```
daemon_dumps_core=0
```

use_large_installation_tweaks

Utiliser les options de performances avancées.

> Pour plus d'informations sur cette option et les trois suivantes, se référer au chapitre 9.

```
use_large_installation_tweaks=0
```

enable_environment_macros

Activer ou non les variables d'environnement lors de l'appel aux commandes.

```
enable_environment_macros=1
```

free_child_process_memory

Nettoyer l'espace mémoire des fils de Nagios.

```
free_child_process_memory=1
```

child_processes_fork_twice

Lancer les commandes de vérification avec un fils de Nagios au lieu d'un petit-fils.

```
child_processes_fork_twice=1
```

debug_level

Niveau de débogage de Nagios.

```
debug_level=0
```

debug_verbosity

Niveau de verbosité des textes de débogage.

```
debug_verbosity=1
```

debug_file

Fichier de sortie des informations de débogage.

```
debug_file=/usr/local/nagios/var/nagios.debug
```

max_debug_file_size

Taille maximale en octets du fichier de débogage.

```
max_debug_file_size=1000000
```

Index

ompliance